计算机应用基础
（Windows 8＋Office 2013）

主　编　张俊才　张　静
副主编　郭长庚　刘树聃
　　　　时军艳　王淑敏

东 软 电 子 出 版 社
· 大 连 ·

内容简介

本教材采用项目导向、任务驱动的方式编写，以项目任务为载体，任务实施的过程为主线，把工作情景和教学环境有机地结合起来，依据工作岗位的需要选取项目案例，将知识和技能融入到任务实施的过程中。

本教材由15个综合项目（包含49项任务）和42个实训项目组成。每项任务给出了任务描述、任务分析和任务实施三个环节，各个实训项目分别给出了实训要求和操作提示。通过项目任务的完成，详细介绍了计算机的发展、计算机的组成、计算机的硬件指标、Windows 8基本操作、Office 2013的三大组件（Word 2013文字处理、Excel 2013电子表格、PowerPoint 2013电子演示文稿）的功能及操作技巧、Internet应用、计算机常用工具软件和计算机日常维护与故障处理。

本教材形式新颖、结构清晰，语言简练、图文并茂，具有很强的实用性和可操作性。既可作为大中专院校和各类培训班的教材，也可作为读者自学的参考教材。

计算机应用基础（Windows 8＋Office 2013）/张俊才，张静主编.
—大连：东软电子出版社，2014.9
ISBN 978-7-89436-311-4

策划编辑： 卫杲旻　　**责任编辑：** 朱　娜
光盘开发： 马李昕　　**装帧设计：** 董俐莉

出版/发行： 东软电子出版社
地　　址： 大连市软件园路8号
邮　　编： 116023
电话/传真： 0411-84835089
网　　址： http://www.neubooks.com
电子邮箱： nep@neusoft.edu.cn

出版时间： 2014年9月
印制时间： 2014年9月第1次印制
字　　数： 562千字

印 制 者： 吉林庆达光盘科技有限责任公司
铁岭市铁西彩色印刷厂

前 言

本教材主要内容

全教材共分 15 个项目，主要内容包括认识计算机、使用 Windows 8 操作系统、认识 Office 2013、使用 Word 2013 制作文档、制作公司广告宣传手册、专业文档的编排与打印、使用 Word 2013 设计表格、使用 Excel 2013 制作学生信息档案、使用 Excel 2013 进行数据计算和分析、创建销售业绩图表与打印销售清单、PowerPoint 2013 基本应用、PowerPoint 2013高级应用、Internet 应用、常用工具软件、计算机日常维护与故障处理。

本教材特点

● 采用项目导向、任务驱动的编写方式。

● 基于工作过程的内容设计：设计了“项目导引＋知识目标＋能力目标＋项目任务＋实训项目”的组织结构，每个任务的实施完全来自实际的工作过程。

● 注重实用性的教学内容：学习内容即为实际工作的内容，培养学生将所学与所用相结合，以所学为所用，以所用悟所学，为学生可持续发展奠定基础。

● 体现“教、学、做”一体化的教学模式：每项任务在实施过程中安排了“互动练习”、“延伸案例”和实训项目，促使学生“学”“做”结合，提高主动参与意识和创新意识，培养发现问题、解决问题和综合应用能力。

● 提供了配套电子资源：配备了配套的源文件和电子课件，还可获得相应的图片素材和文本素材，便于教学和自修。

本教材作者

本教材的作者多年从事本专业的教学工作，拥有丰富的教学经验和实践经验，已编写和出版过多本相关教材，并开发了对应的精品资源共享课程。

本教材由张俊才、张静任主编，郭长庚、刘树聃、时军艳、王淑敏任副主编。具体编写分工如下：项目 1 由张俊才编写，项目 2 由王淑敏编写，项目 3 由郭长庚编写，项目 4、5 由周漪编写，项目 6 由张静编写，项目 7、13 由王琳编写，项目 8、9、10 由时军艳编写，项目 11、12 由刘树聃编写，项目 14 由李邦编写，项目 15 由李硕编写，电子课件由张静、刘树聃、时军艳、王淑敏、周漪、王琳制作，全教材由张俊才和张静总体规划、统稿，美工和版式设计由王偲萌完成。在本教材的编写过程中，得到了东软电子出版社的大力支持，在此表示衷心感谢。

由于编者水平有限，教材中如有不妥之处，欢迎广大读者朋友批评指正。

编 者

2014 年 7 月

目　录

项目 1

认识计算机

项目导引：

计算机在当今高速发展的信息社会中已经广泛应用到各个领域，用户对计算机的外观并不陌生，然而由于用户认识计算机、应用计算机的程度有所不同，本项目主要是面向还未掌握计算机的读者，简单介绍计算机的发展、计算机的分类、计算机各部件的名称和功能，消除人们对计算机的陌生感和距离感；产生认识计算机、学习计算机的兴趣。

技能目标：

✍能综合运用计算机硬件的技术指标来选购配件及组装计算机。

知识目标：

✍了解计算机的发展；
✍理解计算机的组成；
✍掌握计算机的硬件接口；
✍理解计算机的分类及特点。

任务 1.1　计算机的发展历程

任务描述

本项目主要是了解计算机的发展历程。简述计算机的定义、计算机的产生和发展历程。

任务分析

随着科学的发展，电子计算机已经是家喻户晓了。从科学技术的研究到工农业的生产，从对企业的管理到日常生活的应用，各行各业都在广泛地使用着电子计算机。没有计算机就没有现代化，对计算机知识的掌握已经成为当今社会对人才基本素质的要求。

任务实施

活动1 计算机的发展历程

1.计算机的定义

计算机，又称电脑(computer)，是一种能高速、自动地按照操作人员或者预先设定的各种指令完成各种信息处理的电子设备。随着信息技术高速发展，计算机作为信息技术应用的基本工具，在我们的生活、工作和学习中的应用越来越广泛。

早期计算机主要用于数值计算，主要解决各种复杂的工程设计计算、财务管理等与数字有关的应用，利用的是计算机的速度快、计算准确、逻辑性强等基本功能。现代计算机在上述功能的基础上，发展到包括各种管理、文字处理、声音、图片、图像、动画、电影等人们日常生活和工作中，以及机器、工厂、家电等自动控制的应用的范畴。总之计算机的应用已经渗透到人类工作、生活的各个方面，作为先进文化的产物，它极大地改变了人类的生活。

2.计算机发展简史

电子计算机的发展阶段通常以构成计算机的电子器件来划分，至今已经历了四代，目前正在向第五代过渡。每一个发展阶段在技术上都是一次新的突破，在性能上都是一次质的飞跃。

(1)第一代(1946～1957年)，电子管计算机

它是一台电子数字积分计算机，取名为ENIAC。这台计算机是个庞然大物，共用了18 000多个电子管、1500个继电器，重达30吨，占地170平方米，每小时耗电140千瓦，计算速度为每秒5000次加法运算。尽管它的功能远不如今天的计算机，但ENIAC作为计算机大家族的鼻祖，开辟了人类科学技术领域的先河，使信息处理技术进入了一个崭新的时代。其主要特征如下：

- 电子管元件，体积庞大、耗电量高、可靠性差、维护困难。
- 运算速度慢，一般为每秒钟1千次～1万次。
- 使用机器语言，没有系统软件。
- 采用磁鼓、小磁芯作为存储器，存储空间有限。
- 输入/输出设备简单，采用穿孔纸带或卡片。
- 主要用于科学计算。

(2)第二代(1958～1964年)，晶体管计算机

晶体管的发明给计算机技术带来了革命性的变化。第二代计算机采用的主要元件是晶体管，称为晶体管计算机。计算机操作系统有了较大发展，采用了监控程序，这是操作系统的雏形。第二代计算机有如下特征：

- 采用晶体管元件作为计算机的器件，体积大大缩小，可靠性增强，寿命延长。
- 运算速度加快，达到每秒几万次～几十万次。
- 提出了操作系统的概念，开始出现了汇编语言，产生了如FORTRAN和COBOL等高级程序设计语言和批处理系统。
- 普遍采用磁芯作为内存储器，磁盘、磁带作为外存储器，容量大大提高。

• 计算机应用领域扩大，从军事研究、科学计算扩大到数据处理和实时过程控制等领域，并开始进入商业市场。

(3)第三代(1965～1969年)，中小规模集成电路计算机

20世纪60年代中期，随着半导体工艺的发展，已制造出了集成电路元件。集成电路可在几平方毫米的单晶硅片上集成十几个甚至上百个电子元件。计算机开始采用中小规模的集成电路元件，这一代计算机比晶体管计算机体积更小，耗电更少，功能更强，寿命更长，综合性能也得到了进一步提高。具有如下主要特征：

• 采用中小规模集成电路元件，体积进一步缩小，寿命更长。

• 内存储器使用半导体存储器，性能优越，运算速度加快，每秒可达几百万次。

• 外围设备开始出现多样化。

• 高级语言进一步发展。操作系统的出现，使计算机功能更强，在此基础上提出了结构化程序的设计思想。

• 计算机应用范围扩大到企业管理和辅助设计等领域。

(4)第四代(1971年至今)，大规模集成电路计算机

随着20世纪70年代初集成电路制造技术的飞速发展，产生了大规模集成电路元件，使计算机进入了一个新的时代，即大规模和超大规模集成电路计算机时代。这一时期的计算机的体积、重量、功耗进一步减少，运算速度、存储容量、可靠性有了大幅度的提高。其主要特征如下：

• 采用大规模和超大规模集成电路逻辑元件，体积与第三代相比进一步缩小，可靠性更高，寿命更长。

• 运算速度加快，每秒可达几千万次～几十亿次。

• 系统软件和应用软件获得了巨大的发展，软件配置丰富，程序设计部分自动化。

• 计算机网络技术、多媒体技术、分布式处理技术有了很大的发展，微型计算机大量进入家庭，产品更新速度加快。

• 计算机在办公自动化、数据库管理、图像处理、语言识别和专家系统等各个领域得到应用，电子商务已开始进入到了家庭，计算机的发展进入到了一个新的历史时期。

活动2　计算机的特点

1. 自动地运行程序

计算机能在程序控制下自动连续地高速运算。由于采用存储程序控制方式，因此一旦输入编制好的程序，启动计算机后，就能自动地执行下去直至完成任务，这是计算机最突出的特点。

2. 运算速度快

计算机能以极快的速度进行计算。现在普通的微型计算机每秒可执行几十万条指令，而巨型机则达到每秒几十亿次甚至几百亿次。随着计算机技术的发展，计算机的运算速度还在提高。例如天气预报，由于需要分析大量的气象资料数据，单靠手工完成计算是不可能的，而用巨型计算机只需十几分钟就可以完成。

3. 运算精度高

电子计算机具有以往计算机无法比拟的计算精度，目前已达到小数点后上亿位的精度。

4. 具有记忆和逻辑判断能力

人是有思维能力的，而思维能力本质上是一种逻辑判断能力。计算机借助于逻辑运算，可以进行逻辑判断，并根据判断结果自动地确定下一步该做什么。计算机的存储系统由内存和外存组成，具有存储和“记忆”大量信息的能力，现代计算机的内存容量已达到上百兆甚至几千兆，而外存也有惊人的容量。如今的计算机不仅具有运算能力，还具有逻辑判断能力，可以使用其进行诸如资料分类、情报检索等具有逻辑加工性质的工作。

5. 可靠性高

随着微电子技术和计算机技术的发展，现代电子计算机连续无故障运行时间可达到几十万小时以上，具有极高的可靠性。例如，安装在宇宙飞船上的计算机可以连续几年时间可靠地运行。计算机应用在管理中也具有很高的可靠性，而人却很容易因疲劳而出错。另外，计算机对于不同的问题，只是执行的程序不同，因而具有很强的稳定性和通用性。用同一台计算机能解决各种问题，应用于不同的领域。

微型计算机除了具有上述特点外，还具有体积小、重量轻、耗电少、维护方便、可靠性高、易操作、功能强、使用灵活、价格便宜等特点。计算机还能代替人做许多复杂繁重的工作。

任务 1.2　计算机系统及其组成

任务描述

计算机系统是依据冯·诺依曼结构设计思想设计的，由硬件系统和软件系统两部分组成。硬件是指构成计算机的物理设备，通俗地说就是构成计算机的看得见摸得着的部件；软件是指计算机系统中的程序以及相关资料。本任务介绍了计算机系统的构成。

任务分析

硬件系统和软件系统相辅相成，缺一不可。主要介绍了微型计算机系统的各个部件的组成、工作原理、常见型号、选购及硬件组装，多媒体计算机的组成及工作原理，安装调试和常见故障的检测与维修技巧等内容。目的是使读者了解计算机计算机的组成部件。

任务实施

活动　计算机系统

1. 计算机的组成

早期的计算机主要用于数值计算，现代计算机已经渗透科学技术的各个领域和社会生活的各个方面。不但能计算，而且还有很高的记忆、分析、判断能力。能处理各种文字信息和语音信息，还能协助我们处理和解决学习、工作和生活上的种种琐事。既然计算机能高效、准确地做那么多的工作，计算机系统的基本组成有哪些呢？

计算机系统的基本组成包括硬件(hardware)和软件(software)，如图 1-1 所示。

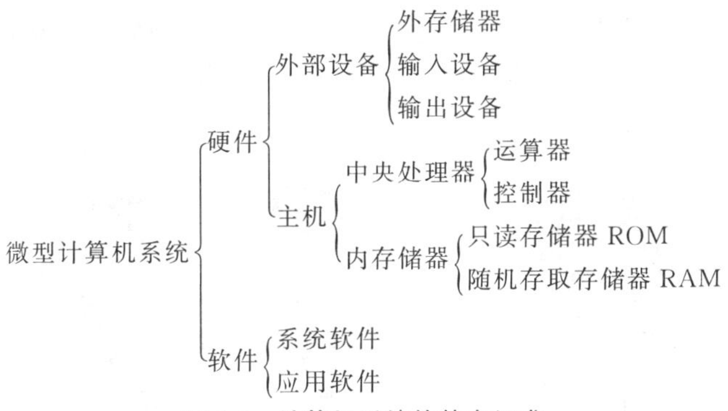

图 1-1　计算机系统的基本组成

(1)计算机的硬件(hardware)

计算机硬件的主要组成可以归纳为以下两大部分:主机(CPU 和内存储器)和外部辅助设备(输入设备、外存储器和输出设备),如图 1-2 所示。

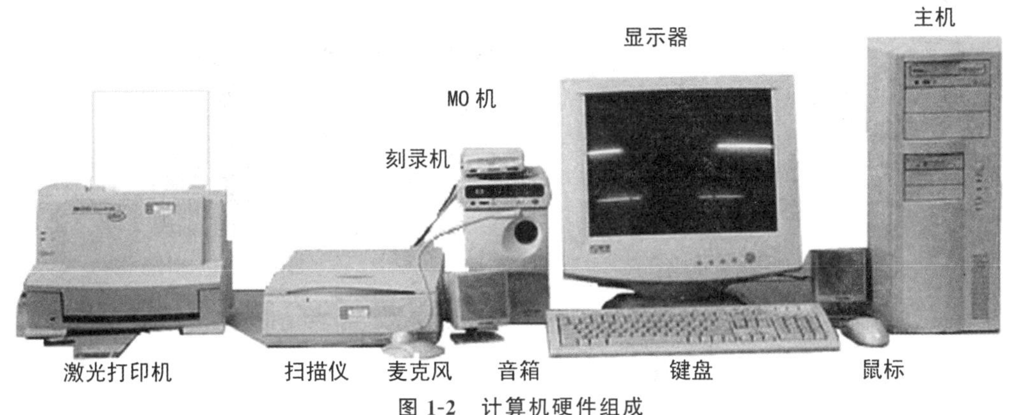

图 1-2　计算机硬件组成

①输入设备

输入设备是计算机的重要组成部分,它的作用是将程序文件、数据、文字、字符、控制命令或采集的数据等信息输入到计算机。常见的输入设备有键盘、鼠标、扫描仪、书写板、数字化设备(数码照相机、录像机和数字录音机)。

- 键盘(keyboard)是最常用也是最主要的输入设备,通过键盘可以将各种字母(如英文字母、汉语拼音字母)数字、运算符号、标点符号等输入到计算机中,并向计算机输入各种指令,指挥计算机内部的运行,如图 1-3 所示。

图 1-3　键盘

- 鼠标(mouse)是现代电脑不可缺少的输入设备,没有它就相当于人没有手一样。在图形界面下,鼠标可以取代键盘进行光标定位和完成某些特定的操作。现在已经有无线鼠标、光电鼠标、控杆鼠标等多种类型,可以供不同需要的用户选择,如图 1-4 所示。

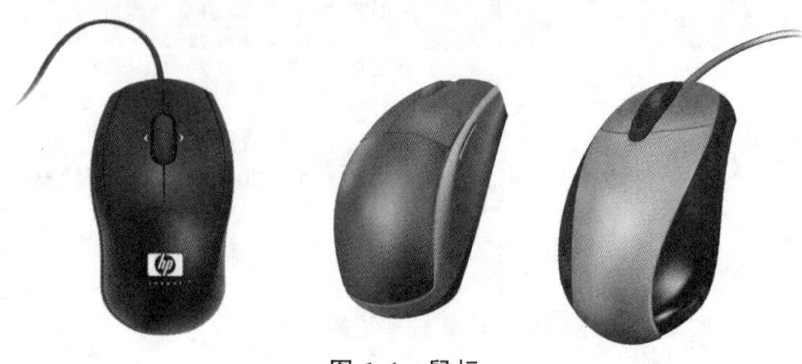

图 1-4 鼠标

• 扫描仪(scanner)就是将照片,文字、图片获取下来,以图片文件的形式保存在电脑里的一种设备,如图 1-5 所示。

图 1-5 扫描仪

• 麦克风(microphone)是数字语音录入的主要设备,如图 1-6 所示。

图 1-6 麦克风

• 书写板:用特制的电子笔在电子触摸屏上书写文字,通过软件将手工书写的字转化为标准的字体并输入到计算机,如图 1-7 所示。

图 1-7 书写板

• 数字化设备(数字照相机、录像机和数字录音机):可以在外景场地录制图像、图片和声音,如图 1-8 所示。

图 1-8 数字化设备

②外存储器

外存储器主要包括硬盘(Hard Disk)、软盘(Floppy Disk)、光盘(Compact Disc)、刻录机(CD-ReWritable)等。

● 硬盘(Hard Disk)的容量比较大,也就是说它能记录的信息比较多,而且一般都装在机箱里面,目前硬盘的容量有 40 G、60 G、80 G、200 G 等。硬盘是我们熟知的计算机配件之一,简单的说就是一个大容量存储器,与主机通讯速度很快,成为现代计算机不可缺少的配件。数据较多时,常采用外接硬盘增加外存储量,如图 1-9 所示。

图 1-9 硬盘

● 未来的发展趋势

希捷 2009 年推出 2500 GB 硬盘。硬盘记录密度越大就可以实现越大的磁盘容量,希捷 160 GB 5400 rpm 2.5 英寸垂直纪录笔记本硬盘的纪录密度是每平方英寸 135 Gbits,东芝的 2.5 英寸硬盘每平方英寸纪录密度是 188 Gbits。

日立已于 2010 年推出了 5 TB 3.5 英寸商用硬盘。该硬盘采用了电流正交平面垂直巨磁阻(CPP-GMR)技术,使每平方英寸的存储密度达到 1 TB。

● 硬盘接口

ATA:全称"Advanced Technology Attachment",是用传统的 40-pin 并口数据线连接主板与硬盘的,外部接口速度最大为 133 MB/s,因为并口线的抗干扰性太差,且排线占空间,不利于计算机散热,将逐渐被 SATA 所取代。

IDE:IDE 的英文全称为"Integrated Drive Electronics",即"电子集成驱动器",俗称 PATA 并口。

SATA :使用 SATA (Serial ATA)口的硬盘又叫串口硬盘,是 PC 机硬盘的趋势。Serial ATA 采用串行连接方式,串行 ATA 总线使用嵌入式时钟信号,具备了更强的纠错能力,与以往相比其最大的区别在于能对传输指令(不仅仅是数据)进行检查,如果发现错误会自动矫正,这在很大程度上提高了数据传输的可靠性。串行接口还具有结构简单、支持热插拔的优点。

SATA II:SATA II是芯片巨头Intel英特尔与硬盘巨头Seagate希捷在SATA的基础上发展起来的,其主要特征是外部传输率从SATA的150 MB/s进一步提高到了300 MB/s。

SCSI:SCSI的英文全称为"Small Computer System Interface"(小型计算机系统接口),是同IDE(ATA)完全不同的接口,IDE接口是普通PC的标准接口,而SCSI并不是专门为硬盘设计的接口,是一种广泛应用于小型机上的高速数据传输技术。SCSI接口具有应用范围广、多任务、带宽大、CPU占用率低,以及热插拔等优点,但较高的价格使得它很难像IDE硬盘般普及,因此SCSI硬盘主要应用于中、高端服务器和高档工作站中。

光纤通道:光纤通道的英文拼写是"Fibre Channel",和SCIS接口一样光纤通道最初也不是为硬盘设计开发的接口技术,是专门为网络系统设计的,但随着存储系统对速度的要求,才逐渐应用到硬盘系统中。光纤通道硬盘是为提高多硬盘存储系统的速度和灵活性才开发的,它的出现大大提高了多硬盘系统的通信速度。光纤通道的主要特性有:热插拔性、高速带宽、远程连接、连接设备数量大等。光纤通道是为在像服务器这样的多硬盘系统环境而设计,能满足高端工作站、服务器、海量存储子网络、外设间通过集线器、交换机和点对点连接进行双向、串行数据通讯等系统对高数据传输率的要求。

SAS接口:SAS(Serial Attached SCSI)即串行连接SCSI,是新一代的SCSI技术,和现在流行的Serial ATA(SATA)硬盘相同,都是采用串行技术以获得更高的传输速度,并通过缩短连接线改善内部空间等。SAS是并行SCSI接口之后开发出的全新接口。此接口的设计是为了改善存储系统的效能、可用性和扩充性,并且提供与SATA硬盘的兼容性。

● 硬盘尺寸

5.25英寸硬盘:早期用于台式机,已退出历史舞台。

3.5寸台式机硬盘:风头正劲,广泛用于各种台式计算机。

2.5寸笔记本硬盘:广泛用于笔记本电脑,桌面一体机,移动硬盘及便携式硬盘播放器。

1.8寸微型硬盘:广泛用于超薄笔记本电脑,移动硬盘及苹果播放器。

1.3寸微型硬盘:产品单一,三星独有技术,仅用于三星的移动硬盘。

1.0寸微型硬盘:最早由IBM公司开发,MicroDrive微硬盘(简称MD)。因符合CFII标准,所以广泛用于单反数码相机。

0.85寸微型硬盘:产品单一,日立独有技术,已知用于日立的一款硬盘手机,前Rio公司的几款MP3播放器也采用了这种硬盘。

● 硬盘的基本参数

容量:作为计算机系统的数据存储器,容量是硬盘最主要的参数。硬盘的容量以兆字节(MB)或千兆字节(GB)为单位,1 GB＝1024 MB。但硬盘厂商在标称硬盘容量时通常取1 GB＝1000 MB,因此我们在BIOS中或在格式化硬盘时看到的容量会比厂家的标称值要小。Windows操作系统带给我们的除了更为简便的操作外,还带来了文件大小与数量的日益膨胀,一些应用程序动辄就要占用上百兆的硬盘空间,而且还有不断增大的趋势。因此,在购买硬盘时适当的超前是明智的。近两年主流硬盘是500 GB,而1T以上的大容量硬盘也已开始逐渐普及。一般情况下硬盘容量越大,单位字节的价格就越便宜,但是超出主流容量的硬盘略微例外。

转速:转速(Rotationl Speed 或 Spindle Speed),是硬盘内电机主轴的旋转速度,也就是硬盘盘片在一分钟内所能完成的最大转数。转速的快慢是标示硬盘档次的重要参数之一,它是决定硬盘内部传输率的关键因素之一,在很大程度上直接影响到硬盘的速度。硬盘的转速越快,硬盘寻找文件的速度也就越快,相对的硬盘的传输速度也就得到了提高。硬盘转速以每分钟多少转来表示,单位为 RPM,RPM 是"Revolutions Per Minute"的缩写,是转/每分钟。RPM 值越大,内部传输率就越快,访问时间就越短,硬盘的整体性能也就越好。转速在很大程度上决定了硬盘的速度。家用的普通硬盘的转速一般有 5400 rpm、7200 rpm 几种,高转速硬盘也是现在台式机用户的首选;而对于笔记本用户则是 5400 rpm 为主,虽然已经有公司发布了 10000 rpm 的笔记本硬盘,但在市场中还较为少见;服务器用户对硬盘性能要求最高,服务器中使用的 SCSI 硬盘转速基本都采用 10000 rpm,甚至还有 15000 rpm 的,性能要超出家用产品很多。较高的转速可缩短硬盘的平均寻道时间和实际读写时间,但随着硬盘转速的不断提高也带来了温度升高、电机主轴磨损加大、工作噪音增大等负面影响。笔记本硬盘转速低于台式机硬盘,一定程度上是受到这个因素的影响。笔记本内部空间狭小,笔记本硬盘的尺寸(2.5 寸)也被设计的比台式机硬盘(3.5 寸)小,转速提高造成的温度上升,对笔记本本身的散热性能提出了更高的要求;噪音变大,又必须采取必要的降噪措施,这些都对笔记本硬盘制造技术提出了更多的要求。同时转速的提高,而其他的维持不变,则意味着电机的功耗将增大,单位时间内消耗的电就越多,电池的工作时间缩短,这样笔记本的便携性就受到影响。所以笔记本硬盘一般都采用相对较低转速的 5400 rpm 的硬盘。

平均访问时间:平均访问时间(Average Access Time)是指磁头从起始位置到达目标磁道位置,并且从目标磁道上找到要读写的数据扇区所需的时间。平均访问时间体现了硬盘的读写速度,它包括了硬盘的寻道时间和等待时间,即:平均访问时间=平均寻道时间+平均等待时间。硬盘的平均寻道时间(Average Seek Time)是指硬盘的磁头移动到盘面指定磁道所需的时间。这个时间当然越小越好,目前硬盘的平均寻道时间通常在 8 ms～12 ms 之间,而 SCSI 硬盘则应小于或等于 8 ms。硬盘的等待时间,又叫潜伏期(Latency),是指磁头已处于要访问的磁道,等待所要访问的扇区旋转至磁头下方的时间。平均等待时间为盘片旋转一周所需的时间的一半,一般应在 4 ms 以下。

传输速率:传输速率(Data Transfer Rate) 硬盘的数据传输率是指硬盘读写数据的速度,单位为兆字节每秒(MB/s)。硬盘数据传输率又包括了内部数据传输率和外部数据传输率。内部传输率(Internal Transfer Rate) 也称为持续传输率(Sustained Transfer Rate),它反映了硬盘缓冲区未使用时的性能。内部传输率主要依赖于硬盘的旋转速度。外部传输率(External Transfer Rate)也称为突发数据传输率(Burst Data Transfer Rate)或接口传输率,它表示的是系统总线与硬盘缓冲区之间的数据传输率,外部数据传输率与硬盘接口类型和硬盘缓存的大小有关。

缓存:缓存(Cache Memory)是硬盘控制器上的一块内存芯片,具有极快的存取速度,它是硬盘内部存储和外界接口之间的缓冲器。由于硬盘的内部数据传输速度和外界界面传输速度不同,缓存在其中起到一个缓冲的作用。缓存的大小与速度是直接关系到硬盘的传输速度的重要因素,能够大幅度地提高硬盘整体性能。当硬盘存取零碎数据时需要不断地在硬盘与内存之间交换数据,即使有大量缓存,也可以将那些零碎数据暂存在缓存中,减小外系统的负荷,也提高了数据的传输速度。

• 移动硬盘,也称为外接硬盘,它的特点在于存储容量大,单位容量的成本较低,而且存储设备的传输速率非常高,如图 1-10 所示。

图 1-10 移动硬盘

• U 盘是一种新型的移动存储交换产品,可用于存储任何数据文件并在电脑之间方便地交换文件。只要将 U 盘与电脑的 USB 接口相连,就会在"我的电脑"或"计算机"下出现一个新的盘符,便可如同使用硬(软)盘一样在该盘上读写、拷贝文件。U 盘的存储容量大,存储速度快,为软盘的 20 多倍,工作时不需要物理驱动器,也不需要外接电源,可热插拔,轻巧精致,抗震防潮,耐高低温,携带使用简单方便,如图 1-11 所示。

图 1-11 U 盘

• 软盘(Floppy Disk)的容量就相对比较小了,常用的 3.5 英寸软盘的容量是 1.44 MB。软盘必须通过插入设在机箱外面的软盘驱动器(Floppy Drive),才能够读出,记录和存储数据。目前,软盘基本已退市了,如图 1-12 所示。

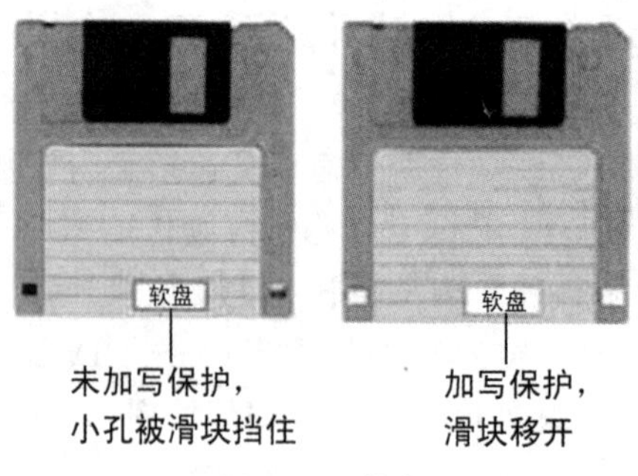

图 1-12 软盘

• 光盘驱动器(CD Driver)与光盘(Compact Disc) 常见的光盘驱动器是只读光驱(简称 CD-ROM),是只能对光盘的内容读出而不能写入。它是当前应用最普遍的一种。随着声音、视频和图形文件的使用,CD-ROM 的应用越来越广泛。光盘具有成本低、信息存储量大、保存时间长的优点,如图 1-13 所示。

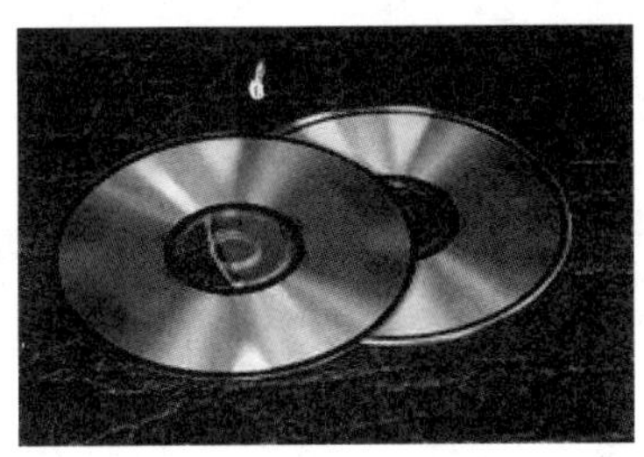

图 1-13 光盘驱动器

• CD-RW 刻录机(CD-ReWritable)是允许用户在同一张可擦写光盘上反复进行数据擦写操作的光盘驱动器。配合这种刻录机使用的光盘,称为可擦写光盘,可以像软盘一样记录数据,但比软盘信息存储量大得多,如图 1-14 所示。

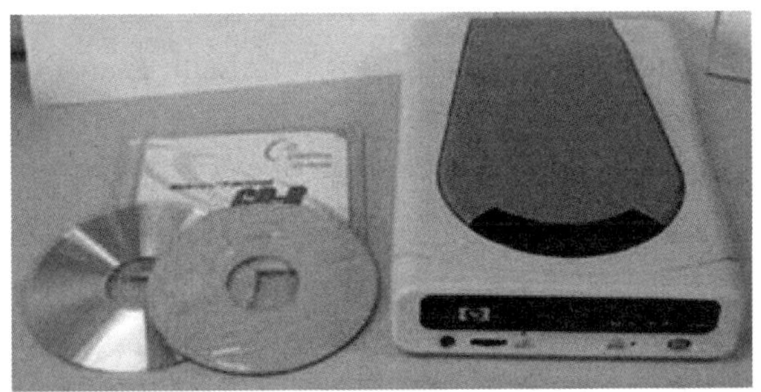

图 1-14 CD-RW 刻录机和光盘

③输出设备

输出设备同样是计算机的重要组成部分,它把计算机的中间结果或最后结果、机内的各种数据符号及文字或各种控制信号等信息输出出来。计算机常用的输出设备有显示器、打印机、音箱等。

• 显示器(monitor) 是计算机必不可少的输出设备,它的作用是将计算机内部的数据转化成为直接可以观察的到的字符、图形或图像。显示器根据图像成形的技术,目前市场上有电子显像管和液晶显示屏两类产品。电子显像管有放射性物质对人体有害,使用时要加以防护,液晶显示屏没有放射物质,但是价格较高。右图是液晶显示屏,如图 1-15 所示。

图 1-15 显示器

● 显示器的分类

从早期的黑白世界到现在的色彩世界，显示器走过了漫长而艰辛的历程，随着显示器技术的不断发展，显示器的分类也越来越明细。

CRT 显示器：是一种使用阴极射线管(Cathode Ray Tube)的显示器，阴极射线管主要有五部分组成：电子枪(Electron Gun)，偏转线圈(Deflection Coils)，荫罩(Shadow Mask)，荧光粉层(Phosphor)及玻璃外壳。它是目前应用最广泛的显示器之一，CRT 纯平显示器具有可视角度大、无坏点、色彩还原度高、色度均匀、可调节的多分辨率模式、响应时间极短等 LCD 显示器难以超过的优点，而且现在的 CRT 显示器价格要比 LCD 显示器便宜不少。按照不同的标准，CRT 显示器可划分为不同的类型。

LCD 显示器：LCD 显示器即液晶显示器，优点是机身薄，占地小，辐射小，给人以一种健康产品的形象。LCD 显示器是目前市场上的主流显示器。

LED 显示器：LED 显示屏(LED Panel)：LED 就是 Light Emitting Diode，发光二极管的英文缩写，简称 LED。它是一种通过控制半导体发光二极管的显示方式，用来显示文字、图形、图像、动画、行情、视频、录像信号等各种信息的显示屏幕。LED 的技术进步是市场需求及应用的最大推动力。LED 显示器集微电子技术、计算机技术、信息处理于一体，以其色彩鲜艳、动态范围广、亮度高、寿命长、工作稳定可靠等优点，成为最具优势的新一代显示媒体，目前，LED 显示器已广泛应用于大型广场、商业广告、体育场馆、信息传播、新闻发布、证券交易等，可以满足不同环境的需要。

3D 显示器：3D 显示器一直被公认为显示技术发展的终极梦想，多年来有许多企业和研究机构从事这方面的研究。早在 20 世纪 80 年代日本、欧美、韩国等发达国家和地区就纷纷涉足立体显示技术的研发，于 90 年代开始陆续获得不同程度的研究成果，现已开发出需佩戴立体眼镜和不需佩戴立体眼镜的两大立体显示技术体系。传统的 3D 电影在荧幕上有两组图像，观众必须戴上偏光镜才能消除重影，形成视差(parallax)，产生立体感。

● 液晶显示器参数

可视面积：液晶显示器所标示的尺寸就是实际可以使用的屏幕范围一致。例如，一个 15.1 英寸的液晶显示器约等于 17 英寸 CRT 屏幕的可视范围。

可视角度：液晶显示器的可视角度左右对称，而上下则不一定对称。市场上，大部分液晶显示器的可视角度都在 160°左右。部分一线品牌，如华硕、三星、LG、AOC 等水平可视角度能够达到 170°。

色彩度：LCD 重要的当然是的色彩表现度。我们知道自然界的任何一种色彩都是由红、绿、蓝三种基本色组成的。LCD 面板上是由 1024×768 个像素点组成显像的，每个独立的像素色彩是由红、绿、蓝(R、G、B)三种基本色来控制。大部分厂商生产出来的液晶显示器，每个基本色(R、G、B)达到 6 位，即 64 种表现度，那么每个独立的像素就有 64×64×64＝262144 种色彩。也有不少厂商使用了所谓的 FRC(Frame Rate Control)技术以仿真的方式来表现出全彩的画面，也就是每个基本色(R、G、B)能达到 8 位，即 256 种表现度，那么每个独立的像素就有高达 256×256×256＝16777216 种色彩了。

对比值：对比值是定义最大亮度值(全白)除以最小亮度值(全黑)的比值。CRT 显示器的对比值通常高达500∶1,以致在CRT显示器上呈现真正全黑的画面是很容易的。但对LCD来说就不是很容易了,由冷阴极射线管所构成的背光源是很难去做快速地开关动作,因此背光源始终处于点亮的状态。一般来说,人眼可以接受的对比值约为250∶1。

亮度值:液晶显示器的最大亮度,通常由冷阴极射线管(背光源)来决定,亮度值一般都在200~250 cd/m^2间。液晶显示器的亮度略低,会觉得屏幕发暗。通过多年的经验积累,如今市场上液晶显示器的亮度普遍都为250 cd/m^2,超过24英寸的显示器则要稍高,但也基本维持在300~400 cd/m^2间,虽然技术上可以达到更高亮度,但是这并不代表亮度值越高越好,因为太高亮度的显示器有可能使观看者眼睛受伤。

响应时间:响应时间是指液晶显示器各像素点对输入信号反应的速度,此值当然是越小越好。如果响应时间太长了,就有可能使液晶显示器在显示动态图像时,有尾影拖曳的感觉。一般的液晶显示器的响应时间为5~10 ms,而如华硕、三星、LG等一线品牌的产品中,普遍达到了5 ms以下的响应时间,基本避免了尾影拖曳问题产生。

- 打印机(Printer)有针式打印机、喷墨打印机和激光打印机三种。

针式打印机噪声大、打印质量较差,但它价格较低、打印幅面宽而且可以同时打印若干份(使用压感打印纸),适合单位打印报表,如图1-16所示。

彩色喷墨打印机都可以打印彩色图像,但通常打印的纸张幅面较小、消耗材料(打印墨水)价格较贵,如图1-17所示。

图1-16 针式打印机

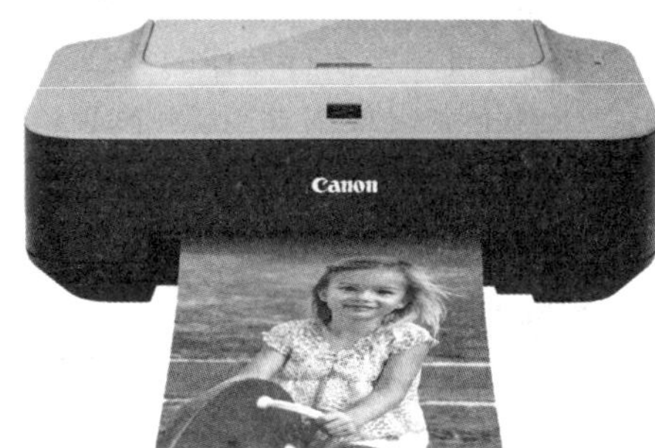

图1-17 彩色喷墨打印机

激光打印机质量最好,价格也最高,适合对打印质量要求较高的场合使用,如教材出版。这种打印机有高速度,高精度、低噪音的优点,如图1-18所示。

图1-18 激光打印机

- 音箱(Sound Box)已成为多媒体计算机的重要组成部分之一,优美的音乐、动听的歌曲、美妙的音效都自它而出,如图1-19所示。

图 1-19 音箱

④中央处理器(CPU)

中央处理器(Central Processing Unit,简称 CPU),CPU 是计算机的核心,在微型计算机中又叫微处理器。它包括运算器 ALU (Arithmetic and Logic Unit)和控制器 (Control Circuit)。运算器的功能是对数据进行各种算术运算和逻辑运算,即对数据进行加工处理。控制器是整个计算机的中枢神经,其功能是对程序规定的控制信息进行解释,根据其要求进行控制,调度程序、数据、地址,协调计算机各部分工作及内存与外设的访问等。

• 基本结构

CPU 包括运算逻辑部件、寄存器部件和控制部件。CPU 从存储器或高速缓冲存储器中取出指令,放入指令寄存器,并对指令译码。它把指令分解成一系列的微操作,然后发出各种控制命令,执行微操作系列,从而完成一条指令的执行。

指令是计算机规定执行操作的类型和操作数的基本命令。指令是由一个字节或者多个字节组成,其中包括操作码字段、一个或多个有关操作数地址的字段以及一些表示机器状态的状态字和特征码。有的指令中也直接包含操作数本身。

中央处理器的工作速度与工作主频和体系结构都有关系。中央处理器的速度一般都在几个 MIPS(每秒执行 100 万条指令)以上,有的已经达到几百 MIPS 。

速度最快的中央处理器的电路已采用砷化镓工艺。在提高速度方面,流水线结构是几乎所有现代中央处理器设计中都已采用的重要措施。未来,中央处理器工作频率的提高已逐渐受到物理上的限制,而内部执行性(指利用中央处理器内部的硬件资源)的进一步改进是提高中央处理器工作速度而维持软件兼容的一个重要方向。

• 性能指标

a. 主频

主频也叫时钟频率,单位是兆赫(MHz)或千兆赫(GHz),用来表示 CPU 的运算、处理数据的速度。

CPU 的主频等于外频乘以倍频系数。主频和实际的运算速度存在一定的关系,但并不是一个简单的线性关系。所以,CPU 的主频与 CPU 实际的运算能力是没有直接关系的,主频表示在 CPU 内数字脉冲信号震荡的速度。在 Intel 的处理器产品中,也可以看到这样的例子:1 GHz Itanium 芯片能够表现得差不多跟 2.66 GHz 至强(Xeon)/Opteron 一样快,或是 1.5 GHz Itanium 2 大约跟 4 GHz Xeon/Opteron 一样快。CPU 的运算速度还要看 CPU 的流水线、总线等等各方面的性能指标。

主频和实际的运算速度是有关的,主频仅仅是 CPU 性能表现的一个方面,不代表 CPU

的整体性能。

b. 外频

外频是 CPU 的基准频率，单位是 MHz。CPU 的外频决定着整块主板的运行速度。在台式机中，所说的超频都是超 CPU 的外频。

c. CPU 的位和字长

位：在数字电路和电脑技术中采用二进制，代码只有“0”和“1”，其中无论是“0”或是“1”在 CPU 中都是 一“位”。

字长：电脑技术中对 CPU 在单位时间内(同一时间)能一次处理的二进制数的位数叫字长。所以能处理字长为 8 位数据的 CPU 通常就叫 8 位的 CPU。同理 32 位的 CPU 就能在单位时间内处理字长为 32 位的二进制数据。字节和字长的区别：由于常用的英文字符用 8 位二进制就可以表示，所以通常就将 8 位称为一个字节。字长的长度是不固定的，对于不同的 CPU、字长的长度也不一样。8 位的 CPU 一次只能处理一个字节，而 32 位的 CPU 一次就能处理 4 个字节，同理字长为 64 位的 CPU 一次可以处理 8 个字节。

d. 倍频系数

倍频系数是指 CPU 主频与外频之间的相对比例关系。在相同的外频下，倍频越高 CPU 的频率也越高。

e. 缓存

缓存大小也是 CPU 的重要指标之一，而且缓存的结构和大小对 CPU 速度的影响非常大，CPU 内缓存的运行频率极高，一般是和处理器同频运作，工作效率远远大于系统内存和硬盘。实际工作时，CPU 往往需要重复读取同样的数据块，而缓存容量的增大，可以大幅度提升 CPU 内部读取数据的命中率，而不用再到内存或者硬盘上寻找，以此提高系统性能。但是由于 CPU 芯片面积和成本的因素来考虑，缓存都很小。

L1 Cache(一级缓存)是 CPU 第一层高速缓存，分为数据缓存和指令缓存。内置的 L1 高速缓存的容量和结构对 CPU 的性能影响较大，不过高速缓冲存储器均由静态 RAM 组成，结构较复杂，在 CPU 管芯面积不能太大的情况下，L1 级高速缓存的容量不可能做得太大。一般服务器 CPU 的 L1 缓存的容量通常在 32～256KB。

L2 Cache(二级缓存)是 CPU 的第二层高速缓存，分内部和外部两种芯片。内部的芯片二级缓存运行速度与主频相同，而外部的二级缓存则只有主频的一半。L2 高速缓存容量也会影响 CPU 的性能，原则是越大越好，以前家庭用 CPU 容量最大的是 512KB，现在笔记本电脑中也可以达到 2M，而服务器和工作站上用 CPU 的 L2 高速缓存更高，可以达到 8M 以上。

L3 Cache(三级缓存)，分为两种，早期的是外置，现在的都是内置的。L3 缓存的应用可以进一步降低内存延迟，同时提升大数据量计算时处理器的性能。降低内存延迟和提升大数据量计算能力对游戏都很有帮助。而在服务器领域增加 L3 缓存在性能方面仍然有显著的提升。

f. 制造工艺

制造工艺的微米数是指 IC 内电路与电路之间的距离。制造工艺的趋势是向密集度愈高的方向发展。密度愈高的 IC 电路设计,意味着在同样大小面积的 IC 中,可以拥有密度更高、功能更复杂的电路设计。现在主要的 180 nm、130 nm、90 nm、65 nm、45 nm。Intel 的 32 nm 的制造工艺的酷睿 i3/i5 系列是目前主流的 CPU。

g. 多线程

同时多线程(Simultaneous Multi-Threading),简称 SMT。SMT 可通过复制处理器上的结构状态,让同一个处理器上的多个线程同步执行并共享处理器的执行资源。多线程技术可以为高速的运算核心准备更多的待处理数据,减少运算核心的闲置时间。这对于桌面低端系统来说无疑十分具有吸引力。Intel 从 3.06 GHz Pentium 4 开始,所有处理器都支持 SMT 技术。

h. 多核心

多核心,也指单芯片多处理器(Chip Multi-Processors,简称 CMP)。CMP 是将大规模并行处理器中的 SMP(对称多处理器)集成到同一芯片内,各个处理器并行执行不同的进程。多核处理器可以在处理器内部共享缓存,提高缓存利用率,同时简化多处理器系统设计的复杂度。

● 主流的生产厂商

a. Intel 公司

Intel 公司是生产 CPU 的老大哥,个人电脑市场,它占有 75%多的市场份额,Intel 生产的 CPU 就成了事实上的 x86CPU 技术规范和标准。个人电脑平台最新的酷睿 2 成为 CPU 的首选,下一代酷睿 i5、酷睿 i3、酷睿 i7 抢占先机,在性能上大幅领先其他厂商的产品,如图 1-20 所示。

b. AMD 公司

目前使用的 CPU 有好几家公司的产品,除了 Intel 公司外,最有力的挑战的就是 AMD 公司,最新的 AMD 速龙 II X2 和羿龙 II 具有很好性价比,尤其采用了 3DNOW＋技术并支持 SSE 4.0 指令集,使其在 3D 上有很好的表现,如图 1-21 所示。

图 1-20 Intel 公司标志

图 1-21 AMD 公司标志

c. 国产龙芯

GodSon 小名狗剩,是国有自主知识产权的通用处理器,目前已经有 2 代产品,已经能达到现在市场上 Intel 和 AMD 的低端 CPU 的水平, 现在龙芯的英文名是 loogson。

CPU选购技巧

散装CPU只有一颗CPU,无包装。通常店家质保一年。一般是厂家提供给装机商,通过装机商流入市场的。有些经销商将散装CPU配搭上风扇,包装成原装的样子,就成了翻包货。还有另外的主要来源是就是走私的散包。CPU是电脑最重要的部位。

原包CPU,也称盒装CPU。原包CPU是厂家为零售市场推出的CPU产品,带原装风扇和厂家三年质保。其实散装和盒装CPU本身是没有质量区别的,主要区别在于渠道不同,从而质保不同,盒装基本都保3年,而散装基本只保1年,盒装CPU所配的风扇是原厂封装的风扇,而散装CPU不配搭风扇,或者由经销商自己配搭风扇。

黑盒CPU是指由厂家推出的顶级不锁频CPU,比如AMD的黑盒5000+,这类CPU不带风扇,是厂家专门为超频用户而推出的零售产品。

深包CPU,也称翻包CPU。经销商将散装CPU自行包装,加风扇。没有厂家质保,只能店保,通常是店家质保三年。或把CPU从国外走私到境内,进行二次包装,加风扇。价格比散装略便宜。

工程样品CPU,是指处理器厂商在处理器推出前提供给各大板卡厂商以及OEM厂商用来测试的处理器样品。生产的制成是属于早期产品,但品质并不都低于最终零售CPU,其最大的特点例如:不锁倍频,某些功能特殊,是精通DIY的首选。市面上偶尔也能看见此类CPU销售,这些工程样品会给厂商打上“ES”标志(ES=Engine Sample的缩写)这里同样需要注意的是,很多此类CPU的稳定性很差,功耗很大,有些发热量也大的惊人,个别整机、笔记本存在使用工程样品CPU的现象,选购时需要注意。

对于市面上的Intel和AMD的CPU而言,一般用户买的都是盒装产品。

对盒装产品而言,用户可以参照如下方法鉴别:

从CPU外包装的开的小窗往里看,原装产品CPU表面会有编号,从小窗往里看是可以看到编号的,原装CPU的编号清晰,而且与外包装盒上贴的编号一致,很多翻包CPU会把CPU上的编号磨掉,这一点注意鉴别。

随着科技发展,造假技术越来越高,如果不能够肯定所买CPU是不是原装,可以按照包装上的说明用Intel或AMD厂商提供的方式查询所买CPU的真伪。

⑤内存

内存是内部存储器的简称。要执行的程序、要处理的信息和数据,都必须先从外存储器中取出再存入内存,才能由CPU进行处理。

- 内存的分类

内存一般可分RAM和ROM两大类。

RAM称为随机读写存储器。RAM中存储的数据可以随时取出来(称为读出),也可以随时存入新数据(称为写入)或对原来的数据进行修改。它的缺点是断电后所存储的任何数据都将丢失。目前计算机上所采用的“内存条”指的是把一些存储器芯片组装在一小条印刷电路板上做成的。现在常用的RAM容量有512 MB、2 GB、4 GB和8 GB等。

ROM称为只读存储器。ROM中存储的数据只能读出,而用一般方法不能写入。它的最大优点是断电后保存的数据不会丢失,因此用来保存计算机经常使用固定不变的程序和数据。ROM 中保存的最重要的程序是基本输入输出系统 BIOS,这是一个对输入输出设备进行管理的程序。

存储器的最小存储单位是字节(Bit),一个字节能存放一个英文字母,占一个字节,而一个汉字占两个字节。描述存储容量的单位还有以下几个:1 KB=1024 Bit,1 MB=1024 KB,1 GB=1024 MB。

• 内存频率

内存主频和 CPU 主频一样,习惯上被用来表示内存的速度,它代表着该内存所能达到的最高工作频率。内存主频是以 MHz(兆赫)为单位来计量的。内存主频越高在一定程度上代表着内存所能达到的速度越快。内存主频决定着该内存最高能在什么样的频率正常工作。

(2)计算机的软件(software)

如果一台计算机只有硬件的话,那么它只能说具有一副骨架而已,只有装上了系统软件和应用软件后,这时的计算机才能被称之为真正的计算机。

• 硬件驱动程序 (Driving Program)

只是有硬件的计算机称为“裸机”,必须要有能驱使硬件工作的软件才能让计算机及其外设工作,这种软件就是我们平常所说的驱动程序。

任何计算机都必须要有驱动程序驱动才能工作,否则就一点用处也没有。驱动程序是计算机软件中最基本的软件,也是保障计算机能顺利工作的基础。例如,Windows 的操作系统中,就收集了很多常见设备的驱动程序,不过有些设备,特别是新型的设备必须单独安装驱动程序。

计算机软件系统是管理、监控和维护计算机资料的各种程序,它包括操作系统、语言处理、数据库管理和网络用电子邮件等,它与硬件是不可分的。各种软件使用时,都会在计算机显示屏上以各种窗口的形式显示出来,是应用软件的工作平台,许多软件有多个用户的共用性和共享性,又称为多用户工作平台。

• 操作系统 (Operating System)

在使用计算机过程中,人们又渐渐发现,由人工来管理越来越多的文件是一件很难的事情。为了解决这个问题,就产生了一种软件叫操作系统。

操作系统是替我们管理计算机的一种软件,在操作系统出现之前,只有专业人士才懂得怎样使用计算机,而在操作系统出现之后,不管你是否是计算机专业人员,只要经过简单的培训,都能很容易地掌握计算机。

操作系统是大家听得最多的一种软件,它为计算机中的应用软件提供了一个操作平台。

目前计算机中常见的操作系统有微软的 Windows Server 2003、和 Windows XP,还有 Windows 7和 Linux 等。

• 应用软件

系统软件并不针对某一特定应用领域,而应用软件则相反,不同的应用软件根据用户和所服务的领域提供不同的功能。应用软件是为了某种特定的用途而被开发的软件。它可以是一个特定的程序,比如一个图像浏览器,也可以是一组功能联系紧密,可以互相协作的程序的集合,比如微软的 Office 软件,也可以是一个由众多独立程序组成的庞大的软件系统,比如数据库管理系统。

2. 其他硬件

主板，又叫主机板（mainboard）、系统板（systemboard）或母板（motherboard）。它安装在机箱内，是计算机最基本的也是最重要的部件之一。主板一般为矩形电路板，上面安装了组成计算机的主要电路系统，一般有BIOS芯片、I/O控制芯片、键盘和面板控制开关接口、指示灯插接件、扩充插槽、主板及插卡的直流电源供电接插件等元件，如图1-22所示。

图1-22　主板

（1）主板特点

主板采用了开放式结构。主板上大都有6～8个扩展插槽，供PC机外围设备的控制卡（适配器）插接。通过更换这些插卡，可以对计算机的相应子系统进行局部升级，使厂家和用户在配置机型方面有更大的灵活性。总之，主板在整个计算机系统中扮演着举足轻重的角色。可以说，主板的类型和档次决定着整个计算机系统的类型和档次，主板的性能影响着整个计算机系统的性能。

（2）工作原理

在电路板下面，是错落有致的电路布线；在上面，则为棱角分明的各个部件：插槽、芯片、电阻和电容等。当主机加电时，电流会在瞬间通过CPU、南北桥芯片、内存插槽、AGP插槽、PCI插槽、IDE接口以及主板边缘的串口、并口和PS/2接口等。随后，主板会根据BIOS（基本输入输出系统）来识别硬件，并进入操作系统发挥出支撑系统平台工作的功能。

（3）主板构成

①芯片部分

BIOS芯片：是一块方块状的存储器，里面存有与该主板搭配的基本输入输出系统程序。能够让主板识别各种硬件，还可以设置引导系统的设备，调整CPU外频等。BIOS芯片是可以写入的，这方便用户更新BIOS的版本，以获取更好的性能及对电脑最新硬件的支持，当然不利的一面便是会让主板遭受诸如CIH病毒的袭击。

南北桥芯片：横跨AGP插槽左右两边的两块芯片就是南北桥芯片。南桥多位于PCI插槽的上面；而CPU插槽旁边，被散热片盖住的就是北桥芯片。芯片组以北桥芯片为核心，一般情况，主板的命名都是以北桥的核心名称命名的（如P45的主板就是用的P45的北桥芯片）。北桥芯片主要负责处理CPU、内存和显卡三者间的“交通”，由于发热量较大，因而需要散热片散热。南桥芯片则负责硬盘等存储设备和PCI之间的数据流通。南桥和北桥合称芯片组。芯片组在很大程度上决定了主板的功能和性能。

RAID 控制芯片:相当于一块 RAID 卡的作用,可支持多个硬盘组成各种 RAID 模式。目前主板上集成的 RAID 控制芯片主要有两种:HPT372 RAID 控制芯片和 Promise RAID 控制芯片。

②扩展槽部分

内存插槽:内存插槽一般位于 CPU 插座下方。

AGP 插槽:颜色多为深棕色,位于北桥芯片和 PCI 插槽之间。AGP 插槽有 1×、2×、4×和 8×之分。AGP4×的插槽中间没有间隔,AGP2×则有。在 PCI Express 出现之前,AGP 显卡较为流行,其传输速度最高可达到 2133MB/s(AGP8×)。

PCI Express 插槽:随着 3D 性能要求的不断提高,AGP 已越来越不能满足视频处理带宽的要求,目前主流主板上显卡接口多转向 PCI Exprss。PCI Exprss 插槽有 1×、2×、4×、8×和 16×之分。

CNR 插槽:多为淡棕色,长度只有 PCI 插槽的一半,可以接 CNR 的软 Modem 或网卡。

③对外接口部分

硬盘接口:硬盘接口可分为 IDE 接口和 SATA 接口。在型号老些的主板上,多集成 2 个 IDE 口,通常 IDE 接口都位于 PCI 插槽下方,从空间上则垂直于内存插槽(也有横着的)。而新型主板上,IDE 接口大多缩减,甚至没有,代之以 SATA 接口。

软驱接口:连接软驱所用,多位于 IDE 接口旁,比 IDE 接口略短一些,因为它是 34 针的,所以数据线也略窄一些。

COM 接口(串口):目前大多数主板都提供了两个 COM 接口,分别为 COM1 和 COM2,作用是连接串行鼠标和外置 Modem 等设备。

PS/2 接口:PS/2 接口的功能比较单一,仅能用于连接键盘和鼠标。一般情况下,鼠标的接口为绿色、键盘的接口为紫色。PS/2 接口的传输速率比 COM 接口稍快一些,但这么多年使用之后,虽然现在绝大多数主板依然配备该接口,但支持该接口的鼠标和键盘越来越少,大部分外设厂商也不再推出基于该接口的外设产品,更多的是推出 USB 接口的外设产品,不过值得一提的时候,由于该接口使用非常广泛,因此很多使用者即使在使用 USB 也更愿意通过 PS/2-USB 转接器插到 PS/2 上使用,因此接口现在依然使用效率极高,但在不久的将来,被 USB 接口所完全取代的可能性极高。

USB 接口:USB 接口是现在最为流行的接口,最大可以支持 127 个外设,并且可以独立供电,其应用非常广泛。USB 接口可以从主板上获得 500 mA 的电流,支持热拔插,真正做到了即插即用。一个 USB 接口可同时支持高速和低速 USB 外设的访问,由一条四芯电缆连接,其中两条是正负电源,另外两条是数据传输线。高速外设的传输速率为 12 Mbps,低速外设的传输速率为 1.5 Mbps。此外,USB 2.0 标准最高传输速率可达 480 Mbps。USB 3.0 已经出现在最新主板中,很快会被广泛推广。

LPT 接口(并口):一般用来连接打印机或扫描仪。现在使用 LPT 接口的打印机与扫描仪已经基本很少了,多为使用 USB 接口的打印机与扫描仪。

MIDI 接口:声卡的 MIDI 接口和游戏杆接口是共用的。接口中的两个针脚用来传送 MIDI 信号,可连接各种 MIDI 设备,例如电子键盘等,现在市面上已很难找到基于该接口的产品。

SATA 接口：SATA 的全称是 Serial Advanced Technology Attachment（一种基于行业标准的串行硬件驱动器接口），SATA 规范将硬盘的外部传输速率理论值提高到了 150 MB/s，从其发展计划来看，未来的 SATA 也将通过提升时钟频率来提高接口传输速率，让硬盘也能够超频。

3. 计算机的硬件接口

计算机硬件接口如图 1-23 所示。

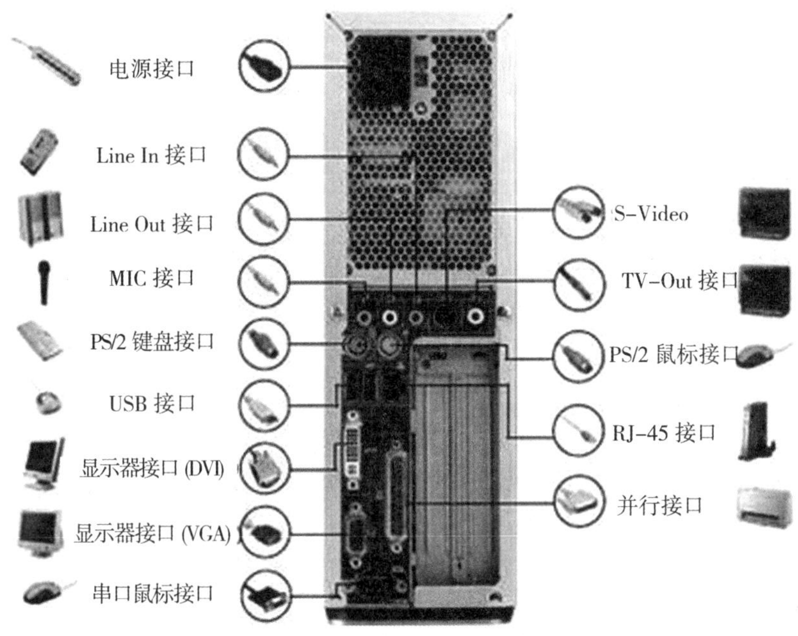

图 1-23　计算机硬件接口

- 电源接口（黑色）

用于连接三相 220V 电源，以使机箱内部的电源正常供电。

- Line In 接口（天蓝色）

Line In 线性输入接口（音频输入接口），通常另一端连接外部声音设备的 Line Out 端。

- Line Out 接口（淡绿色）

Line Out 接口是提供双声道音频输出，可以接在喇叭或其他放音设备的 Line In 接口中。

- MIC 接口（粉红色）

MIC 接口用于连接麦克风。

- PS/2 键盘接口（紫色）

PS/2 接口是用于连接 PS/2 类型的键盘接口。

- USB 接口

USB 接口用于连接键盘、鼠标、外置 MODEM、打印机、扫描仪、光存储器、游戏杆、数码相机、MP3 播放器、数字音箱等。

- 显示器接口(DVI)

DVI 全称为 Digital Visual Interface,分为两种:一种是 DVI-D 接口,只能接收数字信号;另一种是 DVI-I 接口,可同时兼容模拟和数字信号。

- 显示器接口(VGA)

VGA(Video Graphics Array)接口,也叫 D-Sub 接口,用于显卡上输出模拟信号,是应用最为广泛的显卡接口类型。

- 串口鼠标接口

串口就是串行接口,是连接鼠标的接口。

- S-Video 接口

S-Video(Separate Video)是应用最普遍的视频接口,提供快捷、高清晰度的视频传输。

- TV-Out 接口

TV-Out 是指显卡输出信号到电视的相关接口,把显示画面输出到电视。

- PS/2 鼠标接口(绿色)

PS/2 鼠标接口是连接 PS/2 类型的鼠标接口。

- RJ-45 接口

RJ-45 端口用于连接计算机的以太网卡。

- 并行接口(大红色)

并行接口用于连接并口设备如光驱、磁带机、外部硬盘、打印机、扫描仪等。

实训项目

实训 1　计算机的选购

实训要求:利用所学计算机系统的组成知识,深入市场,了解计算机的各种组件的型号、参数、价格,分别以 3000 元、5000 元的标准配置组装机。

项目 2

使用 Windows 8 操作系统

项目导引：

Windows 8 是微软最新推出具有革命性变化的 Windows 操作系统。Windows 8 支持个人电脑和平面电脑，提供了更佳的屏幕触控支持，采用全新的 Metro 风格用户界面，系统画面与操作方式与以前 Windows 操作系统相比发生了很大变化。本项目通过对Windows 8 操作系统文件与文件夹管理、个性化设置、软件的管理、用户管理、附件、中英文输入等任务的了解和操作，使读者对 Windows 8 操作系统有一个全面细致的认识。

技能目标：

✍熟练操作 Windows 8 操作系统；
✍会进行个性化设置；
✍会有效地管理文件与文件夹；
✍会添加与管理软件；
✍能进行用户管理；
✍能进行附件的使用。

知识目标：

✍了解 Windows 8 操作系统的基本操作；
✍掌握 Windows 8 操作系统的个性化设置；
✍掌握文件与文件夹的管理；
✍掌握软件及硬件的添加与管理方法；
✍掌握用户管理的方法；
✍掌握实用附件的使用方法。

任务 2.1　Windows 8 操作系统的基本操作

任务描述

本项目详细介绍 Windows 8 的基本操作，包括 Windows 8 的启动、退出、桌面组成、

Metro 界面、对窗口的基本操作等。

任务分析

Windows 8 作为目前最新的 Windows 操作系统，系统画面与操作方式与以前 Windows 操作系统相比发生了极大变化。本项目让大家共同了解 Windows 8 的启动、退出、Metro 界面、桌面组成、窗口与对话框等基本操作。

任务实施

活动 1　Windows 8 的启动、退出、重启与界面切换

使用 Windows 8，首先要学会系统的启动与退出等基本操作。Windows 8 的启动与退出操作与以往的操作系统相比有很多变化。

1. 开机启动 Windows 8

要使用 Windows 8 操作系统，首先需要启动 Windows 8，在登录系统之后才可以做一系列相关的操作。开机启动 Windows 8 的操作步骤如下：

(1)按下显示器和电脑主机的电源按钮，打开显示器并接通主机电源。

(2)在启动过程中，Windows 8 会进行自检、初始化硬件设备。

(3)如果没有对用户账户进行任何设置，则系统将直接登录 Windows 8 操作系统；如果设置了用户密码，则需在“密码”文本框中输入密码，然后按【Enter】键或用鼠标单击右侧箭头，如图 2-1 所示，系统开始验证密码。

(4)Windows 8 系统登录后默认首先进入 Metro 界面，如图 2-2 所示。

图 2-1　登录界面

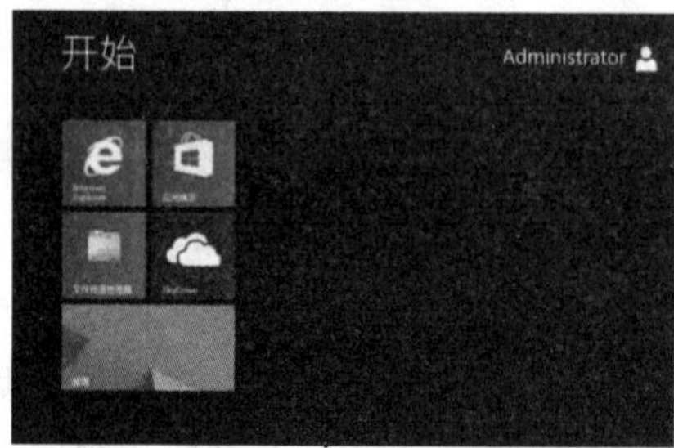

图 2-2　Metro 界面

2. 关机退出 Windows 8

使用 Windows 8 完成所有的操作后，可关机退出 Windows 8。关机退出 Windows 8 的操作步骤如下：

(1)把鼠标悬停在屏幕的右上角，弹出 Charm 工具栏，如图 2-3 所示。

(2)在弹出的 Charm 工具栏中单击“设置”图标，弹出设置界面，如图 2-4 所示。

(3)在设置界面单击下方的“电源”按钮，在弹出的菜单中选择“关机”选项。电脑自动保存文件和设置后退出 Windows 8。

(4)关闭显示器及其他外部设备的电源。

图 2-3　Charm 工具栏

图 2-4　设置界面

3. 重启

“重启”是在使用电脑的过程中遇到某些故障时（比如出现死机状态，程序停止不运行，电脑没有反应），让系统自动修复故障并重新启动电脑的操作。

重启时将打开的程序全部关闭并退出 Windows 8，然后电脑立即自动启动 Windows 8。

重启和关机步骤差别不大，不同的是在设置界面单击下方的“电源”按钮后，在弹出的菜单中选择“重启”选项。

4. Metro 界面与桌面之间的切换

Windows 8 启动后，进入 Metro 界面。Metro 界面是 Window 8 的主要显示风格，Windows 7 以前版本操作系统只有桌面，没有 Metro 界面。如图 2-5 所示，左侧是 Metro 界面，右侧是桌面。

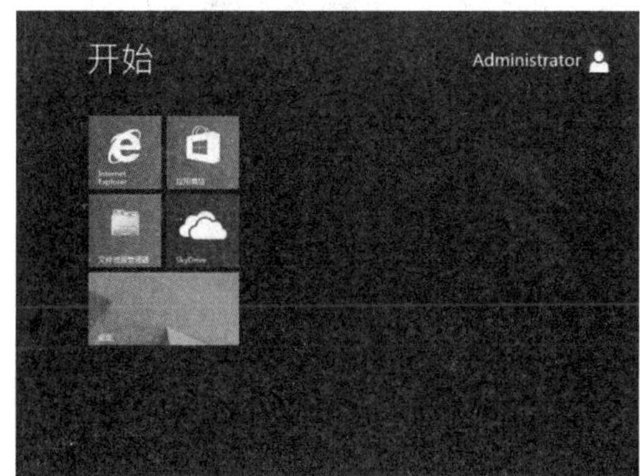

图 2-5　Metro 界面与桌面的切换

Metro 界面相当于以前的 Start(开始)菜单,它上面的程序以 Tile(瓷贴)的形式展现。

Metro 界面和桌面之间可以来回切换。

从 Metro 界面切换到桌面:

方法一:在 Metro 界面中单击“桌面”图标,系统切换到传统桌面模式。

方法二:在 Metro 界面中将光标移到左下角悬停片刻,出现传统桌面缩略图,在缩略图上单击进入传统桌面。

方法三:使用快捷键【Windows＋D】(在键盘上找到 Windows 键和 D 键,同时按)也可进入桌面。

从桌面切换到 Metro 界面:

方法一:把鼠标悬停在桌面右上角,弹出 Charm 工具栏,在 Charm 工具栏中单击“开始”图标,切换到 Metro 界面。

方法二:单击屏幕左下角开始缩略图,弹出开始菜单,在菜单中选择“‘开始’屏幕”命令,可进入 Metro 界面。

活动 2　Metro 界面

启动进入 Windows 8 后,首先看到的是 Metro 界面,Metro 是 Windows 8 专门为触摸而设计的一个新的界面风格,上面铺满了各种彩色的磁贴,让人一看见就有触摸的冲动,在触摸手机和平板设备中用户可以通过 Metro 使用触摸操作,同时对于非触摸设备 Metro 也支持鼠标和键盘。

下面主要介绍 Windows 8 Metro 界面在非触摸设备上的操作。

1. 查看应用程序

Metro 界面上有很多被称为磁贴(Tile)的彩色方块图标,双击这些图标可以打开其对应的应用程序。桌面中安装的程序以及在应用商店中下载的程序都会在 Metro 中展现出来。单击图 2-6 中 Metro 界面下方向下箭头,可以打开所有的应用程序,如图 2-7 所示。在图 2-7 中可以通过屏幕最下方的滚动条向右拖动,看到右方应用程序图标,向左拖动可以回到左侧,通过左右拖动可以找到所有应用程序,单击下方向上箭头可以回到图 2-6 界面。

图 2-6　单击 Metro 界面

图 2-7　打开所有应用程序界面

2. 管理应用程序

Metro 界面上的程序以 Tile(瓷贴)的形式展现,支持动态显示,可以按照自己意愿的添加、删除 Tile,也可以对 Title 进行放大、缩小和分组等操作,下面我们来学习如何打造属于自己的 Metro 界面。

(1)取消没用的应用程序

每次安装程序之后,都会在 Metro 上添加上所有的安装程序,使 Metro 界面看起来有些乱。此时,我们可以将没用的或很少用到应用程序从 Metro 界面上取消(或者称将程序从 Metro 界面上解锁),方法是用鼠标右键点击需要取消的应用程序图标,此时在屏幕下方出现快捷菜单,例如当右键单击计算器图标时,出现快捷菜单如图 2-8 所示,在菜单中单击“从‘开始’屏幕取消固定”,Metro 界面上的计算器图标消失。取消后的应用程序并没有丢失,只是在 Metro 开始界面中不显示,当打开所有应用程序时仍然可以看到计算器图标。

图 2-8　快捷菜单界面

(2)添加应用程序

对于 Metro 界面上没有的应用程序,如果我们经常使用,可以把它添加到 Metro 界面中。

- 首先显示所有应用程序,找到需要添加的程序,例如“计算器”;
- 在“计算器”图标上击右键,此时出现快捷菜单,如图 2-9 所示;
- 在快捷菜单中单击“固定到‘开始’屏幕”,此时 Metro 界面上又多了计算器图标。

图 2-9　快捷菜单

(3)放大或缩小应用图标

- 在 Metro 界面的应用程序图标上单击右键出现快捷菜单,如图 2-8 所示,在快捷菜单中看到“调整大小”;
- 单击“调整大小”,在上方弹出“中小”选项标,通过选择可以调整应用程序大小。

(4)重新排列应用和程序图标的位置

用鼠标左键按住某应用和程序不放,然后拖拽到合适的位置松开鼠标左键就可以调换和调整它们的位置。

活动 3　Windows 8 的桌面

在 Metro 界面中单击“桌面”图标,系统切换到桌面模式。Windows 的很多操作是在桌面上完成的。下面主要介绍 Windows 8 桌面中各元素的作用及其相应的操作方法。

Windows 8 桌面主要包括桌面图标、桌面背景和任务栏,如图 2-10 所示,其作用分别介绍如下。

1. 桌面图标

通过桌面图标可以打开相应的操作窗口或应用程序。例如,把鼠标指向“计算机”图标双击,会打开计算机窗口,如图 2-11 所示。

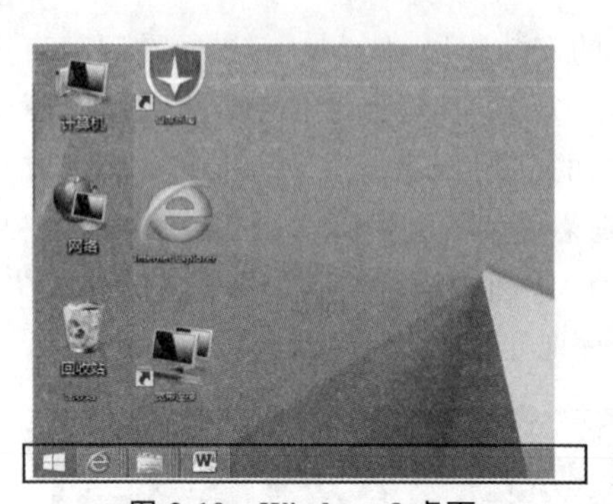
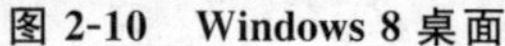

图 2-10 Windows 8 桌面

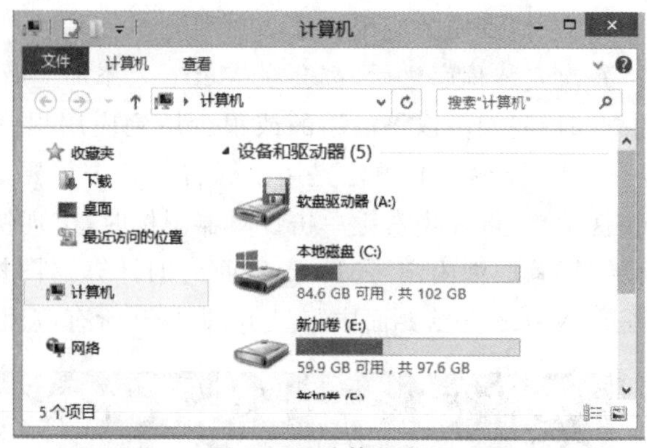

图 2-11 计算机窗口

桌面图标主要包括系统图标和快捷方式图标两部分。其中系统图标是指可进行与系统相关操作的图标;快捷图标指应用程序的快捷启动方式,其主要特征是图标左下角有一个小箭头标识。

在新安装的 Windows 8 系统桌面中,只有"计算机"、"网络"和"回收站"三个图标,随着用户不断安装应用程序,桌面上的图标个数逐渐增多,对于一些常用的文件和程序,如果没有桌面图标,用户可以自己添加快捷方式图标,对于桌面上没用的图标,用户也可以对其进行删除。

(1)添加快捷方式图标

如果需要添加文件或应用程序的桌面快捷确定方式,方法很简单:在计算机中找到文件或程序并选中,单击鼠标右键,在弹出的快捷菜单中选择"发送到"命令,再在弹出的子菜单中选择"桌面快捷方式"命令,即可将相应的快捷图标添加到桌面。

(2)删除桌面图标

如果桌面上的图标过多,可以根据需要将桌面上的一些图标删除。删除桌面图标的方法是:选择需要删除的桌面图标,单击鼠标右键,在弹出的快捷菜单中选择"删除"命令,如图 2-12 左侧所示,或将鼠标光标移到需要删除的桌面图标上,按住鼠标左键不放,将该图标拖动至"回收站"图标上,当出现"移动到回收站"字样时释放鼠标左键,再在打开的提示对话框中单击"确定"按钮,如图 2-12 右侧所示。

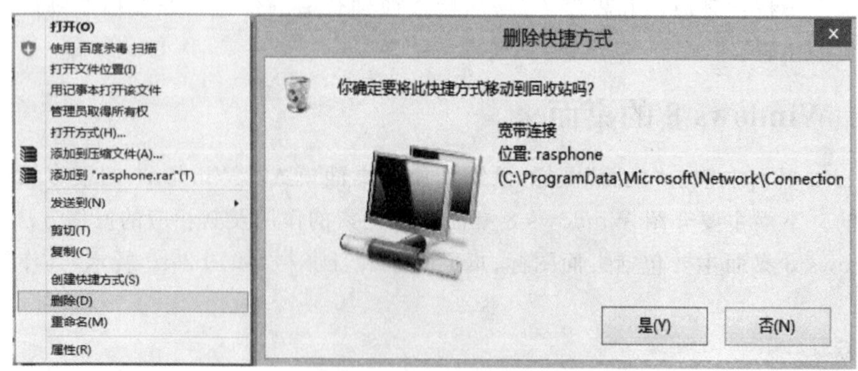

图 2-12 删除桌面图标

2. 桌面背景

桌面背景是指应用于桌面的图片或颜色。根据个人的喜好可以将喜欢的图片或颜色设置为桌面背景，丰富桌面内容，美化工作环境。在 Windows 8 中提供了很多自带的图片，如图 2-13 所示为设置系统自带的背景图片后的桌面效果。

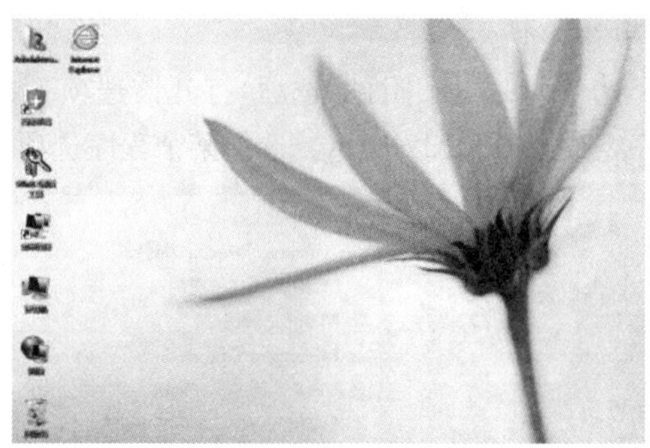

图 2-13　设置桌面背景后的桌面效果

3. 任务栏

任务栏可以用来进行打开应用程序和管理窗口等操作。通常可以在桌面的底部找到任务栏。任务栏主要包括“开始”按钮、快速启动区、语言栏和系统提示区等部分，如图 2-14 所示。默认状态下任务栏位于桌面的最下方。

图 2-14　任务栏

快速启动区包括“浏览器”和“文件资源管理器”图标，单击“浏览器”图标可以打开浏览器窗口，单击“文件资源管理器”图标可以打开计算机窗口。

快速启动栏右方是当前已经打开的程序和文件图标，通过这些图标我们知道当前运行的有 Word 应用程序和“个性化”设置程序，通过单击这两个图标可以在两个程序之间切换。

任务栏右侧是语言栏和系统提示区。语言栏用来选择和设置输入法。系统提示区用于显示“系统音量”、“网络”以及系统时间等。

4. 使用“开始”菜单

Windows 8 的“开始”菜单在原有的基础上做了很大的改进，使用起来非常方便。下面来认识“开始”菜单，并了解它的使用方法。

(1)认识“开始”菜单

单击“开始”按钮，弹出“开始”菜单，如图 2-15 所示。其中，左侧“最近使用的程序”栏中列出了常用的程序列表，通过它可快速启动常用的程序。当前操作系统显示的为正在使用的用户图标，为便于用户识别，单击它可设置用户账户。

(2)使用系统控制区

默认“开始”菜单右侧的深色区域是 Windows 的系统控制区，如图 2-15 所示。系统控制区是“开始”菜单中最常用的几个选项，包括当前用户“Administrator”、“文档”、“图片”、“音乐”和“联系到”等命令，通过单击这些命令可以快速打开对应的窗口。系统控制区右下角的关机按钮可进行“关机”、“切换用户”、“注销”、“锁定”和“重启”等操作。

(3)使用“所有程序”菜单

“所有程序”菜单集合了电脑中所有程序，使用 Windows 8 的“所有程序”菜单寻找某个程序时，不会产生凌乱的感觉。使用“所有程序”菜单的操作步骤如下：

- 单击“开始”按钮，弹出“开始”菜单；单击“所有程序”命令，弹出“所有程序”菜单，显示各个程序的汇总菜单，如图 2-16 所示。
- 在该菜单中选择某个选项，如选择“附件”选项，打开该选项下的二级菜单，该二级菜单由“附件”选项包含的所有程序组成，如图 2-17 所示。选择某个程序选项，即可启动该程序。

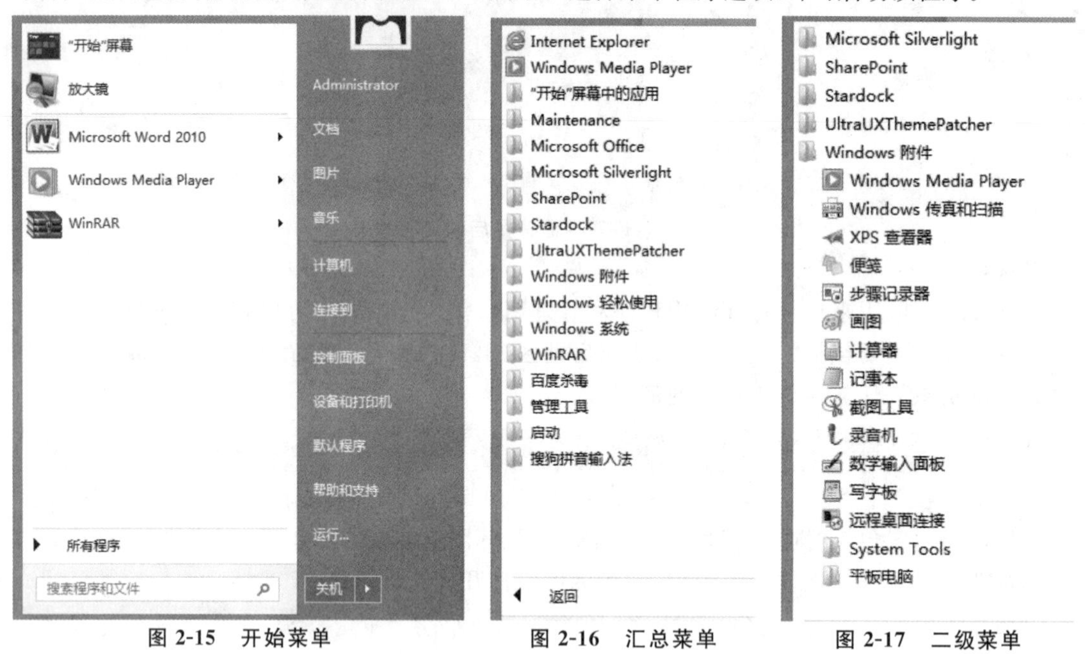

图 2-15　开始菜单　　图 2-16　汇总菜单　　图 2-17　二级菜单

(4)使用搜索栏

在 Windows 8 的“开始”菜单中提供了快捷的搜索功能，只需在标有“搜索程序和文件”的搜索框中输入需要查找的内容或对象，便能够迅速地查找到该内容或对象。如搜索画图程序，其操作步骤如下：

- 单击“开始”按钮，弹出“开始”菜单。
- 在“搜索程序和文件”搜索框中输入“画图”。搜索结果是“画图”程序。

活动 4　Windows 8 的窗口与对话框

1. Windows 8 窗口

电脑中的操作大多数是在各式各样的窗口中完成的。通常，只要是右上方包含“最小化”、“最大化/还原”和“关闭”按钮的人机交互界面都可以称为窗口。

(1)打开窗口

打开窗口有很多种方法，下面以打开“计算机”窗口为例进行介绍。

双击桌面图标：在“计算机”图标上双击鼠标左键即可打开该图标对应的窗口。

通过快捷菜单命令：将鼠标光标移到“计算机”图标上，单击鼠标右键，在弹出的快捷菜单中选择“打开”命令。

通过“开始”菜单：单击“开始”按钮，弹出“开始”菜单，选择系统控制区的“计算机”命令。

(2)认识窗口的组成

窗口主要由标题栏、快速访问工具栏、功能区、地址栏、搜索框、窗口工作区和窗格等部分组成，如图 2-18 所示。

图 2-18 系统窗口

- 标题栏

窗口最上方的区域是标题栏，显示了当前目录的位置。标题栏右侧是“最小化”按钮、“最大化/还原”按钮和“关闭”按钮，单击这些按钮可对窗口执行相应的操作。

- 快速访问工具栏

标题栏的左侧是快速访问工具栏，默认显示了属性和新建文件夹图标，可以单击右侧下拉列表▾自定义快速访问工具栏，如图 2-19 所示。

- 功能区

标题栏的下方是功能区，功能区包含选项卡和项目工具两部分，主要包括“主页”、“共享”和“查看”三个选项卡，分别为用户提供不同的功能，打开不同的窗口或在窗口中选择不同的对象，工具栏中显示的选项卡是不一样的。

选项卡下是一些常用的工具按钮，通过这些按钮可以对当前的窗口和其中的内容进行调整或设置。单击选项卡，可显示下面工具，如图 2-18 中显示了“主页”选项卡下工具，该选项卡由“剪贴板”、“组织”、“新建”、“打开”以及“选择”5 个选项组组成。“剪贴板”选项组提供了复制、粘贴、剪切、复制路径和粘贴快捷方式按钮。

- 控制按钮区

控制按钮区主要实现目录的前进、后退及返回上级目录。

• 地址栏

地址栏是“计算机”窗口中重要的组成部分，通过它可以清楚地知道当前打开的文件夹的路径。当知道某个文件或程序的保存路径时，可以直接在地址栏中输入路径来打开保存该文件或程序的文件夹。Windows 8 的地址栏中每一个路径都由不同按钮组成，如图 2-20 所示。单击这些按钮，就可以在相应的文件夹之间进行切换。单击这些按钮右侧的按钮，将会弹出一个子菜单，其中显示了该按钮对应文件夹的所有子文件夹。

图 2-19 快速访问工具栏

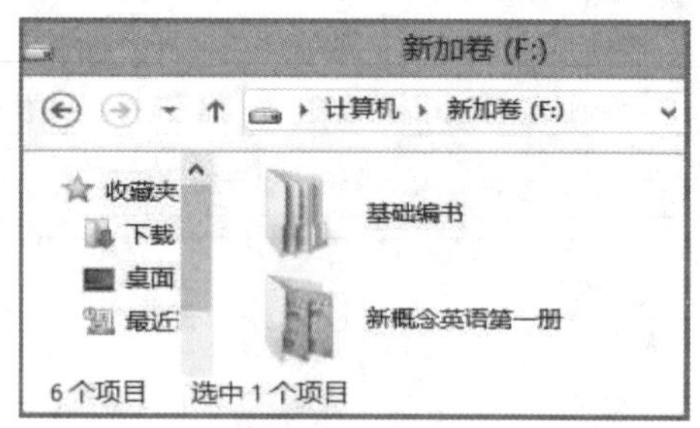

图 2-20 地址栏

• 搜索栏

窗口右上角的搜索框与“开始”菜单中“搜索程序和文件”搜索框的使用方法和作用相同，都具有在电脑中搜索各类文件和程序的功能。在开始输入关键字时，搜索就开始进行了，随着输入的关键字越来越完整，符合条件的内容也将越来越少，直到搜索出完全符合条件的内容为止。这种在输入关键字的同时就进行搜索的方式称为“动态搜索功能”。使用搜索框时应注意，如在“计算机”窗口中打开某个文件夹窗口，并在搜索框中输入内容，表示只在该文件夹窗口中搜索，而不是对整个计算机资源进行搜索。

• 窗口工作区

窗口工作区用于显示当前窗口的内容或执行某项操作后显示的内容。如图 2-21 所示为打开“C:\Windows\Web\Wallpaper\线条和颜色”文件夹后的窗口，由于窗口工作区的内容较多，将在其右侧或下方出现滚动条，通过拖动滚动条可查看其他未显示出的部分。

• 状态栏

状态栏位于窗口最下方，会根据用户选择的内容，显示容量和数量等信息。

• 视图按钮

状态栏右侧的两个按钮称为视图按钮，分别为“列表”和“大缩略”视图。

(3)关闭窗口

在窗口中执行完操作后，可关闭窗口，其方法有以下几种：

使用菜单命令：将鼠标光标移到标题栏，单击鼠标右键，在弹出的快捷菜单中选择“关闭”命令关闭窗口。

单击“关闭”按钮：直接单击窗口右上角的“关闭”按钮 × 关闭窗口。

使用任务栏：用鼠标右键单击任务栏中窗口对应的图标，在弹出的快捷菜单中选择“关闭窗口”命令。当打开多个窗口时，选择“关闭所有窗口”命令，将关闭对应的窗口，如图 2-22 所示。

(4)移动窗口

在操作电脑时,为了方便操作某些部分,需要调整窗口在桌面上的位置,其方法是将鼠标光标移到窗口的标题栏上,按住鼠标左键不放,可以拖动窗口到任意位置。

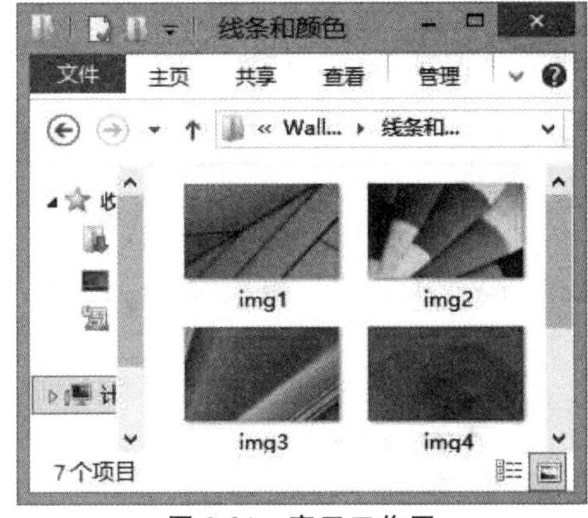

图 2-21　窗口工作区

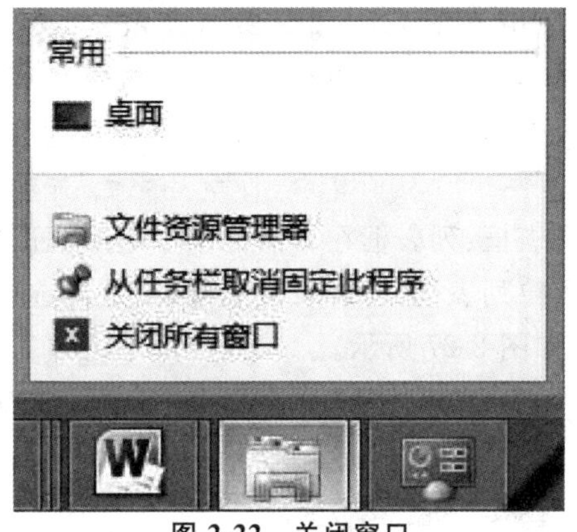

图 2-22　关闭窗口

(5)排列窗口

与其他版本一样,Windows 8 也可以对窗口进行不同的排列,方便用户对窗口进行操作和查看,尤其当打开的窗口过多时,采用不同的方式排列窗口可以提高工作效率。其方法是在任务栏的空白处单击鼠标右键,在弹出的快捷菜单中选择“层叠窗口”、“堆叠显示窗口”或“并排显示窗口”命令即可。

2. Windows 8 的对话框

Windows 8 的很多操作是在对话框中完成的。下面我们来认识对话框的组成和基本操作。

Windows 8 的对话框根据操作程序的不同而不同,如图 2-23 和图 2-24 所示分别为“回收站属性”对话框和“系统属性”对话框。对话框中包含了不同类型的元素,且不同的元素可实现不同的功能。

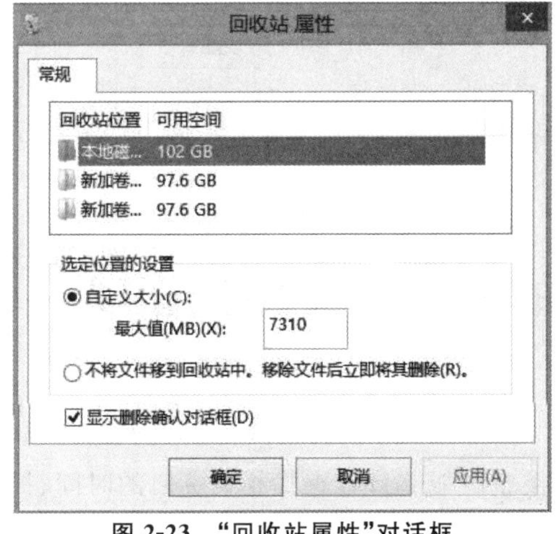

图 2-23　“回收站属性”对话框

图 2-24　“系统属性”对话框

对话框界面和窗口类似,但它们的最大区别在于对话框不能调整大小。对话框中各元素的作用及设置方法介绍如下:

选项卡:对话框中一般有多个选项卡,通过选择相应的选项卡可切换到不同的设置页,如图 2-24,系统属性对话框中包含“计算机名”、“硬件”、“高级”、“系统保护”和“远程”5 个选项卡。

单选按钮:当在某功能下存在多个选项,但这些选项之间是冲突的,只能选择其中一项时,可以用单选按钮,如图 2-23 所示。

文本框:文本框用来直接输入内容,如图 2-25 中可以直接输入计算机名。

复选框:其作用与单选框按钮类似,但选项之间没有冲突,可以同时选择多项,如图 2-26 所示。

列表框:列表框在对话框中以矩形框形式显示,其中分别列出了多个选项。

下拉列表框:与列表框类似,只是将选项折叠起来,单击右侧三角按钮,将显示出所有的选项,如图 2-27 所示。

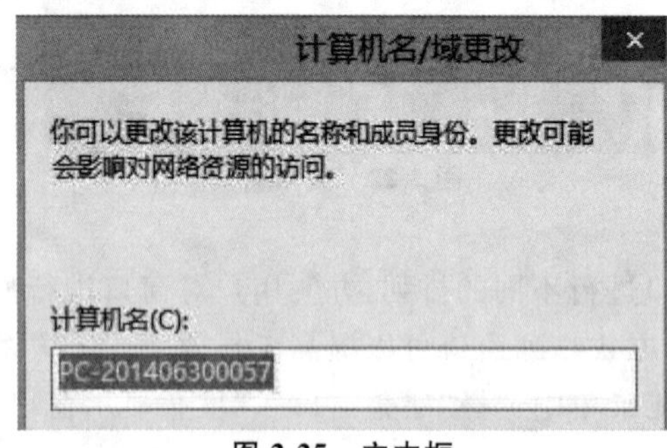

图 2-25　文本框

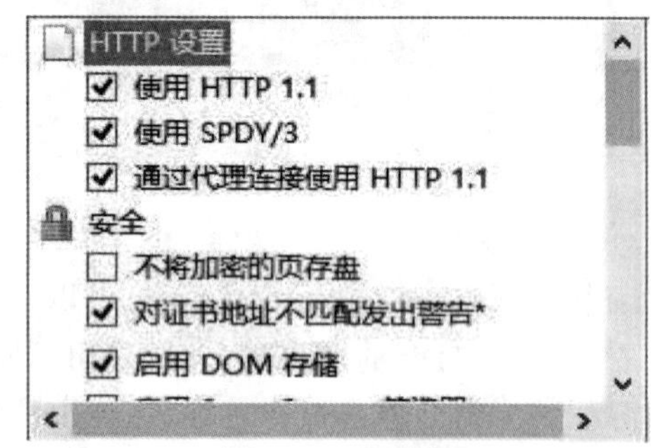

图 2-26　复选框

按钮:单击对话框中的某些按钮可以打开相应对话框进行进一步设置,而单击某些按钮则执行对应的功能,如图 2-28 所示,单击“设置”按钮将打开“启动和故障恢复”对话框进一步设置,单击“确定”按钮将完成设置并保存生效。

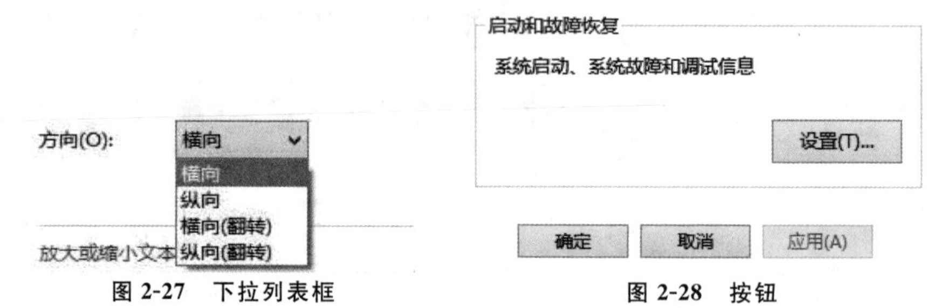

图 2-27　下拉列表框　　图 2-28　按钮

任务 2.2　Windows 8 的文件与文件夹管理

任务描述

在管理电脑中的资料时,对文件和文件夹分类整理能够节省查找相关资料的时间、提高工作效率。

任务分析

本项目将详细介绍分类整理文件和文件夹的相关操作,如“新建”、“选择”、“重命名”、

“复制”、“移动”、“删除”和“恢复”等，并对文件和文件夹的属性设置、文件夹图标的设置及隐藏文件和文件夹的方法进行描述。

任务实施

活动1 磁盘、文件与文件夹

电脑中的资源是以文件形式保存的，而文件通常存储在文件夹中，文件和文件夹存储在磁盘中。它们之间是包含与被包含的关系。下面将分别介绍磁盘、文件和文件夹的相关概念。

1. 磁盘

磁盘通常是指硬盘划分出的分区，用于存放电脑中的各种资源。磁盘的盘符通常由磁盘图标、磁盘名称和磁盘使用的信息组成，如图 2-29 所示，用大写的英文字母后面加一个冒号来表示，如 D:，可以简称为 D 盘。用户可以根据需要在不同的磁盘中存放相应的内容，各个磁盘存放的内容分类，比如 C 盘用来安装程序，D 盘存储学习类资源，E 盘存储娱乐类资源。

2. 文件与文件夹

文件通常不直接放在磁盘中，而是存放在文件夹中，下面将分别介绍文件和文件夹的相关知识。

(1)文件

保存在电脑中的各种信息和数据都被统称为文件，如一张图片、一份办公文档、一个应用程序、一首歌曲或一部电影等。在 Windows 8 操作系统的平铺显示方式下，文件主要由文件名、文件扩展名、分隔点、文件图标及文件描述信息等部分组成，如图 2-30 所示。

文件中各组成部分的作用介绍如下：

文件名：用于表示当前文件的名称，图 2-30 中 License、Order、Rar 是文件名，用户可以自定义文件的名称，以便对其进行管理。

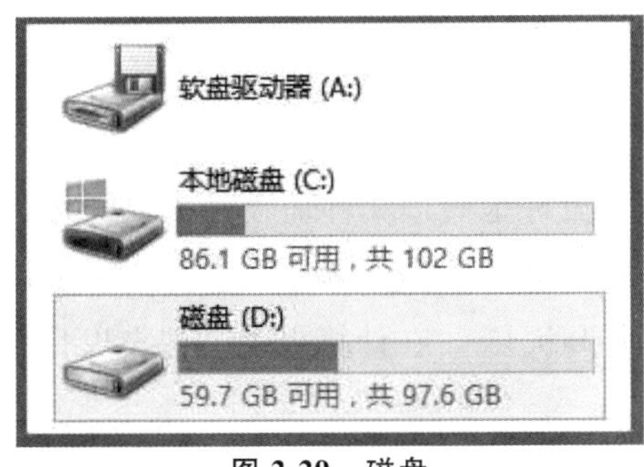

图 2-29 磁盘

图 2-30 文件名列表

文件扩展名：是操作系统中用来标识文件格式的一种机制，如名为“Order. htm”的文件中，htm 是其扩展名，表示这个文件是一个网页文件。系统默认文件扩展名不显示，可以打开“查看”选项卡，如图 2-31 所示，勾选“文件扩展名”复选框来显示扩展名。不同的扩展名有不同的含义，要用不同的应用程序打开对应的文件，表 2-1 中列出了集中常见的扩展名。文件扩展名不能随意改动。

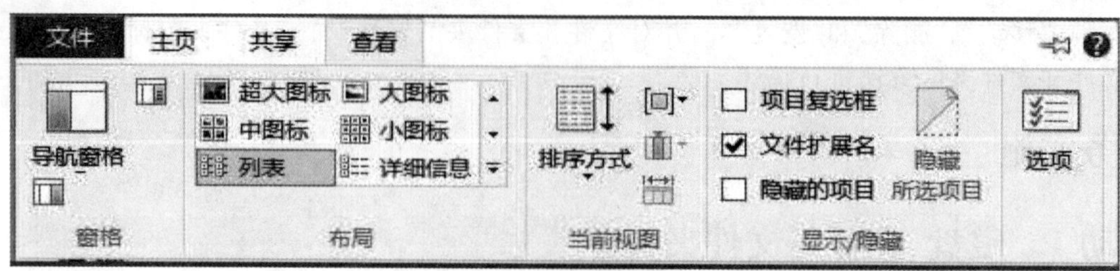

图 2-31 “查看”选项卡

表 2-1 常见文件扩展名

扩展名	文件类型	扩展名	文件类型
iso	镜像文件	tmp	临时文件
rar	WinRAR 压缩包文件	docx	Word 文档,用 Word 程序打开
html	网页,用浏览器查看	xlsx	Excel 工作表
exe	可执行文件,双击可执行	jpg(bmp、gif)	图像文件
pdf	pdf 文档	pptx	演示文稿文件
rm	视频文件	txt	记事本文件

分隔点:用于分隔文件名与文件扩展名。

文件图标:与文件扩展名的功能类似,用于表示当前文件的类别,它是应用程序自动建立的,在不同类型的文件中其文件图标和扩展名也不相同。

文件描述信息:用于显示当前文件的大小和类型等信息。

Windows 8 文件命名规则如下:

- 文件或者文件夹名称不得超过 255 个字符。
- 文件名除了开头之外任何地方都可以使用空格。
- 文件名中不能有下列符号:“?”、“、”、“╲”、“*”、“““、“”“、“＜”、“＞”、“|”。
- Windows 8 文件名不区分大小写,但在显示时可以保留大小写格式。
- 系统中的特殊名称不能作为文件名,如 AUX、COM1 等。
- 同一文件夹下的文件名不能相同。

(2)文件夹

文件夹用于存放和管理电脑中的文件,是为了更好地管理文件而设计的。通过将不同的文件归类存放到相应的文件夹中,可以快速找到所需的文件。文件夹的外观由文件夹图标和文件夹名称组成,文件夹图标是一个黄色书夹形状。在计算机中文件夹以目录树的形式存在。

3. 磁盘、文件与文件夹之间的关系

如果把电脑比作图书馆,那么磁盘就是各个图书室,而文件夹就是图书室中的各排书架,文件则是图书。它们的大概关系便是如此,但不同的是磁盘中除了可以有多个文件夹外可以直接存放文件,而文件夹中除文件外还可以有许多子文件夹。

在管理电脑资源的过程中,需要随时查看某些文件和文件夹,Windows 8 一般在“计算机”窗口中查看电脑中的资源,主要通过窗口工作区、地址栏和文件夹窗格进行查看。

活动 2　文件与文件夹的操作

企业只有在有效的管理机制下才能良好地运作，同样，电脑中的资源也只有在得到妥善的管理后才会变得井井有条。要想管理好电脑中的资源，就必须掌握文件和文件夹的基本操作，包括查看、新建、选择、复制、移动、删除和搜索等。

1. 设置文件与文件夹显示方式

Windows 8 提供了图标、列表、详细信息、平铺和内容等显示文件和文件夹的方式。只需单击窗口中“查看”选项卡，在下面的按钮中即可选择相应的显示方式，如图 2-31 所示。各显示方式介绍如下：

- 图标显示方式：将文件夹所包含的图像显示在文件夹图标上，可以快速识别该文件夹的内容，常用于文件夹中。包括超大图标、大图标、中等图标和小图标四种图标显示方式。
- 列表显示方式：将文件与文件夹名称通过列表方式显示。若文件夹中包含很多文件，列表显示便于快速查找某个文件，在该显示方式中可以对文件和文件夹进行分类，但是无法按组排列文件。
- 详细信息显示方式：显示相关文件或文件夹的详细信息，包括名称、类型、大小和日期等。
- 平铺显示方式：以图标加文件信息的方式显示文件或文件夹，是查看文件或文件夹的常用方式。
- 内容显示方式：将文件的创建日期、修改日期和大小等内容显示出来，方便进行查看和选择。

2. 新建文件与文件夹

在电脑中写入资料或存储文件时需要新建文件或文件夹，在 Windows 8 的相关窗口中通过快捷菜单命令可以快速完成新建任务。下面将新建一个名为“资料”的文件夹，其操作步骤如下：

- 在需要新建文件夹的窗口处单击鼠标右键，在弹出的快捷菜单中选择“文件夹”命令，如图 2-32 左所示，或者在窗口的“主页”选项卡下单击“新建文件夹”的按钮，如图 2-32 右所示。
- 此时窗口新增内容 新建文件夹 ，窗口中新建文件夹的名称文本框处于可编辑状态，输入“资料”，按【Enter】键完成新建。
- 新建文件的操作与新建文件夹的操作相同，在需新建文件的窗口空白处单击鼠标右键，在弹出的快捷菜单中选择“新建”命令，然后在弹出的子菜单中选择新建文件类型对应的命令即可。

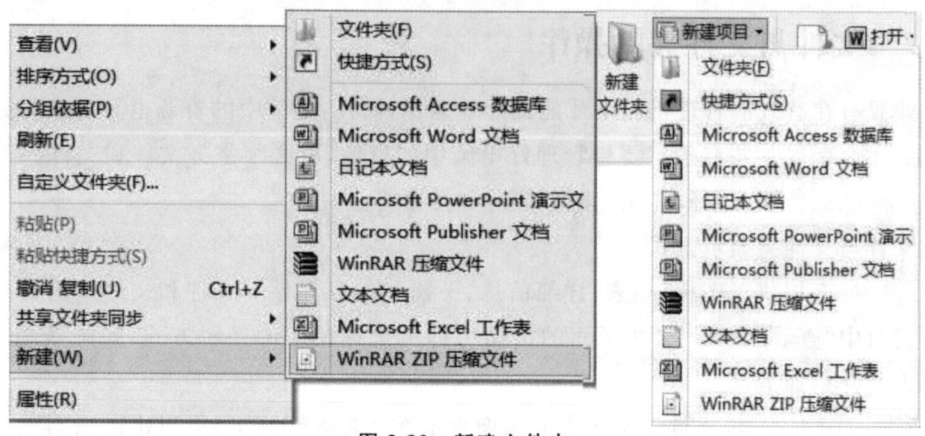

图 2-32 新建文件夹

3. 选择文件与文件夹

在对文件与文件夹进行复制、移动、重命名等基本操作之前,需要对文件与文件夹进行选择,可以选择不同数量和不同位置的文件和文件夹。

(1)选择单个文件或文件夹

用鼠标单击文件或文件夹图标即可将其选择,被选择的文件或文件夹呈蓝底形式显示。

(2)选择多个文件或文件夹

当选择多个文件或文件夹时,可以选择多个相邻的、多个连续的、多个不连续的或所有文件和文件夹,其方法介绍如下:

- 选择多个相邻的文件或文件夹:在需选择的文件或文件夹起始位置处按住鼠标左键进行拖动,此时在窗口中将出现一个蓝色的矩形框,框住需要选择的文件或文件夹后,释放鼠标,即可完成选择。
- 选择多个连续的文件或文件夹:单击某个文件或文件夹图标后,按住【Shift】键不放,然后单击另一个文件或文件夹图标,即可选择这两个文件或文件夹之间的所有连续文件或文件夹。
- 选择多个不连续的文件或文件夹:按住【Ctrl】键不放,依次单击需要选择的文件或文件夹即可选择多个不连续的文件或文件夹。
- 选择所有文件或文件夹:在打开的窗口的"主页"选项卡下单击"全部选择"按钮。或者在窗口中按【Ctrl+A】键,即可选择该窗口中的所有文件或文件夹。

4. 重命名文件或文件夹

可以对文件或文件夹进行重命名,其操作方式如下:

- 使用快捷菜单重命名。

在需要重命名的文件或文件夹上单击右键,在弹出的快捷菜单中选择"重命名"命令,此时文件名称处于编辑状态,输入新名称即可。

- 使用工具按钮重命名。

选择需要重命名的文件或文件夹,在打开的窗口的"主页"选项卡下单击"重命名"按钮,如图 2-33 所示,此时文件名称处于编辑状态,输入新名称即可。

5. 移动和复制文件或文件夹

移动和复制文件或文件夹是对文件和文件夹进行管理过程中经常使用的操作。下面分别对此进行讲解。

(1)移动文件或文件夹

移动文件或文件夹后，在原来的位置将不存在该文件或文件夹。其操作方法如下：

- 选择需要移动的文件或文件夹，单击“主页”选项卡下“剪切”按钮，如图 2-33 所示，然后打开目标文件夹，单击“主页”选项卡下 “粘贴”按钮。
- 选择需要移动的文件或文件夹，按【Ctrl＋X】键，打开目标文件夹，按【Ctrl＋V】键。
- 选择需要移动的文件夹或文件，单击鼠标右键，在弹出的快捷菜单中选择“剪切”命令，然后打开目标文件夹，单击鼠标右键，在弹出的快捷菜单中选择“粘贴”命令。
- 选择需要移动的文件或文件夹，单击“主页”选项卡下“移动到”按钮，如图 2-33 所示，然后在弹出菜单中选择目标位置。

图 2-33　主页选项卡

(2)复制文件或文件夹

复制文件或文件夹是指对原来的文件或文件夹不作任何改变，重新生成一个完全相同的文件或文件夹。其操作方法如下：

- 选择需要移动的文件或文件夹，单击“主页”选项卡下“复制”按钮，如图 2-33 所示，然后打开目标文件夹，单击“主页”选项卡下 “粘贴”按钮。
- 选择需要移动的文件或文件夹，按【Ctrl＋C】键，打开目标文件夹，按【Ctrl＋V】键。
- 选择需要移动的文件夹或文件，单击鼠标右键，在弹出的快捷菜单中选择“复制”命令，然后打开目标文件夹，单击鼠标右键，在弹出的快捷菜单中选择“粘贴”命令。
- 选择需要移动的文件或文件夹，单击“主页”选项卡下“复制到”按钮，如图 2-33 所示，然后在弹出菜单中选择目标位置。

6. 删除文件或文件夹

当磁盘中存在重复的或者不需要的文件或文件夹影响了对电脑的各种操作时，可删除文件或文件夹，其方法介绍如下：

- 选择需删除的文件或文件夹，单击单击“主页”选项卡下“删除”按钮，弹出菜单如图 2-34所示，选择 “回收”或者“永久删除”。

“回收”和“永久删除”的区别是：“回收”只是把被删除文件放到回收站，不会真正删除，还占的硬盘空间。放到回收站之后是可以直接把文件还原回来的。只有清空回收站才能把文件真正的从硬盘上删除。“永久删除”是直接从硬盘上删除，不能还原。

- 选择需删除的文件或文件夹，按【Delete】键。
- 选择需删除的文件或文件夹，单击鼠标右键，在弹出的快捷菜单中选择“删除”命令。
- 选择需删除的文件或文件夹，按住鼠标左键将其拖动到桌面上的“回收站”图标上，再释放鼠标。

以上后四种方法都是把删除文件暂时存放到回收站中。

在执行以上删除文件或文件夹的操作后,会出现“删除文件”提示对话框询问是否将该文件或文件夹放入回收站中,如图 2-35,单击“是(Y)”按钮删除该文件或文件夹。如果不想删除单击“否(N)”。

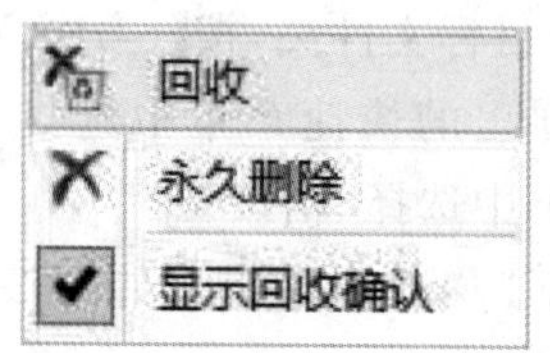

图 2-34　点击删除后的弹出菜单

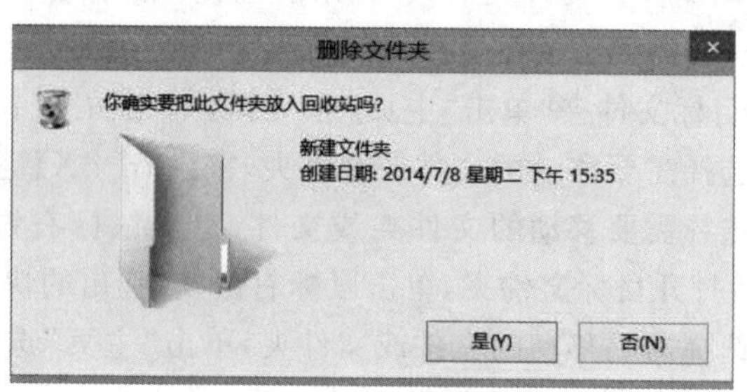

图 2-35　询问菜单

7. 搜索文件或文件夹

当忘记了文件或文件夹的保存位置或记不清楚文件或文件夹的全名时,使用 Windows 8的搜索功能便可快速查找到所需的文件或文件夹,而且此操作非常简单和方便,只需在“搜索”文本框中输入需要查找文件或文件夹的名称或该名称的部分内容,系统就会根据输入的内容自动进行搜索,搜索完成后将在打开的窗口中显示搜索到的全部内容。

下面将搜索在“计算机”窗口中与“花”相关的文件或文件夹,其操作步骤如下:

- 双击“计算机”图标,打开“计算机”窗口,单击工具栏中的“搜索”按钮。
- 在“搜索”文本框中输入“花”,系统自动进行搜索,搜索完成后,该窗口中将显示所有与“花”有关的文件或文件夹。

活动 3　设置文件与文件夹属性

文件和文件夹除了名称、大小和创建时间等属性外,还有只读、隐藏、共享和安全等属性。

在文件或文件夹上击右键,弹出快捷菜单,选择“属性”命令,如图 2-36 所示,弹出属性对话框,如图 2-37 所示是文件夹“软件”的属性对话框,有“常规”、“共享”、“安全”和“自定义”5 个选项卡,通过它们可以设置文件或文件夹属性。下面我们对文件和文件夹的一些属性进行设置。

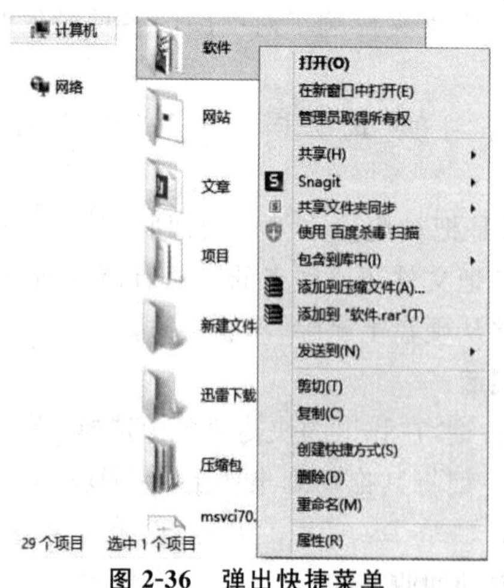

图 2-36　弹出快捷菜单

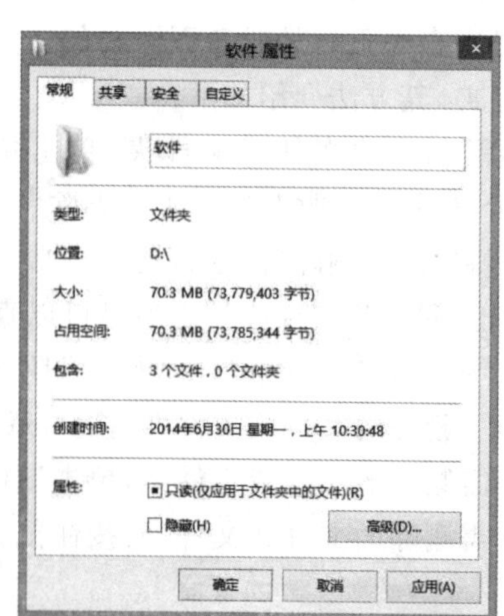

图 2-37　软件属性对话框

● 修改文件/文件夹“只读”和“隐藏”属性。

在“常规”选项卡下，除了文件/文件夹的位置、大小等基本属性外，下面有“只读”和“隐藏”两个多选框，勾选“只读”多选框则文件夹的文件只能浏览，不能修改。勾选“隐藏”多选框则文件夹被隐藏。

如要显示被隐藏的文件/文件夹，在窗口的“查看”选项卡下，勾选“隐藏的项目”多选框，此时被隐藏的内容显示出来，颜色有些朦胧，通过“属性”对话框取消选择“隐藏”。

● 设置个性化的文件夹图标。

右击修改图标的文件夹，比如“软件”文件夹，弹出属性对话框。

在“自定义”选项卡下，单击“更改图标”，如图 2-38 所示，弹出图 2-39 所示对话框，拖动水平滚动条寻找图标样式并选择该样式，单击“确定”按钮完成设置。

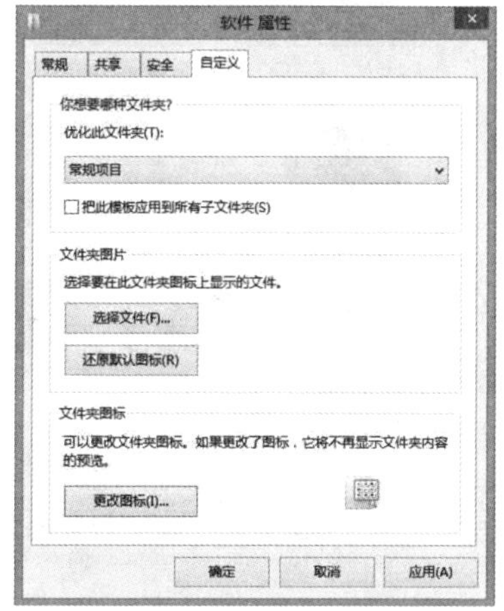

图 2-38　单击“更改图标”

图 2-39　弹出更改图标对话框

任务 2.3　Windows 8 的个性化设置

任务描述

无论是家庭用户还是办公用户，在使用电脑的过程都可进行个性化的设置，以方便各项操作以及对电脑的使用环境进行美化。本项目将从电脑个性化设置的各个方面，包括设置鼠标和键盘以及对计算机的日期与时间设置等进行详细的描述。

任务分析

本项目将对电脑个性化设置的几个方面进行讲解，包括设置桌面与主题、鼠标和键盘以及对计算机的日期与时间进行设置等。

任务实施

活动 1　桌面与主题的设置

好看的桌面给人带来好的心情，Windows 8 的桌面个性化设置可以直接使用系统自带的主题方案,同时也可以对壁纸、颜色、声音和屏保等分别进行设置,并支持将自定义的主题保存以便随时使用。

(1)桌面背景设置

● 在桌面空白处单击鼠标右键,在弹出的快捷菜单中选择“个性化”命令,打开“个性化”窗口,如图 2-40 所示。

● 单击窗口中的“桌面背景”命令,打开“桌面背景”窗口,如图 2-41 所示。

图 2-40 个性化窗口界面

图 2-41 桌面背景窗口

● 选择满意的背景图片。

● 用户也可以通过“浏览”按钮选择本地磁盘中存储的其他图片,比如自己从网上下载的桌面背景图片。

● 单击“保存更改”按钮。

(2)调整窗口颜色

● 单击“桌面背景”窗口中的“颜色”命令,打开“颜色和外观”窗口,如图 2-42 所示。

● 选择喜欢的颜色,通过“颜色浓度”滑块可以调整颜色的深浅。

● 单击“保存更改”按钮。

(3)设置屏幕保护程序

● 单击“桌面背景”窗口中的“屏幕保护程序”命令,打开“屏幕保护程序设置”对话框,如图 2-43 所示。

● 默认的屏幕保护程序是无,单击“屏幕保护程序”下拉列表框右方向下箭头,打开列表,选择保护程序,比如“变幻线”。

● 修改“等待”项后面的分钟数,调控当屏幕多长时间不发生变化时呈现保护程序。

● 单击“确定”按钮。

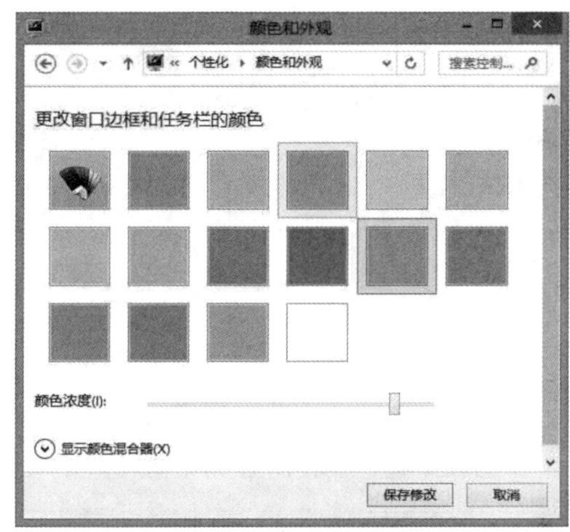

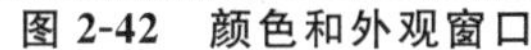
图 2-42　颜色和外观窗口

图 2-43　屏幕保护程序设置对话框

活动 2　鼠标与键盘的设置

当鼠标或键盘的默认设置不能达到自己的要求时，通过对鼠标和键盘速度等参数进行设置，可以使操作过程变得顺畅。

1. 设置鼠标

设置鼠标主要包括调整双击鼠标的速度、更换氰指针样式以及设置鼠标指针选项等。其操作如下：

- 在桌面空白处单击鼠标右键，在弹出的快捷菜单中选择“个性化”命令，打开“个性化”窗口，单击导航窗格中的“更改鼠标指针”命令。
- 打开“鼠标属性”对话框，如图 2-44 所示，选择“指针”选项卡，然后单击“方案”栏中的下拉按钮，在其下拉列表中选择鼠标样式方案，如选择“Windows 黑色(系统方案)”选项，单击“应用”按钮，此时鼠标指针样式变为设置后的样式。
- 在“自定义”列表框中，选择需单独更改样式的鼠标状态选项，如图 2-44 所示，如选择“后台运行”选项，然后单击“浏览”按钮。
- 打开“浏览”对话框，系统自动定位到可选择指针样式的文件夹，在列表框中选择一种样式，如选择“aero-busy-ani”选项，如图 2-45 所示，单击“打开”按钮。
- 返回“鼠标属性”对话框，可看到“自定义”列表框中的“后台运行”鼠标指针变为 aero-busy-ani 样式效果了。
- 选择“鼠标键”选项卡，在“双击速度”栏中拖动“速度”滑块调节双击速度，如图 2-46 所示，单击“应用”按钮。
- 选择“指针选项”选项卡，在“移动”栏中拖动滑块调整鼠标指针的移动速度，选中“显示指针轨迹”复选框，移动鼠标指针时会产生“移动轨迹”效果，确认设置后，单击“确定”按钮，如图 2-47 所示，完成对鼠标的设置。

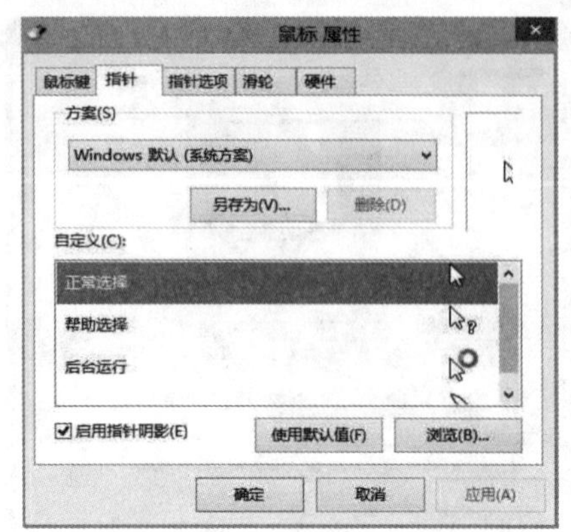

图 2-44 鼠标属性对话框

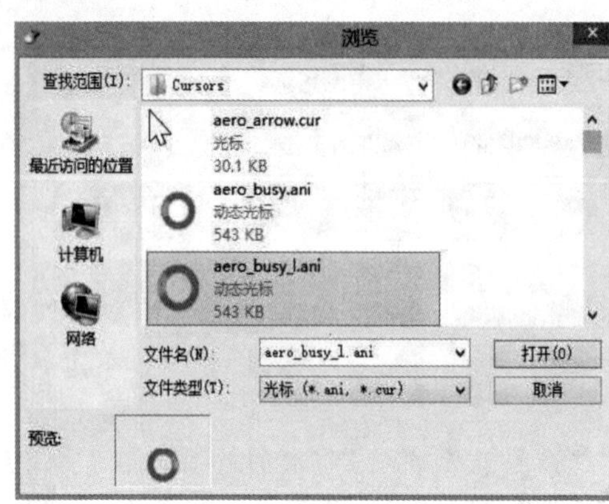

图 2-45 打开"浏览"对话框

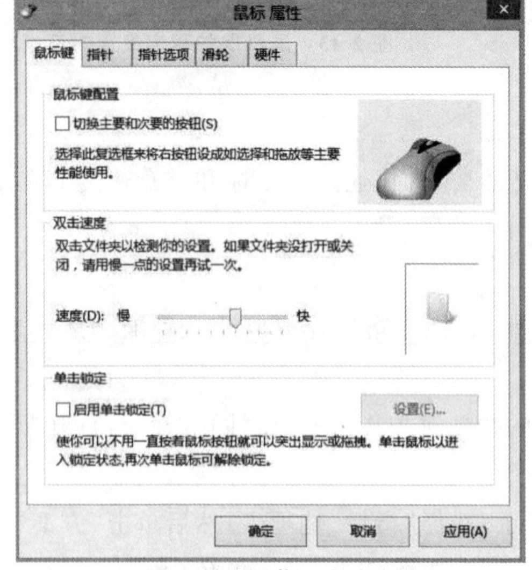

图 2-46 调节双击速度

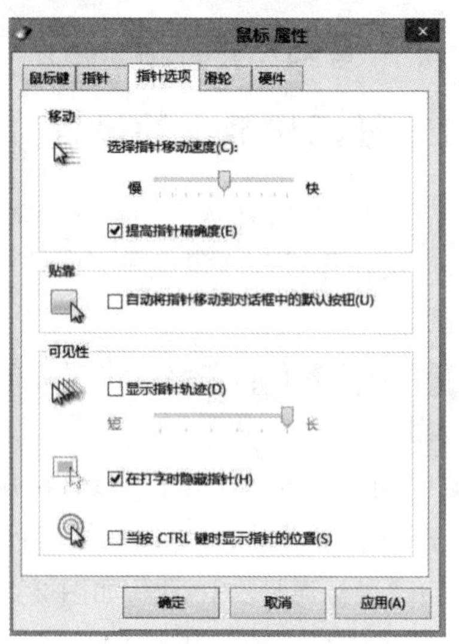

图 2-47 选择移动鼠标指针速度

2. 设置键盘

在 Windows 8 中，设置键盘主要包括调整键盘的响应速度，以及光标的闪烁速度。其操作如下：

- 在桌面空白处单击鼠标右键，在弹出的快捷菜单中选择"个性化"命令，打开"个性化"窗口，单击导航窗格中的"控制面板主页"命令，打开"控制面板"窗口。
- 选择该窗口右上角"查看方式"下拉列表框中的"小图标"选项，如图 2-48 所示，将该窗口切换至"小图标"视图模式，单击"键盘"，打开"键盘属性"对话框。
- 选择"速度"选项卡，拖动"字符重复"栏中的"重复延迟"滑块，改变键盘重复输入一个字符的延迟时间，如向左拖动该滑块使重复输入速度降低，如图 2-49 所示。
- 在"光标闪烁速度"栏中拖动滑块，改变在文本编辑软件(如记事本)中文本插入点在编辑位置的闪烁速度，如向左拖动滑块设置为中等速度，单击"确定"按钮完成设置。

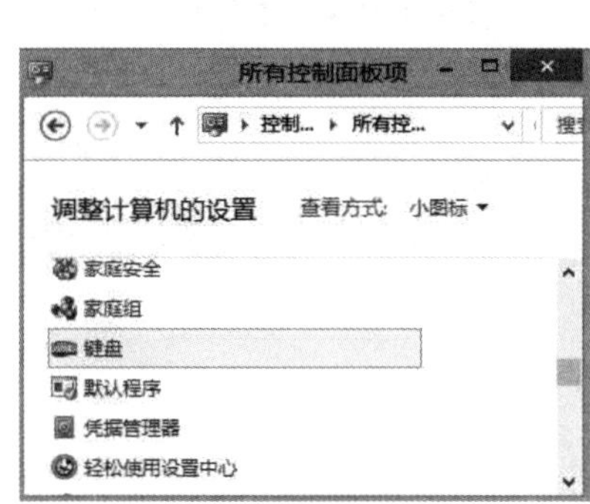

图 2-48　“小图标”选项

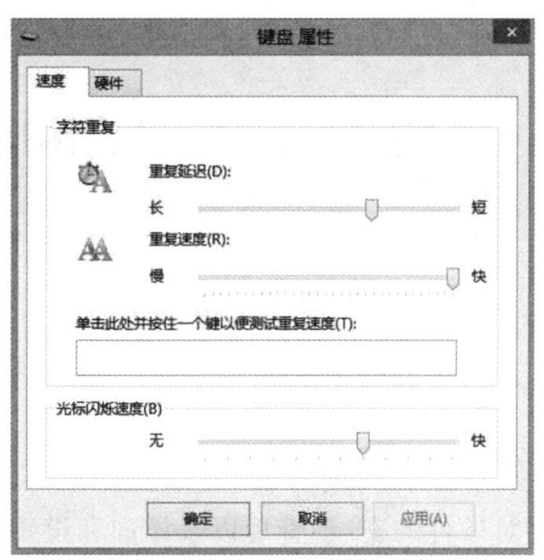

图 2-49　“速度”选项卡

活动 3　日期与时间的设置

Windows 8 在任务栏的通知区域显示了系统时间和日期，为了使系统日期和时间与工作和生活中的日期和时间一致，有时需要对系统日期和时间进行调整。

在查看系统具体的日期和时间后，可根据实际需要去调整系统日期和时间。下面介绍调整系统日期和时间的方法。

- 将鼠标移到任务栏的“日期和时间”按钮上，单击鼠标右键，在弹出的快捷菜单中选择“调整日期/时间”命令。
- 打开“日期和时间”对话框，如图 2-50 所示，单击“更改日期和时间”按钮，打开“日期和时间设置”对话框，如图 2-51 所示。

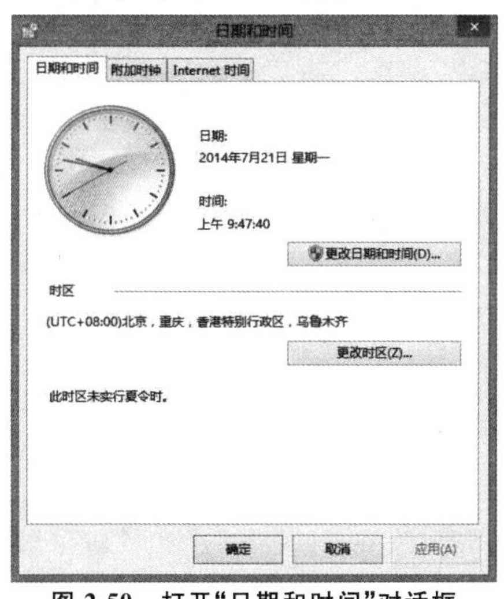

图 2-50　打开“日期和时间”对话框

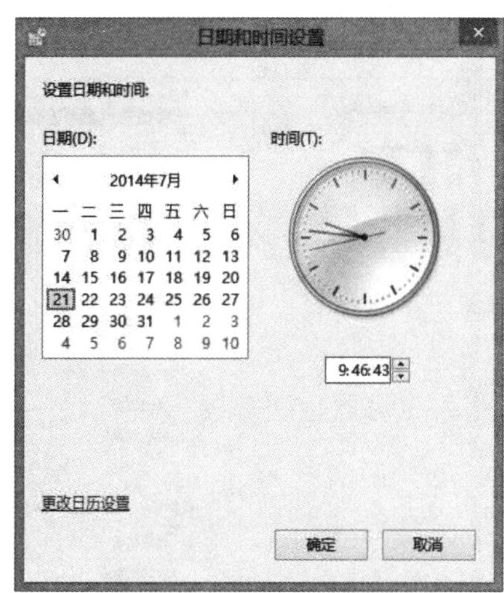

图 2-51　设置日期和时间

- 在“时间”数值框中调整时间，然后在“日期”列表框中选择日期，单击“确定”按钮。
- 返回到“日期和时间”对话框，选择“Internet 时间”选项卡，单击“更改设置”按钮，打开“Internet 时间设置”对话框，单击“立即更新”按钮，将当前时间与 Internet 时间同步一致，单击“确定”按钮。

● 返回到"日期和时间"对话框中,单击"确定"按钮完成设置。

任务 2.4　Windows 8 软件的管理

任务描述

软件是电脑重要的组成部分。本项目详细介绍了如何安装软件、卸载软件、添加和设置 Windows 8 自带的输入法等。

任务分析

通过对软件的安装、管理以及添加和设置 Windows 8 自带的输入法等任务的描述,对软件的重要性进一步的认识。

任务实施

活动 1　软件的安装

1. 安装软件前的准备

(1)检查配置

安装前检查电脑配置,不必拆开主机机箱来查看,通过 Windows 8 的"系统"窗口即可完成。其操作步骤如下:

● 用鼠标右键单击桌面的"计算机"图标,在弹出的快捷菜单中选择"属性"命令;

● 在打开的"系统"窗口中可以查看有关电脑的基本信息,如图 2-52 所示。

图 2-52　查看有关电脑的基本信息

由图 2-52 可以看到，当前使用的是 Windows 8 的操作系统，操作系统类型是 64 位，处理器速度是 2.90 GHz，内存大小为 4.00 GB。

（2）获得软件

安装软件前先要获得软件的安装程序。通常可以通过以下方法获得所需的软件安装程序：

网上下载安装程序：许多软件开发商都会在网上公布一些共享文件和免费软件的安装程序，用户只需上网查找并下载这些安装程序。

购买安装光盘：购买正规的软件安装光盘，不但质量有保证，通常还能享受一些升级和技术支持，常用软件的安装光盘在当地的软件销售商处都能够买到。

（3）软件的序列号

安装序列号也称注册码，许多软件为了防止盗版都有安装序列号，在安装此类软件的过程中，需要输入该软件的安装序列号，只有输入了正确的安装序列号，才能继续进行安装；有的则是安装完成后，运行程序的激活码。获取软件安装序列号一般有以下三种方法：

- 查阅印刷在安装光盘、包装盒封面或附带说明书上的相关文字，获得该软件的安装序列号。
- 在网上下载免费软件或试用软件，可以通过阅读软件的说明文档获取软件的安装序列号和安装方法等。
- 一些共享软件的安装序列号可以通过网站或手机注册的方式获取。

（4）兼容性

由于 Windows 8 是 Microsoft 公司最新一代的操作系统，因此，原有的一些针对 Windows XP 或其他操作系统开发的软件不一定能够与之兼容，不兼容的软件在使用时会显得很不稳定，甚至有些不兼容的软件根本就不能安装到 Windows 8 中，所以在选用软件时还需要选择使用兼容的软件。有很多软件直接注明类安装环境。

（5）检查要安装的软件

目前，许多软件都捆绑一些与程序本身完全没有关系的其他软件，特别是从网上下载的一些共享软件。这些软件中有些是具有一定功能的，其本身是无害的，不会对电脑的操作系统造成负面影响；但有些捆绑的软件会强制性安装，且无法彻底卸载，甚至有的软件会被发布者恶意捆绑一些病毒或窃取用户信息的恶意软件，因此在安装软件之前应该对要安装的软件有一个初步的了解。如果从网上下载软件，下载之前需了解其他用户对这个软件的评价，再根据得到的信息决定是否安装该软件。

同时，在安装软件的过程中也要清楚安装过程中每一个步骤的选项，有的软件在安装过程中会让用户选择是否安装捆绑的程序，可以根据需要选择是否安装。如果确定某个软件捆绑了其他程序，且安装过程中不提供是否安装的提示，那么建议用户不要再继续安装此软件，而是寻找具有类似功能的其他软件代替，或者通过其他途径获取该软件。

2. 安装应用程序软件

经过准备之后，如果该软件符合用户的要求，接下来就可以安装软件了，软件的安装方法是，在计算机中找到该软件的安装程序，双击其中的安装文件，通常是“setup. exe”或“install. exe”，然后再根据打开的安装向导窗口中的提示进行操作。

下面以安装“QQ”为例,讲解其操作步骤:

● 打开保存“QQ”安装程序的文件夹,双击安装文件“QQ2013SP6.1903605923.exe”。

● 打开“腾讯 QQ2013 安装向导”界面,如图 2-53 所示,单击“下一步”按钮。

● 弹出如图 2-54 所示“自定义安装选项”,此时一定要谨慎,取消对不需要软件的选择,例如,不需要安装音乐播放器,一定要取消“安装 QQ 音乐播放器”前面的对号勾选,如果大意,则会安装很多自己不需要的被恶意捆绑的软件,单击“下一步”按钮进入下一步安装。

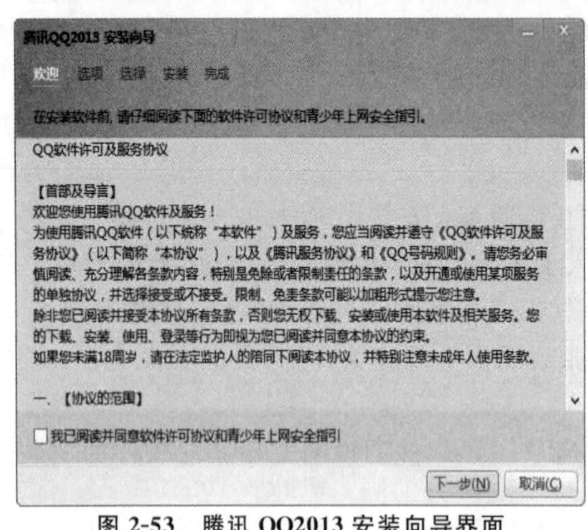

图 2-53 腾讯 QQ2013 安装向导界面

图 2-54 自定义安装选项卡

● 图 2-55 中显示了安装位置,默认位置是“C:\Program Files(x86)\Tencent\QQ”,如果想要改变安装位置,单击“浏览”按钮打开“浏览文件夹”对话框,在对话框中选择安装位置。

● 单击“安装”按钮开始安装。安装之后弹出图 2-56 所示的完成界面。

图 2-56 有开机时自动启动、立即运行、设置为主页、显示新特性等常见多选框,不需要的取消选择,之后单击“完成”按钮完成安装。

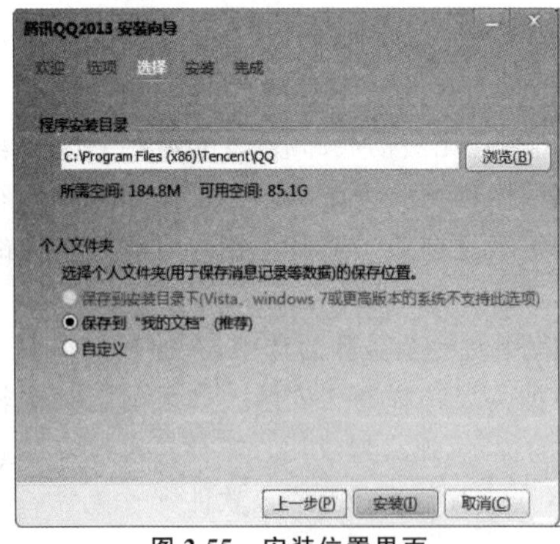

图 2-55 安装位置界面

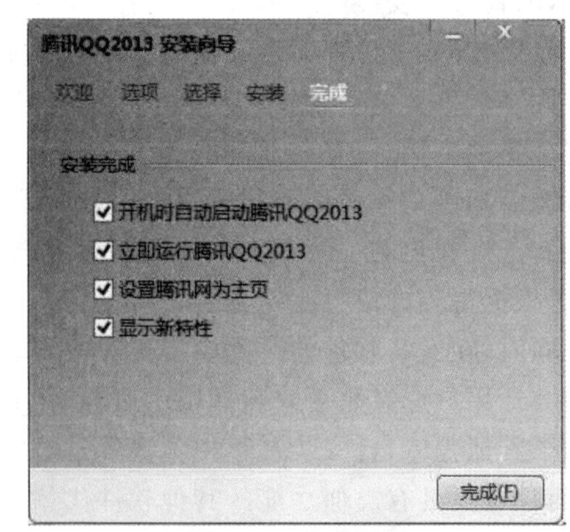

图 2-56 完成界面

3. 启动应用程序

机器上安装的应用程序,可以用以下方式启动:

● 桌面快捷方式启动。

在桌面上找到应用程序快捷方式并双击可启动应用程序，如图 2-57 所示。

● 使用 Metro 界面。

在 Metro 界面中打开所有程序，拖动滚动条找到腾讯 QQ 程序图标，如图 2-58 所示，双击打开 QQ 程序。

● 使用查找工具。

在查找框中输入关键字“QQ”，找到 QQ 对应程序，双击该程序。

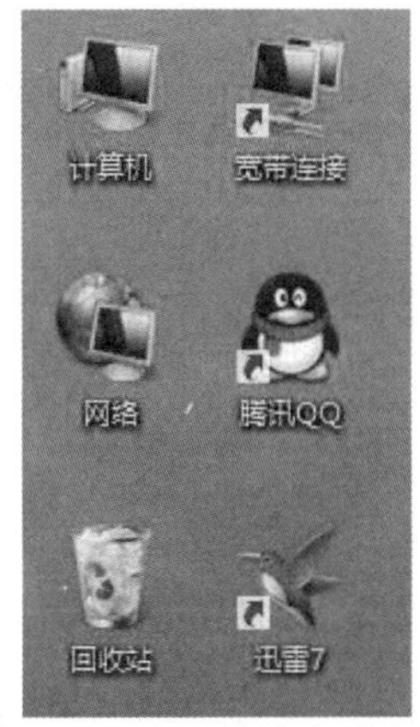

图 2-57　桌面快捷方式启动

图 2-58　使用 Metro 界面

4. 卸载应用程序

如果在使用某个应用程序时经常发生问题，或者某程序以后不再使用时，可以卸载该程序，其操作步骤如下：

● 单击桌面环境下“开始”按钮，选择“控制面板”命令，打开“控制面板”窗口，单击“卸载程序”命令，如图 2-59 所示。

● 在弹出的“程序和功能”窗口中右击需要卸载的程序，如图 2-60 所示，在快捷菜单中选择“卸载”命令。

图 2-59　“控制面板”窗口

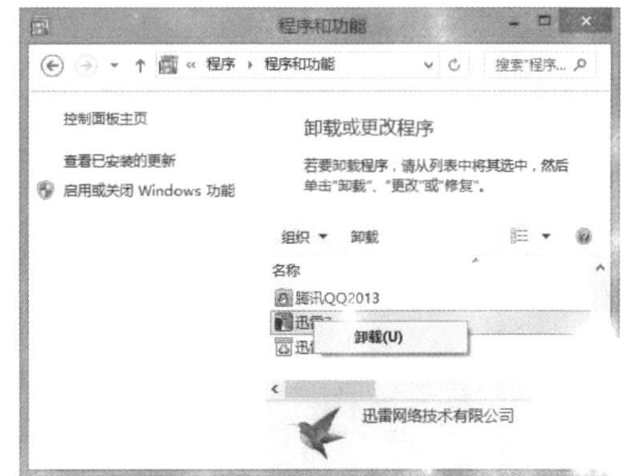

图 2-60　选择卸载程序

活动 2　添加和设置输入法

在操作电脑的很多时候，需要向电脑中输入文字内容，而文字内容是由相应的输入法控制的，有时需要对其进行设置，下面将介绍输入法的一些基本设置方法。

1. 添加和删除输入法

如果输入法列表中的输入法不能满足自己的输入需要,或是输入法列表中有很多不需要的输入法,此时就可以添加或删除输入法。

(1)添加输入法

在输入法列表中添加系统自带的输入法,其操作步骤如下:

• 右击任务栏的输入法,在弹出的快捷菜单中选择“设置”命令,如图 2-61 所示,打开“语言”窗口,如图 2-62 所示。

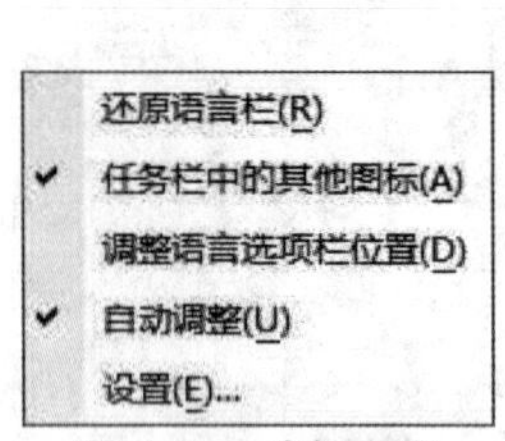

图 2-61 选择设置

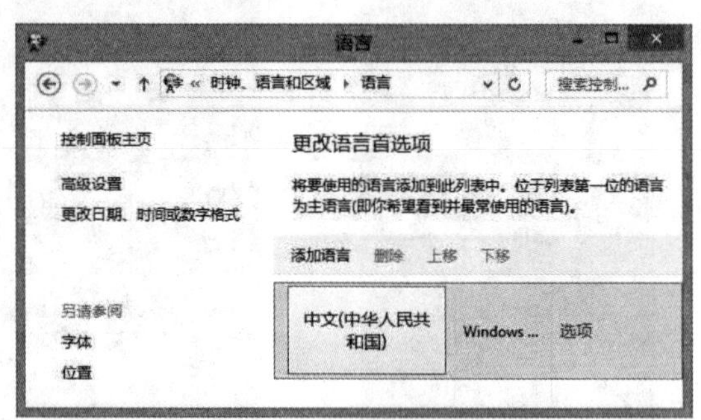

图 2-62 打开语言窗口

• 在“语言”窗口中看到“中华人民共和国”语言,单击右侧“选项”命令,弹出“语言选项”窗口,如图 2-63 所示。

• 在输入法下方单击“添加输入法”命令,弹出“输入法”窗口,如图 2-64 所示,选择“微软拼音”输入法,单击“添加”按钮,返回到“语言选项窗口”。

• 在“语言选项窗口”单击“保存”按钮,输入法添加完毕。

单击任务栏的输入法,会发现多了“微软拼音”输入法。

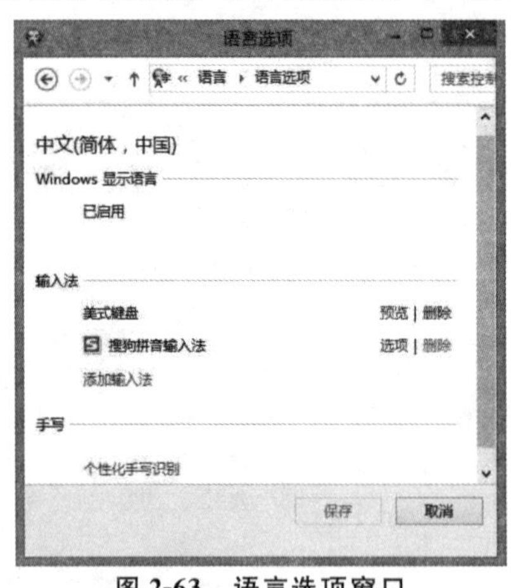

图 2-63 语言选项窗口

图 2-64 弹出输入法窗口

(2)删除输入法

为了快速地切换输入法,有时需要删除不常使用的输入法,其操作步骤如下:

• 右击任务栏的输入法,在弹出的快捷菜单中选择“设置”命令,如图 2-61 所示,打开“语言”窗口,如图 2-62 所示。

• 在“语言”窗口中看到“中华人民共和国”语言,单击右侧“选项”命令,弹出“语言选项”

窗口，如图 2-63 所示。

● 在输入法右方单击“删除”命令，可删掉对应的输入法。

2. 设置默认输入法

通过设置默认输入法，可将经常使用的输入法设置为默认输入法，在输入内容时就无须再进行切换，设置默认输入法的操作步骤如下：

● 右击任务栏的输入法，在弹出的快捷菜单中选择“设置”命令，如图 2-61 所示，打开“语言”窗口，如图 2-62 所示。

● 单击左侧窗格中“高级设置”命令，打开“高级设置”窗口。

● 在“替代默认输入法”栏下拉列表框中选择设置为默认输入法的选项，如图 2-65 所示单击“保存”按钮，完成默认输入法的设置。

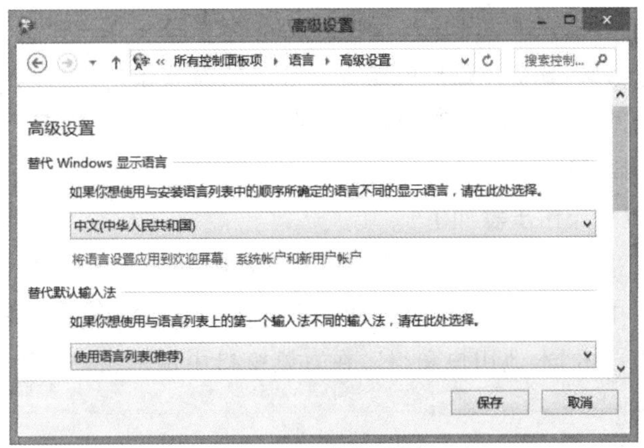

图 2-65　高级设置

任务 2.5　Windows 8 用户管理

任务描述

用户管理是使用操作系统时必须进行的操作，本项目主要从账户的创建与管理、家长控制的设置等方面对用户管理进行描述。

任务分析

通过对账户的创建、设置和管理以及家长控制的设置方法的讲解，让人们对操作系统的管理有更多的认识。

任务实施

活动 1　账户的创建与管理

当多个用户使用同一台电脑时，为了保护各自保存在电脑中的文件的安全，使文件不受到损坏,可以在电脑中设置多个账户,让每一个用户在各自的账户界面下工作。下面介绍账户的创建和管理。

1. 创建新用户账户

在使用电脑的过程中,可以根据需要创建一个或多个用户账户,不同的用户可以通过各自的用户账户登录系统,在各自的账户界面下进行各项操作。

Windows 8 的账户类型有本地账户和 Microsoft 账户两大类,本地账号又包含管理员账户、标准账户和来宾账户 3 种。

- 本地账户:是用本地电脑登录的账户,包括管理员账户、标准用户账户和来宾账户。
- 管理员账户:是电脑的管理者,最高权限的账户,可以对电脑做任何设置。
- 标准用户账户:用于执行普通操作的用户,其权限由管理员指定。
- 来宾账户:用于网上用户远程登录,权限较低,默认不启用。
- Microsoft 账户:Microsoft 账户就是我们常说的微软账户,是微软随着 Windows 8 一起发布的,Microsoft 账户属于网络账户,可以保存账户设置,如人脉、照片和办公软件里的文件都是可以同步到网络。

(1)创建本地用户,操作步骤如下:

- 在桌面用鼠标指向“计算机”击右键,弹出快捷菜单,如图 2-66 所示。
- 单击快捷菜单中“管理”命令,弹出“计算机管理”窗口,如图 2-67 所示。
- 在左侧窗格中单击“本地用户和组”,在右侧窗口中鼠标指向“用户”单击右键,弹出快捷菜单,如图 2-67 所示。
- 在快捷菜单中单击“新用户”命令,弹出“新用户”对话框,如图 2-68 所示。
- 在对话框中输入用户名、密码等信息,单击“创建”按钮。
- 回到“计算机管理”窗口,单击用户,会发现新加了用户 user01,如图 2-69 所示。

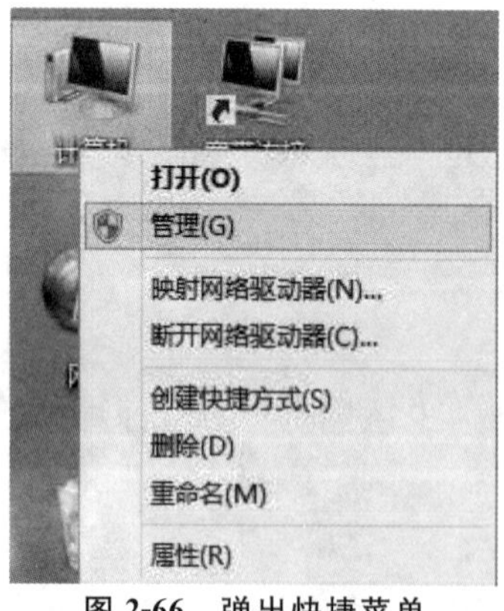

图 2-66 弹出快捷菜单

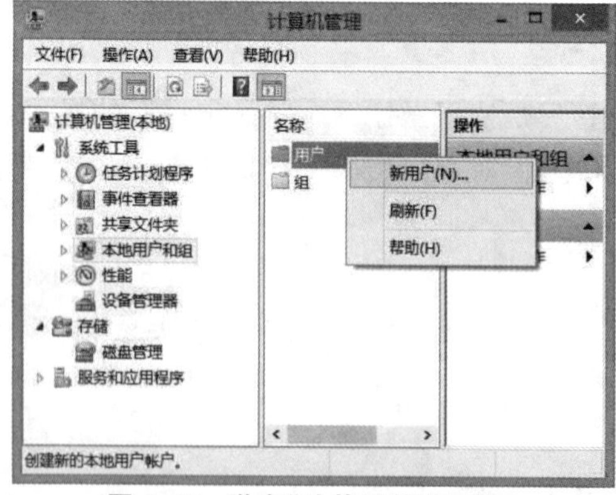

图 2-67 弹出“计算机管理”窗口

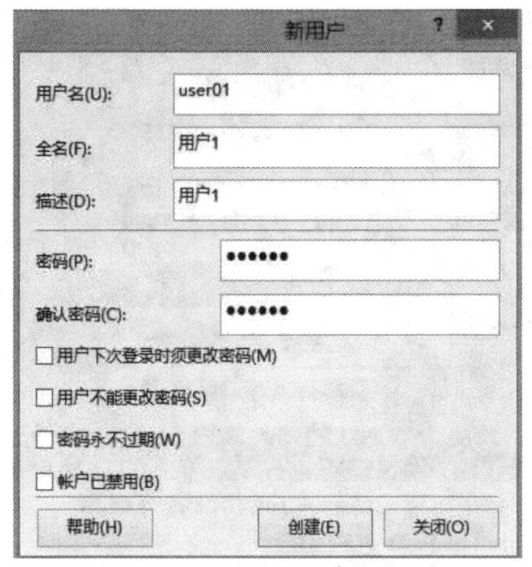

图 2-68　弹出“新用户”对话框

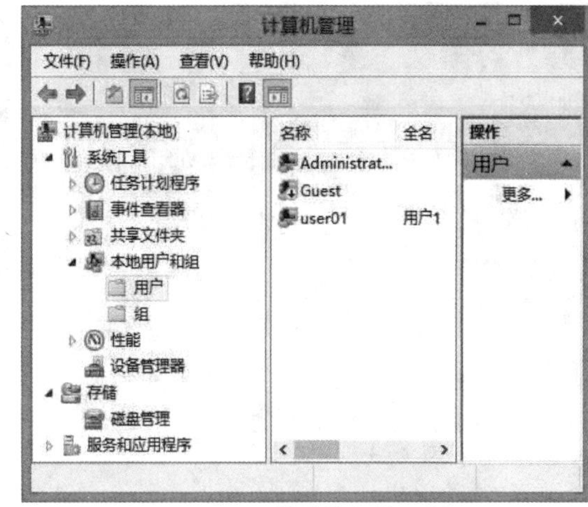

图 2-69　回到“计算机管理”窗口

(2)创建 Microsoft 用户,操作步骤如下:

- 选择“开始/控制面板”命令,打开“控制面板”窗口,将控制面板视图方式改为“小图标”,如图 2-70 所示,单击“用户账户”命令,弹出“用户账户”窗口,如图 2-71 所示。

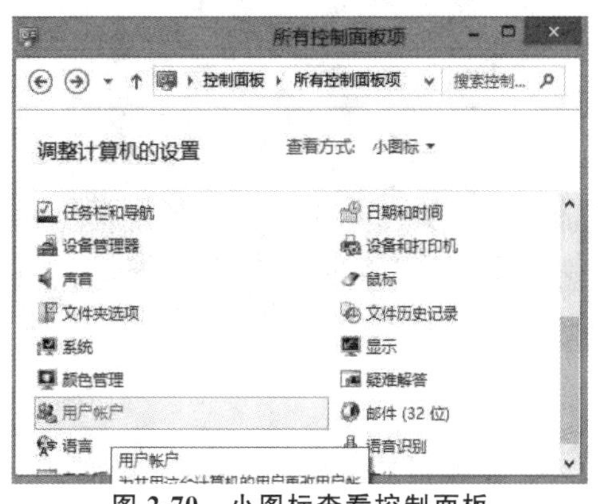

图 2-70　小图标查看控制面板

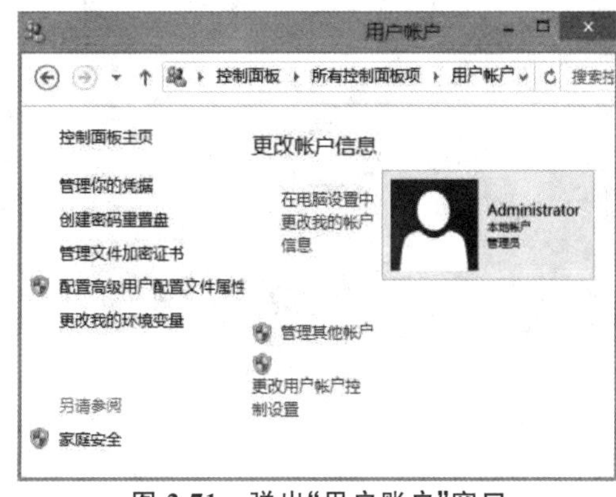

图 2-71　弹出“用户账户”窗口

- 在“用户账户”窗口中单击“管理其他账户”,弹出“管理账户”窗口,如图 2-72 所示。
- 单击“在电脑账添加新用户”,弹出“电脑设置窗口”,如图 2-73 所示。

图 2-72　弹出“管理账户”窗口

图 2-73　在电脑账添加新用户

- 单击“添加账户”命令,弹出“电脑设置”窗口,如图 2-74 所示。
- 输入电子邮件地址,单击“下一步”按钮。
- 输入用户和姓名等信息,如图 2-75 所示,单击“下一步”按钮。

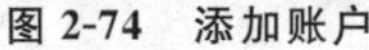

图 2-74　添加账户

图 2-75　输入用户、和姓名等信息

- 继续输入用户信息，如图 2-76 所示，单击“下一步”按钮。
- 如图 2-77 所示，单击“完成”按钮。

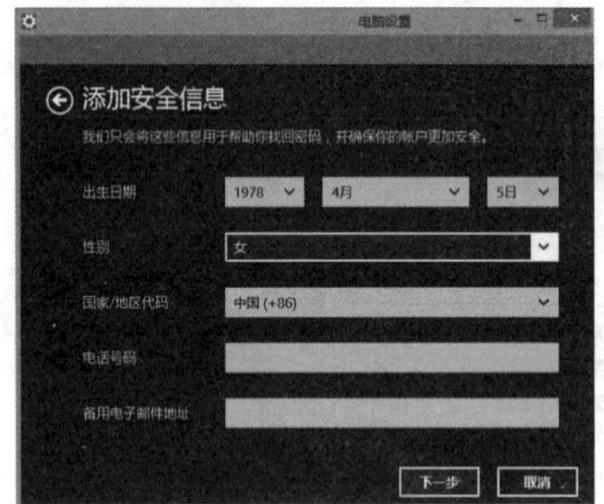

图 2-76　继续输入用户信息

图 2-77　添加用户完成

2. 更改账户类型

在创建完新账户后，可以根据实际的使用和操作更改账户的类型，改变该用户账户的操作权限。例如，将新创建的“用户 1”标准账户更改为管理员账户类型，其操作步骤如下：

(1)选择“开始/控制面板”命令，打开“控制面板”窗口，如图 2-78 所示，单击“更改用户类型”命令，弹出“管理账户”窗口，如图 2-79 所示。

图 2-78　控制面板窗口

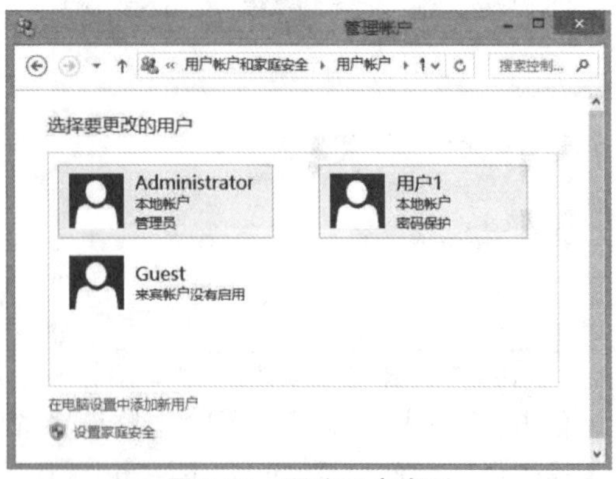

图 2-79　更改用户类型

(2)在“管理账户”窗口双击“用户 1”，打开“更改账户窗口”，如图 2-80 所示。

(3)在“更改账户”窗口，单击“更改账户类型”命令。

(4)在“更改账户类型”窗口，选中“管理员”单选按钮，单击“更改账户类型”按钮，如图 2-81所示。

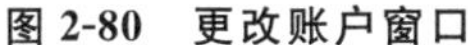
图 2-80 更改账户窗口

图 2-81 更改账户类型

3. 创建、更改或删除密码

为了保护用户账户的文件，使其不被其他用户查看和破坏，可为该账户创建密码，之后还可以根据需要更改或删除改密码，下面详细介绍创建、更改和删除密码的方法。

(1)创建账户密码

为新建的“用户 1”账户创建密码，保护该账户的安全，其操作步骤如下：

- 打开“控制面板”窗口，将控制面板视图方式改为“小图标”，单击“用户账户”命令，弹出“用户账户”窗口。
- 单击“管理其他账户”命令。
- 单击“用户 1”，弹出“更改账户”窗口。
- 单击“创建密码”命令，如图 2-82 所示。
- 在“创建密码”窗口中输入密码和密码提示，如图 2-83，单击“创建密码”按钮。

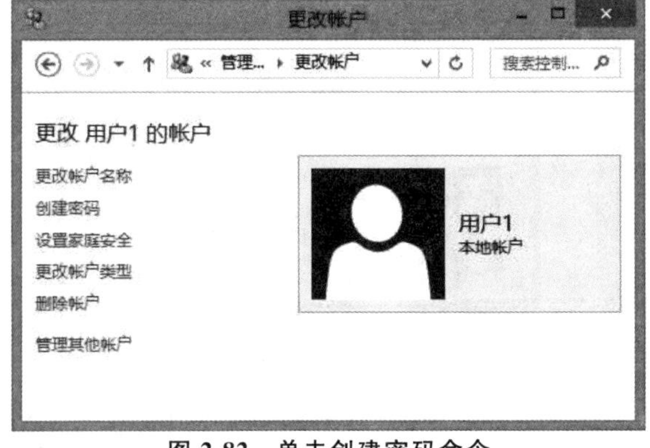

图 2-82 单击创建密码命令

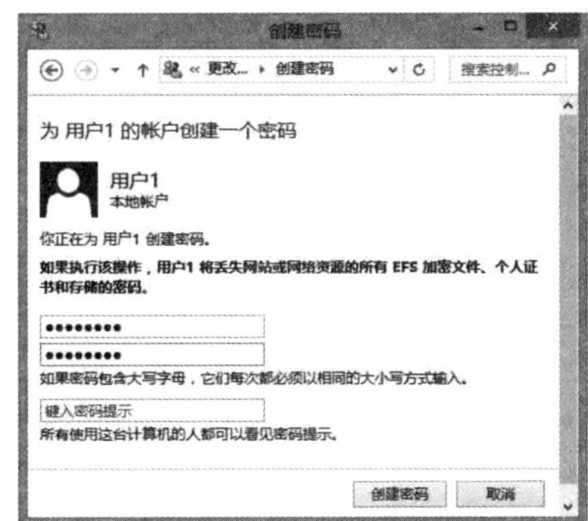

图 2-83 创建密码界面

(2)更改账户密码

当认为账户的密码设置得过于简单的时候，为了加强对账户的保护，可以更改账户的密码。例如，更改“用户 1”账户密码。

● 打开“控制面板”窗口,将控制面板视图方式改为“小图标”,单击“用户账户”命令,弹出“用户账户”窗口。

● 单击“管理其他账户”命令。

● 单击“用户 1”,弹出“更改账户”窗口。

● 单击“更改密码”命令。

● 在“更改密码”窗口中输入密码和密码提示,单击“更改密码”按钮。

(3)删除当前密码

删除密码和更改密码步骤一样,只是不输入新密码,即新密码为空。

4. 设置账户名称和头像

与个性化的桌面外观设置一样,创建用户账户后,可以为账户设置个性化的名称和头像,以美化电脑的使用环境。

(1)更改账户的显示名称

可以将账户的显示名称设置为自己喜欢的地点、人物、某句诗词或某些流行的词语,在使用电脑时增添乐趣;或是将显示名称设置为自己的名字,在多用户使用电脑的情况下,方便记忆。例如,将明为“用户 1”的用户名改为“曲径通幽”,其操作步骤如下:

● 打开“控制面板”窗口,将控制面板视图方式改为“小图标”,单击“用户账户”命令,弹出“用户账户”窗口。

● 单击“管理其他账户”命令。

● 单击“用户 1”,弹出“更改账户”窗口。

● 单击“更改账户名称”命令,弹出重命名账户窗口,如图 2-84 所示。

● 在文本框中输入“曲径通幽”,单击“更改名称”按钮。

● 返回“管理账户”窗口,可看到账户的名称已被更改为“曲径通幽”,如图 2-85 所示。

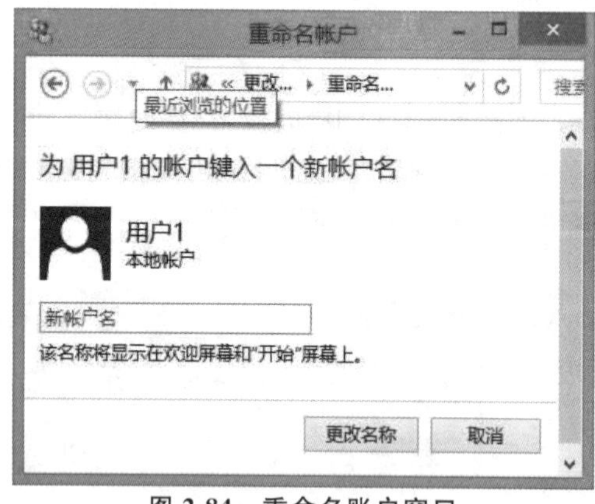

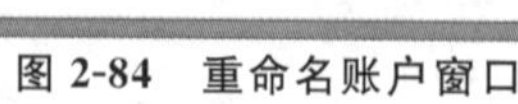
图 2-84 重命名账户窗口

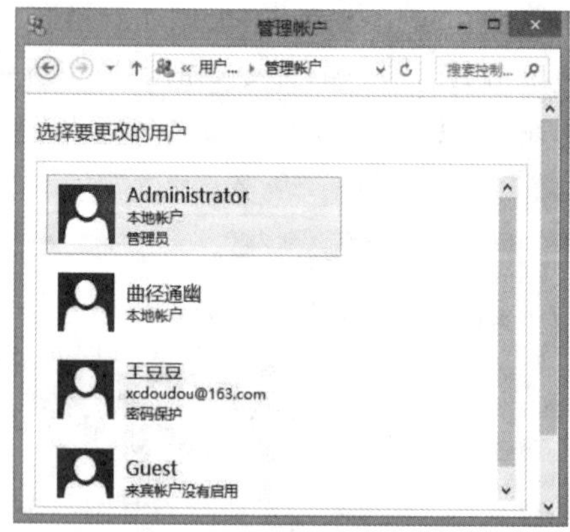

图 2-85 管理账户窗口

(2)更改头像

除了可以更改账户的名称外,还可以更改自己账户的图像,其操作步骤如下:

● 在 Metro 界面中,单击右上角用户名称,弹出菜单如图 2-86 所示。

● 单击“更换用户头像”命令,弹出“电脑设置”窗口,如图 2-87 所示。

图 2-86　用户名称弹出菜单

图 2-87　更换用户头像

● 单击头像下方"浏览"按钮，在电脑中选择自己喜欢的一张图片，单击"选择图片"按钮，如图 2-88 所示。如果电脑中没有存放合适图片，可以从网上下或单击"摄像头"进行拍摄。

● 设置后用户头像发生了变化，如图 2-89 所示。

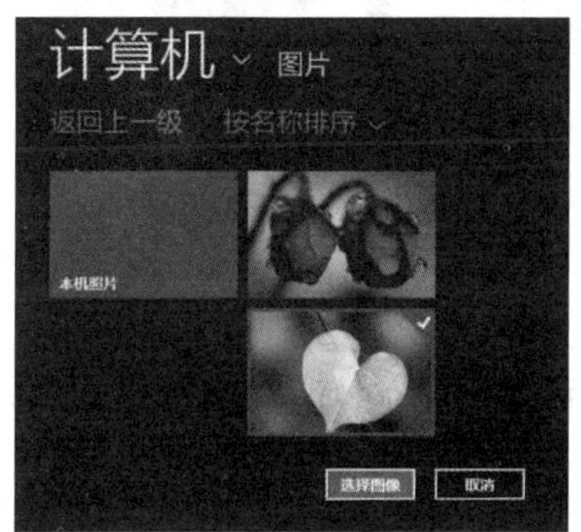

图 2-88　选择头像图片

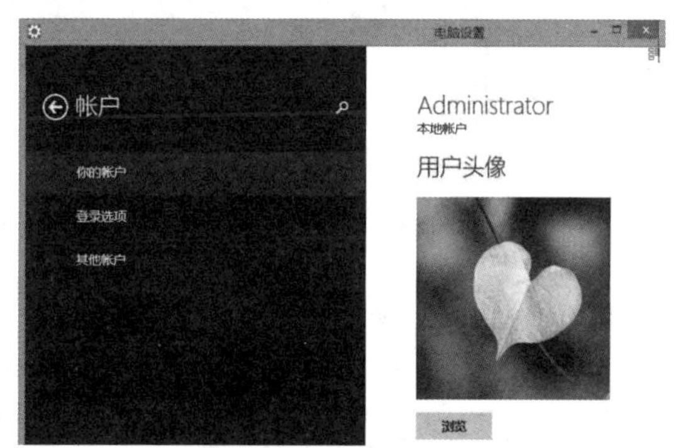

图 2-89　头像变化后

5. 启用或禁用账户

在管理员账户权限下可以进行启用或禁用其他账户的操作，若想在其他的标准用户账户下进行启用或禁用账户的操作，需要获得管理员账户的允许。

启动电脑进入系统后，来宾账户是未被启用的，此时可以启用来宾账户，其操作步骤如下：

● 选择"开始/控制面板"命令，打开"控制面板"窗口，将控制面板视图方式改为"小图标"，单击"用户账户"命令，弹出"用户账户"窗口。

● 在"用户账户"窗口中单击"管理其他账户"，弹出"管理账户"窗口，如图 2-90 所示。

● 单击 Guest 用户，弹出"启用来宾账户"窗口，如图 2-91 所示，单击"启用"按钮。

图 2-90　"管理账户"窗口

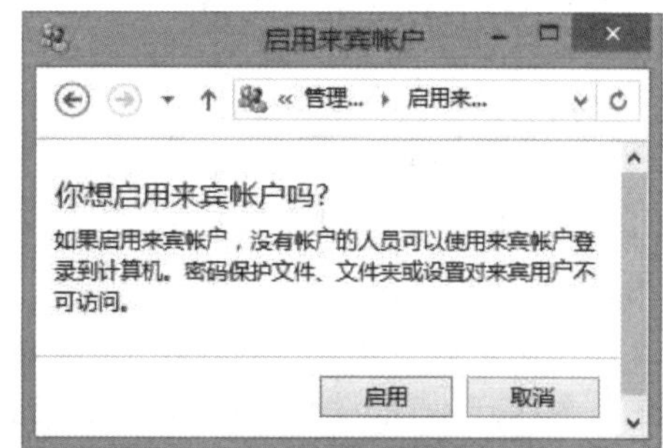

图 2-91　"启用/关闭来宾账户"窗口

禁用来宾账户，首先进入“管理账户”窗口，单击 Guest 用户，弹出“更改来宾选项”窗口，如图 2-92 单击左侧“关闭来宾账户”命令。

6. 删除用户账户

当不再需要某个已创建的用户账户时可以将其删除。例如，删除“曲径通幽”账户，其操作步骤如下：

(1)打开“控制面板”窗口，首先进入“管理账户”窗口，单击“曲径通幽”用户，弹出“更改账户”窗口，如图 2-93 所示。

图 2-92 单击要修改的用户

图 2-93 弹出“更改账户”窗口

(2)单击左侧“删除账户”超链接，系统弹出“删除账户”窗口，询问是否保留账户文件，如图 2-94 所示。

根据需要选择“删除文件”或“保留文件”按钮，弹出“确认删除”，如图 2-95 单击“删除用户”按钮。

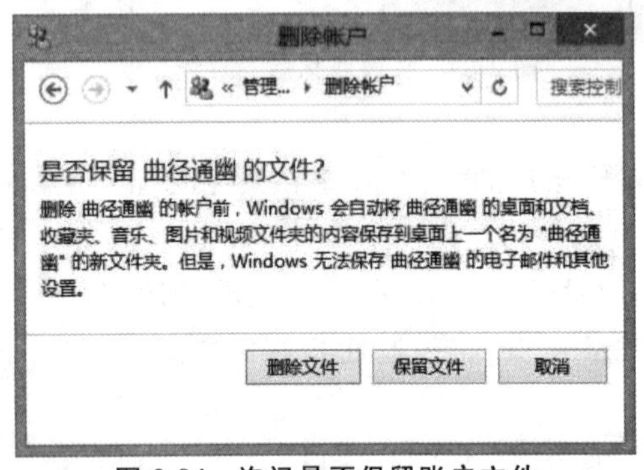

图 2-94 询问是否保留账户文件

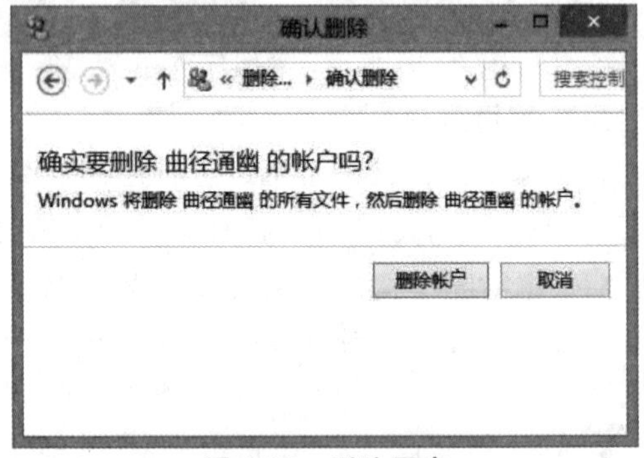

图 2-95 删除用户

活动 2 家长控制的设置

家长控制主要是针对在家庭中使用电脑的儿童，尤其是在家长不能全程指导儿童使用电脑的情况下使用的。用户使用“家长控制”功能可对孩子使用的电脑进行协助管理。例如，限制指定账户的使用时间已经限定使用的应用程序。

1. 启用家长控制

家长控制是针对儿童用户使用的，默认状态下是未被启用的，要启用家长控制，首先需要创建儿童账户，如果没有儿童账户，系统会提示创建，其操作步骤如下：

(1)打开“控制面板”，单击“家庭安全”命令，如图 2-96 所示。

(2)如果没有儿童账户,系统提示添加儿童账户,如图 2-97 所示,单击"账户"命令,弹出"管理账户"窗口,如图 2-98 所示。

(3)选择标准账户,如"王豆豆",会弹出"编辑"和"删除"命令,如图 2-99 所示。

(4)单击"编辑"命令,如图 2-100 所示,选择账户类型为"儿童",单击"确定"按钮。

(5)回到"家庭安全"窗口,可以看到王豆豆账户已经启用家庭安全,如图 2-101 所示。

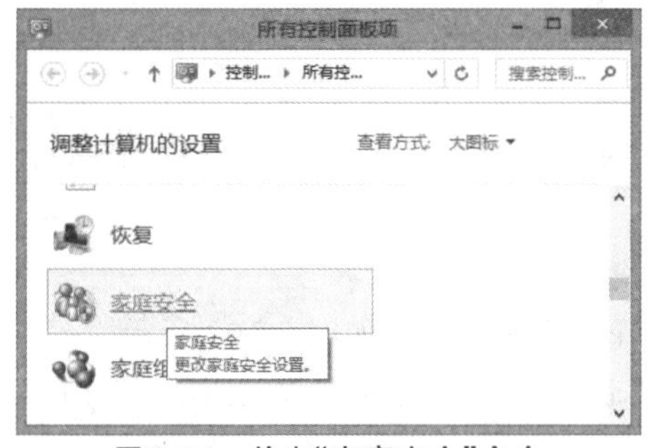

图 2-96　单击"家庭安全"命令

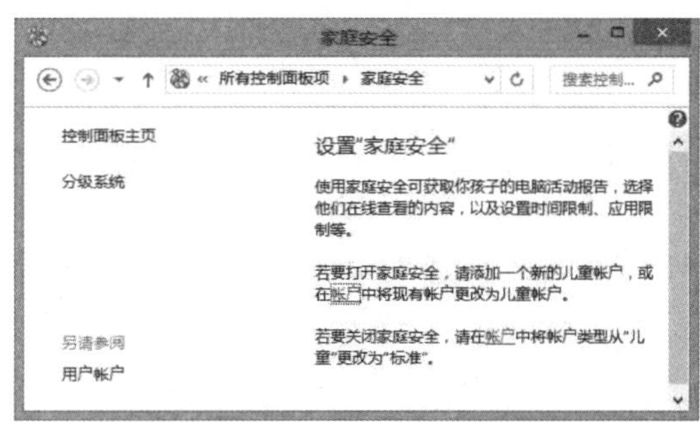

图 2-97　添加儿童账户

图 2-98　"管理账户"窗口

图 2-99　选择标准账户

图 2-100　编辑账户

图 2-101　回到"家庭安全"窗口

2. 设置家长控制的内容

在启用账户的家长控制后,需要对家长控制的内容选项进行设置,包括时间、游戏和程序限制内容选项。下面具体讲解设置家长控制各内容选项的操作。

(1)时间限制

通过时间限制可以控制启用家长控制的账户使用电脑的时间,其操作步骤如下:

● 打开“控制面板”,单击“家庭安全”超链接,弹出“家庭安全”窗口。

● 单击已设置家庭安全的账户“王豆豆”,弹出“用户设置”窗口,如图 2-102 所示。

● 单击“时间限制”超链接,弹出“时间限制”窗口,如图 2-103 所示。

● 单击“设置限用时段”命令,弹出“限用时段”窗口,如图 2-104 所示。

● 通过单击方格设置周一~周五每天 18:00~18:30,周六、周日从 14:00~20:00 可以使用电脑。

(2)游戏限制

限制游戏包括阻止、允许所有的游戏或按分级、内容类型阻止允许某些游戏,其操作步骤如下:

● 打开“控制面板”,单击“家庭安全”命令,弹出“家庭安全”窗口。

● 单击已设置家庭安全的账户“王豆豆”,弹出“用户设置”窗口,如图 2-102 所示。

● 单击“游戏和 Windows 应用商店的应用限制”命令,弹出“游戏和 Windows 应用商店的应用限制”窗口,如图 2-105 所示。

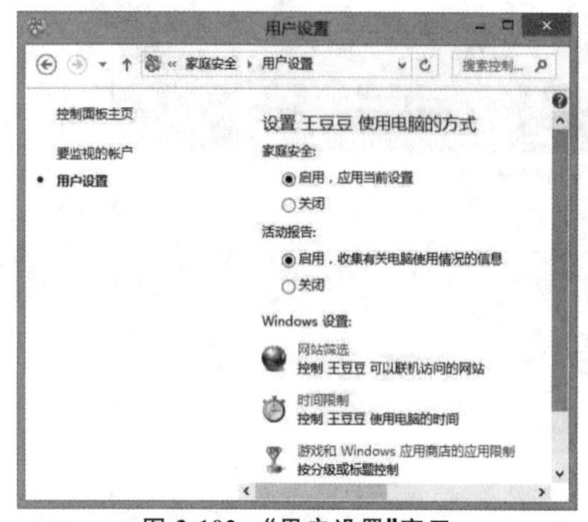

图 2-102 “用户设置”窗口

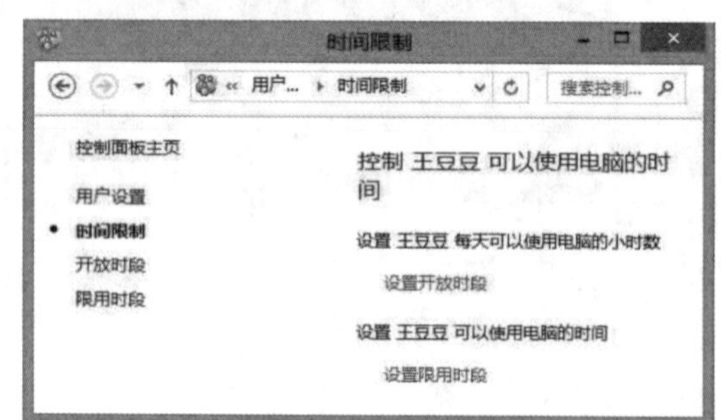

图 2-103 “时间限制”窗口

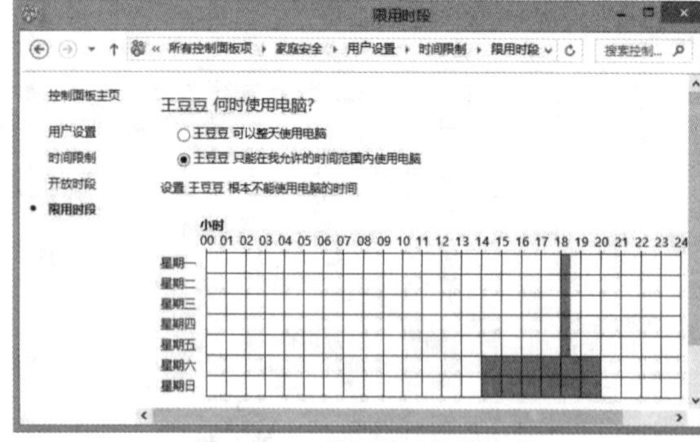

图 2-104 “限用时段”窗口

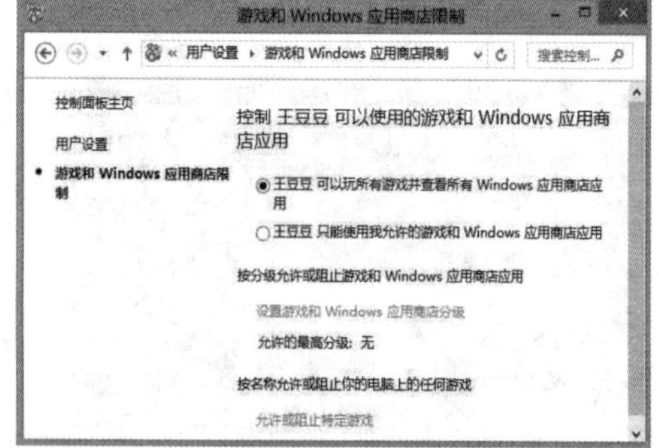

图 2-105 “游戏和 Windows 应用商店的应用限制”窗口

● 选择“王豆豆 只能使用我运行的游戏和 Windows 应用商店的应用”,弹出窗口如图 2-106所示。

● 单击“设置游戏和 Windows 应用商店分级”,弹出“分级级别”窗口,如图 2-107 所示。

● 选择年龄级别。

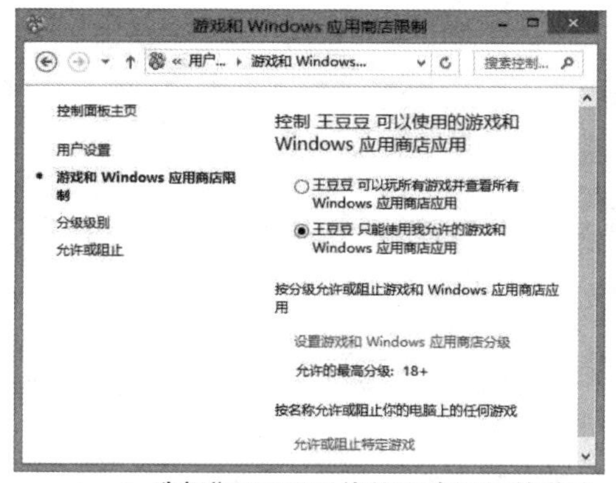

图 2-106　选择"王豆豆只能使用我运行的游戏和 Windows 应用商店的应用"

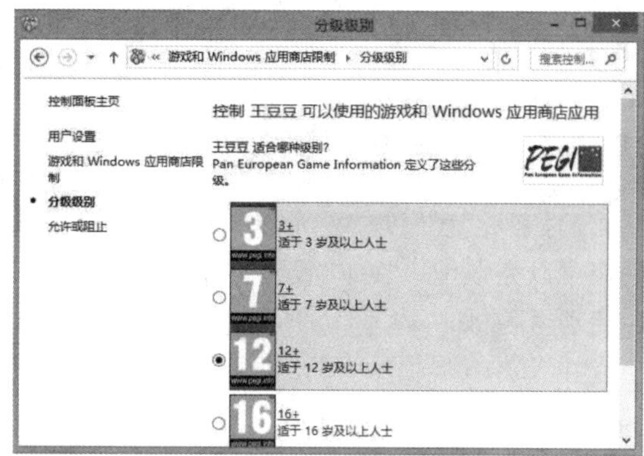

图 2-107　弹出"分级级别"窗口

(3)程序限制

应用程序限制功能可以限制启用家长控制的账户使用某些程序。例如，在"王豆豆"账户中进行限制应用程序的设置，其操作步骤如下：

- 在"用户设置"窗口单击"桌面应用限制"链接，弹出"应用限制"窗口，如图 2-108 所示。
- 选择"王豆豆 只能使用我允许的应用"，系统列出程序列表，如图 2-109 所示。
- 勾选允许使用的程序。

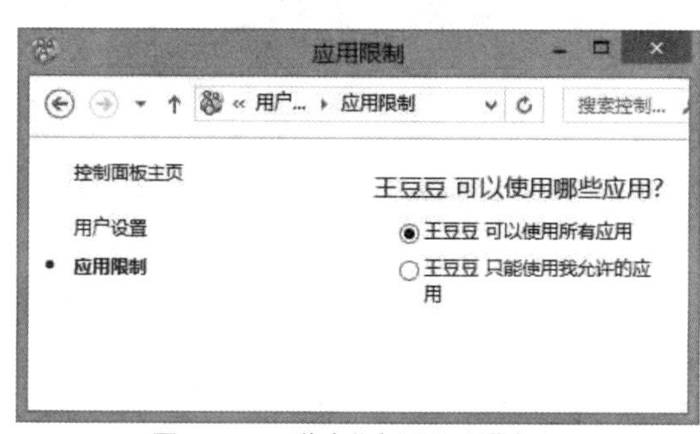

图 2-108　弹出"应用限制"窗口

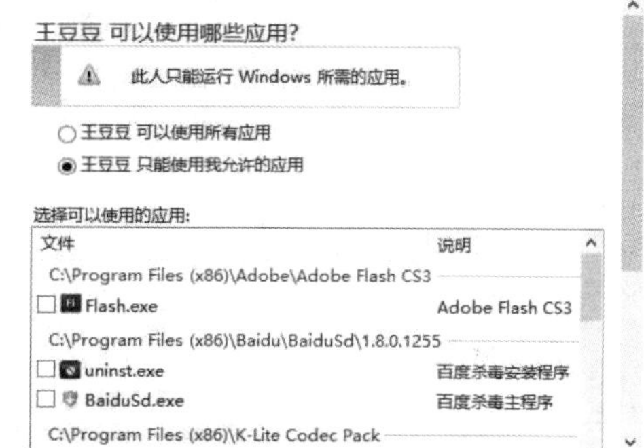

图 2-109　系统列出程序列表

任务 2.6　Windows 8 的附件

任务描述

本项目主要对 Windows 8 的常用附件，如写字板、画图程序、截图工具等进行讲解，通过对它们的学习，可以为后期其他软件工具的学习打下良好的基础。

任务分析

写字板、画图程序、截图工具是 Windows 8 常用的附件，对于初学者来说是很实用的工具。

任务实施

活动1 写字板

“写字板”程序是 Windows 8 自带的一款功能强大的文字编辑和排版工具，在该程序中用户可以完成输入文本、设置文本的格式和插入图片等操作。

1. 启动写字板

在 Metro 界面中，单击向下箭头，如图 2-110 所示，打开所有应用，如图 2-111 所示，单击“写字板”便可打开 “写字板”程序，如图 2-112 所示。

图 2-110 单击向下箭头

图 2-111 打开所有应用

2. 写字板的操作界面

“写字板”程序由快速访问工具栏、标题栏、功能选项卡和功能区、标尺、文档编辑区及缩放比例工具等组成，如图 2-112 所示。

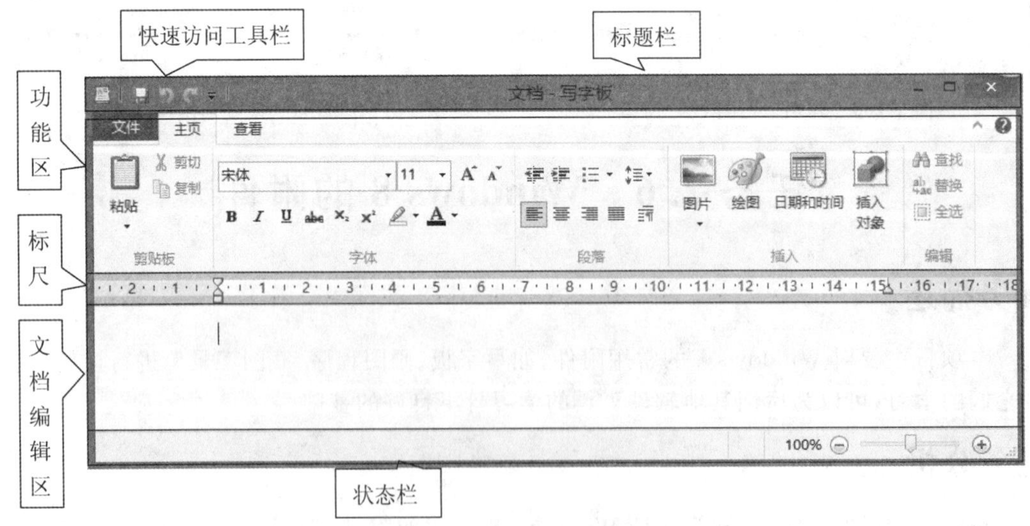

图 2-112 写字板的操作界面

标题栏：标题栏位于正上方，显示正在操作的文档和程序的名称等信息。在标题栏右侧有三个窗口控制按钮，可对“写字板”窗口执行最小化、最大化或还原和关闭操作。

快速访问工具栏：标题栏左侧是快速访问工具栏，它便于用户进行保存、撤销和重做等操作，单击快速访问工具栏右侧的按钮，可以将经常使用的工具添加到快速访问工具栏中。

功能区：位于标题栏的下方，分为按钮选项卡和功能区，提供了写字板的所有功能，用户只需选择相应的选项卡，在弹出的功能区中选择相应的选项即可完成所需的操作。

标尺：标尺是显示和编辑文本宽度的工具，其默认单位为厘米。

文档编辑区：文本编辑区在写字板工作界面中占用了最大的区域，它主要用于输入和编辑文本。

缩放比例工具：状态栏右侧是缩放比例工具，它用于按一定比例缩小或放大文本编辑区中的信息，单击按钮或拖动滑块即可实现缩小和放大操作。

3. 输入文字

要想在写字板中实现输入文字功能，首先要先选择一种适合自己的输入法。Windows 8 自带了一些输入法。

(1)选择汉字输入法

系统默认的输入法为英文输入，若需要输入中文汉字，则首先要选择输入法。其方法是：单击窗口右下方语言栏中的按钮，选择输入法，如“搜狗拼音输入法”或“微软拼音”等。

(2)输入文字

在文档编辑区输入文字，如图 2-113 所示。

输入一行后，按【Enter】键，将鼠标光标得到下一行，此方法实现分段功能。

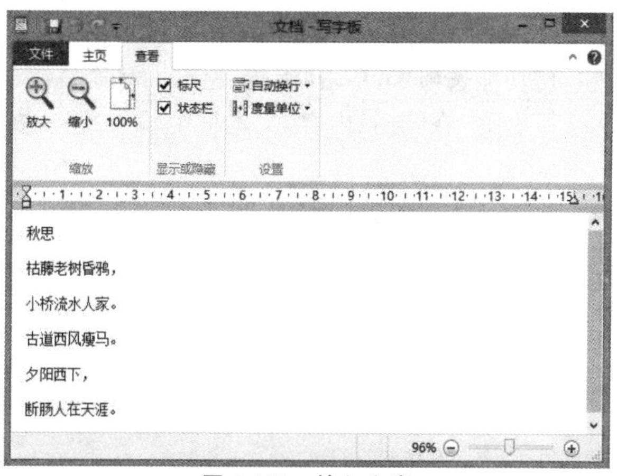

图 2-113 输入文字

4. 文档的编辑

文字输入完成后即可对文档进行编辑。编辑文本前需要先选择文本才能对文本进行复制、移动和粘贴等编辑操作。下面分别对文档的各种编辑方法讲解。

(1)选择文本

“写字板”程序和 Windows 8 其他自带的程序一样，提供了多种选择方式，用户可以选择常用或者熟悉的方法进行操作，其选择方法如下：

- 选择连续的文本：将鼠标光标移到需要选择的文本开始处单击并拖动，选择完成后释放鼠标左键，被选中的文本内容全部呈蓝底白字显示；
- 也可以单击需选择文本的开始处，按住【Shift】键不放，在目标处后单击，即可选择文本。

● 选择一行文本：将鼠标移到需要选择行的最左端的空白处，当光标变成♗形状时，单击鼠标即可选择该行。

● 选择整篇文本：将鼠标光标定位到文本的起始位置，按住鼠标左键并拖动至文本末尾处；或者按【Ctrl＋A】键。

(2)移动和复制文本

在编辑文本时，若要输入相同的内容时，可使用复制文本的方式来完成输入操作，而不需要再重复输入。下面分别复制和移动文本的方法：

复制文本：选择需要复制的文本后在其上方单击鼠标右键，在弹出的快捷菜单中选择“复制”命令，再将文本插入点定位到目标位置，单击鼠标右键，在弹出的快捷菜单中选择“粘贴”命令；或者选择需要复制的文本后，按住【Ctrl】键和鼠标左键不放，将其拖动到目标位置同时释放按键。

移动文本：在需移动的文本上单击鼠标右键，在弹出的快捷菜单中选择“剪切”命令，再将文本插入点定位到目标位置，单击鼠标右键，在弹出的快捷中选择“粘贴”命令；或者选择需要移动的文本后，按住鼠标左键拖动到目标位置释放鼠标。

(3)替换文本

当发现文档中某个字或词组输入错误时，可使用写字板中的“替换”命令，将所有输入错误的字词一次修改过来，而不用逐一修改。下面将对“通知”文档中的“司”替换为“公司”，其操作步骤如下：

● 在文档中选择“主页”功能选项卡，单击“编辑”栏下的替换按钮，如图 2-114 所示，打开“替换”对话框，如图 2-115 所示。在“查找内容”文本框中输入“司”，在“替换为”文本框中输入“公司”。

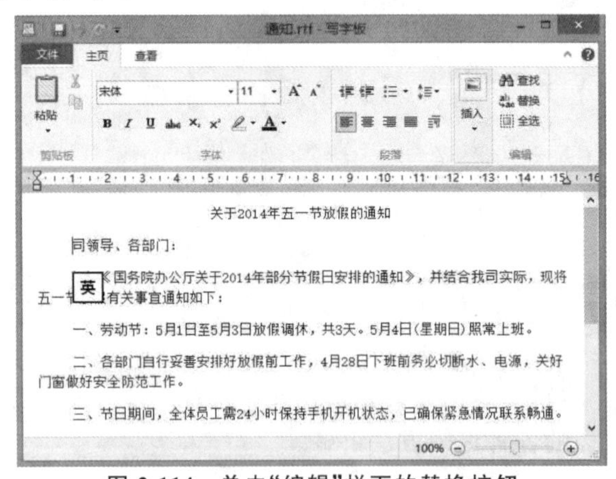

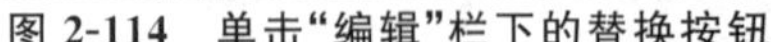
图 2-114 单击“编辑”栏下的替换按钮

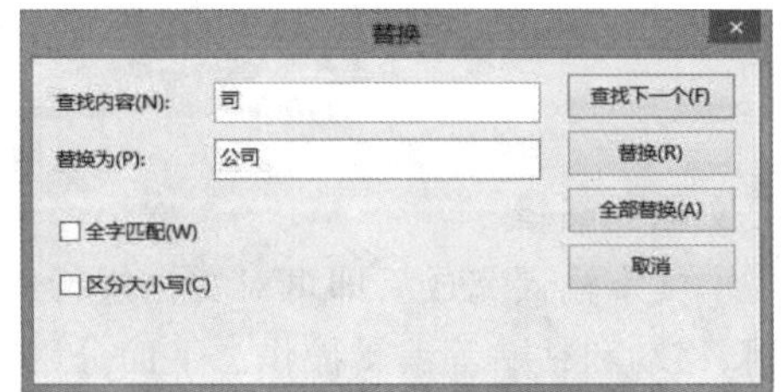

图 2-115 “替换”对话框

● 在对话框中单击查找下一个按钮，“写字板”程序将自动找到第一个“司”并呈蓝底白字显示。

● 单击替换按钮将查找到的“司”替换为“公司”，并且系统将自动查找下一个“司”，连续单击替换按钮；或者单击全部替换按钮。将文本中所有的“司”替换为“公司”。

● 此时将打开“完成替换”提示对话框，单击“确定”按钮返回“替换”对话框，单击取消按钮返回“写字板”程序界面。

(4)删除文本

要将出错或多余的文本进行删除,可使用以下几种方法:

- 将光标移动到需删除的文本右侧,按【Delete】键。
- 将光标移动到需删除的文本左侧,按【Backspace】键。
- 选择需删除的文本后,按【Delete】键或【Backspace】键。

5. 插入对象

为使文档更加美观,可在写字板中插入图片等对象。其方法是,将鼠标光标定位至文档中要插入对象的位置,在“主页”功能选项卡的“插入”栏中单击不同的按钮,可插入不同的对象。各对象的插入方法如下:

插入图片:单击图片选项下的按钮,在弹出的下拉列表中选择“图片”选项,在打开的“选择图片”对话框中,选择图片的位置和图片文件后,单击“打开”按钮即可插入电脑中已保存的图形文件。

插入绘图:单击按钮,程序自动启动“绘图”程序。在绘制完图形后,关闭“绘图”程序,用户在“绘图”程序中绘制的图形将立刻被插入到写字板文档中。

插入日期和时间:单击按钮,打开“日期和时间”对话框,在该对话框中可选择需要插入的时间格式,单击“确定”按钮插入当前时间。

插入对象:单击按钮,打开“插入对象”对话框,在“对象类型”下拉列表中可选择特殊图形进行插入。

6. 设置文档格式

写字板除了能对文本进行移动、复制和删除等基本操作以外,还能对字体样式、大小、颜色以及段落对齐方式等属性进行设置。下面将对“通知”文档格式进行设置,其操作步骤如下:

- 在“通知”中,选择标题,在“主页”功能选项卡的“段落”栏中单击按钮,设置文字居中,在字体栏的“字体”下拉列表框中选择“宋体”,在“字体大小”下拉列表框中选择 24。
- 选择正文文本,用鼠标左键按住标尺上方三角块向右拖动的,调整到缩进两个字的位置时释放鼠标,如图 2-116 所示。
- 选择最后一行文字,在“主页”功能选项卡的“段落”栏中单击按钮,设置文本右对齐。

7. 文档的保存与打开

在设置好文本后,应将其进行保存以便下次进行编辑和查看。下面介绍保存和打开文档的方法。

(1)保存文档

文档编辑完成或者正在编辑文档时,应注意及时保存文档。以免因为意外情况丢失文档数据,保存文档的方法有如下几种:

- 单击快速访问工具栏中的按钮。
- 单击“文件”菜单,在弹出的下拉菜单中选择“保存”命令,弹出“保存为”对话框,如图 2-117 所示。

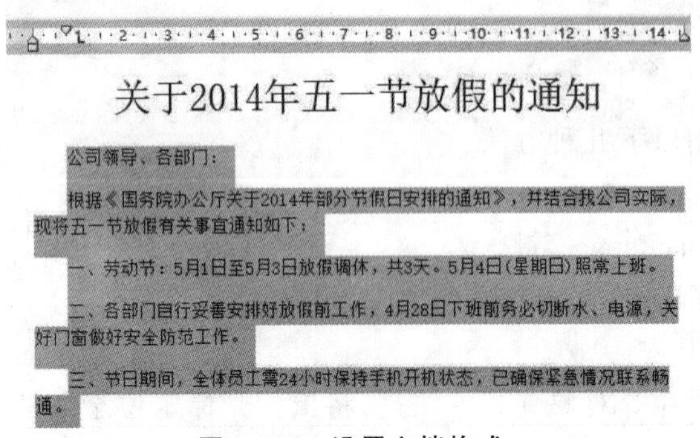
关于2014年五一节放假的通知

公司领导、各部门：

根据《国务院办公厅关于2014年部分节假日安排的通知》，并结合我公司实际，现将五一节放假有关事宜通知如下：

一、劳动节：5月1日至5月3日放假调休，共3天。5月4日(星期日)照常上班。

二、各部门自行妥善安排好放假前工作，4月28日下班前务必切断水、电源，关好门窗做好安全防范工作。

三、节日期间，全体员工需24小时保持手机开机状态，已确保紧急情况联系畅通。

图 2-116 设置文档格式

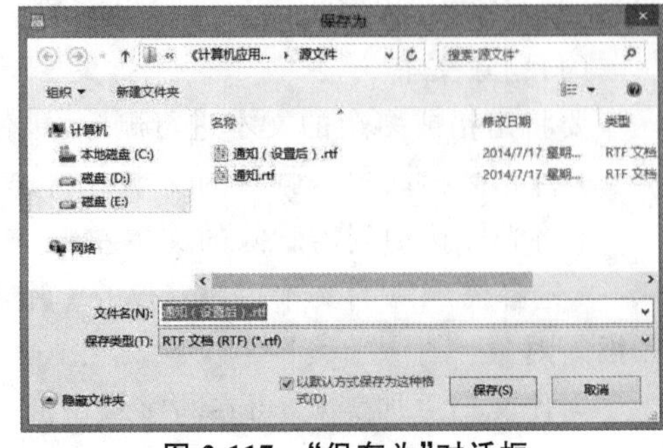

图 2-117 “保存为”对话框

● 选择保存位置，输入文件名，单击“保存”按钮。

(2)打开文档

在使用电脑的过程中，经常需要对已保存的文档进行查看、编辑或调用。若想打开已保存的文档，可通过以下几种方法：

● 在“计算机”窗口中，打开存放文档的文件夹，双击文档图标。

● 在“计算机”窗口中，打开存放文档文件的文件夹，在文档图标上单击鼠标右键，在弹出的快捷菜单中选择“打开方式(H)…”命令，然后选择“写字板”。

● 启动“写字板”程序，单击文件菜单，在弹出的下拉菜单中单击“打开”命令。打开“打开”对话框，选择文档所在的位置后，在右侧的列表框中选择需打开的写字板中文件，单击“打开”按钮。

活动 2　画图程序

在 Windows 8 中除了能对文字进行编辑外，还能对图形图像进行绘制和编辑。画图程序就是 Windows 8 自带的一款集图形绘制与编辑功能于一身的软件。

1. 认识画图程序的界面

打开“绘图”程序的方法同打开“写字板”类似，在 Metro 界面中，单击向下箭头，打开所有应用，单击“画图”便可打开 “画图”程序。

画图程序界面简洁，包括标题栏、功能区、绘图区和状态栏等，如图 2-118 所示。

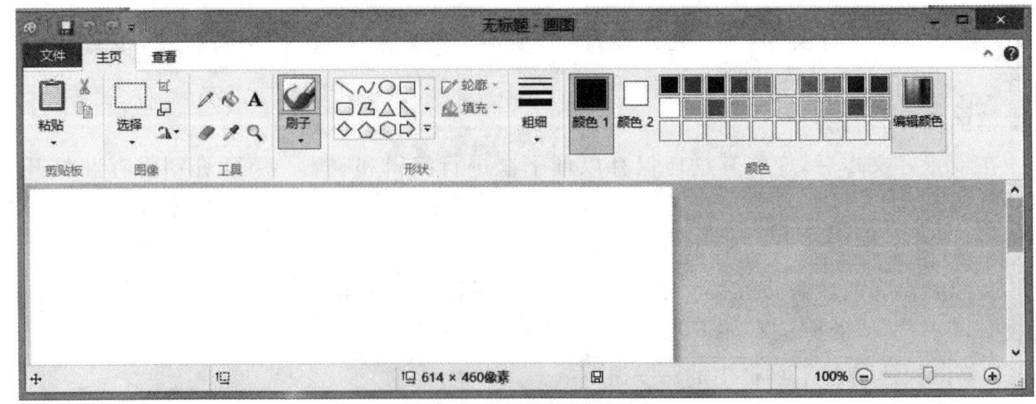

图 2-118 画图程序界面

下面将简要介绍“画图”程序中特有的组成部分：

标题栏：标题栏位于正上方，显示正在操作的文档和程序的名称等信息。默认文档标题为“无标题”。

快速访问工具栏：标题栏左侧是快速访问工具栏，它便于用户进行保存，撤销和重做等操作。

功能选项卡和功能区：位于标题栏的下方，分为按钮选项卡和功能区，其中选项卡提供了画图程序的所有功能，用户只需选择相应的选项卡，在弹出的功能区中选择相应的选项即可完成所需的操作

绘图区：该区域是画图程序中最大的区域，用于显示和编辑当前图形图像的效果。

状态栏：显示当前操作图形的相关信息，如鼠标光标的像素位置、当前图形宽度像素和高度像素等，以便绘制出更精确的图像。

在创作图形图像时，需要借助画图程序中自带的工具，画图程序中所有的绘制命令都集成在“主页”选项卡中。下面介绍各工具栏的工具特点和用途。

“剪贴板”栏：用于剪贴、复制或粘贴图像。

“图像”栏：主要用于选择命令，根据选择文件的不同，可选用矩形选择和自由等方式。单击“选择”选项下的按钮可弹出选择方式的下拉列表。“裁剪”选项可在建立各选区后，裁剪图形中的某部分。“重新调整大小”选项可对图形进行放大/缩小处理。“旋转”选项可对图形进行旋转。

“工具栏”：提供了绘制图形时所需的各种常用工具，单击其中的按钮即可使用选取的工具。选择其中某些工具可激活其他栏中的选项。工具栏中主要有铅笔、油漆桶（填充工具）、插入文字、橡皮擦、吸管（吸取颜色工具）和放大/缩小等工具。

“刷子”选项：单击“刷子”选项下的按钮会弹出下拉列表。其中显示了画图程序自带的 9 种刷子格式。这 9 种刷子分别模拟了现实中的 9 种画笔质感。单击任意刷子按钮即可使用刷子功能绘制图形。

“形状”栏：单击“形状”选项下的按钮，将显示画图程序提供的 23 种基本图形样式，单击下拉列表中的任意按钮，可在画布中绘制选择的图形，使用形状工具绘制图形后该栏中的轮廓和填充按钮将被激活。

“颜色”栏：分为“颜色 1”选项“颜色 2”选项，颜色块和编辑颜色选项，其中“颜色 1”为前景色，用于设置图像的轮廓线颜色。“颜色 2”为背景色，用于设置图像的填充色，单击“颜色 1”或“颜色 2”选项后，在选择颜色块中的任意颜色即可设置“颜色 1”或“颜色 2”的颜色

“粗细”选项：用于设置所有绘制工具的粗细程度，选择绘制工具后，单击该选项下的按钮会弹出下拉列表，在列表中选择任意选项即可调整当前工具的绘制宽度。

2. 绘制图形

在学习完各工具的作用后，即可尽情发挥想象完成图形的绘制了，绘制图形时要注意各工具的搭配，它们搭配之后会产生意想不到的效果，下面就以绘制“田野风光”为例学习“画图”程序，其操作步骤如下：

- 启动“画图”程序。
- 在颜色栏中将颜色1设置为“灰色”,颜色2设置为“白色”。
- 选择“主页”选项卡下曲线工具,在绘图区绘制地平线、山轮廓和小路。

使用曲线工具时先拖曳画出一条线段,然后再在线段一侧拖曳,可以把线段向一个方向弯曲,最后再在另一处拖曳,可以反向弯曲,两次弯曲后曲线就完成了。

- 选择椭圆工具绘制树冠轮廓,选择直线工具绘制树干轮廓。
- 选择铅笔工具绘制花草轮廓。
- 用橡皮工具擦去多余线条,得到效果如图2-119所示。
- 复制花草。
- 选择颜色填充工具,并选择颜色1的颜色,在图2-119对应封闭区域内单击填充颜色,如图2-120所示。

填色区域一定封闭,错了即时点“撤销”,检查封口。

- 单击“文件”菜单,在弹出下拉菜单中选择“保存”。

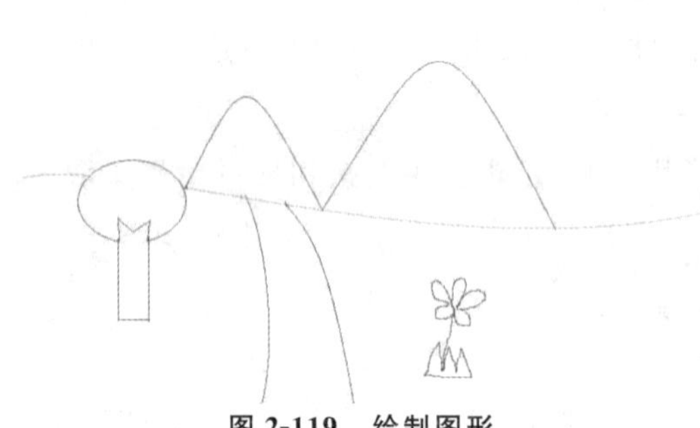

图2-119 绘制图形

图2-120 填充颜色

3. 编辑图形

“画图”程序除了能绘制出基本的图形外,还能对图片进行基础编辑。下面介绍“画图”程序常用的编辑方式。

(1)打开图形文件

用“画图程序”编辑打开的图片有以下几种方法:

- 在“计算机”窗口中,打开存放文档文件的文件夹,在该文件夹图标上单击鼠标右键,选择“打开方式/画图”命令。
- 启动“画图”程序,单击“文件”菜单,在弹出的下拉菜单中选择“打开”命令或按住【Ctrl+O】键。在“打开”对话框中,打开所需编辑的图像的位置,单击“打开”按钮。

(2)翻转与旋转图形

画图程序中的旋转命令可对图像进行旋转编辑。

在打开的“画图”窗口中单击旋转按钮,如图2-121所示,在弹出的下拉列表中选择需要旋转的方向和角度,选择“水平翻转”选项后得到的效果如图2-122所示。

图 2-121　选择旋转按钮

图 2-122　旋转后效果

(3)调整与扭曲图形

当对图像大小不满意时,可通过“重新调整大小”命令放大或缩小图形。在编辑图形时,若想对图片进行一些特殊应用,可将图片设置为扭曲效果。

调整图形:打开“画图”窗口,单击“重新调整大小”按钮,将弹出“调整大小和扭曲”对话框,如图 2-123 所示。在“重新调整大小”栏的“水平”文本框中输入 1～500 的一个数值,调整图形的大小 ,应该注意的是,不要取消“选中保持纵横比”复选框,否则图片将变形。

扭曲图形:打开“画图”窗口,单击重新调整大小按钮,将弹出“调整大小和扭曲”对话框,在“倾斜(角度)栏”中输入－89～89 的数字,完成扭曲操作,如图 2-124 所示。

图 2-123　“调整大小和扭曲”对话框

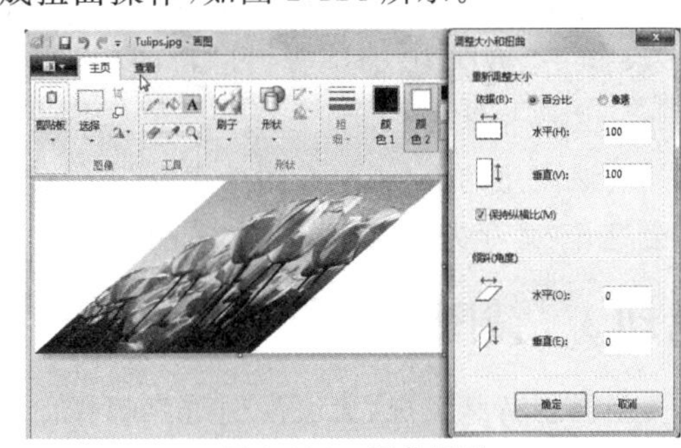
图 2-124　扭曲图形

(4)裁剪、缩放图形

“画图”程序不但能对图形进行整体处理,还能对其进行局部处理。如裁剪、缩放和移动等操作。其方法介绍分别如下:

裁剪图形:当图形中有多余部分想去除时,可使用画图程序中的裁剪功能。其方法是在“图像”栏中单击“选择”下的按钮,在弹出的下拉列表中选择“矩形”选项,框住需要保留的部分,此时图像中将出现一个黑色虚线框。与此同时,图像栏中的按钮被激活。单击按钮,程序将自动裁剪掉多余的部分,如图 2-125 所示。

缩放图形:若想突出图形的某部分,可使用缩放功能,其方法是单击“图像”栏中“选择”下的按钮,在弹出的下拉列表中选择“矩形”选项。在需要特别放大的位置画出一个选区,释放鼠标左键后,选区将变成一个矩形虚线框,将鼠标光标放在矩形框右上角,当鼠标光标变成形状时,按住鼠标左键不放左右拖动,图像即会放大或缩小,释放鼠标左键完成操作。如

图 2-126 所示,是使用了局部放大的效果。

图 2-125 裁剪图形

图 2-126 缩放图形

4. 图形的保存

图形绘制、编辑完成后可以使用保存或另存为命令,将其存放在磁盘中。以便进行打印和查看等操作。

图形的保存方法如下:

- 单击“文件”菜单,在弹出下拉菜单中选择“保存”。此时如果是第一次保存,系统将打开“保存为”对话框。
- 找到所需编辑的图像的位置,设置名称后单击“保存”按钮。
- 单击“另存为”命令旁边的按钮保存图像时,画图程序默认的存储类型有 png 、jpeg、bmp、gif 等格式。

应该注意的是,将编辑图形进行保存操作时,不管是否是第一次执行保存命令,程序都不会打开“另存为”对话框,此时若想改变图形的文件类型,必须使用“另存为”命令。

活动 3 截图工具

当遇到特殊情况,无法使用语言解释而需要用到桌面、窗口才能说明情况时,可以使用 Windows 8 自带的截图工具截取电脑中的图片

打开“截图工具”程序的方法同打开“写字板”类似,在 Metro 界面中,单击向下箭头,打开所有应用,单击“截图工具”便可打开 “截图工具”程序,打开如图 2-127 所示的“截图工具”窗口,下面介绍它们的特点和使用方法。

在 Windows 8 中截图的方式分为任意截图和窗口截图两种。

1. 任意截图

任意截图适用于仅需要部分窗口、元素或者在图片中需要特别标注说明的情况,其操作步骤如下:

(1)启动截图工具,单击“新建”按钮,此时,除截图工具窗口以外的所有屏幕有效位置都像被一张白色半透明的玻璃纸覆盖住了一样。

(2)当鼠标光标变成“+”形时,将鼠标光标移到所需截图的位置,按住鼠标左键不放拖动鼠标,被选中的区域白色玻璃纸效果将消失,图像变得清晰,选中框成红色实线显示。

(3)选取好所需元素后释放鼠标左键,释放鼠标左键后打开“截图工具”编辑窗口,如图 2-128 所示。

(4)完成编辑后可以对其进行编辑,如勾画重点和备注等,截图工具中的编辑工具与画图中的相似。

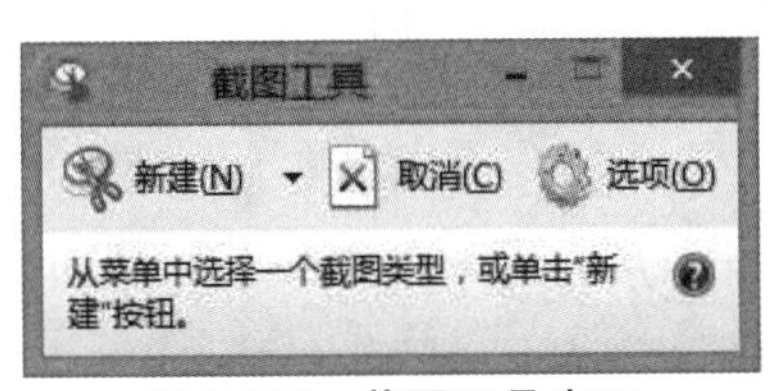

图 2-127 截图工具窗口

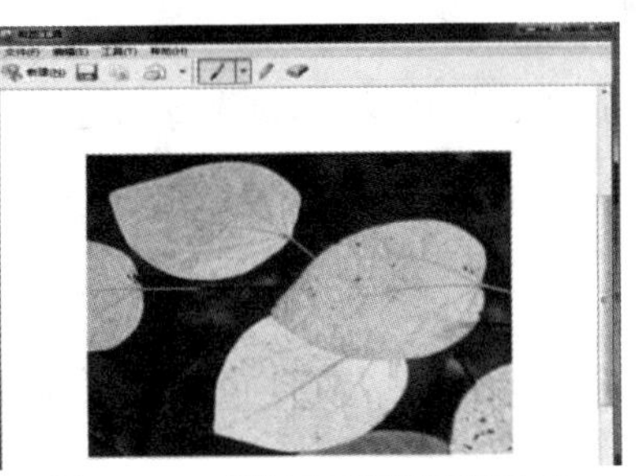

图 2-128 “截图工具”编辑窗口

任意截图技巧

任意截图除了能对图像进行矩形截图外还能完成任意格式的截图,其方法是:单击新建按钮旁的按钮,在弹出的下拉列表中选择“任意格式截图”选项,此时鼠标光标变为形状,然后画出需要截图部分即可完成截图。

(5)完成图形的截取后,单击”保存截图“按钮 或选择“文件/另存为”命令都可打开“另存为”对话框,选择存放位置后,单击保存按钮完成操作。

2. 窗口截图

窗口截图的方法与任意截图的方法相似,不同的是窗口截图能快速截取整个窗口的信息,窗口截图的操作步骤如下:

(1)打开“截图”程序,单击新建按钮旁的按钮,在弹出的下拉列表中选择“窗口截图”选项。

(2)单击“新建”按钮,此时当前窗口周围将出现红色边框,表示该窗口为截图窗口,单击鼠标左键确定截图。

3. 全屏截图

与窗口截图相似的还有全屏截图,当使用全屏截图时,程序会自动将当前桌面上的所有信息都作为截图内容,全屏截图的操作步骤如下:

(1)打开截图程序。

(2)单击新建按钮旁的按钮,在弹出的下拉列表中选择“全屏幕截图”选项,程序会立刻将选择“全屏截图”那一刻的屏幕信息放入“截图编辑窗口”。

除了以上窗口截图和全屏幕截图方式外,还可以通过键盘上的【Print Sysrp】键,进行截取全屏的操作,与“截屏工具”最大的不同是,当按【Printn Sysrp】键截屏完成后,不会打开“截屏工具”编辑窗口,此时所截信息已自动存放于剪贴板中。

任务 2.7 中英文输入

任务描述

要想快速地录入中英文,就要掌握正确的指法并且合理的使用输入方法,本项目对中英文输入中涉及的键盘、指法、拼音输入法和五笔输入法进行了全面细致的讲解。

任务分析

掌握正确的指法会提高打字速度,合理使用输入方法,会使你的录入工作事半功倍。

任务实施

活动 1 认识键盘

计算机键盘中的全部键按基本功能可分成四组,即键盘的四个分区:主键盘区、功能键区、编辑键区和数字键盘区,如图 2-129 所示。

图 2-129 键盘

1. 主键盘区

主键盘也称标准打字键盘,此键区除包含 26 个英文字母、10 个数字符号、各种标点符号、数学符号、特殊符号等 47 个字符键外,还有若干基本的功能控制键。

(1)字母键:所有字母键在键面上均刻印有大写的英文字母,表示上档符号为大写,下档符号为小写(即通常情况下,单按此键时输入下档小写符号)。其键位排列形式与标准英文打字机相同。

(2)数字键【0】~【9】:主键盘第一行的一部分,键面上刻印有数字。单按时输入下档键面数字。

(3)换档键【Shift】:键面上的标记符号为"Shift"或"↑",主键盘的第四排左右两边各一个换档键,其功能相同,用于大小写转换以及上档符号的输入。操作时,先按住换档键,再点击其他键,输入该键的上档符号;不按换档键,直接点击该键,则输入键面下方的符号。若先按住换档键,再点击字母键,字母的大小写进行转换(即原为大写转为小写,或原为小写转为大写)。

(4)大写字母锁定键【Caps Lock】:在 104 主键盘左边的中间位置上,用于大小写输入状态的转换,此键盘为反复键。通常(开机状态下)系统默认输入小写,按一下此键后,键盘右上方中间“Caps Lock”指示灯亮，表示此时默认状态为大写，输入的字母为大写字母；再按一次此键后“Caps Lock”灯灭，表示此时状态为小写，输入的字母为小写字母。

(5)空格键：又称【Space】键，整个键盘上最长的一个键。按一下此键，将输入一个空白字符，光标向右移动一格。

(6)回车键【Enter】：键面上的标记符号为“Enter”或“Return”。主键盘右边中间，大部分键盘的这个键较大(因用得多，故制作大点便于击中)。在中英文文字编辑软件中，此键具有换段功能，当本段的内容输完，按回车键后，在当前光标处插入一个回车符，光标带着该字符及后面的部分一起下移到下一行之首；在 DOS 命令状态下或许多计算机程序设计语言过程中，按回车键确认命令或该行程序输入结束，命令则开始执行。

(7)强行退出键【Esc】：位于键盘顶行最左边。在 DOS 状态下，按下此键，当前输入的命令作废(在未按回车键之前)，光标处显示“\”，光标移到下行之行首，回到系统提示符状态“>”下，此时可重新输入正确的命令和字符串；在文字编辑时，点击此键为中止当前操作状态。

(8)跳格键【Tab】：键面上的标记符号为“Tab”。在主键盘左边，用于快速移动光标。在制作表格时，点击一下该键，使光标移到下一个制表位置，两个跳格位置的间隔一般为 8 个字符，除非另作改变。同时按下【Shift＋Tab】组合键将使光标左移到前一跳格位置。

(9)控制键【Ctrl】：在主键盘下方左右各一个，此键不能单独使用，与其他键配合使用可产生一些特定的功能。为了便于书写，往往把“Ctrl”写为“^”。如【Ctrl＋P】组合键可写为“^P”。其功能为接通或断开打印机(在接通打印机后，屏幕上出现的字符将在打印机上打印)。

(10)转换键，又叫变换键【Alt】：在主键盘下方靠近空格键处，左右各一个，该键同样不能单独使用，用来与其他键配合产生一些特定功能。例如在 Super-CCDOS 中：【Alt＋F4】组合键的功能是选择五笔字型输入法；【Alt＋F9】是选择图形或符号等。有时为书写方便也把组合键【Alt＋F4】写成“～F4”。在 Windows 操作中【Alt＋F4】是关闭当前程序窗口。

(11)退格键【Back Space】：键面上的标记符号为“Back Space”或“←”。按下此键将删除光标左侧的一个字符，光标位置向前移动一格。

(12)以下两个键专用于 Windows 95 及其以上版本的 Windows 操作系统。

- 【Windows】键：键面上的标记符号为“ÿ”，也称 Windows 徽标键。在【Ctrl】和【Alt】键之间，主键盘左右各一个，因键面的标识符号是 Windows 操作系统的徽标而得名。此键通常和其他键配合使用，单独使用时的功能是打开“开始”菜单。
- 【Application】键：此键通常和其他键配合使用，单独使用时的功能是弹出当前 Windows 对象的快捷菜单。

2. 功能键区

功能键区也称专用键区，包含【F1】～【F12】共 12 个功能键，主要用于扩展键盘的输入控制功能。各个功能键的作用在不同的软件中通常有不同的定义。

3. 编辑键区

编辑键区也称光标控制键区，主要用于控制或移动光标。

(1)插入键【Insert】：在编辑状态时，用做插入/改写状态的切换键。在插入状态下，输入的字符插入到光标处,同时光标右边的字符依次后移一个字符位置,在此状态下按【Insert】键后变为改写状态,这时在光标处输入的字符覆盖原来的字符。系统默认为插入状态。

(2)删除键【Delete】:删除当前光标所在位置的字符,同时光标后面的字符依次前移一个字符位置。

(3)光标归首键【Home】:快速移动光标至当前编辑行的行首。

(4)光标归尾键【End】:快速移动光标至当前编辑行的行尾。

(5)上翻页键【Page Up】:光标快速上移一页,所在列不变。

(6)下翻页键【Page Down】:光标快速下移一页,所在列不变。

(7)【Page Up】和【Page Down】这两个键被统称为翻页键。

(8)光标左移键【←】:光标左移一个字符位置。

(9)光标右移键【→】:光标右移一个字符位置。

(10)光标上移键【↑】:光标上移一行,所在列不变。

(11)光标下移键【↓】:光标下移一行,所在列不变。

上述【←】、【↑】、【↓】和【→】这四个键,被统称为方向键或光标移动键。

(12)屏幕硬拷贝键【Print Screen】:当和【Shift】键配合使用时是把屏幕当前的显示信息输出到打印机。在 Windows 系统中,如不连打印机是复制当前屏幕内容到剪贴板,再粘贴到如画图程序中,即可把当前屏幕内容抓成图片格式。如用【Alt】+【Print Screen】组合键,与上不同的是截取当前窗口的图像而不是整个屏幕。

(13)屏幕锁定键【Scroll Lock】:其功能是使屏幕暂停(锁定)/继续显示信息。当锁定有效时,键盘中的"Scroll Lock"指示灯亮,否则此指示灯灭。

(14)暂停键/中断键【Pause/Break】:键面上的标记符号为"Pause"。单独使用时是暂停键【Pause】,其功能是暂停系统操作或屏幕显示输出。按一下此键,系统当时正在执行的操作暂停。当和【Ctrl】键配合使用时是中断键【Break】,其功能是强制中止当前程序运行。

4. 数字键盘

数字键盘也称小键盘、副键盘或数字/光标移动键盘。其主要用于数字符号的快速输入。

(1)数字锁定键【Num Lock】:此键用来控制数字键区的数字/光标控制键的状态。这是一个反复键,按下该键,键盘上的"Num Lock"灯亮,此时小键盘上的数字键输入数字;再按一次【Num Lock】键,该指示灯灭,数字键作为光标移动键使用。故数字锁定键又称"数字/光标移动"转换键。

(2)插入键【Ins】:即【Insert】键。

(3)删除键【Del】:即【Delete】键。

5. 常用组合控制键

组合控制键由控制键【Ctrl】或【Alt】与其他键组合而成,其功能是对计算机产生特定的作用。

(1)【Ctrl+Break】或【Ctrl+C】:中止计算机当前正在进行的操作(常用于中止计算机对命令或程序的执行)。

(2)【Ctrl+Num Lock】或【Ctrl+S】:暂停当前的操作(常用于暂停屏幕的连续显示,以便于用户对屏幕的观察)，点击任意键后，继续执行。

(3)【Ctrl+Alt+Del】:重新启动系统(常称为热启动)。

(4)【Ctrl+Print Screen】或【Ctrl+P】:打印机联机开关。使打印机处于接收/不接收计算机送来的信息状态。

(5)【Shift+Print Screen】:打印屏幕显示的全部内容。

(6)【Ctrl+Print Screen】:同时显示并打印屏幕的内容。

活动 2　打字指法

要想提高打字速度必须掌握正确的键盘操作指法，如图 2-130 所示。

图 2-130　键盘操作指法

1. 标准键区字母的指法

(1)基准键(ASDFJKL)

基准键共有七个，即【A】、【S】、【D】、【F】、【J】、【K】、【L】。两手食指分别放在【F】、【J】键上，其余手指自然放好，大拇指在空格键上。保持正确的操作姿势，按指法要求将手准确地放在基准键盘上，眼睛离开键盘，然后开始击键，这就是盲打。开始练习时，手指的动作是由上而下具有弹性的"击"键，而不是"按"键。击键动作要轻快，击一下就缩回来。

注意

在击键过程中两眼不能偷看键盘，手指各司其职，不要错位。

(2)上排键(TREWQYUIOP)

上排键也就是基准键上面一排字母键。击【R】、【E】、【W】、【Q】、【U】、【I】、【O】、【P】这八个键时，手指都是从基准键位"出发"，向左上方移动一个键位，击键，击完后手指应立即回到基准键上。

由于 T 和 R 键都是左手食指击键，相同的，Y 和 U 是右手食指击键，在键入时要注意感觉一下这几个键与基本键的位置和距离。

(3)G、H 键

这两个键在基准键位行上，是左右手食指的击键范围。击【G】键时左手食指向右伸出一个键位的距离，击完后手指迅速回到基准键位上。

(4)下排键(ZXCVBNM)

下排键就是基准键下面一行,包括【Z】、【X】、【C】、【V】、【B】、【N】、【M】七个键。击键时,手指提起向下弯曲,击键要有力,击完后手指迅速回到基准键位上。

(5)连续击键

在实际录入过程中,经常有连续的字母或符号由同一个手指完成击键,这时就不必再回到基准键位上,而应连续打完两个或两个以上的字母或符号后,再回到基准键位上,这称为“连击”。

2. 非字母键指法

(1)标点符号的输入

从键盘图中可以看出,逗号由右手中指负表,句号由右手无名指负责,其他一些常用的标点符号,像分号、引号、括号和加减号等,都由右手小指来负责。

(2)大写字母输入

输入大写字母,有两种方法。

● 按住【Shift】键,再击字母键,输入的就是大写字母。

● 如果要连续输入大写字母,就击一下【Caps Lock】键,键盘右上角的“Caps Lock”指示灯亮了,这时所击的字母全都是大写了。

(3)数字键

主键盘区中的0～9这十个数字也是由不同的手指分工完成的,数字键盲打比较困难,所以要专门练习一下。【4】、【5】和【6】、【7】分别由左右手的食指负责,【3】、【8】分别由左右手的中指负责,【2】、【9】分别由左右手的无名指负责,【1】、【0】分别由左右手的小指负责。上排的数字键主要用于字母或汉字与数字混合输入。如要输入大量的数字,可以用数字小键盘。

(4)小键盘

在键盘的右侧,是数字键盘,也叫小键盘。专门用来输入大量的数字,财务、统计工作人员经常和数字打交道,可以用小键盘来输入数据。

使用小键盘时,只要用右手操作就可以了。数字键的基准键是【4】、【5】、【6】三个键,对应右手的食指、中指和无名指。【5】键上一般有个小凸点,手放在上面时会感觉得到的。其中,右手食指负责【7】、【4】、【1】、【Num Lock】四个键,右手中指负责【8】、【5】、【2】、【/】四个键,右手无名指负责【9】、【6】、【3】、【＊】和小数点五个键,右手小指负责【-】、【＋】、【Enter】三个键,还有一个键是【0】,由大拇指负责。

3. 在手形和击键方面出现的常见错误

在手形和击键方面可能出现以下常见错误:

(1)不是击键,而是按键,一直压到底,没有弹性,迟迟不起来。

(2)腕部呆滞,不能与手指跳动配合,既影响手形,也不可能做到击键迅速、声音清脆。

(3)击键时手指形态变形,翘起或向里勾,手形掌握不住是初学时常见的现象。

(4)左手击键时,右手离开基本键,搁在键盘边框上。

(5)将手腕搁在桌子上打键,打字必须悬腕,和书法练习有相近之处。

(6)小指、无名指缺少力量,控制不住。

(7)眼看键盘,打字动作没有节奏感。

4. 指法训练的要点

(1)“包产到户”:各手指要分工明确,各守岗位。

(2)不看键盘,练习“盲打”:如果希望通过训练具备较好的技能,那从一开始就一定要严格要求,否则错误的打法一旦成了习惯,正确的打法就难于学成了,很可能一开始有些手指(如无名指)击键时不够“听话”,有点别扭,但只要坚持练习,一定可以学好。

(3)手指回原点:每一手指到上下两排“执行任务”之后,只要时间允许,一定要习惯性地回到各自的原点位置(即中排的基准键位)。

(4)手指和手腕灵活运动:不要靠整个手臂的运动来找到键位,全靠手指运动即可控制的。

(5)按键轻重适度:按键不要过重,过重不但声音太响,而且容易疲劳。另外,手指跳动幅度较大时,击键与恢复都需要较长的时间,也是会影响输入速度的。

(6)操作姿势要正确:操作者在机器前要坐端正,不要弯腰低头或趴在操作台上,也不要把手腕、手臂依托在键盘上。否则不但影响美观,更会影响速度。另外,座位高低要适度,以手臂与键盘盘面水平为宜,座位过低容易疲劳,过高则不便操作。

(7)步进式练习:一开始,要一个手指一个手指地练。如左手食指负责【G】、【F】、【T】、【R】、【B】、【V】共计六个键,可以自己设计一些练习,反复击这六个键,以便使手指灵活,快速准确地控制键位。然后,再做食指和中指的混合打键练习及双手对称手指混合打键练习。以后,再逐渐发展到其他手指。

(8)集中反复练打:练习一篇 200 字左右的短文,先在字里行间用彩笔做上高频字、简码、词汇的标志,然后集中时间反复练习 20～30 遍,一天最多打两篇短文,切忌打一两遍就换文稿。

活动 3　拼音输入法

拼音输入法是比较容易掌握的输入方法,只要学习过汉语拼音,都可以使用。当前较为流行的拼音输入法有:搜狗拼音输入法、QQ 拼音输入法、微软拼音输入法、谷歌拼音输入法、智能 ABC 输入法、拼音加加、黑马神拼和注音输入法等。下面我们就来认识一下几种常用的拼音输入法。

1. 搜狗拼音输入法

搜狗拼音输入法,如图 2-131 所示。

图 2-131　搜狗拼音输入法

特色:词库在线同步、中英混输、皮肤编辑器、手写输入、截屏、云输入。

缺点:没有搜索功能。

搜狗拼音输入法给人的感觉是非常亮丽,包括大量五光十色的输入法皮肤和大量的细胞词库,最新版本还支持手写输入功能。搜狗拼音输入法的词库在线同步比较值得赞赏,不仅能同步细胞词库,还能同步用户的输入习惯和输入法设置,用户无论去到哪里都能方便地找回自己的打字节奏感。而新版搜狗首创的云输入法则让词库同步发挥到极致,理论上可以做本地词库没有的词汇,通过云端能在 1～2 秒内搜索得到最接近的结果。

2. QQ 拼音输入法

QQ 拼音输入法,如图 2-132 所示。

图 2-132 QQ 拼音输入法

特色:同步 QQ 账号、皮肤编辑器、拼音小字典、截屏、表情模式、网址直达。

缺点:词库不够强大,学习功能较弱,没有搜索功能。

QQ 拼音输入法与搜狗拼音输入法的功能有很多相似之处,但是 QQ 拼音倚仗腾讯 QQ 的强大后台和用户群体,近年发展迅速。新版更加推出了与 QQ 账号同步的功能。

3. 微软拼音输入法 2010

微软拼音输入法 2010,如图 2-133 所示。

图 2-133 微软拼音输入法 2010

特色:即打即搜、自学习功能、在线翻译,允许用户自行创建词典。

缺点:不支持词库在线同步、双输入风格定位比较模糊、用户自定义设置较弱。

作为中文输入法的先行者,微软拼音经历了许多风风雨雨,现在依然有不少追随者。最新版的微软拼音 2010 打破以往的形象,打出“双输入风格”的旗号,联合旗下的必应搜索和微软英库,为输入法加入便捷的搜索和翻译功能。

4. 谷歌输入法

谷歌输入法,如图 2-134 所示。

mo ren feng ge
1.默认风格 2.默认 3.莫仁 4.摸 5.莫

图 2-134 谷歌输入法

特色:搜索功能强大、网址直达、谷歌账号同步词典和设置、扩展沙箱、可定义状态栏显示模式。

缺点:词库不够强大、外观单一,不支持皮肤编辑。

凭借结合自身强大的搜索引擎,谷歌输入法现在仍然在很多用户的电脑硬盘中留有一席位置。其特有的沙箱扩展模式采用独立沙箱进程运行输入法扩展程序,确保运行输入法插件时不会影响电脑上其他程序的运行。

活动 4 五笔字型输入法

五笔字型输入法是一种快速高效的汉字输入法,这种输入法用 130 个左右字根组字,具有重码少,字词兼容,输入速度快等特点,在众多汉字输入法中,深受专业录入人员和计算机使用者的喜爱。常见的五笔字型有 86 版和 98 版两种版本,86 版使用 130 个字根(图 2-135),98 版更需要使用 245 个字根(图 2-136),记忆量要比拼音或注音输入方法大。

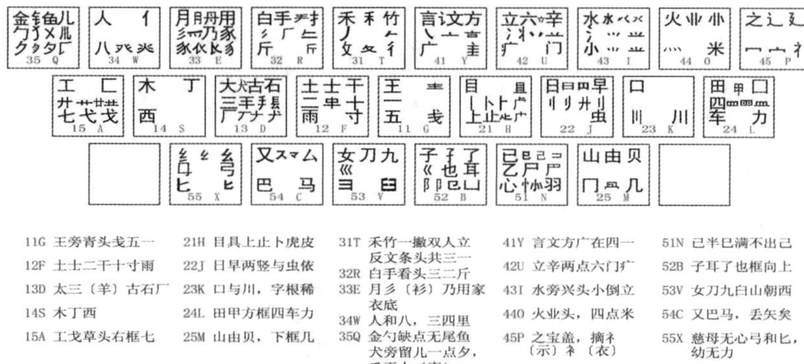

图 2-135 86 版五笔字型

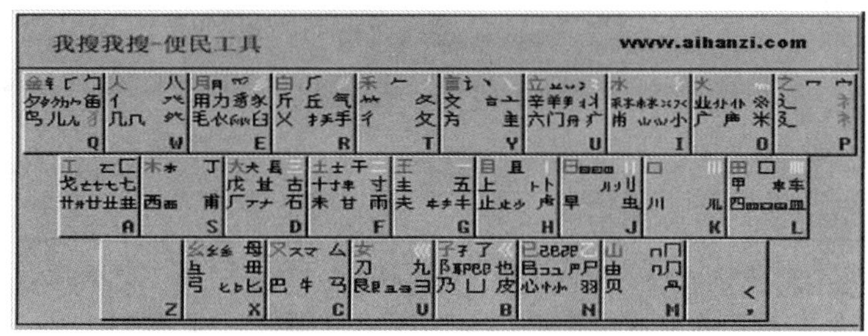

图 2-136 98 版五笔字型

1. 五笔字型原理

五笔字型中，字根多数是传统的汉字偏旁部首，同时还有少量的笔画结构作为字根，也有硬造出的一些“字根”，五笔基本字根有 130 种，加上一些基本字根的变型，共有 200 个左右。这些字根对应在键盘上的 25 个键上。

汉字有五种基本笔画，横、竖、撇、捺、折，所有的字根都是由这五种笔画组成的。在五笔中还规定，把“点”归为笔画“捺”。

为了方便记忆，可以把这些字根按特点分区。按照每个字根的起笔笔画，把这些字根分为五个“区”(图 2-137)。以横起笔的在 1 区，在键盘的这个位置，从字母 G～A；以竖起笔的在 2 区，在这个位置，从字母 H～L，再加上 M；以撇起笔的在 3 区，在这个位置，从字母 T～Q；以捺起笔的叫 4 区，在这个位置，从 Y～P；以折为起笔的叫 5 区，在这个位置，从字母 N～X。

横起笔的字根都在一区，但横起笔的字根也很多，比如“一、二、大、木、七”等，将近四十个。这些字根要分布在一区的各个键位上。为了便于区分，我们把每个区划分为五个位置。

每个区正好有五个字母，一个字母占一个位置，简称为一个“位”。

每个区有五个位，按一定顺序编号，就叫区位号。比如 1 区顺序是从 G～A，G 为 1 区第 1 位，它的区位号就是 11，F 为 1 区第 2 位，区位号就是 12。

2 区的顺序是从字母 H 开始的，H 的区位号为 21，J 的区位号为 22，L 的区位号就是 24，M 的区位号是 25。

3 区是从字母 T 开始的，T 的区位号是 31，R 的区位号是 32，到 Q 的区位号就是 35。

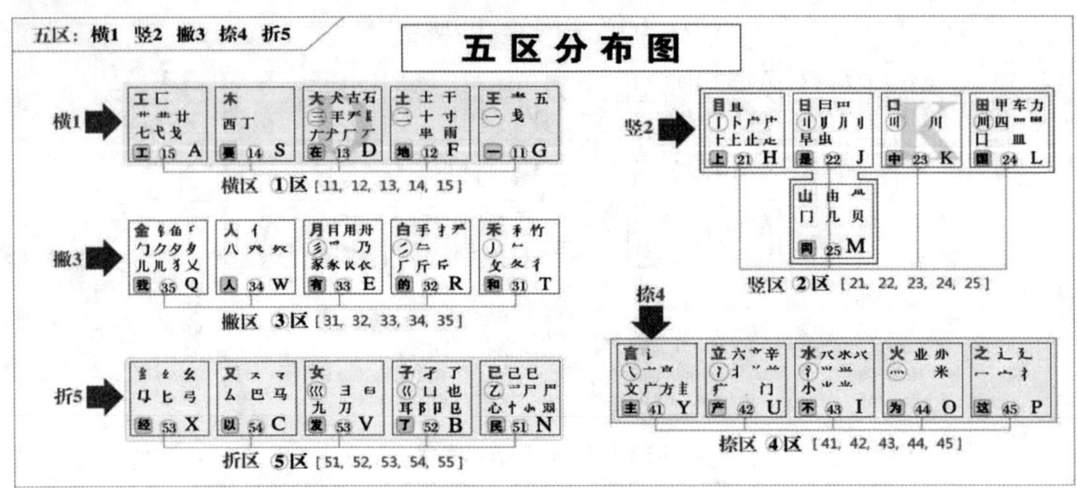

图 2-137 5个区

以此类推，5区是从字母N开始，N的区位号就是51，B的区位号是52，X的区位号是55。

注意

区位号的顺序都是有一定规律的，都是从键盘中间开始，向外扩展进行编号。每个区有五个字母，每个字母有一个区位号，从11～15，21～25，…，51～55，一共是25个区位号，上面分布着200个左右的字根。

要想学好五笔，必须先记住每个字根所对应的键位。这些字根是按一定规律分配在键位上的，具体口诀参见图2-135。

2. 单字编码输入规则

要从键盘上输入一个汉字，首先必须知道这个汉字的编码，也就是说，必须知道输入这个汉字要按哪几个键以及先按哪个键和后按哪个键。只有当输入的编码和计算机"字库"中所存放的某一汉字的编码相对应时，才能把"字库"中的这个字调出来，达到正确输入汉字目的。不言而喻，要做到这一点，我们必须掌握汉字取码的规则。五笔字型的编码即是汉字由单字到字根再到英文字母的过程。

(1)键名汉字的编码

字根键盘中每个键左上角的字根，称为键名字，共25个。输入键名汉字时，连击四下就得到相应的键名字。

例如：王：GGGG　　白：RRRR　工：AAAA　　金：QQQQ

键名汉字共有25个，即：王土大木工，目日口田山，禾白月人金，言立水火之，已子女又纟。

(2)成字字根的汉字编码

在字根键盘的每个键位上，除了一个键名字根外，还有一部分字根本身也是一个汉字，我们称之为成字字根，约有60个。

成字字根的编码方法是：

键名代码＋首笔代码＋次笔代码＋末笔代码。

这就是说，当要键入一个成字字根时，可以首先把它们所在的那个键打一下（俗称"报户口"），然后再依次打它的第一个笔画、第二个笔画及最末一个笔画。如果该字根只有两个笔，则以空格键结束。

例如：　由：MHNG　　　　文：YYGY

车：LGNH　八：WTY＋空格键

(3)单笔画字根的输入方法

按照以上这种对成字字根编码输入的规定，若给五种单笔画编码，每个单笔画就只有两个码。但是这些单笔画并不常用，应当把两码让位于较常用的汉字。因此，有必要作为成字字根编码的一个特例，把单笔画编码设计为：打原码之后再打两下 24 键(L)。

五种单笔画的编码为：一：GGLL　　丨：HHLL　　丿：TTLL　　丶：YYLL　　乙：NNLL

(4)键外汉字的编码

键外汉字是指键面上没有的汉字，它是最多、最普遍的汉字，五笔字型中这些汉字需经过拆分才能形成编码。因此，汉字输入编码主要是讲键外字的编码。

3. 拆分原则

五笔字型的拆分原则是"书写顺序，取大优先，兼顾直观，能连不交，能散不连"。

(1)书写顺序：在合体字编码时，一般要求按照正确的书写顺序进行。例如：

新：立 木 斤　　（正确，符合规范书写顺序）

立 斤 木　　（错误，未按书写顺序编写）

(2)取大优先：按照书写顺序为汉字编码时，拆出来的字根要尽可能大，即"再添一个笔画，便不能构成笔画更多的字根"为限度。例如：

世：廿 乙　　（正确）

一 凵 乙　　（错误）

(3)兼顾直观：在确认字根时，为了使字根的特征明显易辩，有时就要牺牲书写顺序和取大优先的原则。例如：

国：如按书写顺序，其字根应是"冂、王、丶、一"，但这样编码不断有违该字的字源，也不能使字根"囗"直观易辩。为了直观，应从外到内取字根"囗、王、丶"。

(4)能连不交：当一个字可以视作相连的几个字根，也可视作相交的几个字根时，我们认为，相连的情况是可取的。

天：一 大　　（二者是相连的）（正确）

二 人　　（二者是相交的）（错误）

(5)能散不连：如果一个结构可以视为几个基本字根的散的关系，就不要认为是连的关系。

例如：

占：卜 口　　（都不是单笔画，应视作上下关系）

非：三 刂 三　　（都不是单笔画，应视作左右关系）

总之，拆分应兼顾几个方面的要求。一般说来，应当保证每次拆出最大的基本字根，在拆出字根的数目相同时，"散"比"连"优先，"连"比"交"优先。

五笔字型的编码应在保证字根拆分正确的情况下再进行汉字的编码。

4. 编码规则

在五笔字型编码方案中，所有的代码可以分为两类：字根码与识别码。前面已经讲过，一个汉字可以拆分成多个字根，每一个字根都对应于一个字母键，这个键所对应的英文字母就是该字根的“字根码”。识别码即末笔字型交叉识别码，是为了减少重码而补加的代码。

任何汉字，不管拆分成多少字根，最多只能取4个字根。这样，键外字的编码规则为：

含4个或4个以上字根的汉字，用4个字根码组成；不足4个字根的汉字，编码除包括字根码外，还要补加一个识别码。如仍不足4码，可按空格键。一个汉字拆分成的字根大于或等于4个时，依书写顺序取第一、第二、第三和最末一个字根码组成编码依次键入即可。一个汉字拆分成的字根不足4个时，依次输完字根码后，还需要补加一个识别码，加识别码后仍不足4码时，再加空格键。

如：戆：立 早 攵 心 (UJTN)

照：日 刀 口 灬 (JVKO)

低：亻 □ 七 丶 (WQAY)

同：冂 一 口 (MGKD)(末笔为“一”，3型，补打“D”作为“识别码”)

太：大 丶 (DYI+空格)(末笔为“丶”3型，“I”即为识别码)

5. 交叉识别码

当一个汉字拆不够4个字根时，输完字根码后，还需追加一个“末笔字型交叉识别码”，简称“识别码”。它是为了减少重码，加快选字而补加的代码。

“识别码”是由“末笔”代号加“字型”代号而构成的一个附加码。具体地说，识别码为两位数字，第一位(区号)是末笔画类型的代码(横1、竖2、撇3、捺4、折5)，第二位(位号)是字型代码(左右型1、上下型2、杂合型3)。把识别代码看成为一个键的区位码，即得到交叉识别码的字母键(参见表2-2)。

表2-2 末笔字型交叉识别码

字型		左右型	上下型	杂合型
末笔	代号	1	2	3
横	1	11G(一)	12 F(二)	13 D(三)
竖	2	21 H(丨)	22J(刂)	23 K(川)
撇	3	31 T(丿)	32R(″)	33 E(彡)
捺	4	41Y(丶)	42U(冫)	43 I(氵)
折	5	51N(乙)	52B(巜)	53 V(巛)

例：

单字	字根	字根码	末笔代码		字型	识别码		编码
沐	木	IS	丶	4	1	41	Y	ISY
汀	丁	IS	丨	2	1	21	H	ISH
洒	西	IS	一	1	1	11	G	ISG
只	八	KW	丶	4	2	42	U	KWU
叭	八	KW	丶	4	1	41	Y	KWY

上例中，沐、汀、洒的字根码都一样(IS)，但末笔画不一样，所以加上末笔识别码后，它们的编码就不同了，否则就会重码(IS)。同样，只、叭的字根码一样(KC)，但字型不一样，所以加上字型识别码后，编码也就不同了。

用于识别的末笔，有以下几点规定：

(1)所有包围型汉字中的末笔，取被包围部分的末笔为整个字的末笔。如："国"的末笔应取"丶"；"团"的末笔应取"丿"。

(2)带"辶"的汉字，以去掉"辶"后的末笔为整个字的末笔。如："进" 的末笔应取"丨"；"廷"的末笔应取"一"。

(3)对于字根"力、刀、九、匕"，鉴于这些字根的笔顺常常因人而异，"五笔字型"中特别规定，当它们参加"识别"时，一律以其"伸"得最长的"折"笔作为末笔。如：仇、化、男等字都以"折"为末笔。

(4)"我""戋""成"等字的"末笔"，由于因人而异，故遵从"从上到下"的原则，一律规定"丿"为其末笔。

关于字型又有如下约定：

(1)凡单笔画与字根相连者或带点结构都视为杂合型。

(2)字型区分时，也用"能散不连"的原则，如：矢、卡、严都视为一下型。

(3)内外型字属杂合型，如：困、同、匝、，但"见"为上下型。

(4)含两字根且相交者属杂合型，如：电、串、东、无、农、里。

(5)下含"辶"的字为杂合型，如：逞、延、远、进。

(6)以下各字为杂合型：司、床、厅、龙、尼、后、包、反、处、办、皮、习、死、疗、压、，但相似的左、右、有、看、者、布、友、冬、灰等视为上下型。

6. 五笔字型的简码输入

为了提高录入速度，对于使用频繁的汉字，五笔字型设置了简码方式。它将常用汉字只取其前边的一个、二个或三个字根组成编码，极大方便了汉字的输入。

(1)一级简码

一级简码是五笔字型定义的使用最频繁的 25 个汉字，25 个汉字定义在 25 个键位上，输入这些汉字只需单击一下所在键，再按一下空格键即可，一级简码与键位对照图如图 2-138 所示。

图 2-138 一级简码与键位对照图

(2)二级简码

二级简码是由单字全码的前两个字根代码组成，输入时只需击第一、第二两个字根所在键及空格键即可。例如,输入汉字“陈”,只需输入简码“BA”,再单击空格键。

(3)三级简码

三级简码字数很多,输入三级简码也需击四键(含一个空格键),三个简码字母与全码的前三者相同,而用空格代替了末字根或识别码。

在五笔字型输入法中,由于具有各级简码的汉字总数已有5000多个,它们已占了常用汉字的绝大多数,因此,如能熟悉这些简码的输入,可以大大提高汉字录入速度。

7. 五笔字型的词组输入

五笔字型输入法中设计了词组的输入方法,输入的词组有二字词组、三字词组、四字词组和多字词组,其编码一律为四码。

(1)二字词组

二字词组的编码由所含的两个汉字依次各取两个字根,组合成四码,例如:

计算:讠、十、竹、目,词组编码为YFTH。

(2)三字词组

三字词组的编码是分别取前两个字的第一个字根和最后一个字的前两个字根,组合成四码,例如:

计算机:讠、竹、木、几,词组编码为:YTSM。

(3)四字词组

三字词组的编码是依次取每个字的第一个字根,组合成四码,例如:

一无是处:一、二、日、夂,词组编码为:GFJT。

(4)多字词组

多字词组的编码依次各取第一、二、三和最末一个汉字的第一个字根,组合成四码,例如:

中华人民共和国:口、亻、人、囗,词组编码为:KWWL。

(5)Z键的作用

不同的五笔字型输入法定义的【Z】键功能不同。如王码五笔的【Z】键是万能键,它可以帮助用户输入。如打“键”字,只知道第一码、第三码和第四码,忘记了第二码,这时可以用【Z】键来代替,输入QZFP即可。而对于不同的五笔输入法而言,其作用是不一致的,用户可以参考相关软件说明书。

实训项目

实训1 Windows 8的安装

实训要求:用户的计算机需要具有符合要求的Windows 8操作系统,用户需尽量使用正版的Windows 8操作系统,按照提示进行安装,并能正确激活。

操作提示如下:

(1)满足安装Windows 8系统的需求环境;

(2)将安装光盘放入驱动器中,系统将自动由光盘启动,单击【下一步】按钮;

(3)在【请阅读许可条款】对话框中,启用【我接受许可条款】复选框;

(4)选择安装方式【升级】还是【自定义】;

(5)选择安装位置,一般为 C 分区;

(6)复制 Windows 文件;

(7)安装功能和更新;

(8)个性化、网络以及用户设置;

(9)出现开始屏幕,安装完毕;

(10)激活 Windows 8 操作系统。

实训 2　文件的管理与属性设置

实训要求:分类整理文件和文件夹的相关操作,包括“新建”、“选择”、“重命名”、“复制”、“移动”、“删除”和“恢复”等,对文件和文件夹的属性进行设置、隐藏文件和文件夹。

操作提示如下:

(1)任意新建一个文件;

(2)重命名文件;

(3)复制、移动文件;

(4)删除和恢复文件;

(5)设置文件与文件夹的属性;

(6)显示隐藏的文件或文件夹;

(7)设置个性化的文件夹图标。

实训 3　标准账户的设置与创建

实训要求:当多个用户使用同一台电脑时,可以在电脑中设置多个账户,让每一个用户在各自的账户界面下工作。能够自己创建账户,并对账户进行设置。

操作提示如下:

(1)创建新用户账户;

(2)更改账户类型;

(3)创建,更改或删除密码;

(4)设置账户名称和头像;

(5)启用或禁用账户;

(6)删除用户账户。

项目 3

认识Office 2013

项目导引:

Office 2013 是 Microsoft 公司推出的最新版计算机办公自动化软件,其界面友好、操作简便、功能强大,无论是编辑文档、处理数据报表,还是制作演示文稿,用户都能更为轻松、高效地完成任务。

本项目通过“认识 Office 2013、做好使用 Office 2013 的准备工作、启动和退出 Office 2013、参观Office 2013组件的工作界面”几项任务的完成,了解该款软件的功能,认识 Office 2013工作界面,掌握最基本的操作。

技能目标:

✍会将Office 2013软件安装到电脑中;
✍能启动和退出Office 2013;
✍会获取帮助信息。

知识目标:

✍了解Office 2013的功能;
✍掌握Office 2013软件的安装方法;
✍熟练掌握启动和退出Office 2013方法;
✍掌握获取帮助的方法;
✍了解Office 2013的工作界面。

任务 3.1　认识Office 2013

任务描述

微软Office 2013是 Office 2010 的升级版本。它全新的功能和人性化设计,不仅带来了绝佳的工作体验,更为企业提供着源源不断的发展动力。现在,就让我们共同走进全新 Office 2013,通过该任务来了解 Office 2013的主要特点,把握该办公系统中的主要组件

Word 2013、Excel 2013、PowerPoint 2013 的总体特征、运行环境以及功能，从而体验其非凡的创新特性。

任务分析

完成该项任务的操作思路如下：

步骤1 阅读教材，了解Office 2013的特点。

步骤2 初识 Word 2013，通过实例观看，知道其功能。

步骤3 初识 Excel 2013，通过实例观看，知道其功能。

步骤4 初识 PowerPoint 2013，通过实例观看，知道其功能。

任务实施

活动1 了解Office 2013

1. 电脑办公与Office 2013

电脑办公已渗透到人们生活的各个领域，无论是管理人员、专业技术人员，还是文秘人员在日常工作中，都需要使用办公软件。随着用户对办公软件的需求的不断提高，Office 系列办公软件的版本也不断升级，Office 2013是 Microsoft 公司推出的最新版本的办公软件。其功能强大，操作方便，是众多办公自动化软件中的佼佼者，深受广大办公用户的青睐，2013 Microsoft Office System 的众多改进和新功能使它成为办公族的首选办公软件。

2. Office 2013新感觉

(1)Metro 风格界面

Office 2013采用了全新的界面设计风格，从安装过程开始就已经可以感受到Office 2013界面风格上的改变。微软为 Office 设计了 Metro 风格的 Office 启动界面，颜色鲜艳。Office 2013 Preview 在延续了 Office 2010 的 Ribbon 菜单栏外，也融入了 Metro 风格。除了界面新颖，各个组件的图标也有了新的外观。风格也是极简化，整体界面趋于平面化，显得清新简洁。流畅的动画和平滑的过渡，带来不同以往的用户体验。简洁的界面和触摸模式也更加适合平板，使其浏览文档同 PC 一样方便。

Office 2013只提供白色、浅灰色和深灰色三种主题颜色，主题颜色不能像Windows 7、Windows 8 系统一样自定义，这一点还需要改进。

(2)平易近人的设计

微软对Office 2013的设计目标是更其平易近人，让使用者能更轻松快捷地完成办公任务。例如：Word 的改进是：自由缩放、平滑滚动、视频嵌入，还可以通过浏览器在线分享文档，如图 3-1 所示。Excel 在此基础上还可获得新的格式控制以及图表动画；与此同时，在PowerPoint 中嵌入 Excel 图表更加容易，不会再受到格式的困扰。能支持更多的视频格式等嵌入式媒体，并支持跨越多个幻灯片(甚至整个演示文稿)的音乐播放功能。动感图像和放映网格的加入使幻灯片播放演示更完美，如图 3-2 所示。

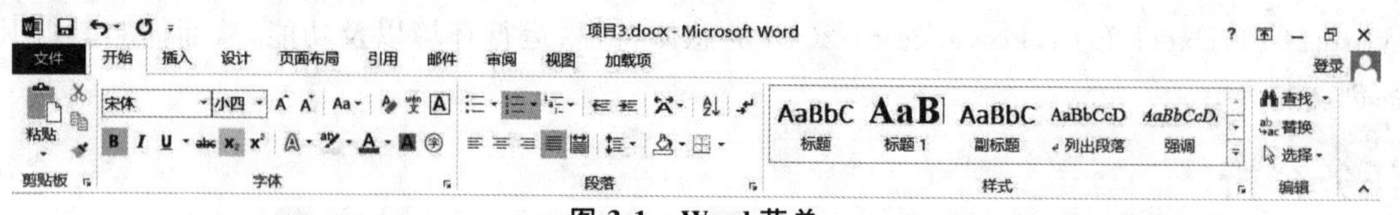

图 3-1 Word 菜单

图 3-2 PowerPoint 样例

(3)贴心小功能

Office 2013为用户提供了大量的新模板,新增的社交功能、时尚的阅读模式、在线媒体的添加、更方便的图文混排,这些都是办公人员的最爱。同时只要一键即可为整个演示文档更换各种内置主题,也很方便。PowerPoint 2013 中提供的调整视频细节、有趣的功能截图和多样的保存类型都让Office 2013显得更加贴心。

(4)不同组件

在 Office 的各个组件中,都特别设计了一些新功能,使各个组件都能够高效地为用户服务。第一是性能改进,启动速度比 2010 快太多了,简直是瞬间秒开。第二是云服务整合,所有文件默认新建和保存在 skydrive 上。第三是功能优化,2010 时代 PowerPoint 比 Office 同门兄弟在很多方面先进得多,2013 时代 PowerPoint 的先进点被普及到了其他组件。

关于Office 2013及其组件的界面、功能和应用,本教材将在下面的各个项目中逐步详细介绍。

3. Office 2013运行环境

在对操作系统的要求上,Office 2013建议运行在 Windows 7 , Windows 8 , Windows Server 2008 R2 以及 Windows Server 2012 上,而 Windows RT 则会预置 Office 2013。测试表明,Office 2013可以在 Windows 7 及以上系统上良好地运行。

Office 2013与其他旧版本相比更加智能化的同时,对电脑配置的要求也相对较高。以 Office 2013专业版为例,Microsoft 公司推荐的基本配置和建议配置方案如表 3-1 所示:

表 3-1　　Office 2013专业版配置表

组件	基本配置方案	建议配置方案
CPU	主频在 1GHz 以上	主频在 2GHz 以上
内存	1GB	2GB 或 4GB
硬盘可用空间	2GB(安装 5 大组件)	4GB 安装所有组件
显卡	支持 1024×576 分辨率	支持 1024×576 以上分辨率
光驱	DVD	DVD
显示器	分辨率为 1024×768 像素	分辨率为 1024×768 像素或以上
操作系统	Windows 7 的 32 位或 64 位版本	MicrosoftWindows 7　64 位

活动 2　认识 Word 2013

Microsoft Office Word 2013 是一个功能强大的文档创作程序，它不仅提供了一整套编写工具，还具有易于使用的用户界面，常用于制作和编辑办公文档。

其主要功能如下：

(1)创建具有专业水准的文档

Word 2013 的模板库和 Microsoft Office Online 官方网站上提供了新闻稿、年度报告、简历、求职信、报表设计、新年贺卡等各种模板，如图 3-3 所示。

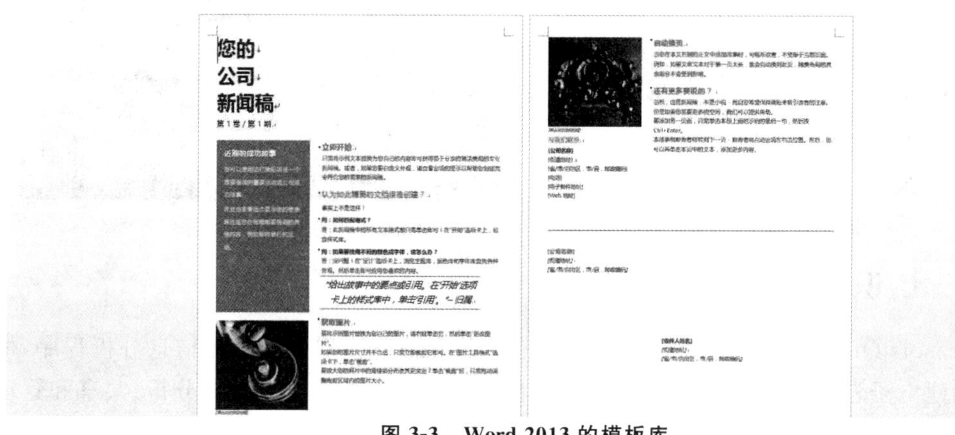

图 3-3　Word 2013 的模板库

(2)制作出美观大方的各种办公文档

可以灵活地根据需要对文档中的字符、段落或页面格式进行单独设置，还可以在文档中插入图片、文本框和艺术字等对象，制作出图文并茂的各类文档，例如，图 3-4 所示为运用 Word 2013 完成的杂志页面的排版和广告页面的设计。

(3)文档管理功能

丰富的审阅、批注和比较功能有助于快速收集和管理来自同事的反馈信息。高级的数据集成可确保文档与重要的业务信息源保持连接。

(4)网页制作功能

使用 Word 2013 可直接链接到博客网站，通过丰富的 Word 功能来创建包括图像、表格和高级文本格式设置功能的博客。

(5)邮件合并功能

邮件合并是指将两个或两个以上的文档记录合并在一起,从而制作或打印出多篇不同的文档。使用 Word 2013 中的“邮件合并”功能,可以创建大量的套用信函,也可以完成其他类型的文档合并。

励志故事

世界上最好的成功法则

【故事】世界上最好的成功法则是什么?下面的故事可以告诉你:

一位世界级的推销大师,在他结束推销的大会上吸引了业界的5000多位精英参加。

现场许多人问他推销秘诀时,他微笑着不说。这时,全场灯光暗了下来,从会场一边出现了4名彪形大汉,他们合力抬着一铁架,铁架下垂着一只大铁球走上台来。现场的所有人都丈二和尚摸不着头脑时,那位推销大师走上台,朝铁球推了一下,铁球没有动,隔了5秒,他又推了一下,还是没有动,于是他每隔5秒就推一下。这样如此持续不断,铁球还是动也没动,台下的人开始骚动,陆续有人离场而去,但大师还是继续推铁球,人越走越多,留下来的只有几百人了。终于,大铁球开始漫漫晃动了,并且幅度越来越大,就算任何人的努力也不能使它停下来。

最后,这位大师面对仅剩下来的几百人介绍了他一生推销成功经验:成功就是简单的事重复去做,以这种持续的毅力每天进步一点点,当成功来临的时候,你挡都挡不住。

【寓意】世界上最可怕的力量是习惯,世界上最宝贵的财富也是习惯,成功就是先养成成功的习惯。

1

图 3-4 运用 Word 2013 完成的杂志页面的排版和广告页面的设计

活动 3 认识 Excel 2013

Microsoft Office Excel 2013 是一个集电子表格和信息管理于一身的信息分析程序,可用它来创建电子表格并为其设置格式,并可以使用这些工具和功能轻松地分析、共享和管理数据。

Excel 的主要功能:

(1)数据记录与整理,可以实现对繁琐无序的数据记录的分类整理,便于进行数据的分析计算。

例如制作“公司年度考核表”,如图 3-5 所示。

(2)数据计算,利用不同的函数组合,用户几乎可以完成绝大多数领域的常规计算任务:包括结算账户余额、准备发票、计划预算、跟踪定单或者对账户簿的日常维护等。

(3)数据分析,常用的有排序、筛选和分类汇总等数据分析方法,它们能够合理地对表格中的数据做进一步的归类与组织,方便用户进行数据的统计和分析等操作。

(4)商业图表制作,Excel 的图表图形功能可以迅速地创建各种各样的商业图表,形象直观地传达信息。如图 3-6 所示为“图书销售业绩图表”。

公司考核.xlsx

公司年度考核表								
编号	分公司地址	第一季度	第二季度	第三季度	第四季度	年度考核总分	是否表彰	排名
1	北京	98	96	98	97	389	否	3
2	南京	98	98	97	96	389	否	3
3	广州	96	97	98	99	390	是	2
4	杭州	87	95	96	96	374	否	7
5	武汉	95	96	98	96	385	否	5
6	上海	96	96	96	94	382	否	6
7	青岛	99	98	97	98	392	是	1
度考核平均分		95.57143	96.57143	97.14286	96.57143			
度考核总分		669	676	680	676			
半年考核平均分		192.1428571		193.7142857				
年度考核总分最高分						392		

图表　考核记录　工程分配　Sheet3

图 3-5　公司年度考核表

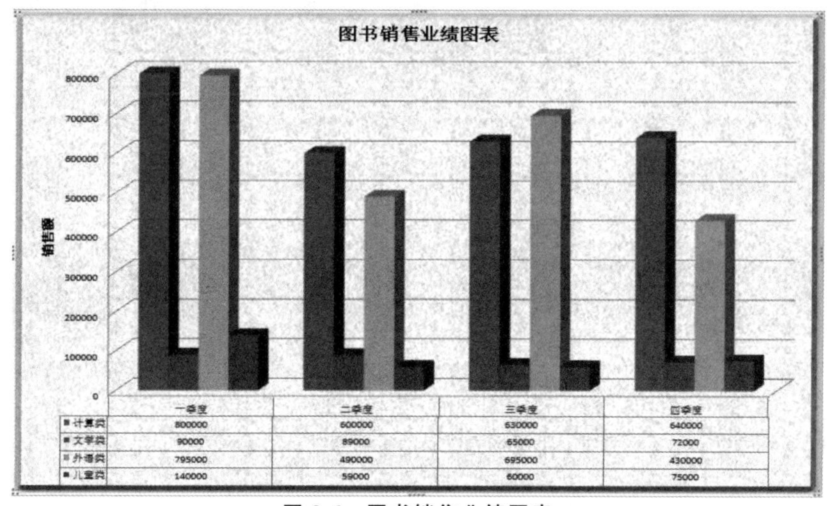

图 3-6　图书销售业绩图表

活动 4　认识 PowerPoint 2013

PowerPoint 2013 是演示文稿制作程序,使用它可快速创建极具感染力的动态演示文稿。

PowerPoint 的主要功能:

(1)使用 PowerPoint 2013 提供的模板可以方便地制作各种专业的演示文稿。

(2)创建多媒体演示文稿,其中可包含一系列幻灯片,用于教学、销售、通信或者谈判等领域。演示文稿中可包含文字、图形、动画、声音和视频等多媒体信息。多媒体信息可通过 35mm 幻灯片、悬挂式投影仪幻灯片、演讲人备注、讲义或者现场幻灯片(用计算机或计算机投影仪播放)的形式展现出来。如图 3-7 所示的演示文稿是一个“产品宣传广告”。

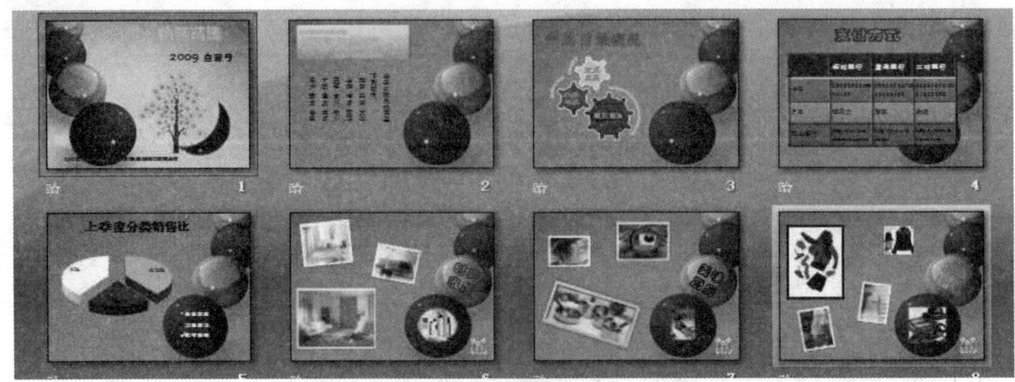

图 3-7 产品宣传广告

(3)快速创建漂亮的电子画册,如图 3-8 所示。

图 3-8 电子画册

在 Microsoft Office PowerPoint 2013 中,你只需单击几次鼠标,即可创建并添加设计师水准的 SmartArt 图形,并且可以快速编辑音频和视频,制作出精美的演示文稿,如图 3-9 所示。

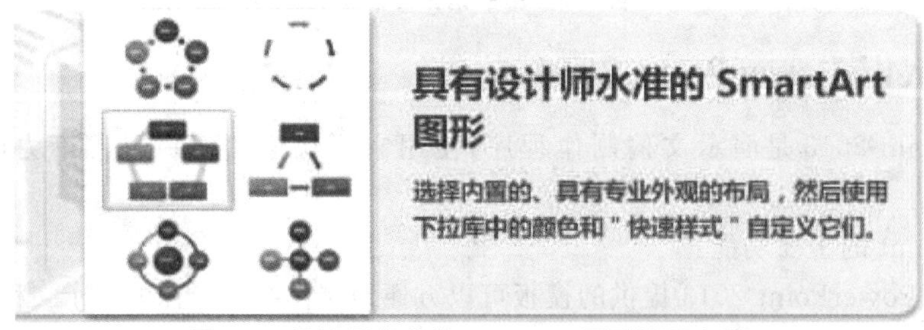

图 3-9 设计师水准的 SmartArt 图形演示文稿

任务 3.2 做好使用Office 2013的准备工作

任务描述

在使用 Office 2013 简体中文版的各个组件之前,当然要先安装这个产品。因为

Office 2013适用于 Windows 7 及其以上的操作系统，所以Office 2013分别对应有 32 位和 64 位两个版本，该任务以Office 2013 32 位为例介绍安装过程，Office 2013 64 位的安装过程与此类似。在工作中往往需要将文档保存在合适的位置以备使用，为此需要创建文件夹，便于文件的存储和管理。

任务分析

完成步骤如下：

步骤 1　安装Office 2013。

步骤 2　为文档建立存储的位置。

任务实施

活动 1　安装Office 2013

Office 2013的安装方法与先前版本基本相同，操作步骤如下：

(1)先卸除Office 2013前的老版本，将Office 2013安装光盘放入光驱，运行光盘中的安装文件“setup. exe”，如图 3-10 所示。如果是从 ISO 文件安装，需要先释放安装文件。

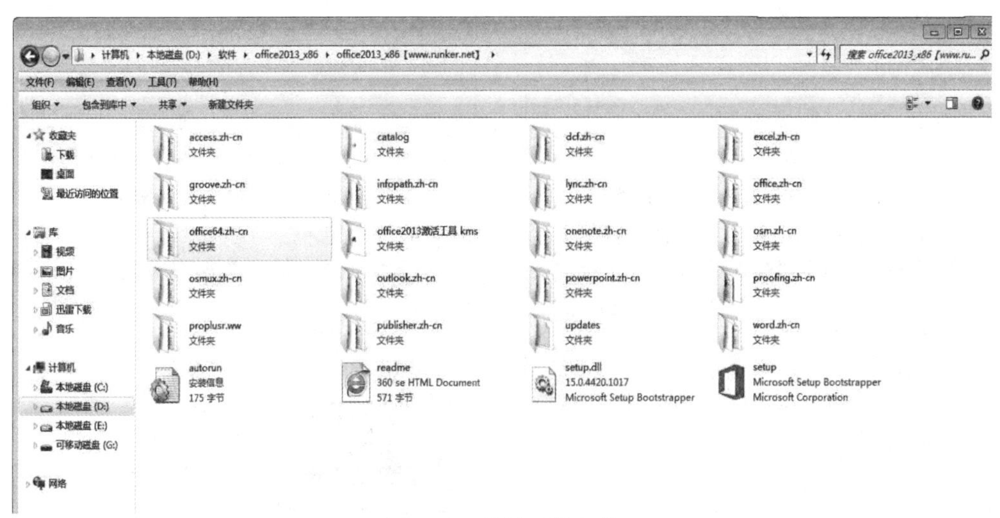

图 3-10　选择安装文件

(2)选择“我接受此协议的条款”复选框，并单击“继续”按钮，如图 3-11 所示。

(3)选择立即安装还是自定义安装。如果选择立即安装，Office 2013的所有组件将全部安装；自定义安装可以选择Office 2013的主要组件进行安装。这里选择立即安装，如图 3-12 所示。

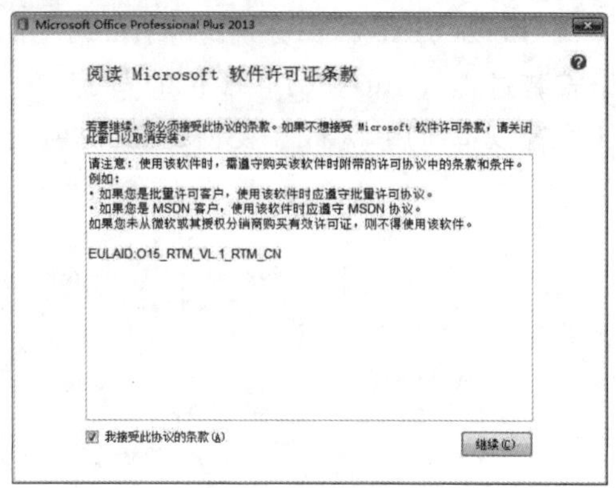

图 3-11 选择我接受此协议的条款

图 3-12 选择立即安装

(4)进入“安装进度”指示界面,如图 3-13 所示。自动安装完成后将打开如图 3-14 所示的对话框,单击“关闭”按钮。

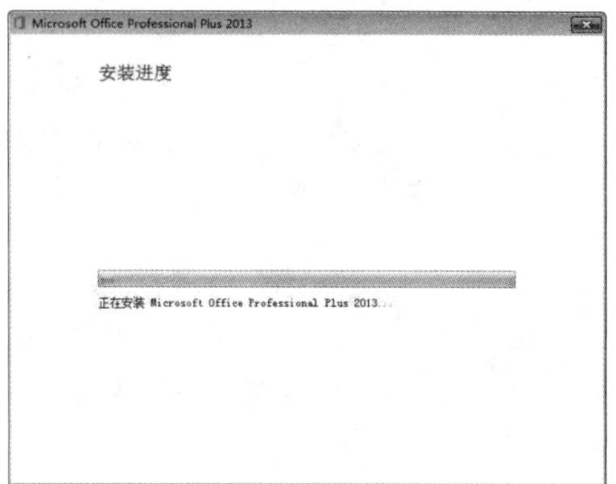

图 3-13 “安装进度”指示界面

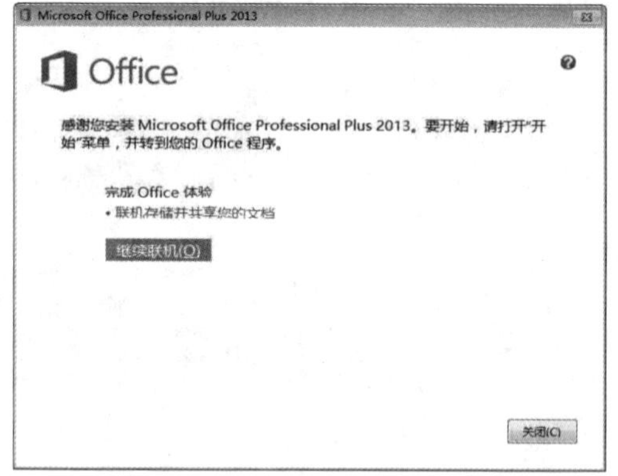

图 3-14 安装完成后界面

(5)如果选择自定义按钮,则会打开如图 3-15 所示的对话框。

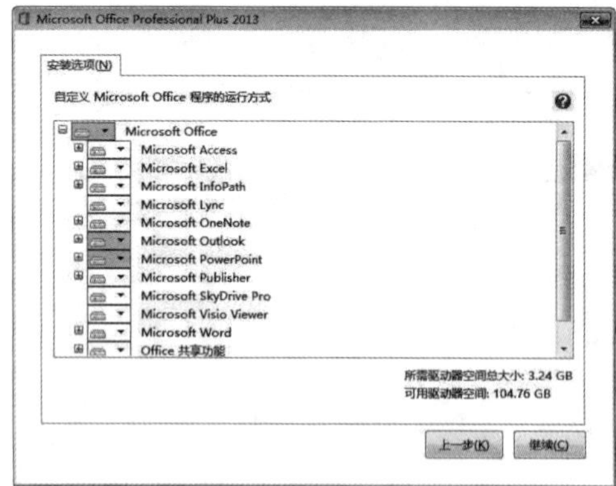

图 3-15 选择自定义按钮

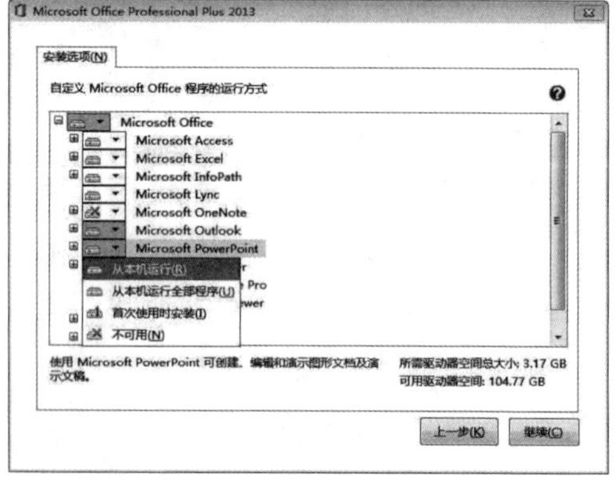

图 3-16 选择运行方式

提示

单击“安装选项”标签,可选择所要安装的组件。单击组件的下三角按钮,可从列表中选择“从本机运行”、“从本机运行全部程序”、“首次使用时安装”和“不可用”四个选项。“从本机运行”表示安装该组件;“从本机运行全部程序”表示安装完整的组件;“首次使用时安装”表示在需要时才安装;“不可用”表示不安装,如图 3-16 所示。

(6)单击安装文夹中的激活文件,如图 3-17 所示,在弹出的安装对话框中单击“Next”按钮,如图 3-18 所示。

(7)在如图 3-19 所示的对话框中选择存储位置,继续单击“Next”按钮。

(8)激活完毕后,启动任一组件,如图 3-20 所示启动 PowerPoint 2013,可以在“文件”→“账户”下看到“激活的产品”字样,至此,安装完毕。

KMSpico_Install_v8.5
KMSnano
ByELDI

图 3-17　激活文件

图 3-18　单击“Next”按钮

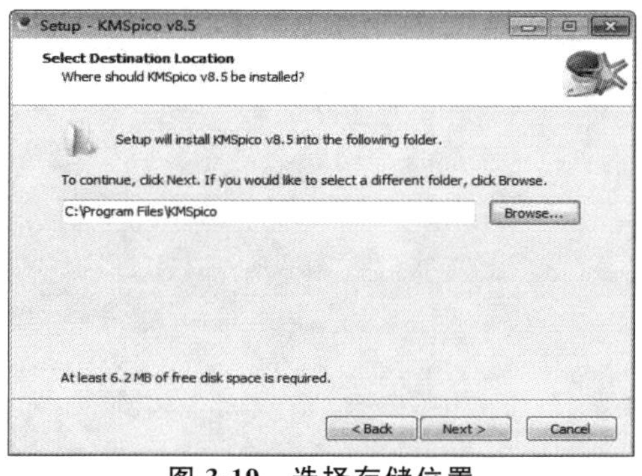

图 3-19　选择存储位置

图 3-20　激活完毕

技巧

如果激活不能顺利进行,只需要升级控件 Microsoft .NET Framework 4.5.1 的版本即可。

活动 2　为文档建立存储的位置

为 Office 2013 过程中创建的文档建立存储的位置。

操作步骤如下:

(1)打开“我的电脑”,进入 D 盘。

(2)新建一个文件夹,命名为“Office 综合应用”。如图 3-21 所示。

(3)在主文件夹中依次新建“项目 1”、“项目 2”、“项目 3”……文件夹,以后制作的文档保存在相应的文件夹中,如图 3-22 所示。

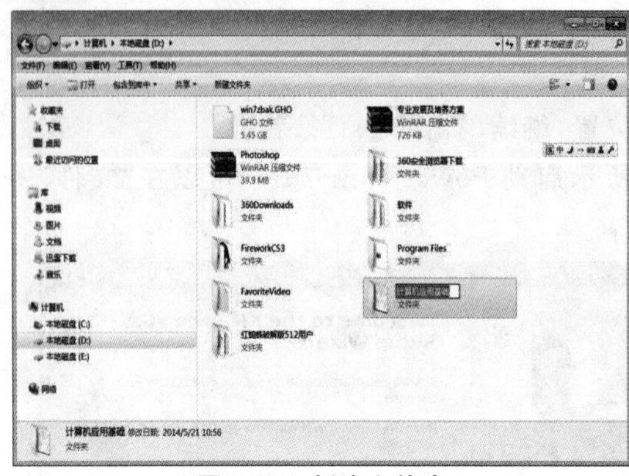

图 3-21 新建文件夹

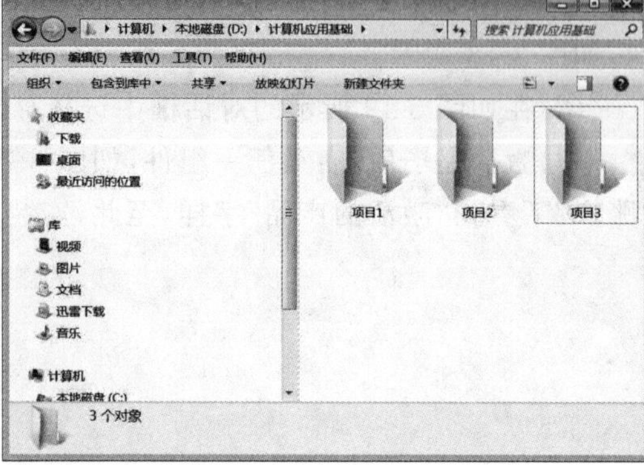

图 3-22 创建子文件夹

任务 3.3 启动和退出Office 2013

任务描述

使用Office 2013制作文档之前，需要掌握最基本的操作，本任务完成 Office 2013 的启动和退出。

任务分析

完成步骤如下：

步骤 1 启动Office 2013组件。

步骤 2 退出Office 2013组件。

任务实施

活动 1 启动Office 2013组件

启动与退出Office 2013比较简单，用户以前的经验仍然适用。

Office 2013的几大组件的启动和退出的操作方法基本上是相同的，下面以 Word 2013 为例。Word 2013 的启动方法有以下三种。

1. 利用开始菜单

单击“开始”按钮，选择“所有程序”→“Microsoft Office”→“Microsoft Office Word 2013”命令，即可打开 Word 2013 中文版，如图 3-23 所示。

2. 利用桌面快捷方式

这是一种启动 Word 2013 最简单的方法，只要双击桌面上创建的 Word 2013 的快捷方式，即可启动程序，如图 3-24 所示。

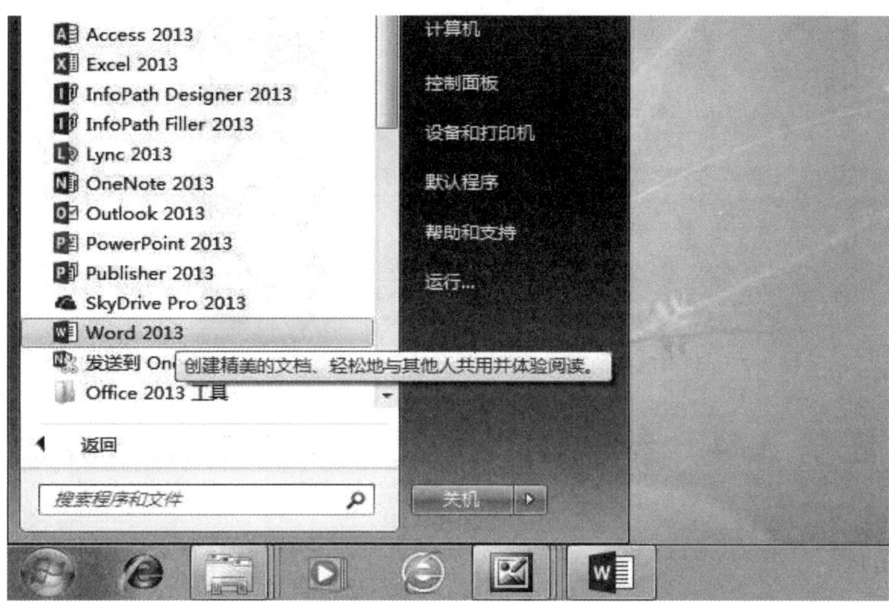

图 3-23 利用开始菜单启动

图 3-24 利用桌面快捷方式启动

技巧

如果没有桌面快捷方式，可以手动创建一个，操作方法如下：

鼠标单击“开始”菜单按钮，然后指向“所有程序”→“Microsoft Office”→“Microsoft Office Word 2013”菜单项。

右键单击“Microsoft Office Word 2013”菜单项，在快捷菜单中选择“发送到”→“桌面快捷方式”命令。

3. 利用已有的 Word 文档

打开 Windows 资源管理器或“我的电脑”，浏览到要打开的 Word 文档，双击文件即可启动 Word 2013 中文版，如图 3-25 所示。在 Word 2013 启动的同时，文件也被打开。

活动2 退出Office 2013组件

退出 Word 2013 中文版有以下三种方法：

(1)在 Word 窗口中打开“Office 按钮”菜单，并单击“关闭”按钮，如图 3-26 所示。

(2)单击 Word 窗口右上角的关闭按钮 ✕ 。

(3)在 Word 窗口中，按【Alt】+【F4】组合键。

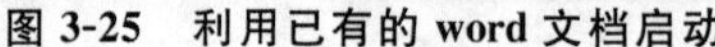
图 3-25 利用已有的 word 文档启动

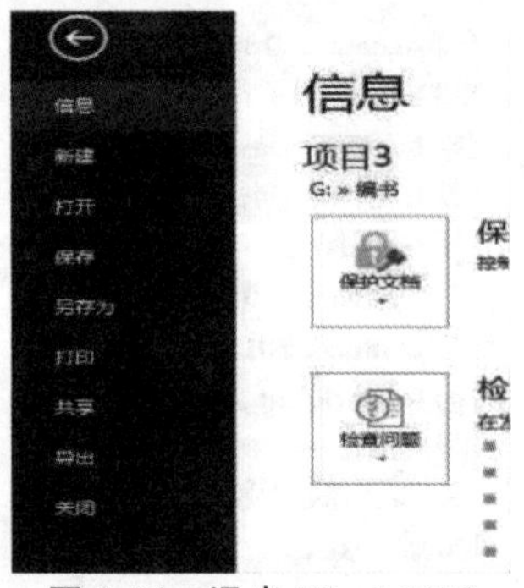

图 3-26 退出 Word 2013

任务 3.4 参观Office 2013组件的工作界面

任务描述

Office 2013所包含的 Word 2013、Excel 2013 和 PowerPoint 2013 等重点组件虽然功能各异,但界面都是一致的,操作也一样。该项任务以 Word 2013 为例认识组件的工作界面。

任务分析

完成步骤如下:

步骤 1 认识“文件选项”按钮。

步骤 2 认识快速访问工具栏。

步骤 3 认识标题栏。

步骤 4 认识功能区。

步骤 5 认识状态栏和视图栏。

步骤 6 获取帮助信息。

任务实施

打开 Microsoft Office Word 2013、Office Excel 2013 和 Office PowerPoint 2013,即可看到工作界面。一旦你学会如何在一个程序中使用功能区,你将会发现,其他程序中的功能区同样易于使用。下面我们以 Word 2013 为例认识Office 2013的工作界面。

图 3-27 是 Word 2013 的工作界面,它主要包括 Office 按钮、功能区、快速访问工具栏、标题栏、功能选项卡、功能区、编辑区、状态栏和视图栏等几部分。

图 3-27　Word 2013 的工作界面

活动 1　认识“文件选项”

“文件选项”有“打开”、“保存”和“打印文件”等基本命令，同时它提供了更多的命令，如“发布”等命令，如图 3-28 所示。

技巧

单击文件选项卡“选项”命令可对 Word 2013 进行高级设置，如图 3-29 所示。

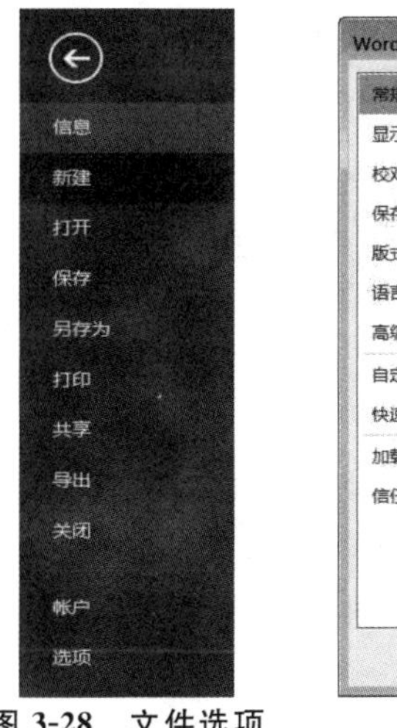

图 3-28　文件选项

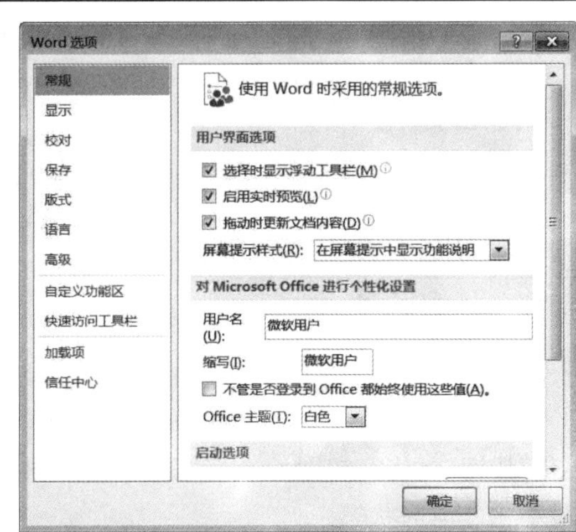

图 3-29　高级设置

活动 2　认识快速访问工具栏

快速访问工具栏，如图 3-230 所示。它为我们提供了日常工作中经常用到的工具按钮。在默认状态下，快速工具栏包含三个快捷按钮，分别是“保存”按钮、“撤销”按钮和“重复”按钮。

图 3-30　快速访问工具栏

互动练习

在 Word 2013 中，将“打印预览”和“新建”按钮添加到快速访问工具栏中。操作提示：单击快速访问工具栏右侧的按钮，在弹出的下拉菜单中选择“打印预览”和“新建”命令即可，如图 3-31 所示。

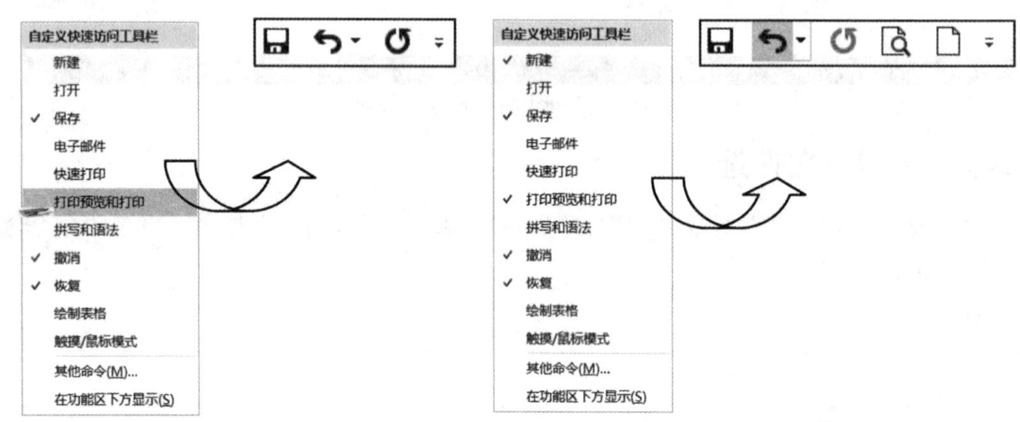

图 3-31　添加到快速访问工具栏

活动 3　认识标题栏

标题栏是显示文档的名称、程序的名称和“窗口控制”的按钮组，如图 3-32 所示。

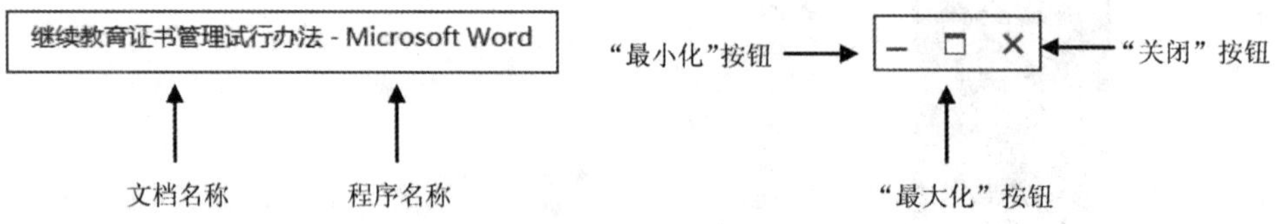

图 3-32　标题栏

单击“最小化”按钮，可将窗口最小化为任务栏中的一个图标按钮，此时单击该按钮，可将窗口恢复到最小化之前的状态。

单击“最大化”按钮，可将窗口显示大小布满整个屏幕，并且该按钮将变为“还原”按钮。

单击“还原”按钮，可使窗口恢复到自定义的大小。

活动4 认识功能区

功能区有三个基本组成部分,如图3-33所示。

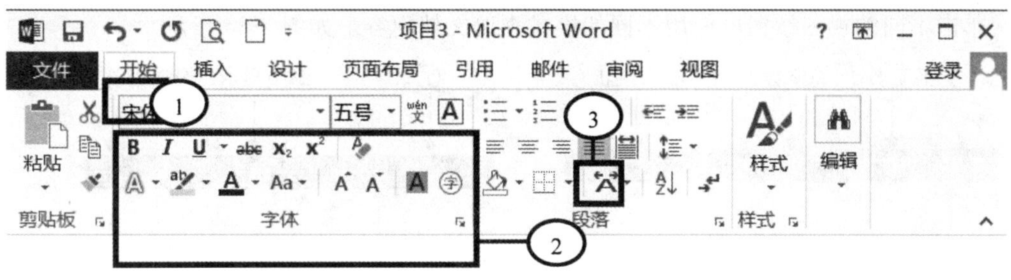

图3-33 功能区

如①所示是选项卡。在顶部有八个基本选项卡(如需增加,在功能区中点右键,选择“自定义功能区”,在打开的对话框中进行设置),每个选项卡是一个活动区域,代表着你在特定的程序中执行的一组核心任务。

如②所示,是组。每个选项卡都包含若干个组,这些组将相关功能按钮显示在一起,是相关命令的集合。

如③所示,是命令(功能按钮)。命令可以是按钮、菜单或者供你输入信息的框。

互动练习

打开Word 2013,选择“开始选项卡”,在“字体组”中打开“字体”命令,如图3-34所示。

技巧

当你打开Word 2013时没有看到功能区中的“组”和“命令”,怎么办?原因是“功能区最小化”了,只需点击选项区中的折叠按钮即可。

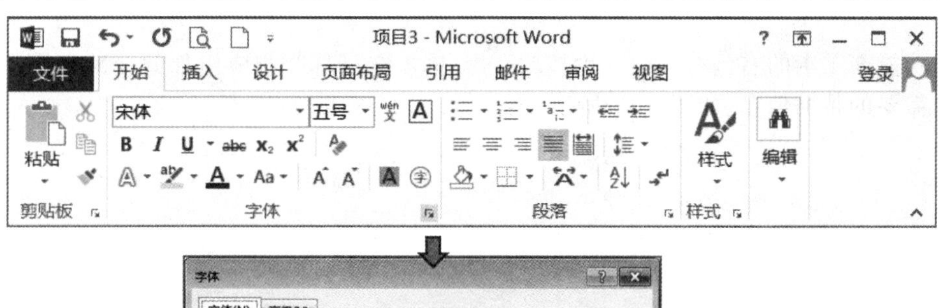

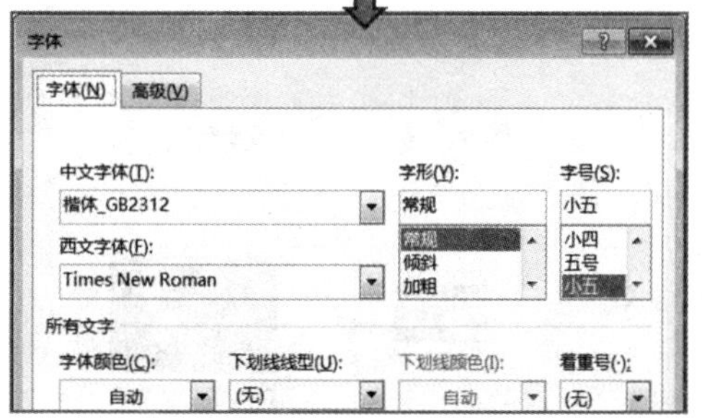

图3-34 在“字体组”中打开“字体”命令

活动 5　认识状态栏和视图栏

状态栏位于窗口的最底端,用于显示当前文档的信息,如图 3-35 所示。

在状态栏右侧是视图栏,它包括视图按钮组、当前显示比例和调节页面显示比例的控制杆。单击不同的视图按钮可使用不同的模式查看文档内容。如图 3-36 所示。

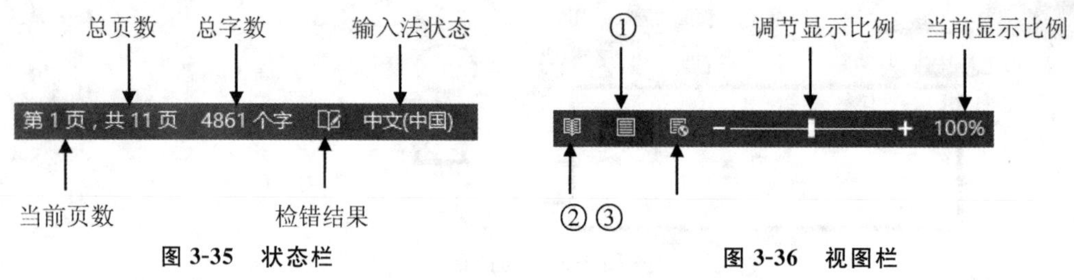

图 3-35　状态栏　　图 3-36　视图栏

视图栏中说明:

(1)为“页面视图”按钮。页面视图适用于浏览整个文章的总体效果的情况。它可以显示出页面大小和布局、编辑页眉和页脚、调整页边距、处理分栏及图形对象等。一般的文字编辑都是在页面视图下进行的。

(2)为“阅读版式视图”按钮。该视图方式适合于阅读长篇文章。该视图方式下,文章编辑区缩小,而文字大小保持不变。如果字数多,它会自动分成多屏。在阅读版式下同样可以进行文字的编辑工作,但视觉效果好,眼睛不容易感到疲劳。阅读版式视图会隐藏除“阅读版式”和“审阅”工具栏以外的所有工具栏,这样就扩大了显示区,方便用户进行审阅编辑。

(3)为“Web 版式视图”按钮。在这种方式下,文档显示与 Internet 浏览器的效果保持一致,使用 Web 版式可快速预览当前文本在浏览器中的显示效果,以便于调整。

活动 6　获取帮助信息

Word 2013、Excel 2013 和 PowerPoint 2013 都提供了直观的交互式参考指南,以帮助用户快速了解命令的所在位置。

在功能选项卡的右侧有一个帮助按钮 ? ,单击它可打开相应组件的帮助窗格,在其中可查找需要的帮助信息,如图 3-37 所示。

图 3-37　帮助窗格

使用帮助窗格查找信息的方法有两种。

1. 单击链接查找法

操作方法如下：

步骤 1　选择查找信息的类型；

步骤 2　选择需要查找的信息；

步骤 3　查看查找到的信息。

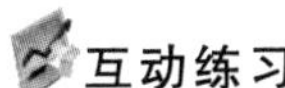**互动练习**

使用帮助功能获取“邮件合并”的相关帮助。查找过程如图 3-38 所示。

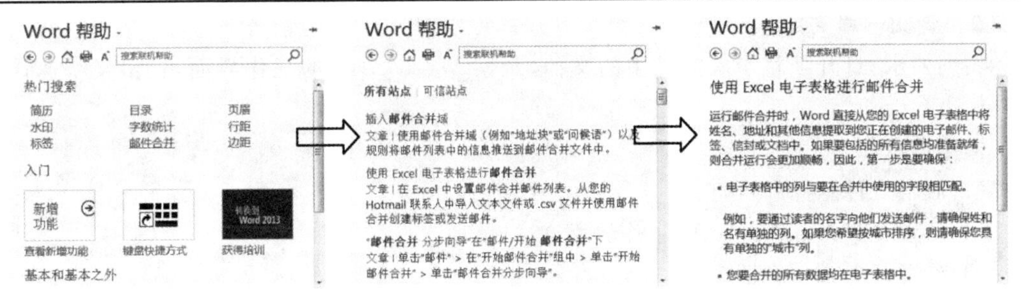

图 3-38　获取“邮件合并”的相关帮助

2. 输入关键词搜索法

操作方法如下：

步骤 1　输入需要搜索的关键词；

步骤 2　在搜索的结果中选择需要的信息；

步骤 3　查看搜索到的信息。

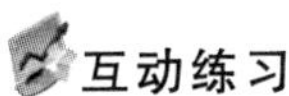**互动练习**

使用帮助功能获取“图片编辑”的相关帮助。查找过程如图 3-39 所示。

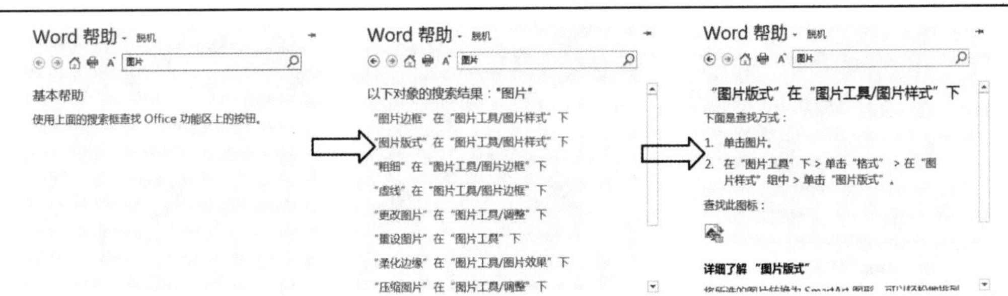

图 3-39　获取“图片编辑”的相关帮助

除了为你提供直接的帮助外，这些指南还起到学习工具的作用，帮助你熟悉特定命令的位置。

实训项目

实训 1　安装Office 2013

实训要求：安装Office 2013后启动 Word 2013、Excel 2013、PowerPoint 2013。

操作提示如下：

(1)将安装光盘放入光驱,运行光盘中的安装文件“setup. exe”。

(2)根据提示选择“我接受此协议的条款”复选框,并单击“继续”按钮。

(3)选择“立即安装”还是“自定义安装”。

(4)在“自定义安装”对话框中对组件选择后进行安装。

(5)进入“安装进度”指示界面。自动安装完成后将打开“已成功安装”对话框提示已成功安装,单击“关闭”按钮。

(6)利用激活工具进行激活Office 2013,完成后在“文件”→“账户”下看到“激活的产品”字样,至此,安装完毕。

实训 2 查阅一篇文章

实训要求:打开项目 1 源文件中的文档,观察 Word 2013 的工作界面,自定义快速访问工具栏。

操作提示如下：

(1)双击文件图标即可打开。

(2)认真观察 Word 2013 的工作界面。

(3)参考任务 3.4 中活动 2。

实训 3 搜索帮助信息

实训要求:在 Word 2013 中,使用帮助功能查询“设置文档”的相关信息。

操作提示如下：

参考任务 3.4 中的活动 6。

项目 4

使用 Word 2013 制作文档

项目导引:

本项目通过“会议通知”、特定文档(信函、书法字帖、名片)等任务的完成,完成文档的创建、格式的编辑、文档的保存等过程的基础操作。在完善“用户须知”、“公告”、“数学试卷”等的操作中,提高文档操作效率的技巧和方法。

在日常工作中需要文档看上去更加层次分明、美观大方,因此对输入的文本内容进行文字和段落的格式化操作可以使文档符合规范。通过“邀请函”、“培训公告”、“租赁合同”几项工作任务的完成,使用户充分体验 Word 2013 的页面美化功能,掌握美化设置的方法和技巧。

技能目标:

✍会制作简单的文档;

✍能对文档进行编辑;

✍能完成文档的基本操作;

✍会提高文档的操作效率;

✍会对文档进行美化。

知识目标:

✍掌握创建新文档的方法;

✍掌握编辑文档的方法;

✍掌握文档内容格式编辑的方法;

✍理解如何提高文档编辑的效率;

✍熟练掌握文档的基本操作;

✍掌握对文档进行美化的技巧。

任务 4.1　制作普通文档——会议通知

任务描述

在你打开 Word 2013 时,会看到一个空白文档。它看起来像一张纸,并且占据了屏幕的大部分空间。要开始工作,作为 Word 的新用户,你可能想知道如何开始工作。

在页面上的哪个地方开始键入内容?如果想将段落的第一行缩进,应该如何做?如果觉得页边距不合适,如何更改它们?此外,如何保存键入的内容,以便在关闭 Word 时不会丢失所做的工作?

下面通过使用 Word 2013 制作完成会议通知(图 4-1)的过程,来解决这些问题。

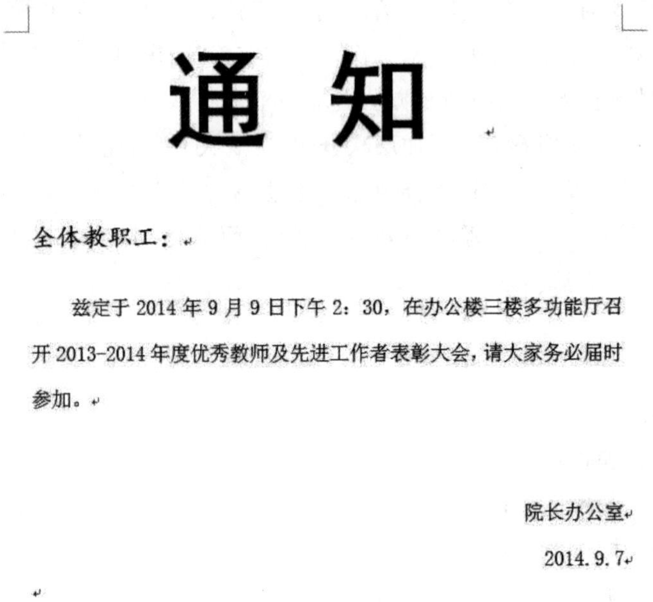

通　知

全体教职工:

兹定于 2014 年 9 月 9 日下午 2:30,在办公楼三楼多功能厅召开 2013-2014 年度优秀教师及先进工作者表彰大会,请大家务必届时参加。

院长办公室

2014.9.7

图 4-1　会议通知效果图

任务分析

完成该项任务的操作思路如下:

步骤 1　创建新文档;

步骤 2　输入与选中文档内容;

步骤 3　修改、增补与删除文档内容;

步骤 4　对选中的文字设置字体、字形、字号和颜色等;

步骤 5　对选中的段落设置对齐方式、行间距、段间距和特殊格式等;

步骤 6　保存和关闭文档。

任务实施

活动 1　创建新文档

Word 文档是文本、图片等对象的载体，要在文档中进行操作，必须先创建文档。

新建一篇空白文档主要有以下两种方法：

(1)启动 Word 2013，按【Ctrl＋N】组合键。

(2)在 Word 程序中单击“文件”菜单，从命令列表中选择点击“新建”命令，打开“新建文档”窗口。在右侧快捷命令图标列表中选择单击“空白文档”图标，即可创建新的文档，如图 4-2 所示。

图 4-2　创建新文档

活动 2　输入与选中文档的内容

输入文本是 Word 中的一项基本操作，在对格式进行编辑之前，必须先选中对象。

1. 输入文本

输入文本的步骤如下：

(1)新建一个文档后，单击快速访问工具栏的“保存”按钮，将文件保存为“通知”。

(2)在文档的开始位置将出现一个闪烁的光标为“插入点”，在 Word 中输入的任何文本，都会在插入点处出现。

(3)定位了插入点的位置后，选择一种输入法，即可在页面开头位置按照手稿或腹稿内容输入通知的标题和文本，如图 4-3 所示。

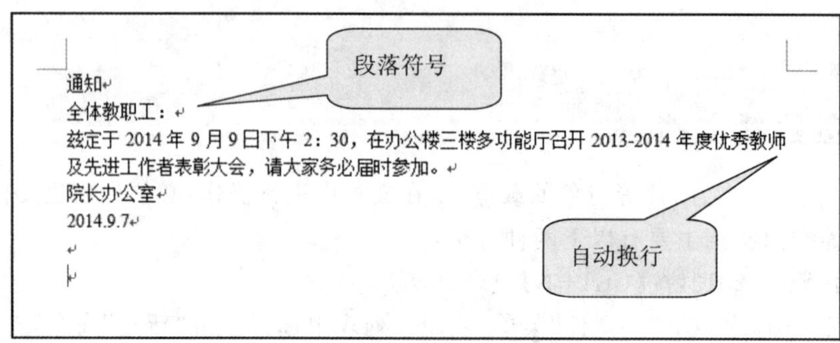

图 4-3　输入内容

提示

在输入文字的过程中,只有当一个段落结束时才需按【Enter】键,而不必在每行操作结束时按【Enter】键,Word 将自动对文本换行,按下【Enter】键后,将在文档中产生段落符号“↵”。

2. 选定文本

在对文档进行编辑处理时,无论是复制、删除、替换还是移动文本,都必须先选定该文本。按选定文本的多少可分为选择一行文本、选择一段文本、选择任意数量的文本和选择整篇文本。你以前使用的选定文本的方法在新版本的 Word 2013 中并没有什么不同,可以通过鼠标和键盘相结合的方式选定文本。

注意

始终遵循“先选中再操作”的原则。

(1)选择一行文本

将鼠标光标移到该行左侧的空白位置,当光标变成空镂箭头 ↗ 形状时单击鼠标,即可选择整行文本。

(2)选择一段文字

有以下三种方法:

- 将光标移动到段落左边的空白位置,当光标变成 ↗ 时双击鼠标。
- 在该段文本中的任意一点用鼠标连续单击三次。
- 在该段文本的段首按住鼠标左键不放,并拖动鼠标光标到段末后释放鼠标。

(3)选择任意数量的文本

①将插入符置于要选定文本的开始处。

②按住鼠标左键并拖至要选定文本的末端,然后释放鼠标即可。

技巧

用鼠标在选择对象以外的任意位置单击,即可取消选择操作。

(4)选择整篇文本

有以下三种方法:

- 将鼠标光标移到文档左边的空白位置,当光标变成 时,连续单击鼠标三次。
- 按【Ctrl+A】组合键。
- 将鼠标光标定位到文本的起始位置,然后按住【Shift】键不放,单击文本末尾位置。

提示

选择需要选择的第一部分文本,按住【Ctrl】键不放继续选择其他部分的文本即可选择不连续的文本。

活动3 修改、增补与删除文档内容

在编辑文档时,输入的文本有错误时就需要修改,修改文本可以使用"插入"和"删除"等一些基本的操作完成,同时还可通过移动操作调整文本的位置。

1. 文档内容的修改

要对建好的文档进行修改,操作步骤如下:

(1)选中要修改的内容。

(2)直接在选中的内容上输入新的内容,则原来的内容自动被输入的新内容替换。

2. 文档内容的增补

要对建好的文档增补一些内容,操作步骤如下:

(1)将插入符置放在需要增补内容的位置。

(2)在插入点闪烁的位置即可输入新的内容。

3. 文档内容的删除

要删除文档中不再需要的内容,操作步骤如下:

(1)选中需要删除的内容。

(2)按下【Del】键或【Backspace】键即可将选中的内容删除。

4. 文档内容的移动与复制

如果需要输入与前面某部分内容相同的文本时,可使用复制文本的功能快速输入相同的内容,对放置不当的文本,可快速移动到满意的位置,从而提高工作效率。

(1)移动文本

方法一,使用鼠标。

选择需要移动的文本后,将鼠标指针移到选中的内容上,按住鼠标左键(此时鼠标指针变为 形状)并将所选内容拖放到新的位置上。释放鼠标左键,则所选内容从原位置移到新位置,如图4-4所示。

方法二,使用剪贴板。

选择需移动的文本后,单击"开始"选项卡中"剪贴板"工具栏中的"剪切"按钮 剪切 ,将选择的文本剪切到剪贴板中,然后将鼠标光标定位到目标位置,再单击"剪贴板"工具栏中的"粘贴"按钮 。

人无完人，熟能无错？海纳百川，有容乃大。宽容了别人也就宽容了自己，免去了尘世间诸多的烦恼。把朋友的错误写在沙子上，把朋友的恩惠刻在石头上。

人无完人，熟能无错？海纳百川，有容乃大。宽容了别人也就宽容了自己，免去了尘世间诸多的烦恼。把朋友的恩惠刻在石头上，把朋友的错误写在沙子上。

图 4-4 移动文本

互动练习

打开源文件夹“项目 4”中的“任务 1”文件夹中的文件“宽容”，将第 2 段移动到第 1 段之前。

提示

在同一个文档中短距离移动内容，用方法一非常方便。如果需要将选中的内容移动到该篇文档的其他页面或另一篇文档中，则常用方法二。

(2)复制文本

方法一，选择需要复制的文本后，按住【Ctrl】键并按住鼠标左键将文本拖动到目标位置，如图 4-5 所示。

宽容是一种高贵的境界，是一种成熟的表现。 → 宽容是一种高贵的境界，宽容是一种成熟的表现。

图 4-5 复制文本

方法二，选择需移动的文本后，单击“开始”选项卡中“剪贴板”工具栏中的“复制”按钮，将选择的文本复制到剪贴板中，然后将鼠标光标定位到目标位置，再单击“剪贴板”工具栏中的“粘贴”按钮。

技巧

Word 2013 中的许多操作都可以使用快捷键完成，将鼠标光标移动到按钮上即可在提示栏中看到快捷键，如按【Ctrl+C】组合键即可将选择的文本复制到剪贴板中，将插入点定位到目标位置，按【Ctrl+V】组合键可完成复制。

活动 4 设置字体格式

在 Word 文档中输入的文本默认为“宋体”，字号为“五号”。如果不对文本的格式进行设置，既不能突出重点，也毫无美观可言。因此在输入文本后，应对字体、字形、字号和颜色进行设置。

设置方法有：

- 使用浮出工具栏；
- 使用“字体”工具栏；
- 使用“字体”对话框。

1. 使用浮出工具栏设置文字的字体、字号和颜色

操作步骤如下：

(1)选中需要设置字体与字号的文字，如图 4-6 所示。

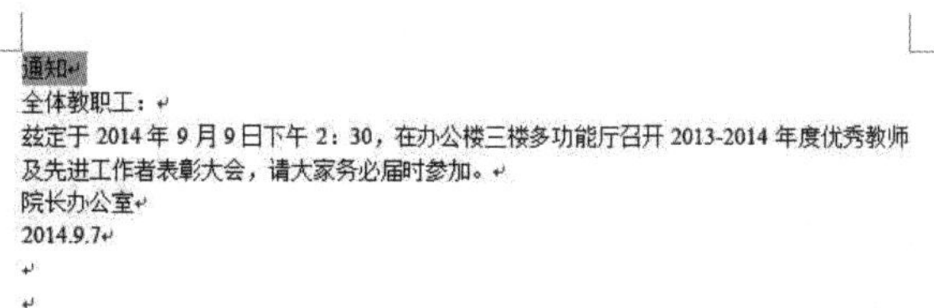

图 4-6 选中文字

(2)启动浮出工具栏，如图 4-7 所示。

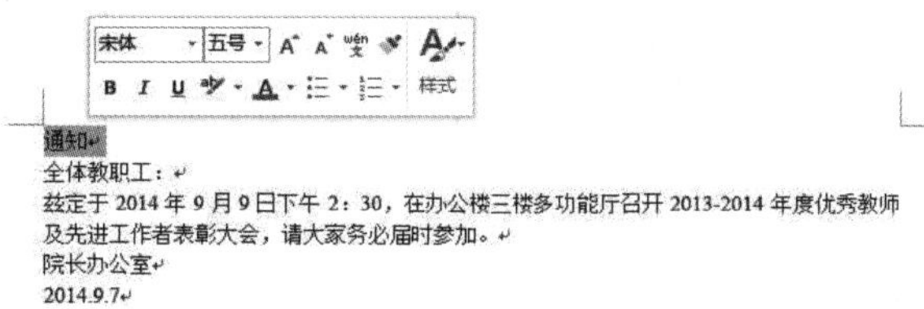

图 4-7 启动浮出工具栏

(3)设置字体格式，单击宋体按钮旁的▾按钮，在弹出的下拉列表框中选择“黑体”选项。单击“加粗”按钮。用鼠标光标单击任意空白位置，取消文本的选中状态，可查看效果，如图 4-8 所示。

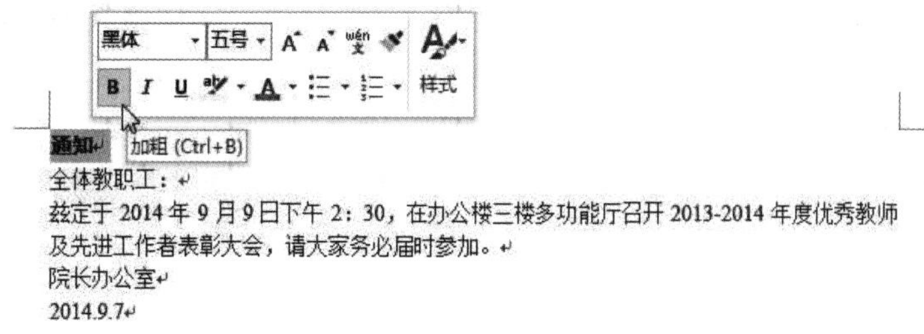

图 4-8 设置样式

2. 使用“字体”工具栏

“字体”工具栏的使用方法与浮出工具栏相同，也是选择文本后再单击其中相应的按钮，或在相应的下拉列表框中选择所需的选项进行字体设置。不同的是“字体”工具栏中可设置的字体样式更多，功能更加全面，如图 4-9 所示为“字体”工具栏。

图 4-9 “字体”工具栏

“字体”工具栏中的许多按钮与浮出工具栏中的按钮的作用相同，但多了一些有特色的按钮，其作用介绍如下：

- “下标”按钮 X_2 和“上标”按钮 X^2：单击按钮可将选择的文字设置为下标或上标效果。
- “删除线”按钮 abc：单击该按钮将为文字添加删除线效果。
- “下划线”按钮 U ▾：单击该按钮将为文字添加下划线，单击右侧的下拉按钮，在弹出的列表框中可设置不同的下划线样式。
- “更改大小写”按钮 Aa ▾：单击该按钮，在弹出的列表框中选择相应的选项定义文本全部大写或全部小写。

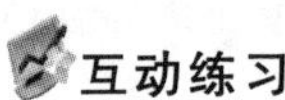

互动练习

为“通知”文档中其他文字设置字体和字号，要求“全体教职工”文本字体为“楷体”、字号为“小二”，正文文本字体为“宋体”、字号为“四号”，效果如图 4-10 所示。

通知

全体教职工：

兹定于 2014 年 9 月 9 日下午 2:30，在办公楼三楼多功能厅召开 2013-2014 年度优秀教师及先进工作者表彰大会，请大家务必届时参加。

院长办公室

2014.9.7

图 4-10 为“通知”设置字体和字号效果

3. 使用“字体”对话框

如果还需要为文字设置更加特殊的格式，如空心、阴文、双删除线或改变字符之间的距离等，可使用“字体”对话框进行设置。使用“字体”对话框设置字体格式的方法如下：

- 选择文本，单击“字体”工具栏中的 ↘ 按钮。
- 在打开的“字体”对话框中主要有如下两个选项卡，如图 4-11、图 4-12 所示。

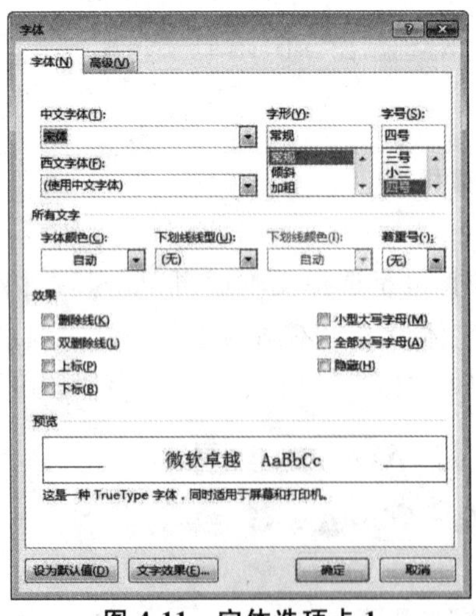

图 4-11 字体选项卡 1

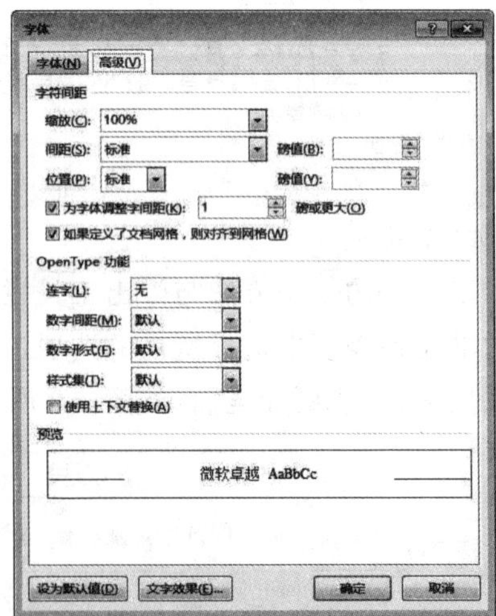

图 4-12 字体选项卡 2

- 单击“字体”选项卡，设置字体、字形、字号及特殊效果。
- 单击“高级”选项卡，可调整各文字之间的间隔距离。
- 单击 确定 按钮即可将设置的样式应用到文本。

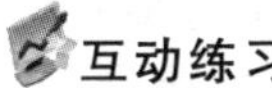

互动练习

将文档中的题目“通知”设置为“黑体”、“72 号”字、加粗，并且字符间距加大。

操作提示如下：

(1)打开“字体”对话框

选择“通知”文本。单击“字体”工具栏中的按钮，如图 4-13 所示。

(2)设置字体格式

打开“字体”对话框，在“字形”列表中选择“加粗”选项。在“字号”列表框中选择“72”选项，如图 4-14 所示。

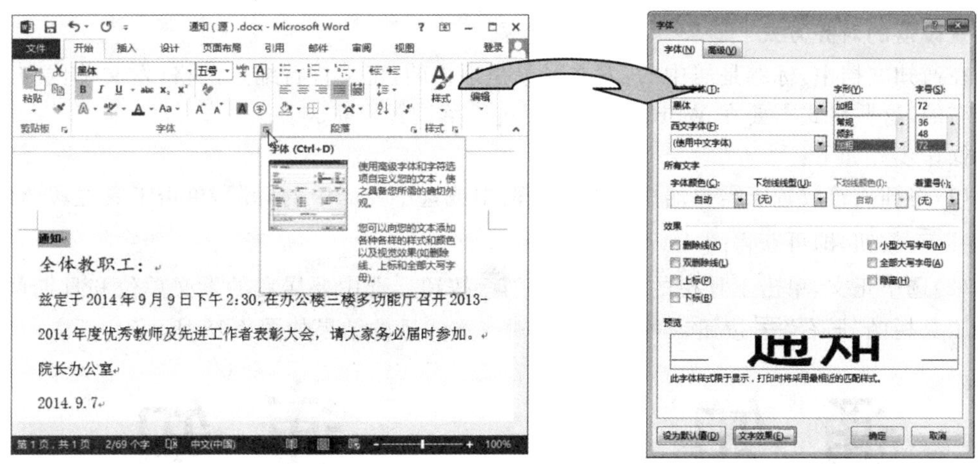

图 4-13　选择样式按钮　　图 4-14　设置字体格式

(3)设置字间距

单击“高级”选项卡。在“间距”下拉列表框中选择“加宽”选项。在其后的“磅值”数值框中输入“20 磅”，如图 4-15 所示。单击 确定 按钮，“通知”文本的效果如图 4-16 所示。

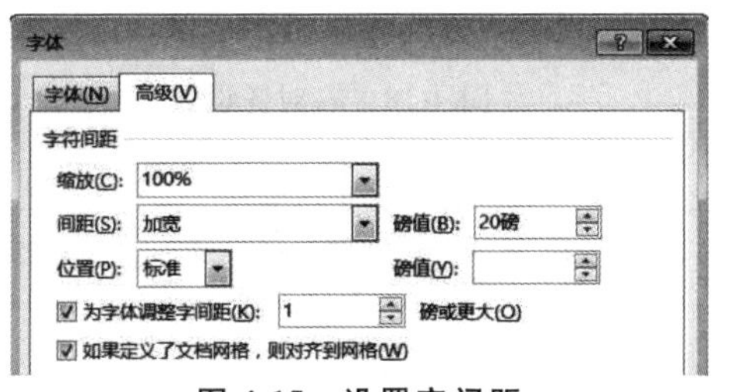

图 4-15　设置字间距

图 4-16　“通知”文本的效果

提示

选择“高级”选项卡中的“位置”，可调整文字的垂直位置。选择“缩放”下拉列表框中的比例，可按当前文字的百分比横向扩展或压缩文字。

活动5 设置段落格式

设置段落格式的目的在于使文档的层次分明、版面清晰。

在 Word 中,段落是独立的信息单位,具有自身的格式特征。每个段落的结尾处都有段落标记,段落标记包括了本段落的全部格式。按【回车键】时,表示要开始一个新的段落,同时 Word 将复制前一段落的段落标记及其中包含的格式信息,因此新段落会自动默认前一段的特征。如果删除、复制或者移动一个段落标记,也就相应的删除、复制或者移动了段落的格式信息。

经常需要为段落设置包括对齐方式、段间距、行间距和缩放方式等。

段落格式的设置方法有:

- 使用浮出工具栏;
- 使用"字体"工具栏;
- 使用"字体"对话框。

1. 设置段落的对齐方式

在通知文档中,标题是居中的,发文对象是顶格的,正文首行缩进两格,发文单位和日期是居右的,这些格式需要在 Word 2013 中通过段落设置来完成。

操作步骤如下:

(1)将插入符放置于需要居中的标题段落中或选中要居中的标题,单击工具栏段落组的"居中"按钮,即可获得图 4-17 效果。

(2)选中正文,单击工具栏的"两端对齐"按钮。选中要居右的发文单位和日期两行,单击工具栏的"居右"按钮。各段落设置对齐方式后的结果如图 4-18 所示。

通 知

全体教职工:

兹定于2014年9月9日下午2:30,在办公楼三楼多功能厅召开2013-2014年度优秀教师及先进工作者表彰大会,请大家务必届时参加。

院长办公室

2014.9.7

图 4-17 居中对齐设置

通 知

全体教职工:

兹定于2014年9月9日下午2:30,在办公楼三楼多功能厅召开2013-2014年度优秀教师及先进工作者表彰大会,请大家务必届时参加。

院长办公室

2014.9.7

图 4-18 右对齐设置

提示

两端对齐:默认设置,文本左右两端均对齐,但是段落最后不满一行的文字右边不对齐。

左对齐:文本左边对齐。右边参差不齐。

右对齐:文本右边边对齐。左边参差不齐。

居中对齐:文本居中排列。

分散对齐:文本左右两边均对齐。而且每个段落的最后一行不满一行时,将拉大字符间距使该行文字均匀分布。

2. 设置段落的首行缩进与悬挂缩进

精确设置段落的首行缩进与悬挂缩进，可以使用“段落”对话框，其方法如下：

(1)选择需要设置段落格式的段落，单击“段落”工具栏中的按钮。

(2)打开的 “段落”对话框主要有“缩进和间距”、“换行和分页”和“中文版式”三个选项卡，如图 4-19 所示。

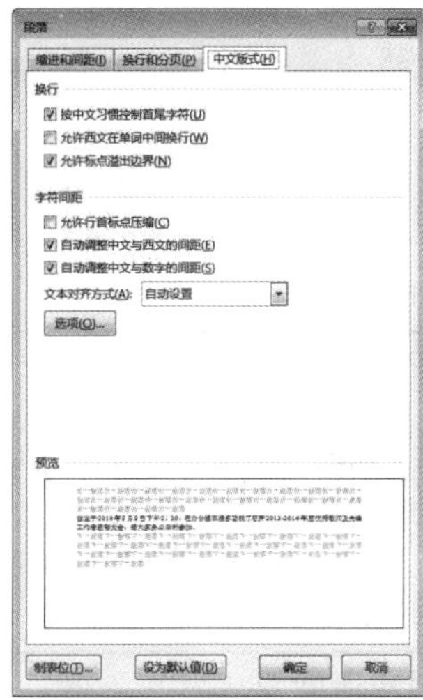

图 4-19　“段落”对话框

(3)在“缩进和间距”选项卡中可对段落的对齐方式、左右边距缩进量、与其他段落间距进行设置。

(4)在“换行和分页” 选项卡中可对分页、行号和断字进行设置。

(5)在“中文版式”选项卡中可对中文文稿的特殊版式进行设置。完成后单击确定按钮应用。

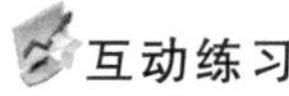

互动练习

将“通知”文档中的正文段落设置“首行缩进”2 字符。

操作提示如下：

(1)选中正文，在工具栏“段落”组单击右下角的对话框启动器按钮，打开“段落”对话框，如图 4-20 所示。

(2)在“缩进和间距”选项卡缩进设置项的“特殊格式”设置中选择“首行缩进”，磅值设置为 2 字符。

(3)单击“确定”按钮关闭对话框。

(4)发文对象“ 全体教职工”首行需要顶格，在“特殊格式”设置中选择“无”即可。

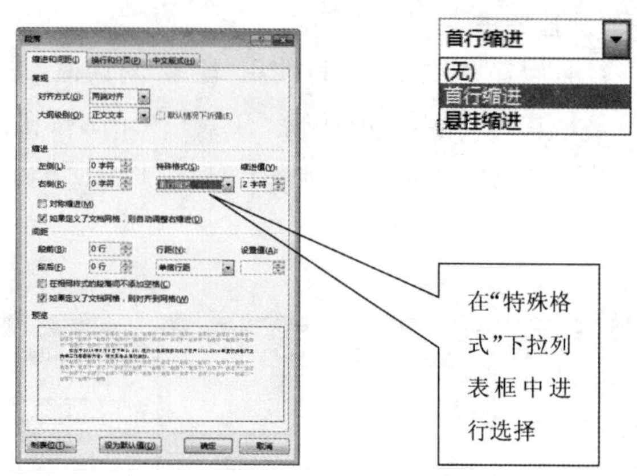

图 4-20 设置段落样式

提示

首行缩进:指段落中第一行第一个字的起始位置与页面左边界的缩进量。中文段落普遍采用首行缩进方式,一般缩进两个字符。

悬挂缩进:设置段落中除首行以外的其他行与页面左边界的缩进量。悬挂缩进用于一些较为特殊的场合,如报刊、杂志等。

左缩进:指整个段落与页面左边界的缩进量。

右缩进:指整个段落与页面右边界的缩进量。

3. 设置段落间距

(1)设置段间距

段间距决定段落前后空白间距的大小。调整段间距可以使段落之间区分的更加明显。

操作步骤如下:

①选中题目,在工具栏“段落”组单击右下角的对话框启动器,打开“段落”设置对话框;

②在间距设置项中设定“段前”为“2 行”、“段后”为“1 行”,如图 4-21 所示;

③单击“确定”按钮,关闭对话框。

重复以上步骤,分别设置“发文对象” 、正文、“发文单位”和“日期”的段前和段后间距。

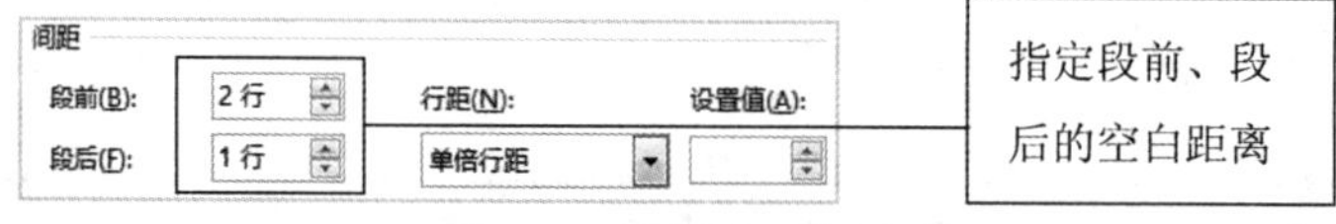

图 4-21 设置间距样式

(2)设置行间距

行间距决定段落中各行文本之间的垂直距离,Word 2013 中默认的行间距值是单倍行距,可以根据需要改变行间距的大小。

方法一,选中文本,使用“段落”工具栏中的行距按钮进行设置,如图 4-22 所示。

方法二,选中文本,使用“段落”工具栏中的对话框进行设置,如图 4-23 所示。

互动练习

将“通知”文档中的正文段落设置“段前间距”为 1 行,“段后间距”为 3 行,行间距为单倍行距。效果如图 4-24 所示。

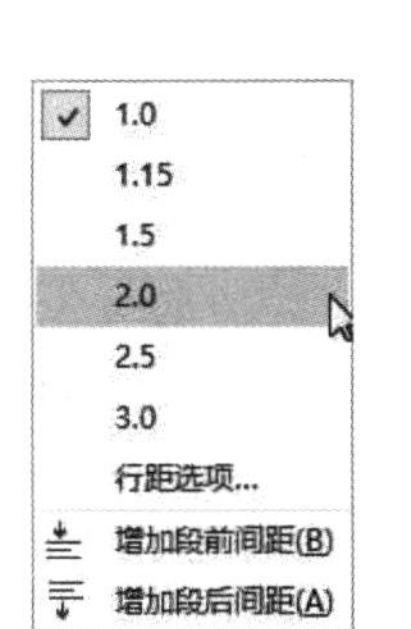

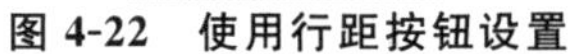
图 4-22　使用行距按钮设置

图 4-23　使用对话框设置

通 知

全体教职工：

兹定于 2014 年 9 月 9 日下午 2：30，在办公楼三楼多功能厅召开 2013-2014 年度优秀教师及先进工作者表彰大会，请大家务必届时参加。

院长办公室

2014.9.7.

图 4-24　效果图

活动 6　保存和关闭文档

编辑好文档后，需要将文档保存起来，以便以后使用。保存编辑的文档分为几种情况，一是保存新文档，二是保存原文档的，三是另存为其他文档。

1. 保存新建文档

如果文档是新建立的，要保存文档，需执行如下步骤：

（1）直接单击快速访问工具栏中的“保存”按钮，或选择“文件/保存”命令。

（2）在“保存位置”框中选择文件的保存位置，在“文件名”框输入文档的名称。

（3）单击“保存”按钮，保存文档，如图 4-25 所示。

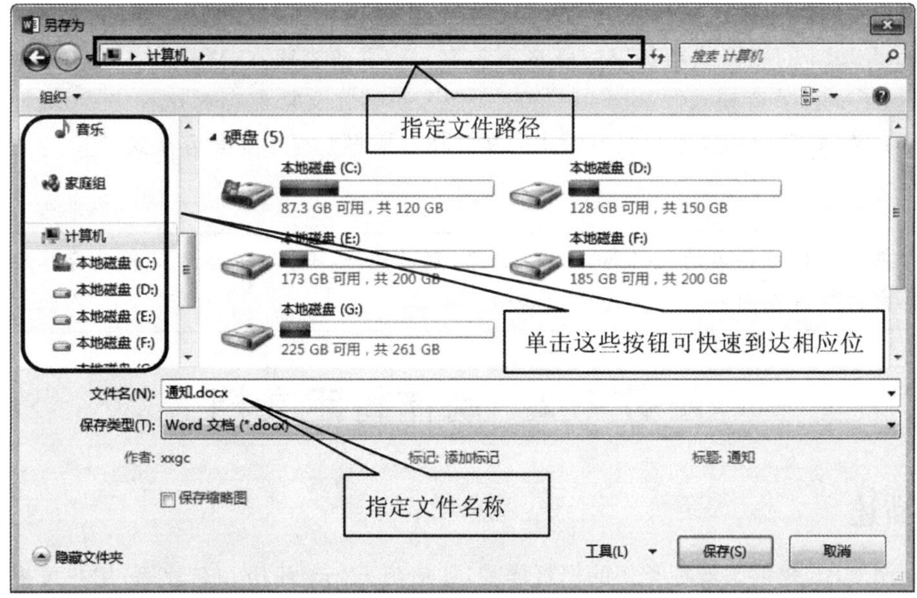

图 4-25　保存文档

2. 保存原有文档

对于已经保存过的文档,再次保存的时候不会再弹出“另存为”对话框,而是直接覆盖前次保存的文档。如果需要将文档保存为另一个文件,可以在“文件”菜单中选择“另存为”命令(图 4-26),打开“另存为”对话框,以相同的文件名将文件保存到其他位置,或者换名保存在同一位置。

3. 另存为其他文档

(1)保存为新格式

在“另存为”对话框的“保存格式”下拉菜单中默认设置就是.docx。新的 DOCX 格式使文件更安全、更易于网上传输。如果默认设置在 Word 选项中被修改,可从下拉菜单中选择“Word 文档”即可,如图 4-27 所示。

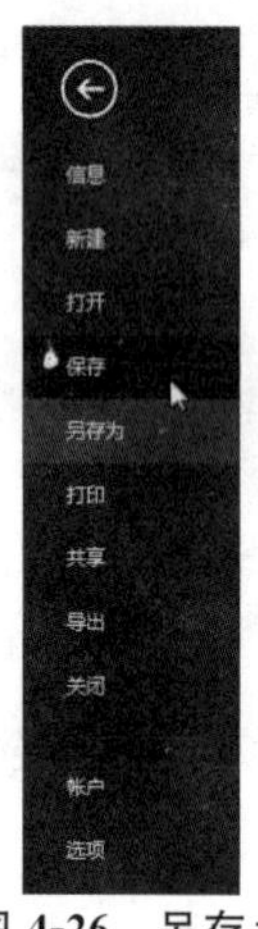

图 4-26 另存为

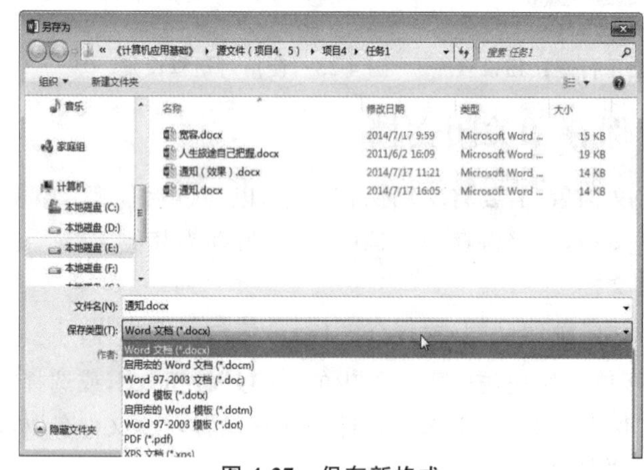

图 4-27 保存新格式

(2)保存为兼容模式

Word 2013 的新格式与其以前版本不兼容。为了兼容版本,Word 2013 在保存格式选择中提供了一种兼容模式“Word 97-2003 文档”,只要将文档保存为这种格式,就可以被以前版本的 Word 打开。保存为兼容模式的文档在标题栏会显示“[兼容模式]”。

提示

如果要保持另存为的文档与源文档同名,则必须选择与源文档不同的保存路径;如果要与源文件保存在同一个文件夹中则必须重命名。

任务 4.2 制作特定文档

任务描述

Word 2013 提供了多种类型的模板样式,如信函、贺卡、简历和名片等,用户可根据已安装的模板文件创建相应类型的文档。Word 默认已安装的模板并不多,如果需要使用更多其他类型的模板,可临时在线下载模板。本项任务需要使用模板创建贺卡、字帖和名片。

任务分析

完成该项任务的操作方法如下：

1. 使用已安装的模板创建新文档

步骤 1　在 Word 2013 程序中单击“文件”选项→“新建”命令。

步骤 2　在“新建”命令窗口中，右侧列表中会显示常用的“文档模板”，可直接看到模板的预览效果，根据选择直接点击所需的模板图标即可创建文档，如图 4-28 所示。

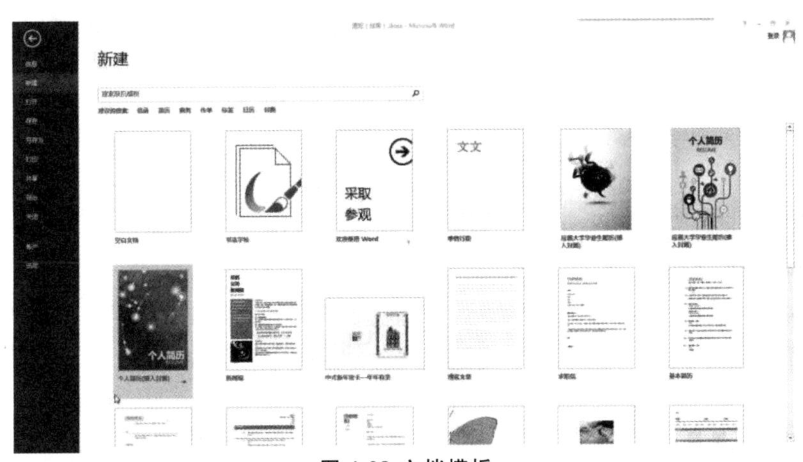

图 4-28 文档模板

2. 根据 Online 模板创建新文档

Word 2013 中已安装的模板不多，但在线模板却很多，新建文档时可查看在线模板里有没有所需建立的文档类型。操作步骤如下：

(1)在 Word 2013 程序中单击“文件”选项→“新建”命令，打开“新建”命令窗口。

(2)在窗口右侧列表上方的“搜索联机模板”搜索条中输入所需模板类型的关键字，或使用下方提示的常用关键字，对应类型的模板会显示在下方列表中，如图 4-29 所示。

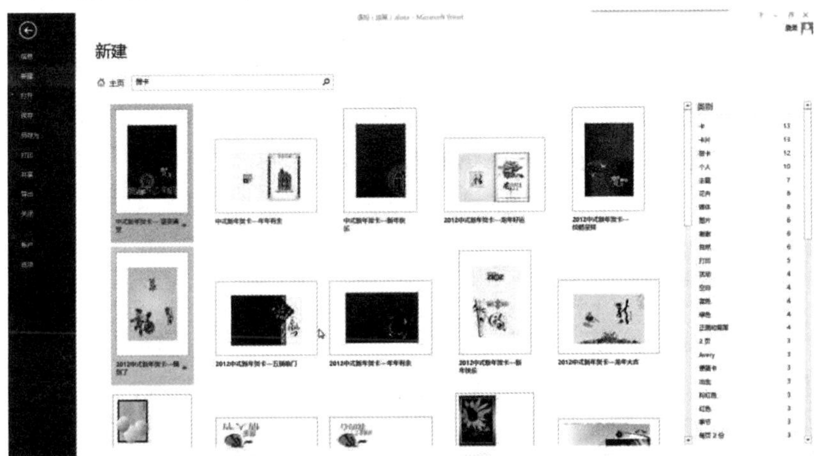

图 4-29　搜索联机模板

(3)单击选定具体的模板样式后，点击“创建”按钮开始下载。

任务实施

活动1 创建信函

在 Word 中使用“模板”对话框,创建“信函”的步骤如下:

(1)启动 Word 2013,选择“文件”选项→“新建”命令,打开“新建”命令窗口;

(2)在窗口右侧列表上方的“搜索联机模板”搜索条中输入关键字“信函”;

(3)从搜索结果中选择一种“信函”模板样式,单击“创建”按钮,如图 4-30 所示;

(4)根据文档中的提示信息输入实际内容,并以“信函”为文件名保存文档,如图 4-31 所示。

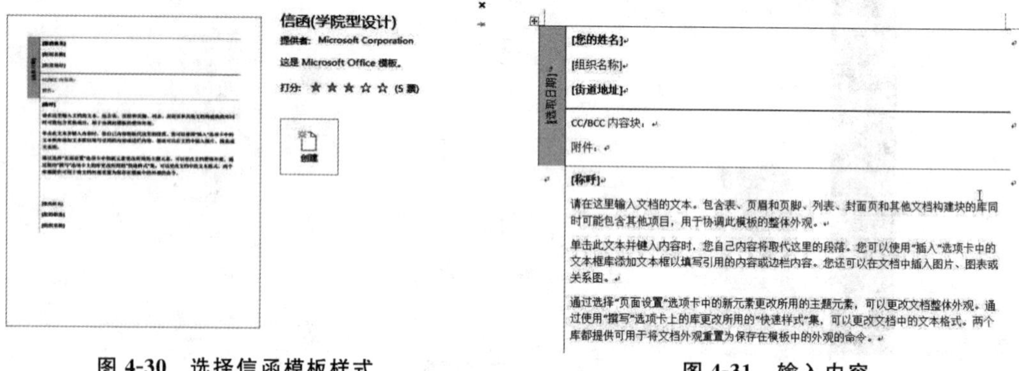

图 4-30 选择信函模板样式　　图 4-31 输入内容

提示

模板中给定的文档结构和格式并不是固定不变的,可以根据需要进行更改或删除。

活动2 创建书法字帖

中国的书法艺术与京剧、武术和针灸是国际社会公认的四大国粹。书法艺术从古至今,时刻散发着古老艺术的魅力,为一代又一代人们所喜爱。目前各种风格类型的字帖非常多,Word 2013 提供的“书法字帖”功能,可以灵活地创建字帖文档,自定义字帖中的字体颜色、样式和文字方向等,然后将它们打印出来,这样就可以获得符合自己的书法字帖,从而提高自己的书法造诣。

新建书法字帖的步骤如下:

步骤一:执行“新建”命令。

(1)单击“文件”选项,执行“新建”命令;

(2)在窗口右侧列表中选择“书法字帖”模板样式,如图 4-32 所示;

图 4-32　“书法字帖”模板样式

(3)单击图标创建。

步骤二:设置书法字帖中的字符。

(1)单击图标创建之后,打开“增减字符”对话框,在“书法字体”列表或“系统字体”列表中,选择要使用的字体类型;

提示

在 Word 2013 中包含了 11 种书法字体类型。由于书法字体中所提供的字符数是有限的,因此用户也可以使用系统字符生成各种古诗词或文章的书法字帖加以练习,从而有效地避免了某些字符找不到的麻烦。

(2)在“排列顺序”下拉列表框中选择“根据发音”选项;

(3)在“可用字符”列表框中选择“上”字符,单击“添加”按钮将其添加到“已用字符”列表框中。用同样的方法添加其他字符,如图 4-33 所示;

(4)完成字符添加后,单击“关闭”按钮,如图 4-34 所示。

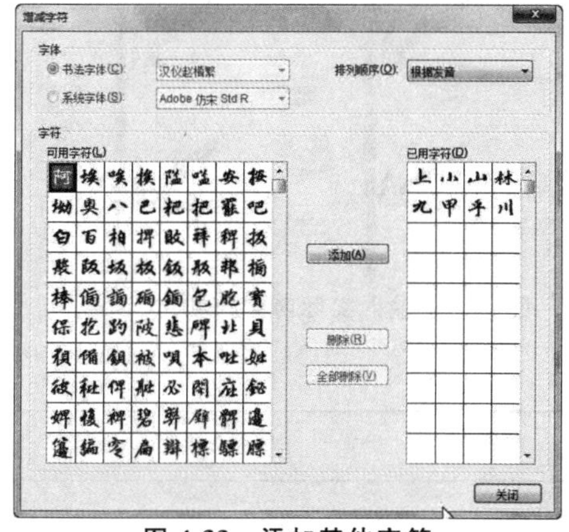

图 4-33　添加其他字符

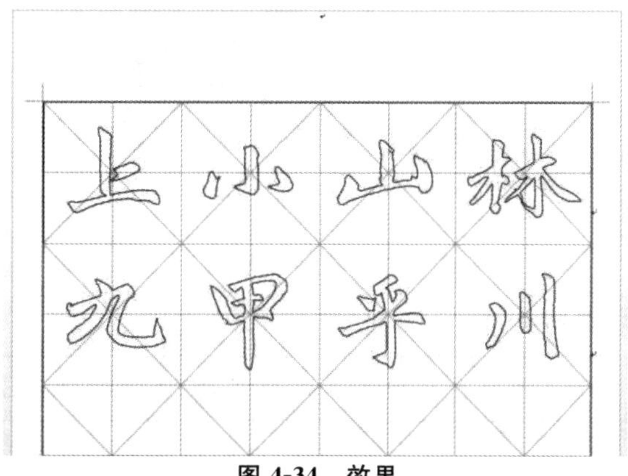

图 4-34　效果

活动 3　创建名片

“名片”可利用 Word 2013 中的在线模板进行创建。

操作步骤如下：

(1)在 Word 2013 程序中单击“文件”选项→“新建”命令；

(2)在窗口右侧列表上方的“搜索联机模板”搜索条中输入关键字“名片”，点击搜索之后下方会出现相应搜索结果，如图 4-35 所示；

(3)选中需要的样式，点击“创建”按钮，即在文档页面中出现如图 4-36 所示的名片；

(4)根据文档中的提示信息输入实际内容，如图 4-37 所示，并以“名片”为文件名保存文档。

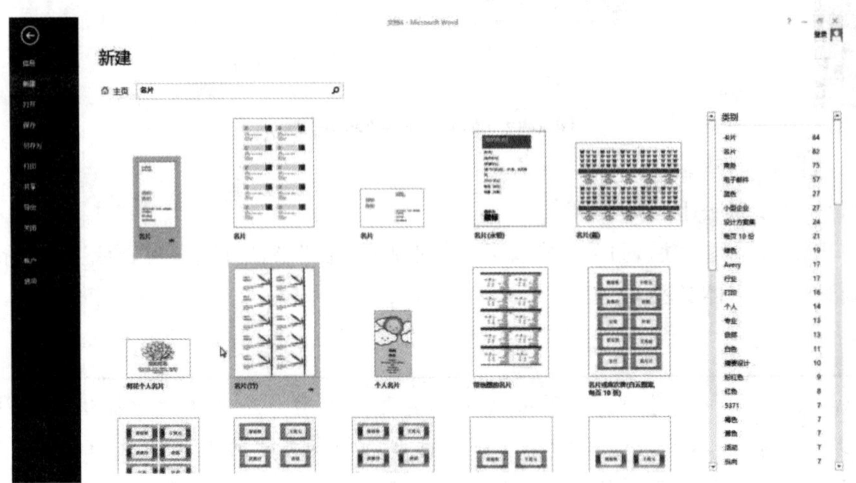

图 4-35　搜索结果

图 4-36　选择名片

图 4-37　输入实际内容的名片

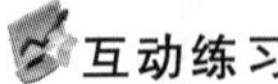互动练习

上例名片中输入具体内容，完成你的名片设计。

任务 4.3　提高文档编辑的操作效率

任务描述

在运用 Word 办公时，灵活使用录入文本的操作技巧，可以大大地提高工作效率，下面我们通过具体任务的完成，掌握几种常用的方法。

(1)在文档中通常不只需要输入中文或英文字符，在很多情况下还需要插入一些符号，例如■、√、◎、Ⅶ、™(商标符)和®(注册符)等。

(2)在通知的结束位置插入日期，并设置该日期在文档中可以自动更新。

(3)在很多文档中涉及到公式的输入，利用 Word 2013 可以快速的输入公式。

(4)在输入一篇较长的文档后，检查中发现把一个重要的字或词全都输入错了，如要逐个修改，会花去大量的时间，为了提高效率，可使用 Word 2013 中的替换来完成。

任务分析

活动 1　使用 Word 2013 提供的“插入符号”以及“插入特殊符号”功能来完成。

活动 2　使用 Word 2013 提供的“插入日期和时间”的功能来实现。

活动 3　可利用“公式编辑器”完成。

活动 4　使用查找和替换功能就能很快的完成。

任务实施

活动 1　在用户须知中插入符号

使用键盘可以输入文字、数字、字母和一些符号，但是有些符号是不能用键盘输入的，这类特殊的标点符号可以通过插入的方式来输入。

互动练习

将“高级用户须知”文档中“号”字前面加上特殊符号“★”。效果如图 4-38 所示。

高级用户须知

本手册中标明“★”号的表示本公司认为的较为高级的应用。

图 4-38　插入符号效果图

在 Word 2013 中插入特殊符号的操作步骤如下：

(1)将插入点定位到需要插入特殊符号的位置，单击“插入”选项卡；

(2)在“符号”工具栏中单击“符号”按钮，在弹出的列表中可选择需要的符号；

(3)在弹出的下拉列表中选择“其他符号”选项，打开“插入特殊符号”对话框，可选择更多的符号；

(4)在对话框中单击相应的选项卡，在下方的列表中选择需要的符号“★”，单击“插入”

按钮将其插入到文档中,如图 4-39 所示。

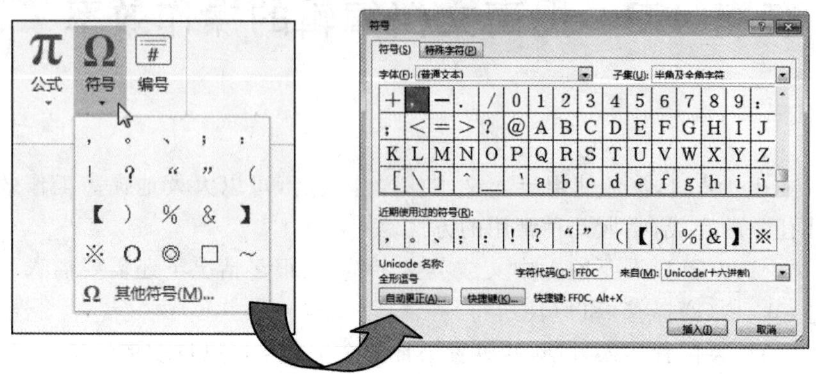

图 4-39　如何插入符号

活动 2　在公告中插入日期

使用 Word 2013 中可以方便快捷的在文档中插入日期和时间,利用“日期和时间”对话框可以获得多种样式,并且可以自动更新。

互动练习

录入一则公告,并在结束位置插入当前日期。通过练习,掌握日期和时间的插入方法。

操作步骤如下:

(1)单击要插入日期或时间的位置。

(2)在“插入”选项卡上的“文本”工具栏中,单击“日期和时间”按钮。

(3)打开“日期和时间”对话框,在“语言(国家/地区)”下拉列表框中选择“中文”,在“可用格式”列表框中选择需要的日期样式,如图 4-40 所示,单击“确定”按钮。效果如图 4-41 所示。

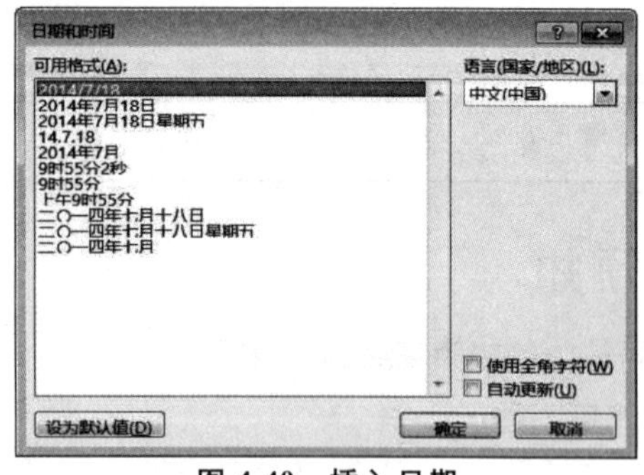

图 4-40　插入日期

关于助学贷款的公告

最近许多同学都在咨询有关助学贷款的办理情况,在此说明如下:

一、助学贷款的决定权在银行(我院的合作银行是建设银行),学院只起到协助作用。

二、申请助学贷款要在入学三个月后,取得正式学籍才有资格申请,入学报到时不能马上办理助学贷款手续。

三、申请助学贷款的手续繁多、程序规范,名额、指标也有限,不是随便可以办理的,请同学尽量想办法多方筹措学费,不要把希望寄托在助学贷款上。

四、有关办理程序在《入学须知》上已有说明,有此意向的同学应按上面的要求早作准备。

学生处、招生就业处

2014 年 7 月 18 日

图 4-41　插入日期效果图

提示

在“日期和时间”对话框的“可用格式”列表框中显示的日期和时间是系统当前的日期和时间,所以每次打开此对话框,显示的数据都不相同。若选择了“自动更新”,则文档中的日期和时间会自动变化。

活动 3　在文档中输入数学公式

在文档中输入数学公式常用的方法有两种。

(1)通过公式库插入公式

操作步骤如下：

①将插入点定位到需要插入公式的位置，单击“插入”选项卡的“符号”工具栏中的“公式”按钮，弹出“内置”公式库。

②如果“内置”公式库中有需要的选项，选中后单击鼠标即可加入到文档中的相应位置。

③插入后双击鼠标左键即可。

(2)使用“公式工具”窗口创建公式

操作步骤如下：

①同上 1。

②单击 π 插入新公式(I) 选项在插入点位置将出现一个文本框，并激活“设计”选项卡。

③根据输入的公式结构在“结构”工具栏中选择公式结构，单击文本框中出现的公式占位符⬚，在其中输入数据，在“符号”工具栏中选择公式的符号即可，如图 4-42 所示。单击任意位置退出公式编辑状态。

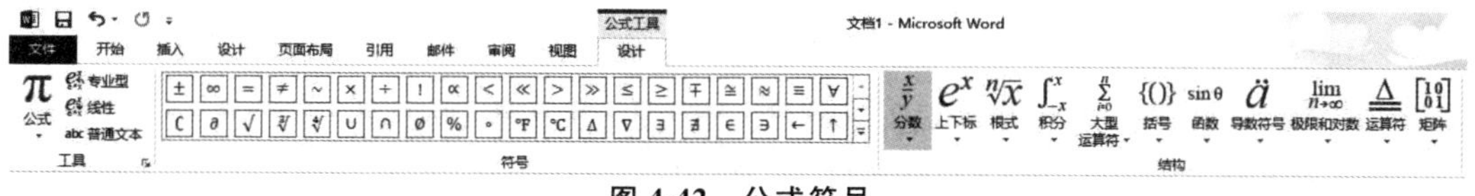

图 4-42　公式符号

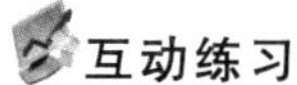

互动练习

在 Word 文档中创建公式，效果如图 4-43 所示。

函数 $y=\frac{\sqrt{x^2-5x+6}}{x}$ 的定义域为________；

图 4-43　创建公式

活动 4　查找、替换特定内容

利用 Word 2013 中提供的“查找和替换”功能，不仅可以在文档中迅速查找到相关内容，还可以将查找到的内容替换成其他的内容。

1. 文档内容的查找

操作步骤如下：

(1)将插入点定位在需要开始进行查找的位置(通常定位在文档开始位置)，单击“开始”选项卡“编辑”工具组中的“查找”按钮，可启动“查找和替换”对话框，如图 4-44 所示。

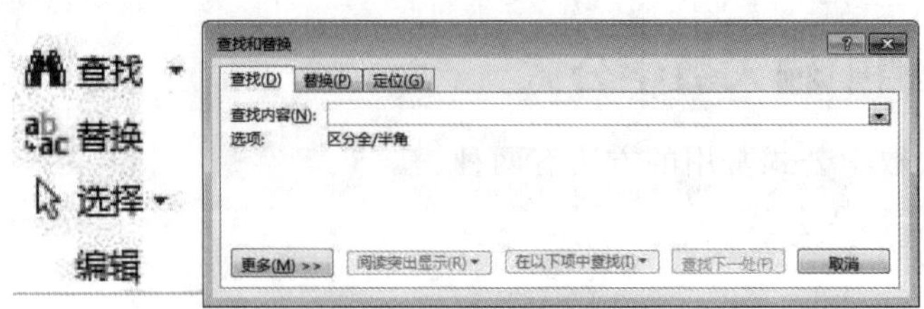

图 4-44 启动查找和替换

(2)在“查找内容”输入框中输入要查找的字句,然后单击“查找下一处”按钮开始查找,如图 4-45 所示。如果文中如果有被查找的字句,找到后,会显示该页面,并且被找到的字句会被选中,如图 4-46 所示。

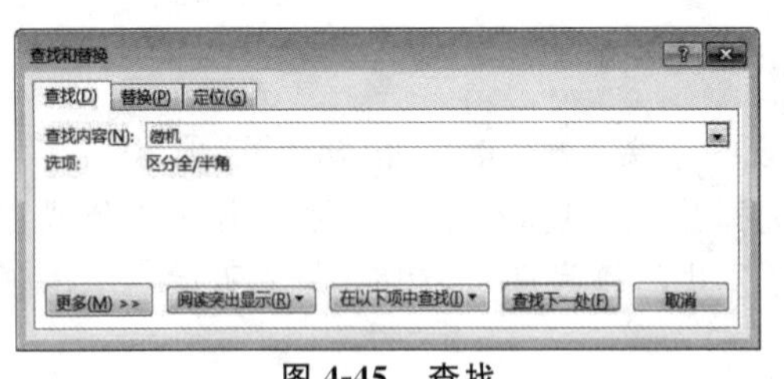

图 4-45 查找

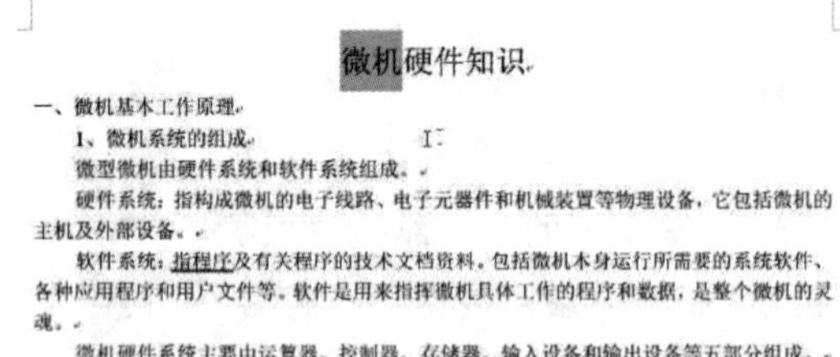

微机硬件知识

一、微机基本工作原理

1、微机系统的组成

微型微机由硬件系统和软件系统组成。

硬件系统:指构成微机的电子线路、电子元器件和机械装置等物理设备,它包括微机的主机及外部设备。

软件系统:指程序及有关程序的技术文档资料。包括微机本身运行所需要的系统软件、各种应用程序和用户文件等。软件是用来指挥微机具体工作的程序和数据,是整个微机的灵魂。

微机硬件系统主要由运算器、控制器、存储器、输入设备和输出设备等五部分组成。

图 4-46 查找后效果

(3)继续单击“查找下一处”按钮,继续在文档中进行查找。

(4)查找完成后,打开提示对话框,单击“确定”按钮关闭提示对话框。

(5)单击“关闭”按钮,关闭“查找和替换”对话框。

2. 文档内容的替换

查找到文档中特定的内容以后,还可以对其进行统一替换。

互动练习

将文档“计算机硬件知识”中的“微机”替换为“计算机”。

操作步骤如下:

(1)打开文档“计算机硬件知识”。将插入点定位在需要开始进行查找的位置(通常定位在文档开始位置),单击“开始”选项卡“编辑”工具组中的“查找”按钮,可启动“查找和替换”对话框。

(2)在“替换”选项卡的“查找内容”文本框中输入要查找的内容“微机”,在“替换为”文本框输入要替换为的内容“计算机”,单击 替换(R) 按钮,查找到第一个符合查询条件的文本,再次单击 替换(R) 按钮将文本替换,如图 4-47 所示。

(3)替换完成后,打开提示对话框,单击“确定”按钮关闭提示对话框。

(4)单击“关闭”按钮,关闭“查找和替换”对话框。替换后的效果如图 4-48 所示。

图 4-47　替换

计算机硬件知识

一、计算机基本工作原理

1、计算机系统的组成

微型计算机由硬件系统和软件系统组成。

硬件系统：指构成计算机的电子线路、电子元器件和机械装置等物理设备，它包括微机的主机及外部设备。

软件系统：指程序及有关程序的技术文档资料。包括微机本身运行所需要的系统软件、各种应用程序和用户文件等。软件是用来指挥微机具体工作的程序和数据，是整个微机的灵魂。

微机硬件系统主要由运算器、控制器、存储器、输入设备和输出设备等五部分组成。

图 4-48　替换后效果

任务 4.4　设计一封邀请函

任务描述

使用 Word 2013 设计一封邀请函，效果如图 4-49 所示。

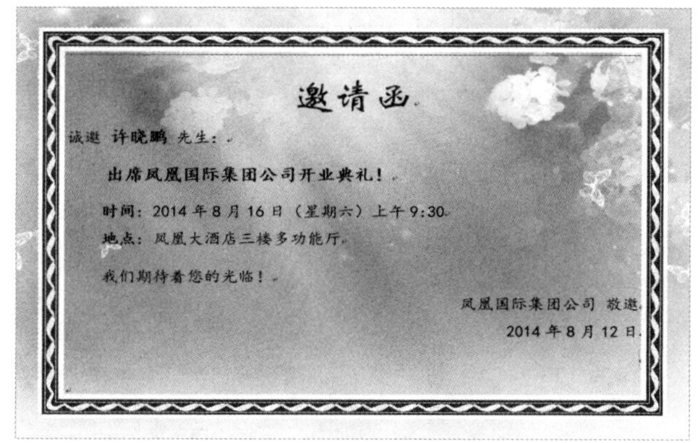

图 4-49　邀请函效果图

任务分析

完成该项任务的操作思路如下：

步骤 1　创建新文档；

步骤 2　输入文档内容并进行格式编辑；

步骤 3　设置纸张的大小和方向；

步骤 4　为文字或段落添加边框和底纹；

步骤 5　为页面添加边框；

步骤 6　为页面添加背景；

步骤 7　保存文档。

任务实施

活动 1　设置纸张页边距、大小和方向

为了使文档的页面更加美观，增强其可读性，可合理地进行页面设置。详细的操作方法

和技巧将在项目 5 中进行探讨。

本活动主要内容为应用已有的知识和技能完成“邀请函”文档的创建、内容输入以及格式编辑。

1. 页边距

Word 会在纸张的四周留出一定的空隙，这样打印和排版时会使文档显得更美观，这些空隙就是页边距。根据需要设置不同的页边距会使文档呈现出不同的排版与打印效果。

设置页边距的方法如下：

在文档中选择“页面布局”选项卡。在“页面设置”组中单击“页边距”按钮，如图 4-50 所示。在弹出的下拉列表中选择“普通”类型，如图 4-51 所示；如果想要自己定义页边距，可以单据“自定义页边距”命令，打开“页面设置”对话框，如图 4-52 所示。

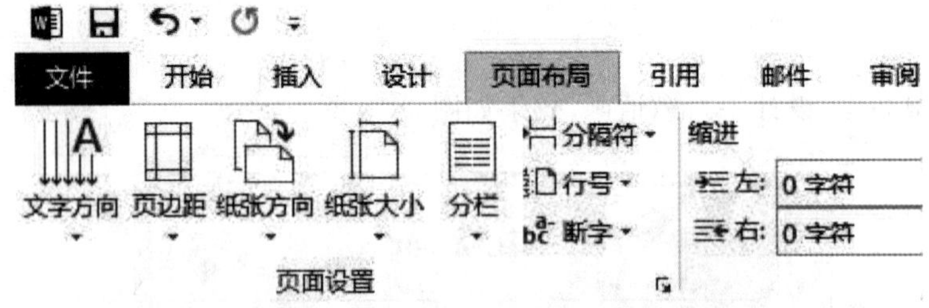

图 4-50　在“页面布局”选项卡中选择“页边距”

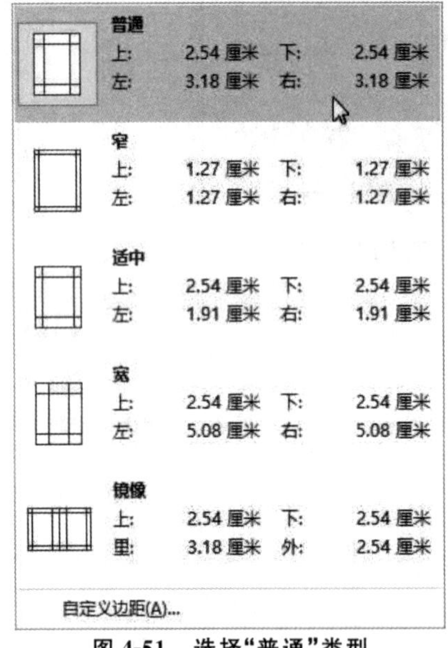

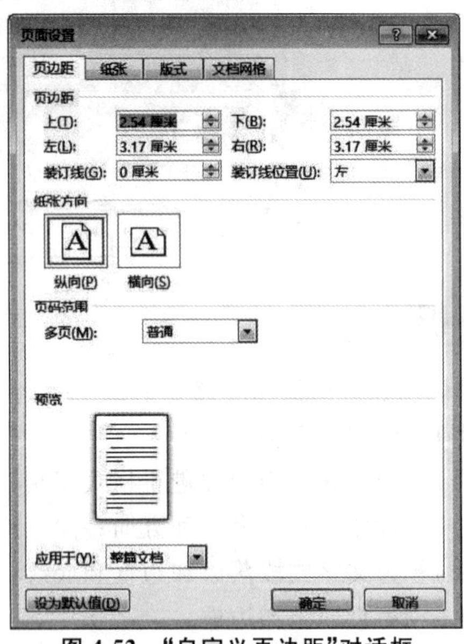

图 4-51　选择“普通”类型　　图 4-52　“自定义页边距”对话框

2. 页面方向

要使文档达到纵向或者横向布局，就需要进行页面方向的设置。

设置页面方向的方法如下：

在“页面布局”选项卡中，单击“页面设置”组中的“纸张方向”按钮，然后可以在展开的列表中选择自己需要的纸张方向，该任务中选择“横向”，如图 4-53 所示。

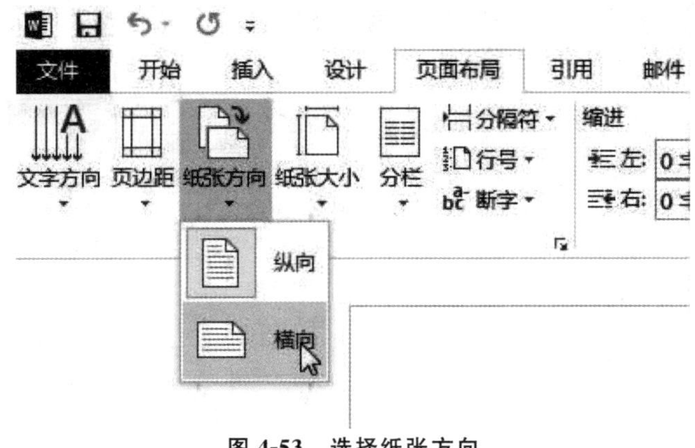

图 4-53　选择纸张方向

提示

纸张方向，也可以在"页面设置"对话框中设置。单击"页面布局"选项卡下"页面设置"组中的对话框启动器，打开"页面设置"对话框，切换到"页边距"选项卡，在"页边距"和"纸张方向"选项组中可设置用户需要的数值与类型，最后单击"确定"按钮。

---

3. 纸张大小

设置不同的纸张大小可以得到不同的打印效果，也可在不同的纸张大小下保持文档的完整性。下面介绍两种设置纸张大小的方法。

(1)在功能区中设置

操作步骤如下：

在"页面布局"选项卡下的"页面设置"组中单击"纸张大小"按钮，然后在展开的列表中选择一种信封 B5 纸张大小。

(2)通过"页面设置"对话框设置

操作步骤如下：

● 单击"页面布局"选项卡下的"页面设置"组中的对话框启动器，即打开"页面设置"对话框。

● 在"页面设置"对话框中，单击"纸张"标签，切换到"纸张"选项卡下，然后在"纸张大小"选项组选择信封 B5 纸张大小，最后单击"确定"按钮。你也可以根据需要自定义纸张大小，分别在"宽度"和"高度"文本框中输入精确的数值。

活动 2　为文字或段落添加边框和底纹

1. 设置边框

对某个段落设置边框或底纹，不但能突出该段落的内容，还能起到美化文档的作用。具体设置步骤如下：

(1)光标定位于"邀请函"文档。

(2)选定要设置边框的段落，然后切换到"开始"选项卡，单击"段落"选项组中的"边框"右侧的下拉按钮，将弹出如图 4-54 所示的下拉列表框。

(3)单击"边框和底纹"选项，这时将弹出如图 4-55 所示的"边框和底纹"对话框。在此对话框中可设置边框类型、边框线样式、颜色及宽度等。设置完成后单击“确定”按钮，即可在选定的段落上添加指定的边框线。

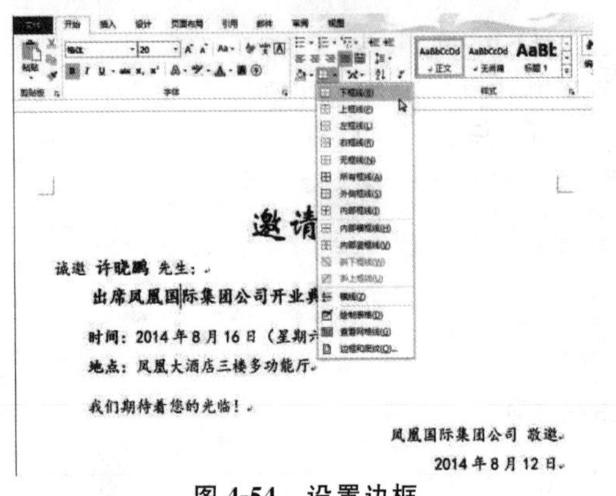

图 4-54 设置边框

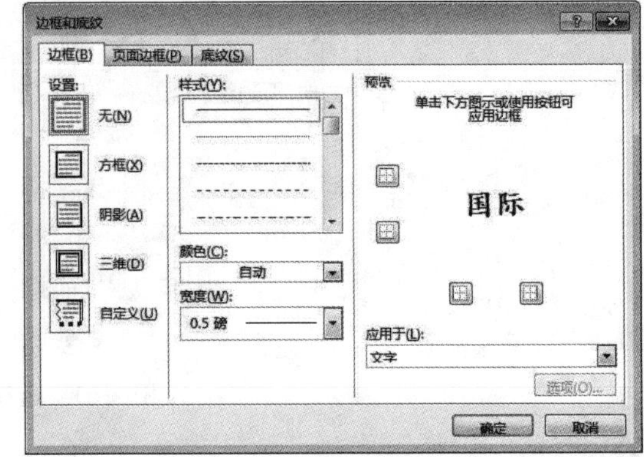

图 4-55 “边框和底纹”选项

(4)如果想设置边框线和段落文字之间的距离，只需要在“边框和底纹”对话框中单击 选项(O)... 按钮，这此将弹出如图 4-56 所示的对话框。

(5)设置完成后单击“确定”按钮，将返回“边框和底纹”对话框，然后在“应用于”下拉列表中选择“段落”选项。设置完成后单击“确定”按钮，即可在返回的文档中查看如图 4-57 所示的结果。

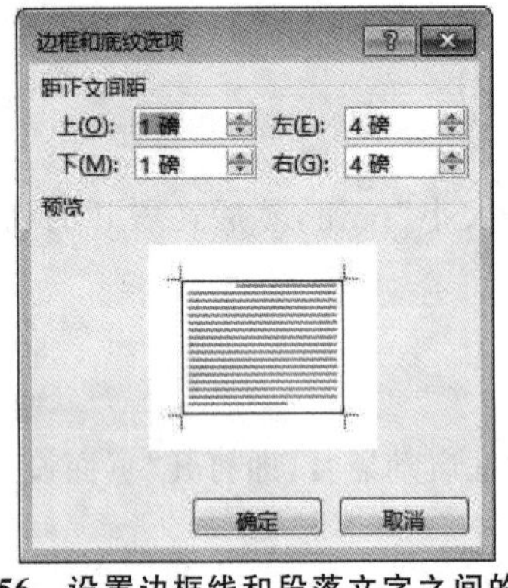

图 4-56 设置边框线和段落文字之间的距离

图 4-57 效果图

2. 设置底纹

若要对整个段落设置底纹，操作步骤如下：

(1)首先选定预设置底纹的段落，然后切换到“开始”选项卡。单击“段落”选项组中的“边框”右侧的下拉按钮，从弹出的下拉列表中选择“边框和底纹”选项，在“边框和底纹”对话框中切换到 “底纹”选项卡，如图 4-58 所示。

(2)在填充下拉列表中选择段落的底纹颜色，然后在“应用于”下拉列表中选择“段落”选项。设置结束后单击“确定”按钮。返回文档查看结果如图 4-59 所示是选择底纹为“金色”的结果。

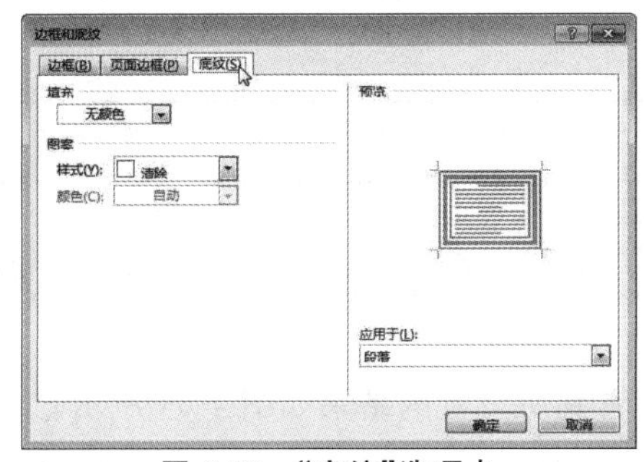

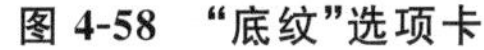
图 4-58　“底纹”选项卡

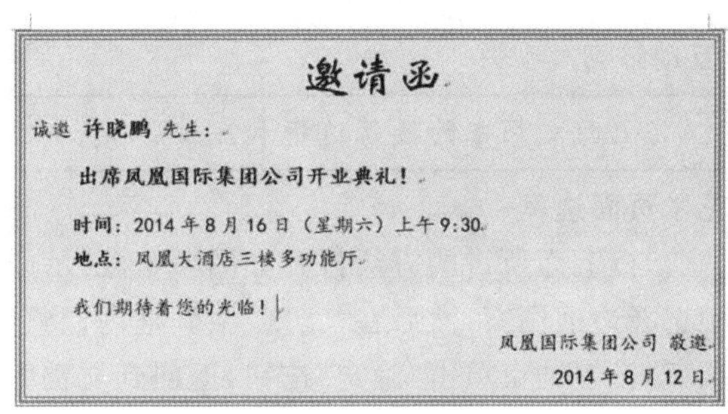

图 4-59　效果图

活动 3　为页面添加边框

与字符或段落边框不同的是，页面边框会出现在每个页面中。在 Word 2013 中页面边框包括线条与艺术两种。

1. 线条页面边框

(1)切换到“开始”选项卡，单击“段落”选项组中的“边框”右侧的下拉按钮，从弹出的下拉列表中选择“边框和底纹”选项，在对话框中切换到“页面边框”选项卡，如图 4-60 所示。

(2)在“边框和底纹”对话框中对边框线的类型、样式、颜色、宽度等进行设置。

(3)若单击“选项”按钮，则弹出如图 4-61 所示的对话框。

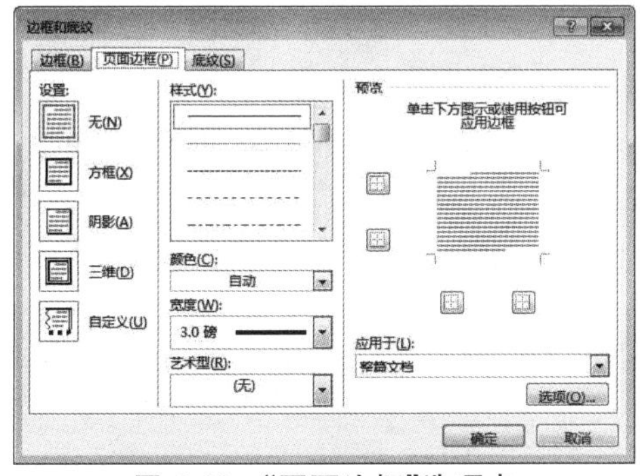

图 4-60　“页面边框”选项卡

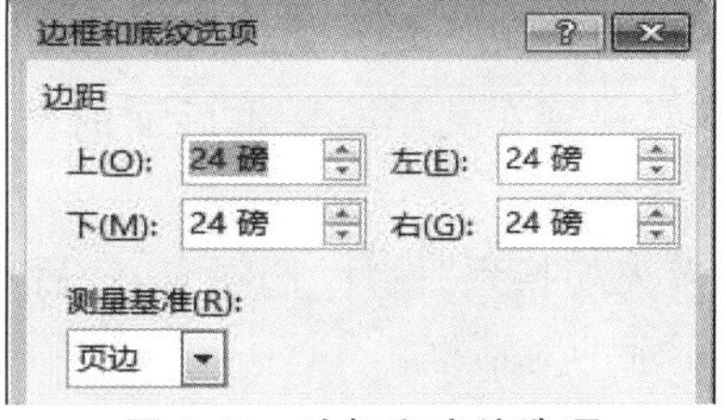

图 4-61　边框和底纹选项

(4)在对话框中调整边框与页边距的距离。设置结束后单击“确定”按钮返回到“边框和底纹”对话框中，然后单击“确定”按钮，返回到文档查看上述操作结果如图 4-62 所示。

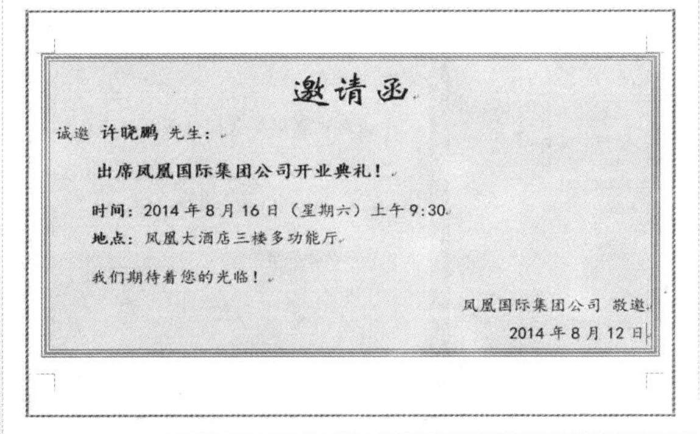

图 4-62　效果图

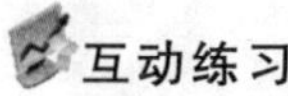互动练习

将上面文档中的段落边框和底纹去掉。

2. 艺术页面边框

(1)按上面所讲的方法打开如图 4-63 所示的“边框和底纹”对话框,在“艺术型”下拉列表中选择边框图案,然后在“宽度”微调框内调整图案的大小。

(2)设置结束单击“确定”按钮,返回到文档中即可看到所设置的结果如图 4-64 所示。

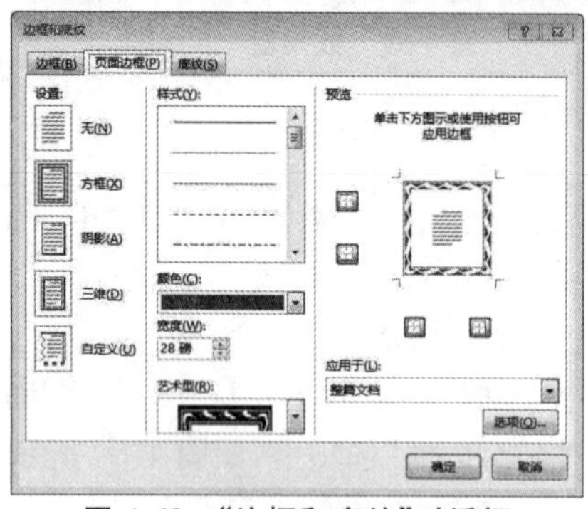

图 4-63 “边框和底纹”对话框

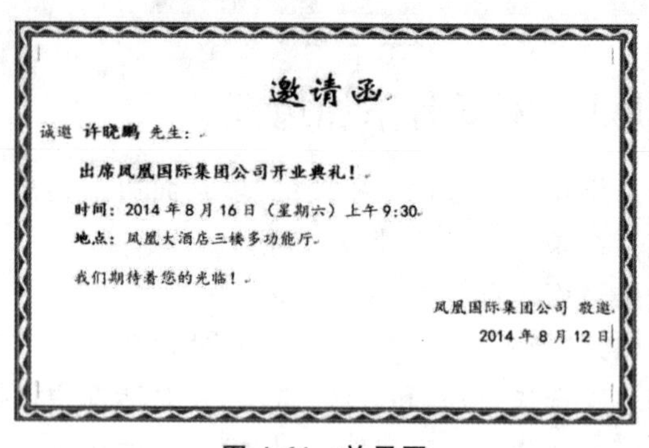
邀请函

诚邀 许晓鹏 先生:

出席凤凰国际集团公司开业典礼!

时间:2014 年 8 月 16 日(星期六)上午 9:30

地点:凤凰大酒店三楼多功能厅

我们期待着您的光临!

凤凰国际集团公司 敬邀

2014 年 8 月 12 日

图 4-64 效果图

活动 4 为页面添加背景

通过设置页面背景,可以对整个文档的外观起到修饰和美化的作用。页面背景包括:水印、页面颜色和页面边框。页面边框在前面已经讲过,这里主要讲水印和页面颜色。

1. 添加水印

水印是出现在文档或文本后面的文本或图片。水印通常用于增加趣味或标识文档状态。添加步骤如下:

(1)首先切换到“设计”选项卡,然后单击“页面背景”选项组中的“水印”按钮,将弹出如图 4-65 所示的对话框。

(2)在弹出的对话框中可选择一种系统内置的水印效果,如图 4-66 所示是当前文档选择了“机密”后的显示效果。

图 4-65 “水印”按钮

邀请函

诚邀 许晓鹏 先生:

出席凤凰国际集团公司开业典礼!

时间:2014 年 8 月 16 日(星期六)上午 9:30

地点:凤凰大酒店三楼多功能厅

我们期待着您的光临!

凤凰国际集团公司 敬邀

2014 年 8 月 12 日

图 4-66 “机密”水印效果

（3）如果对当前的水印效果不满意，可以单击图 4-65 中的“自定义水印”命令，在弹出如图 4-67 所示的“水印”对话框。

图 4-67　自定义水印

（4）在该对话框中可选择“无水印”选项，也可选择“文字水印”选项，如果选择“文字水印”选项，则可以设置语言、文字、字体等各项的内容，设置结束后单击“确定”按钮返回到当前文档即可看到操作结果。

（5）如果选择“图片水印”选项，单击选择图片(P)...按钮，如图 4-68，打开 “插入图片”对话框。

（6）选择一副图片后单击“插入”按钮，返回到“水印”对话框。

（7）单击“确定”按钮，在当前文档中插入图片水印后的效果如图 4-69 所示。

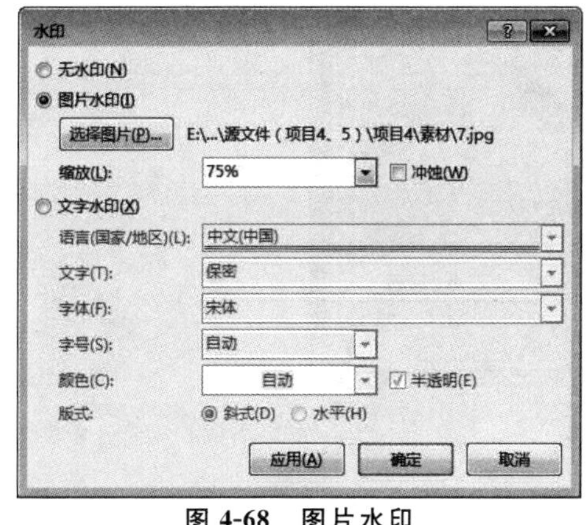

图 4-68　图片水印

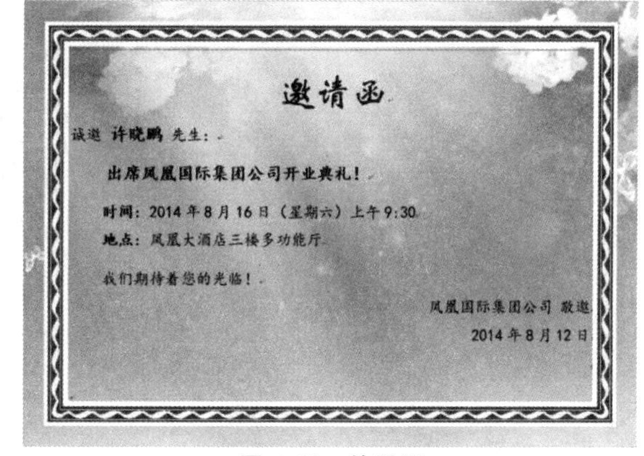
邀请函

诚邀 许晓鹏 先生：

出席凤凰国际集团公司开业典礼！

时间：2014 年 8 月 16 日（星期六）上午 9:30

地点：凤凰大酒店三楼多功能厅

我们期待着您的光临！

凤凰国际集团公司 敬邀

2014 年 8 月 12 日

图 4-69　效果图

提示

若要删除水印，单击“页面背景”选项组中的“水印”按钮，在弹出的下拉列表中选择“删除水印”选项即可。

2. 页面颜色

除了设置水印背景之外，还可以对页面背景设置填充效果，从而丰富文档的视觉美感。

具体操作步骤如下：

(1)切换到“设计”选项卡，然后单击“页面背景”选项组中的“页面颜色”按钮，弹出如图 4-70 所示的列表选项。

(2)从弹出的下拉列表中选择“填充效果”选项，这时将弹出如图 4-71 所示的“填充效果”对话框。

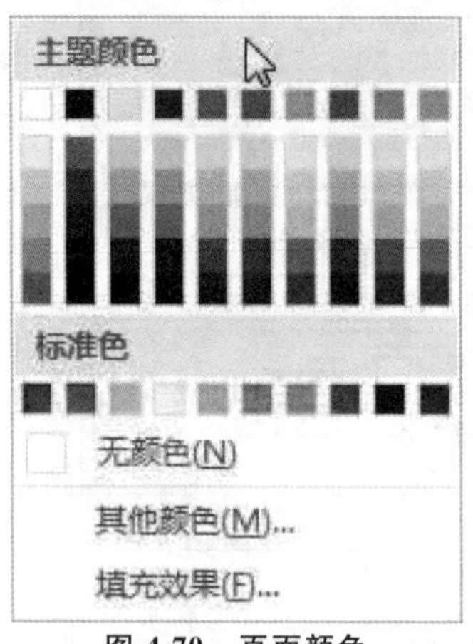

图 4-70　页面颜色

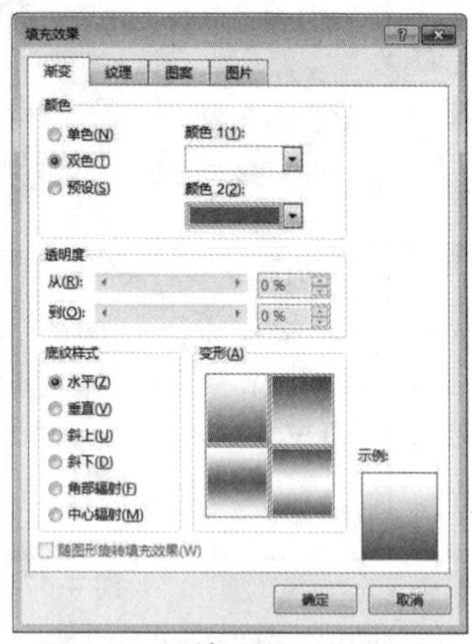

图 4-71　“填充效果”对话框

(3)在“填充效果”对话框中，切换到“渐变”选项卡，在颜色栏中选择颜色方案，如双色，颜色 1 选择“白色”，颜色 2 选择“蓝色”，在底纹样式栏中选择变形方案“水平”，设置完成后单击“确定”按钮，所设置的结果如图 4-72 所示。

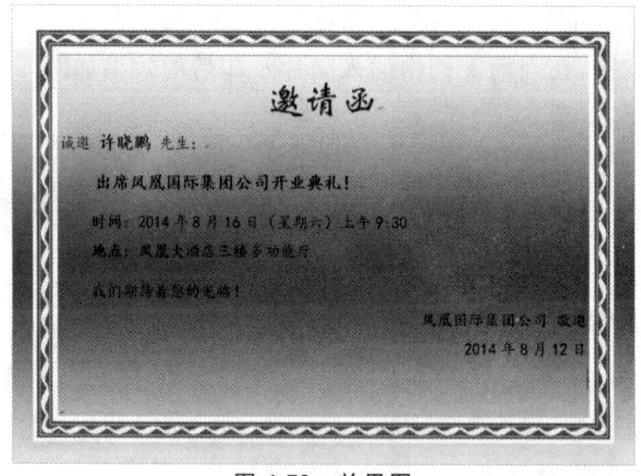

邀请函

诚邀 许晓鹏 先生：

出席凤凰国际集团公司开业典礼！

时间：2014 年 8 月 16 日（星期六）上午 9:30

地点：凤凰大酒店三楼多功能厅

我们期待着您的光临！

凤凰国际集团公司 诚邀

2014 年 8 月 12 日

图 4-72　效果图

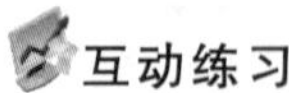

互动练习

互动 1，将文档页面背景设置为图案填充。互动 2，将文档页面背景设置为纹理填充。互动 3，将文档页面背景设置为图片填充。

“图案”填充操作提示：

(1)在“填充效果”对话框中，切换到“图案”选项卡，在图 4-73 所示的对话框中进行设置。

(2)在填充效果对话框中先设置前景色和背景色，再选择一种颜色图案，如图 4-73 所示，设置结束后单击“确定”按钮，操作效果如图 4-74 所示。

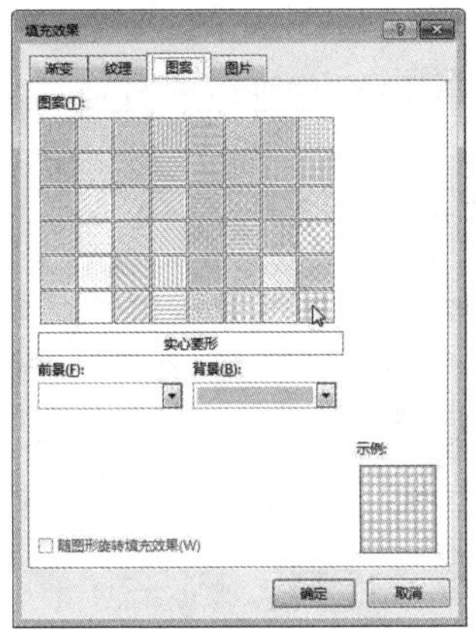

图 4-73　“图案”选项卡

邀请函

诚邀 许晓鹏 先生:

出席凤凰国际集团公司开业典礼!

时间: 2014 年 8 月 16 日(星期六)上午 9:30

地点: 凤凰大酒店三楼多功能厅

我们期待着您的光临!

凤凰国际集团公司 敬邀

2014 年 8 月 12 日

图 4-74　效果图

“图片”填充操作提示:

(1)在“填充效果”对话框中,切换到“图片”选项卡,在图 4-75 所示的对话框中进行设置。

(2)单击“选择图片”按钮,在弹出的对话框中选择一副图片,然后单击“插入”按钮,如图 4-76 所示。

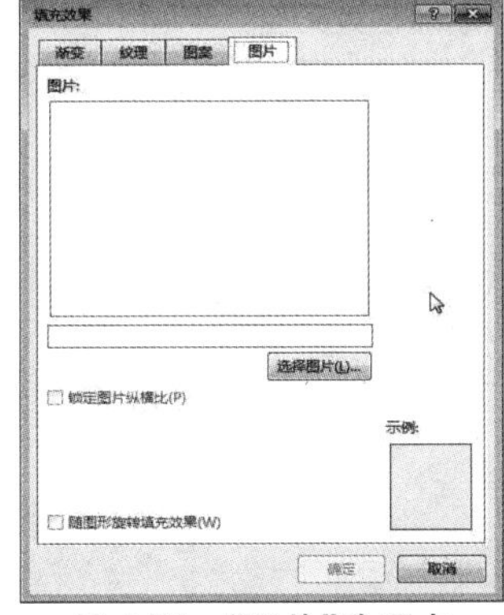

图 4-75　“图片”选项卡

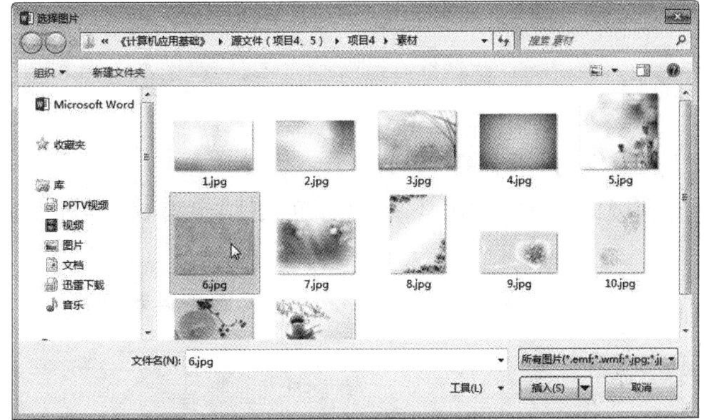

图 4-76　选择图片

(3)在返回的“填充效果”单击“确定”按钮,效果如图 4-77 所示。

邀请函

诚邀 许晓鹏 先生:

出席凤凰国际集团公司开业典礼!

时间: 2014 年 8 月 16 日(星期六)上午 9:30

地点: 凤凰大酒店三楼多功能厅

我们期待着您的光临!

凤凰国际集团公司 敬邀

2014 年 8 月 12 日

图 4-77　填充效果

"纹理"填充操作提示：

(1)打开"填充效果"对话框后，切换到"纹理"选项卡，在图 4-78 所示的对话框中进行设置。

(2)选择一种纹理样式后单击"确定"按钮，效果如图 4-79 所示。

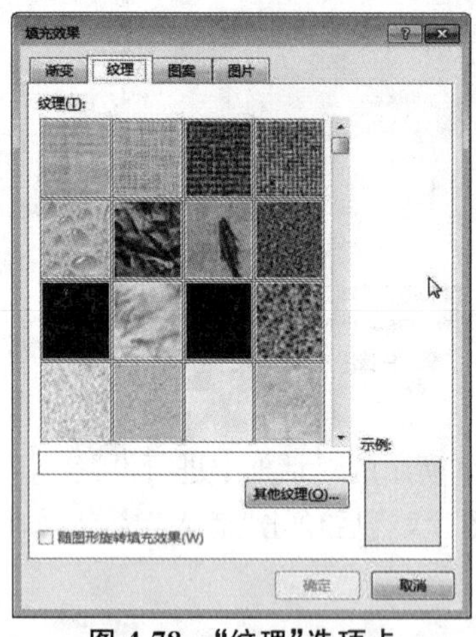

图 4-78 "纹理"选项卡

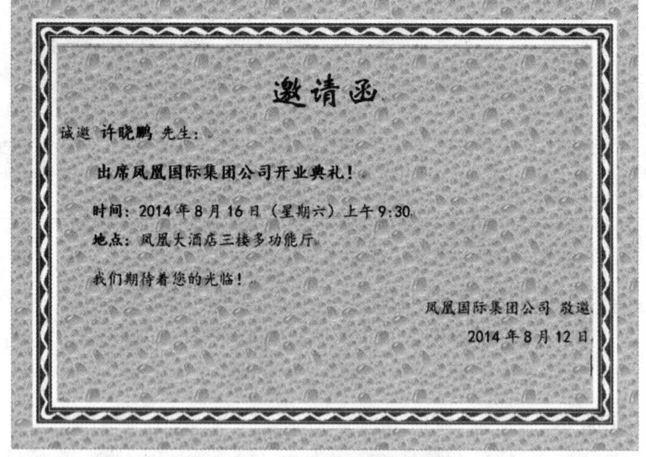

邀请函

诚邀 许晓鹏 先生：

出席凤凰国际集团公司开业典礼！

时间：2014 年 8 月 16 日（星期六）上午 9:30

地点：凤凰大酒店三楼多功能厅

我们期待着您的光临！

凤凰国际集团公司 敬邀

2014 年 8 月 12 日

图 4-79 添加纹理后效果图

实训项目

实训 1 制作"人事处招聘启事"

实训要求：制作如图 4-80 所示的招聘启事，保存在"项目 4\实训 1"文件夹中。

人事处招聘启事

因工作需要，人事处现招聘工作人员二名。

一、招聘条件：

1．性格开朗，工作认真，有热情，具有高度的责任感，有较强的协调、社交能力；

2．在本校工作两年以上，具有两年以上管理工作或辅导员工作经历；

3．熟练掌握计算机应用，会使用 Office 办公软件；

4．具有较好的文字功底及写作能力；

5．中文、计算机专业优先。

二、应聘办法：

本人写出应聘申请，个人简历并填写招聘审核表到人事处报名。报名截止日期：2009 年 5 月 6 日。

三、招聘办法：

由人事处组成招聘小组，对报名人员进行资格审查，经过考察后，确定人选，报院领导及组织部审批。

联系电话：2270268　　联系人：刘老师

图 4-80 人事处招聘启事

操作提示如下：

(1)新建文档；

(2)输入文字；

(3)编辑文字和段落格式；

(4)保存文档。

实训 2　对演讲稿“人生旅途自己把握”进行格式编辑

实训要求：打开“项目 4\实训 2”文件夹所给素材，对文档“人生旅途自己把握”进行编辑，制作效果如图 4-81 所示。保存在“项目 4\实训 2”文件夹中。

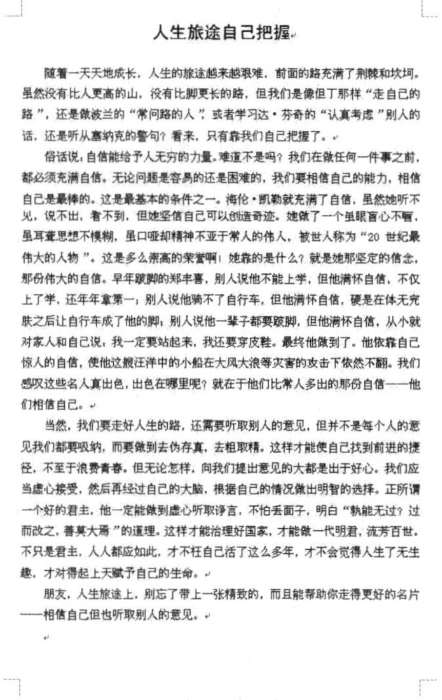

人生旅途自己把握

随着一天天地成长，人生的旅途越来越艰难，前面的路充满了荆棘和坎坷。虽然没有比人更高的山，没有比脚更长的路，但我们是像但丁那样“走自己的路”，还是做波兰的“常问路的人”，或者学习达·芬奇的“认真考虑”别人的话，还是听从塞纳克的警句？看来，只有靠我们自己把握了。

俗话说：自信能给予人无穷的力量。难道不是吗？我们在做任何一件事之前，都必须充满自信。无论问题是容易的还是困难的，我们要相信自己的能力，相信自己是最棒的。这是最基本的条件之一。海伦·凯勒就充满了自信，虽然她听不见，说不出，看不到，但她坚信自己可以创造奇迹。她做了一个虽眼盲心不盲，虽耳聋思想不模糊，虽口哑却精神不亚于常人的伟人，被世人称为“20 世纪最伟大的人物”。这是多么崇高的荣誉啊！她靠的是什么？就是她那坚定的信念，那份伟大的自信。早年跛脚的郑丰喜，别人说他不能上学，但他满怀自信，不仅上了学，还年年拿第一；别人说他骑不了自行车，但他满怀自信，硬是在体无完肤之后让自行车成了他的脚；别人说他一辈子都要跛脚，但他满怀自信，从小就对家人和自己说：我一定要站起来，我还要穿皮鞋。最终他做到了。他依靠自己惊人的自信，使他这艘汪洋中的小船在大风大浪等灾害的攻击下依然不翻。我们感叹这些名人真出色，出色在哪里呢？就在于他们比常人多出的那份自信——他们相信自己。

当然，我们要走好人生的路，还需要听取别人的意见，但并不是每个人的意见我们都要吸纳，而要做到去伪存真，去粗取精。这样才能使自己找到前进的捷径，不至于浪费青春。但无论怎样，向我们提出意见的大都是出于好心。我们应当虚心接受，然后再经过自己的大脑，根据自己的情况做出明智的选择。正所谓一个好的君主，他一定能做到虚心听取诤言，不怕丢面子，明白“孰能无过？过而改之，善莫大焉”的道理。这样才能治理好国家，才能做一代明君，流芳百世。不只是君主，人人都应如此，才不枉自己活了这么多年，才不会觉得人生了无生趣，才对得起上天赋予自己的生命。

朋友，人生旅途上，别忘了带上一张精致的，而且能帮助你走得更好的名片——相信自己但也听取别人的意见。

图 4-81　人生旅途自己把握

操作提示如下：

(1)打开文档“人生旅途自己把握”；

(2)编辑文字和段落格式；

(3)保存文档。

实训 3　使用模板制作个人简历

实训要求：根据如图 4-82 所示模板制作个人简历。以“个人简历”为名将文件保存在保存在“项目 4\实训 3”文件夹中。

操作提示如下：

(1)根据模板新建一篇个人简历文档；

(2)修改“[]”中的文本输入信息；

(3)删除多余的文本。

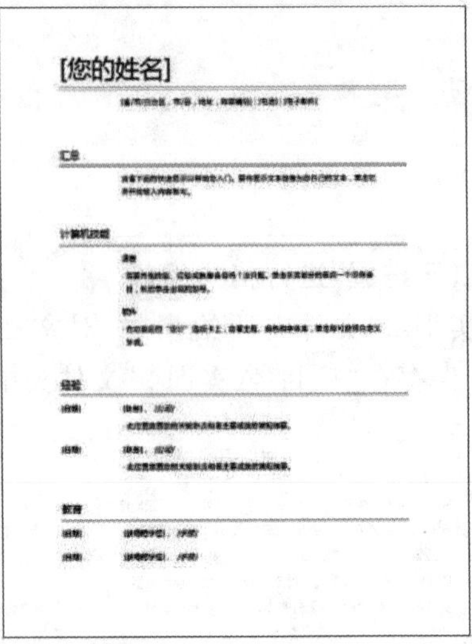

图 4-82　个人简历

实训 4　制作商业广告宣传单

实训要求：利用本项目“项目 4\实训 4”文件夹中所给文本资料“2014 服装特卖会(源)”，制作如图 4-83 所示的广告宣传单。

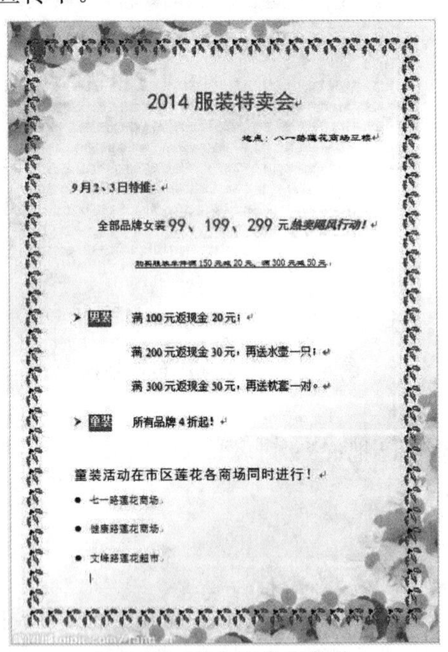

图 4-83　商业广告宣传单

操作步骤提示如下：

(1)输入内容，设置字体、字号、文字颜色；

(2)加入文字底纹；

(3)加入项目符号；

(4)设置“页面颜色”和“页面边框”；

(5)保存文档。

实训 5　完成学生宿舍管理条例

实训要求：利用样式完成“学生宿舍管理条例”格式设置。

操作步骤提示如下：

(1)打开“项目 4\实训 5”中的文档“许昌职业技术学院学生宿舍管理条例(源)”；

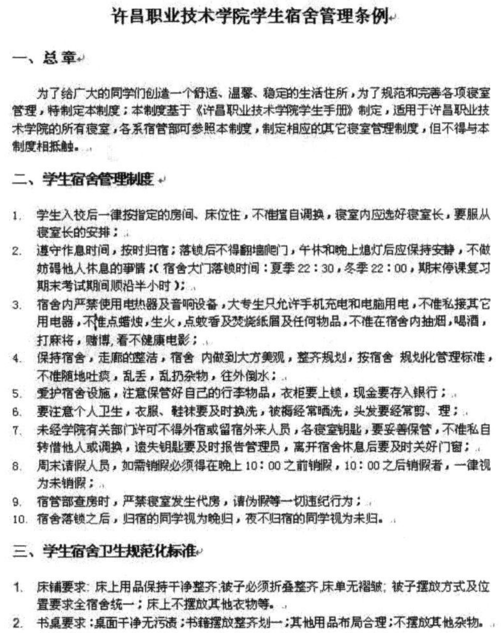

许昌职业技术学院学生宿舍管理条例

一、总章

为了给广大的同学们创造一个舒适、温馨、稳定的生活住所，为了规范和完善各项寝室管理，特制定本制度；本制度基于《许昌职业技术学院学生手册》制定，适用于许昌职业技术学院的所有寝室，各系宿管部可参照本制度，制定相应的其它寝室管理制度，但不得与本制度相抵触。

二、学生宿舍管理制度

1. 学生入校后一律按指定的房间、床位住，不准擅自调换，寝室内应选好寝室长，要服从寝室长的安排；
2. 遵守作息时间，按时归宿；落锁后不得翻墙爬门，午休和晚上熄灯后应保持安静，不做妨碍他人休息的事情；(宿舍大门落锁时间：夏季 22：30，冬季 22：00，期末停课复习期末考试期间顺沿半小时)；
3. 宿舍内严禁使用电热器及音响设备，大专生只允许手机充电和电脑用电，不准私接其它用电器，不准点蜡烛，生火，点蚊香及焚烧纸屑及任何物品，不准在宿舍内抽烟，喝酒，打麻将，赌博，看不健康电影；
4. 保持宿舍，走廊的整洁，宿舍 内做到大方美观，整齐规划，按宿舍 规划化管理标准，不准随地吐痰，乱丢，乱扔杂物，往外倒水；
5. 爱护宿舍设施，注意保管好自己的行李物品，衣柜要上锁，现金要存入银行；
6. 要注意个人卫生，衣服、鞋袜要及时换洗，被褥经常晒洗，头发要经常剪、理；
7. 未经学院有关部门许可不得外宿或留宿外来人员，各寝室钥匙，要妥善保管，不准私自转借他人或调换，遗失钥匙要及时报告管理员，离开宿舍休息后要及时关好门窗；
8. 周末请假人员，如需销假必须得在晚上 10：00 之前销假，10：00 之后销假者，一律视为未销假；
9. 宿管部查房时，严禁寝室发生代房，请伪假等一切违纪行为；
10. 宿舍落锁之后，归宿的同学视为晚归，夜不归宿的同学视为未归。

三、学生宿舍卫生规范化标准

1. 床铺要求：床上用品保持干净整齐;被子必须折叠整齐,床单无褶皱；被子摆放方式及位置要求全宿舍统一；床上不摆放其他衣物等。
2. 书桌要求：桌面干净无污渍；书籍摆放整齐划一；其他用品布局合理；不摆放其他杂物。

图 4-84　学生宿舍管理条例

(2)设置样式并应用；

(3)加入项目编号；

(4)保存文档。

项目 5

制作公司广告宣传手册

项目导引：

在文章中适当地插入一些图形、图片和艺术字，不仅会使文章显得生动有趣，还能帮助读者更快地理解文章内容。本项目通过制作“公司简介”、“公司宣传册封面”、“公司组织结构图”等几项工作任务的完成，体验插入图片、插入艺术字、插入形状、插入 SmartArt 图形、插入文本框的方法和技巧，进而实现图文混排文档的制作。

技能目标：

✍会在文档中插入图片和剪贴画；
✍会在文档绘制图形并进行编辑；
✍会使用 SmartArt 图形；
✍能灵活使用文本框；
✍能制作和编辑艺术字；
✍能综合运用图文混排的技巧和方法进行文档排版。

知识目标：

✍掌握插入图片和剪贴画的方法；
✍掌握插入和编辑艺术字的方法；
✍掌握插入和绘制形状的方法；
✍理解插入 SmartArt 图形的方法；
✍掌握插入和编辑文本框的方法。

任务 5.1　制作公司简介

任务描述

本项目是为一家环保节能公司制作广告宣传册的排版工作，该项任务是制作宣传册的一个内页“公司简介”，效果如图 5-1 所示。

河南科技环保节能公司始终秉承“诚信、专业”的企业理念，专注于环保节能领域，致力于能效监测与节能减排，致力于先进环保、资源综合利用和健康产业，致力于清洁技术和新能源产品的开发与利用；依托规划设计和咨询服务，依托技术、产品和装备的集成，依托工程建设运营，打造节能环保的“全产业链服务”，为国内外客户提供优质产品、集成技术、高端服务和产业投资。

公司已在能耗管理、节能减排、系统集成、余热回收、污水处理、新能源利用、节能环保建材、生命健康等领域拥有众多服务案例，在环保节能领域积累了丰富经验，并总结出了适合中国国情的节能改造项目运营模式，构建了以产品平台、服务平台、投资平台为主的支撑体系，将河南科技环保节能公司打造成为节能领域一流的服务共享平台，实现客户节能效益最大化，为客户创造最大的经济价值和社会效益。

图 5-1　“公司简介”效果图

任务分析

制作广告宣传页面对美感的要求非常强，Word 2013 可以非常方便的在文档中插入图片、剪贴画、文本框、图形和 SmartArt 图形，并且对插入的对象进行编辑和修饰。广告宣传手册的文档中的元素有文本、图像和艺术字，我们的设计思路如下：

步骤 1　输入图片和剪贴画。

步骤 2　编辑图片和剪贴画。

步骤 3　设计艺术字。

任务实施

活动 1 插入图片和剪贴画

1. 插入图片

在公司简介中经常会插入一些相关图片,展示企业场景或产品外观。在 Word 中可以从磁盘的其他位置中选择要插入的图片文件。这些图片文件可以是 Windows 的标准 BMP 位图,也可以是其他应用程序所创建的图片,例如,CorelDRAW 的 CDR 格式矢量图片、JPEG 压缩格式的图片、TIFF 格式的图片等。

利用前面已掌握的方法完成前期工作的操作有:准备好图片文件和文字资料,创建文档,设置纸张大小,输入文字并对格式进行编辑。

在 Word 2013 中插入图片的操作如下:

(1)鼠标在文档中单击,确定要插入图片的大致位置;

(2)切换到“插入”选项卡,插入图片工具栏按钮就在该选项卡下,如图 5-2 所示;

(3)在“插图”工具组单击“图片”按钮,打开“插入图片”对话框,如图 5-3 所示;

图 5-2 “插入”选项卡

图 5-3 打开“插入图片”对话框

(4)通过左侧列表窗口快速定位图片文件所在的位置,选定图片文件后单击“插入”按钮将其插入文档。

2. 插入剪贴画

Word 2013 中有丰富的剪贴画,其设计精美、构思巧妙,并且能够表达不同的主题,从地图到人物、从建筑到名胜风景,应有尽有,适合于制作各种文档的需要。

在文档中插入剪贴画的方法如下:

(1)将插入点定位于需要插入剪贴画的位置;

(2)单击“插入”选项卡,在“插图”工具栏中单击“联机图片”按钮,如图 5-4 所示;

(3)打开“插入图片”窗口,在剪贴画右侧“搜索”文本框中输入剪贴画的相关主题或文件名称后,单击“搜索”按钮,来查找计算机与网络上的剪贴画文件,如图5-5所示;

(4)选择需要的剪贴画,单击它既可插入到文档中,如图5-6所示。

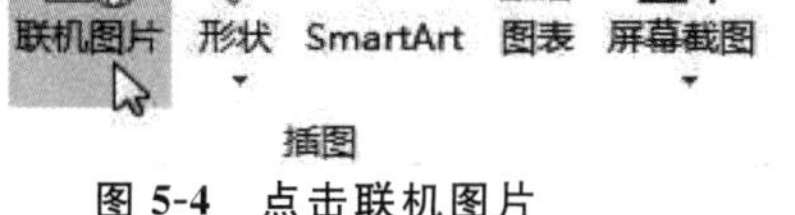

图5-4　点击联机图片

图5-5　搜索剪贴画

图5-6　插入剪贴画

活动2　编辑图片和剪贴画

插入图片和剪贴画后,图片工具的“格式”选项卡被激活,如图5-7所示。

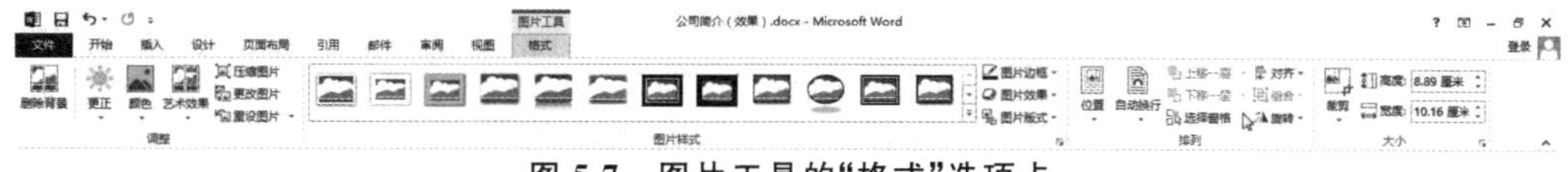

图5-7　图片工具的“格式”选项卡

选中要编辑的图片,选择图片工具中的“格式”选项卡,就可以对图片进行各种编辑,例如,缩放、移动、复制、设置样式和排列方式,并且可以调整色调、亮度和对比度等。通常需要考虑以下几个方面:

(1)设置图片效果:亮度、对比度、重新着色、压缩图片和重新设置。

(2)设置图片样式:图片形状、图片边框和图片效果。

(3)设置图片排列方式:文字环绕、对齐和旋转。

(4)设置图片大小:剪裁、高度和宽度。

1. 调整图片效果

通过“调整”工具栏中的按钮可对图片或剪贴画图片效果进行调整,这些按钮的功能介绍如下：

(1)更正按钮：单击该按钮，在弹出的列表中，可为图片选择相应的选项改善图片亮度、对比度或清晰度，如图 5-8 所示。

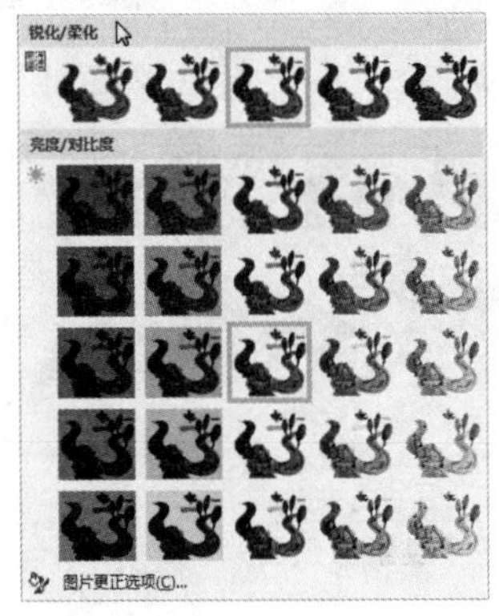

图片正常亮度

图片增加 40%亮度

图 5-8 应用“更正”按钮后样式

(2)颜色按钮：单击该按钮，在弹出的列表中可为图片选择不同的颜色模式，为图片重新着色，如图 5-9 所示。

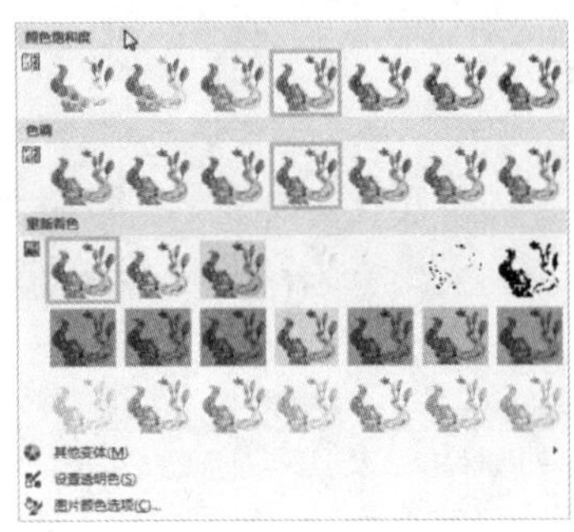

图片正常颜色

黑色颜色模式

图 5-9 颜色按钮设置不同的样式

(3)艺术效果按钮：单击该按钮，可将艺术效果添加到图片，使其更像草图或油画。

(4)压缩图片按钮：单击该按钮，可对选中图片的分辨率、大小进行调整，减小图片文件大小，节省空间。

(5)更改图片按钮：单击该按钮，更改为其他图片，但保存当前图片的格式和大小。

(6)重设图片按钮：单击该按钮，将恢复原图片样式，取消对图片的一切调整。

2. 设置图片环绕方式

图片插入之后，通过自动换行按钮可根据需要改变环绕方式。图片环绕方式有如下几种：

- 四周型：文字环绕图片四周；
- 紧密型：文字紧密环绕图片四周；
- 穿越型：文字穿越图片；
- 上下型：图片占据独立的行；
- 衬与文字下方：作为文字背景衬托在文字下方；

● 浮于文字上方：浮在文字上，遮蔽文字；

● 嵌入型：嵌入在文字中间。

如果希望图片与文字紧密结合，不余留空白空间，可采取四周型环绕方式。

(1)双击插入的图片，打开“图片工具”→“格式”选项卡，如图 5-10 所示。

(2)在“排列”工具组单击“自动换行”下列菜单，选择“四周型环绕”选项，如图 5-11 所示。

(3)将鼠标置于图片之上，看到鼠标显示为四箭头 时，把图片拖动到合适的位置，使图文很好地搭配起来，如图 5-12 所示。

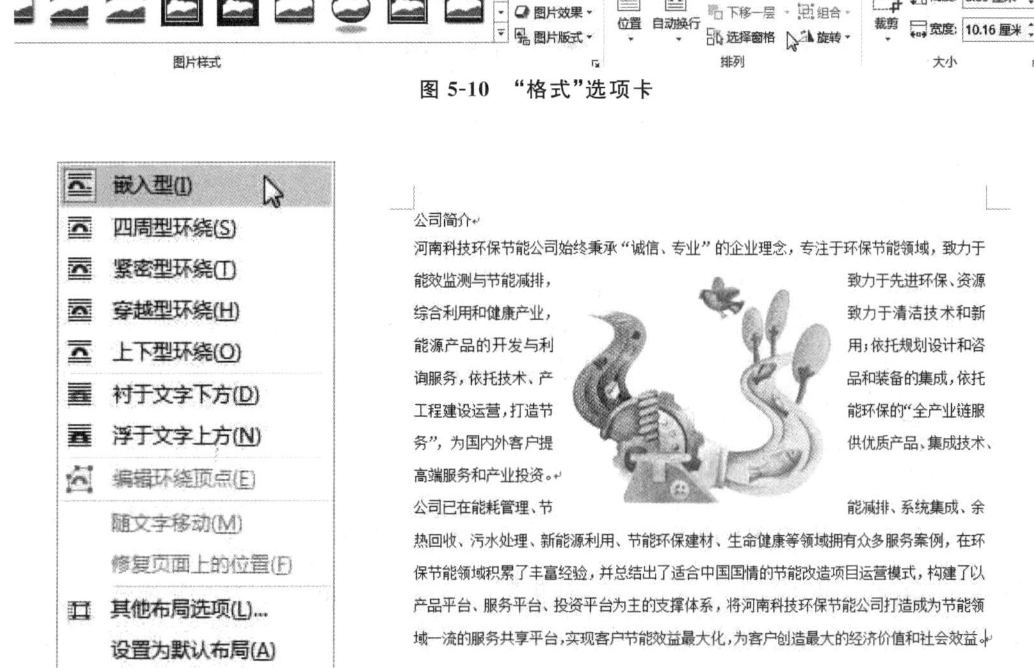

图 5-10　“格式”选项卡

图 5-11　选择样式

图 5-12　“四周型环绕”样式

注意

当图片的环绕方式为“嵌入型”时，图片不能被移动，为其他方式时都可以移动。

3. 图片大小的调整

如果插入文中的图片的大小不合适或还有其他方面需要调整，可继续执行操作如下：

(1)如果需要调整图片的整体大小，可以将鼠标指向图片四角的圆形控点上，向左上、左下、右下、右上拖动，如图 5-13 所示。

(2)如果需要调整图片的长度和宽度，可以将鼠标指向图片四边中间的方形控点上，向上、下、左、右拖动，如图 5-14 所示。

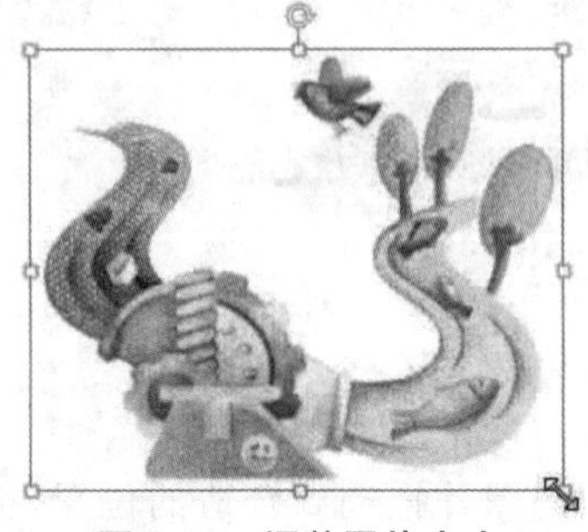

图 5-13 调整图片大小

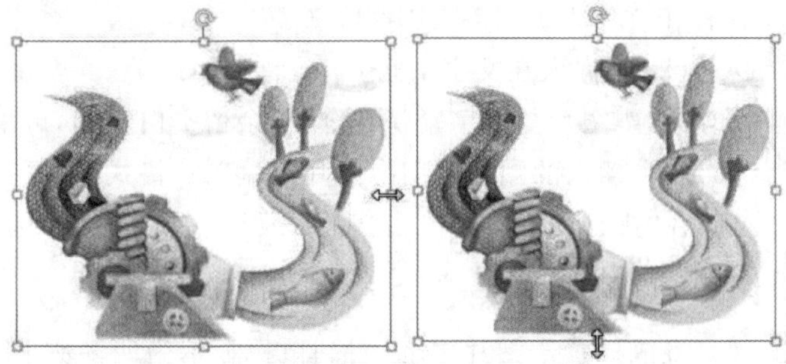

图 5-14 调整图片长度和宽度

(3)如果需要精确调整图片的大小,可以在“大小”工具组中输入图片的长宽数值,如图5-15 所示。

(4)如果需要在对话框中对图片大小进行详细设置,可单击“大小”工具组中的对话框启动器,打开图片“大小”对话框进行设置,如图 5-16 所示。

图 5-15 精确调整图片的大小

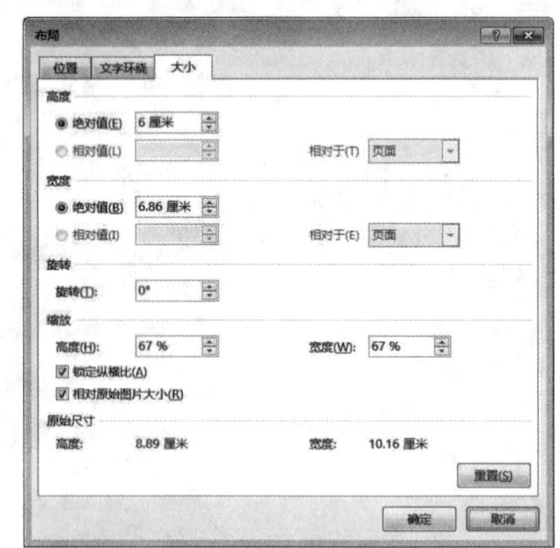

图 5-16 “大小”对话框进行设置

(5)若原有图片的边缘部分不要,则可使用裁剪按钮。单击该按钮,鼠标光标将改变形状,将其移向图片边框上的控制点,然后按住鼠标左键不放进行拖动可对图片进行剪裁,如图 5-17 所示。

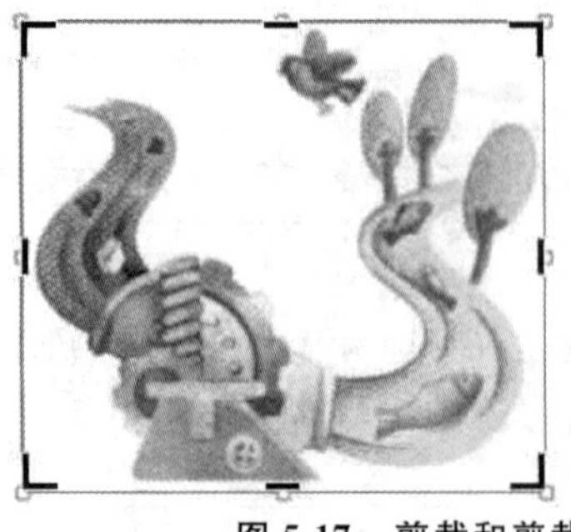

图 5-17 剪裁和剪裁后的效果

4. 应用图片样式

Word 2013 一个显著的改进就是增加了丰富多彩的图片效果的设置。

(1)要应用现成的图片样式，执行操作如下：

①选中图片，单击“图片工具”打开图片工具栏。

②在“图片样式”列表中选择一种样式，单击应用该样式。应用之前可以预览应用效果，如图 5-18 所示。

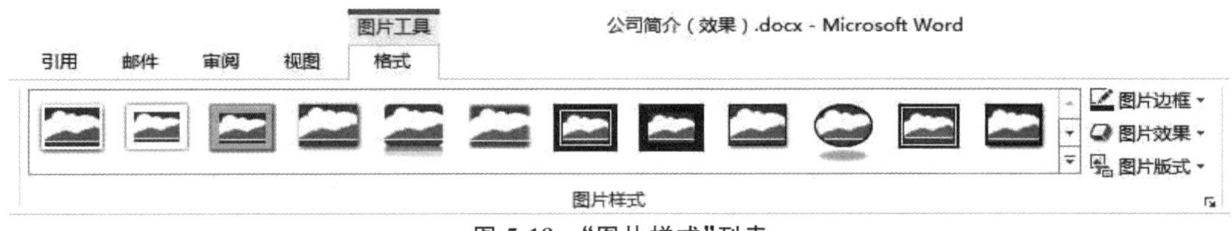

图 5-18　“图片样式”列表

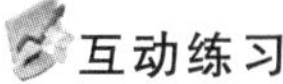互动练习

将文档中的图片样式设置为“旋转”。(提示：如图 5-19 所示。)

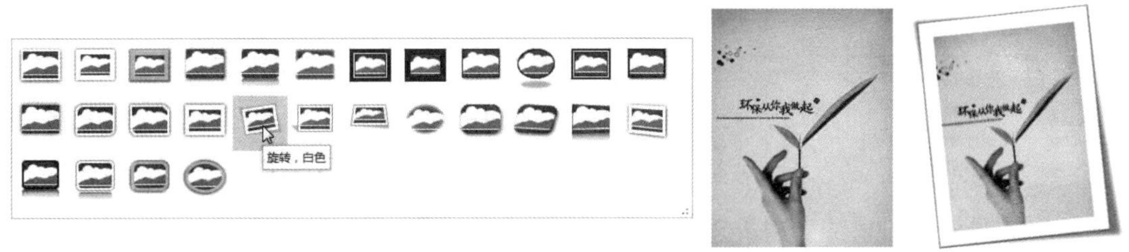

图 5-19　图片样式设置为“旋转”

(2)要对图片应用更多效果，单击 图片效果 下列按钮，可对图片应用“预设、阴影、映像、发光、柔化边缘、棱台、三维旋转”等多项设置。每项设置下面又有多种效果，应用恰当可使图片更添色彩，如图 5-20 所示。

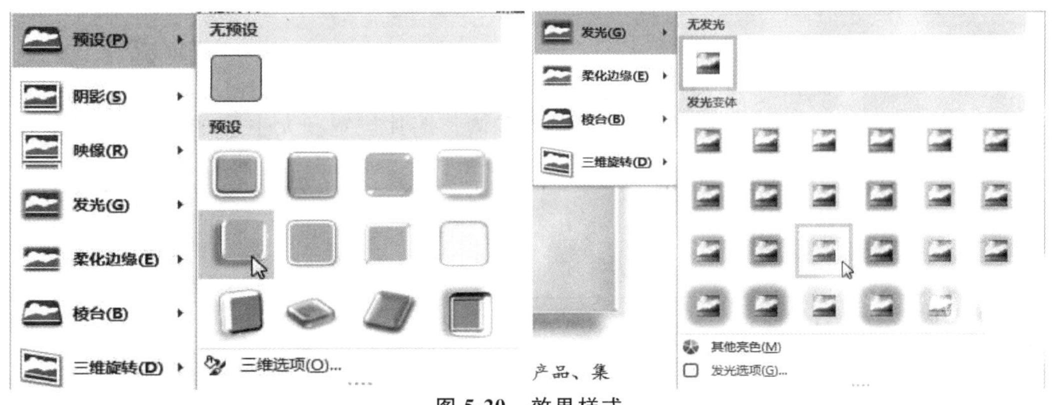

图 5-20　效果样式

此时的应用效果如图 5-21 所示或 5-22 所示。

图 5-21 “预设 5”效果

图 5-22 “橄榄色”发光效果

(3)单击 图片边框 按钮，在弹出的列表中可为图片选择边框线样式及颜色。

注意

要想应用 Word 2013 精彩纷呈的图片效果，不能将 Word 运行在兼容模式下，否则图片工具栏只会看到如图 5-23 所示的工具，在这个工具栏下只能对图片进行一些常规设置。

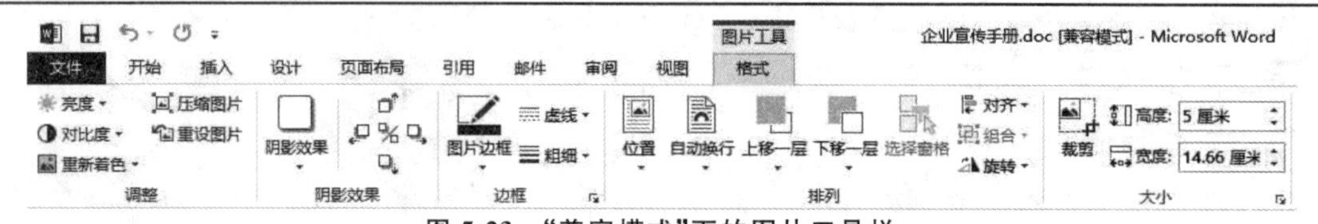

图 5-23 “兼容模式”下的图片工具栏

互动练习

接着在文档“公司简介”中插入图片，设置环绕方式，调整位置、大小、样式。效果如图 5-1 所示。

操作步骤如下：

(1)在文档的合适位置插入图片。

(2)图片的环绕方式设置为“衬于文字下方”，调整图片位置和大小，如图 5-24 所示。

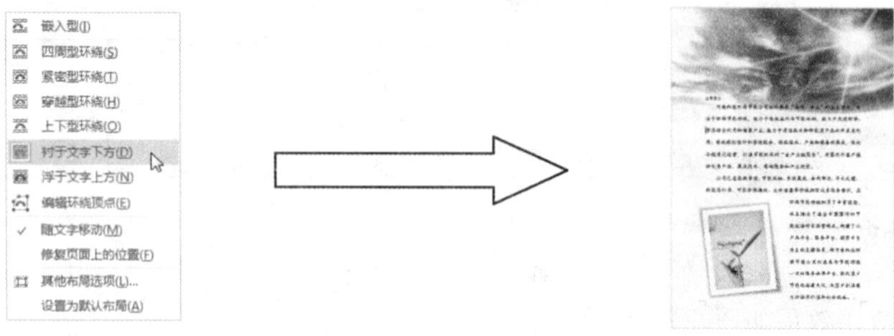

图 5-24 “衬于文字下方”样式的效果图

(3)选中图片，单击 图片效果 下列按钮，选择“柔化边缘”命令，选中“50 磅”，并裁剪调整图片大小和位置，效果如图 5-25 所示。

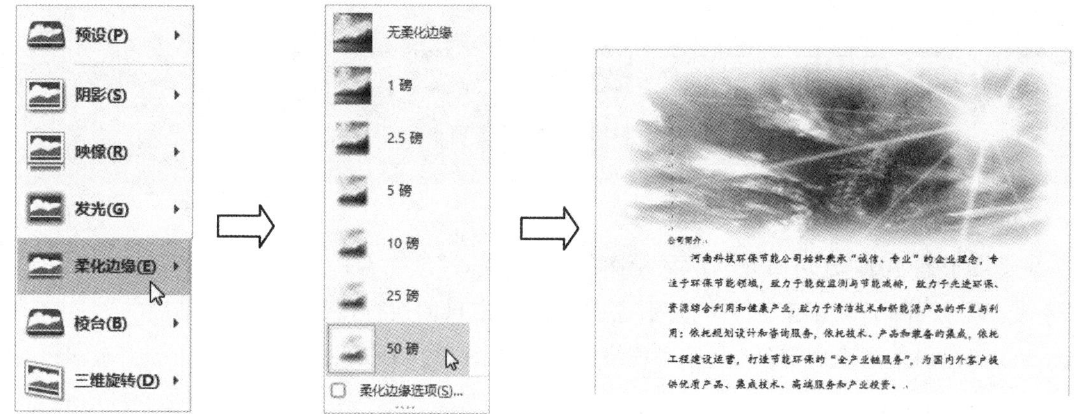

图 5-25　柔化边缘、调整图片大小和位置的效果图

活动 3　设计艺术字

在流行的报刊杂志、各种广告中，常常会看到各种各样的艺术字，这些艺术字给文章增添了强烈的视觉效果。在 Word 2013 中可以创建出各种文字的艺术效果，将艺术字插入到文档中后对其进行编辑，甚至可以把文本扭曲成各种各样的形状，也可设置为三维轮廓的效果。该任务中需要将题目“公司简介”设置为艺术字。

1. 插入艺术字

插入艺术字的方法如下：

(1)将文本插入点定位到文档中要插入艺术字的位置；

(2)单击“插入”选项卡，在“文本”组中，单击“艺术字”按钮，打开艺术字库样式列表框，在其中选择需要的艺术字样式，如图 5-26 所示；

(3)在“文本”文本框中输入需要创建的艺术字文本“公司简介”，如图 5-27 所示。

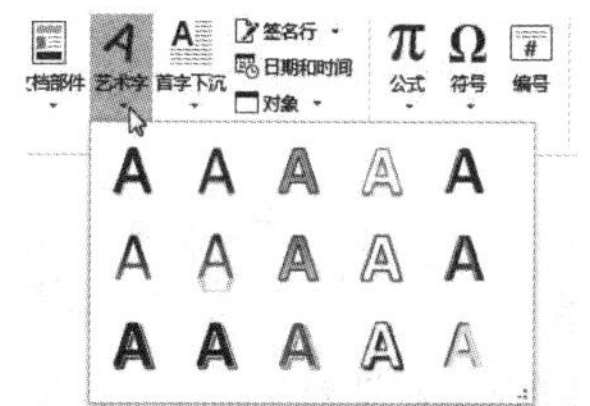

图 5-26　选择需要的艺术字样式

图 5-27　创建艺术字文本“公司简介”

技巧

如果文档中内容已经存在，可直接选中准备设置成艺术字的文字，然后单击“艺术字”按钮，步骤同上，只是不必再需要输入文字内容了。

2. 编辑艺术字

创建好艺术字后，如果对艺术字的样式不满意，可以对其进行编辑修改。选择艺术字即会出现绘图工具，选择“格式”选项卡，如图 5-28 所示，就可以对艺术字进行各种设置。

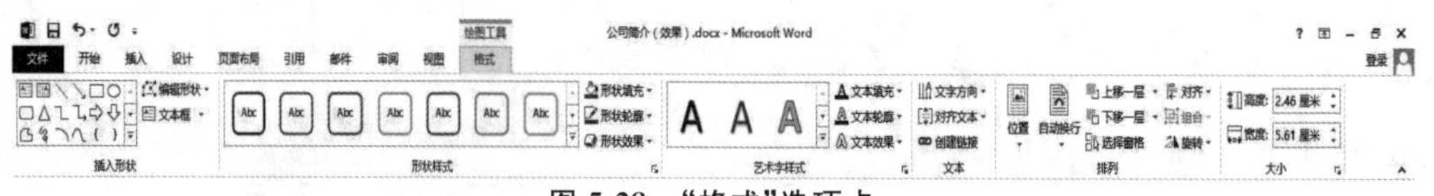

图 5-28 “格式”选项卡

操作步骤如下：

(1)设置文字环绕方式

①选中艺术字“公司简介”,激活绘图工具的“格式”选项卡；

②单击“排列”按钮,展开“排列”工具栏。单击自动换行按钮；

③在弹出的列表中选择“上下型环绕”选项,如图 5-29 所示。

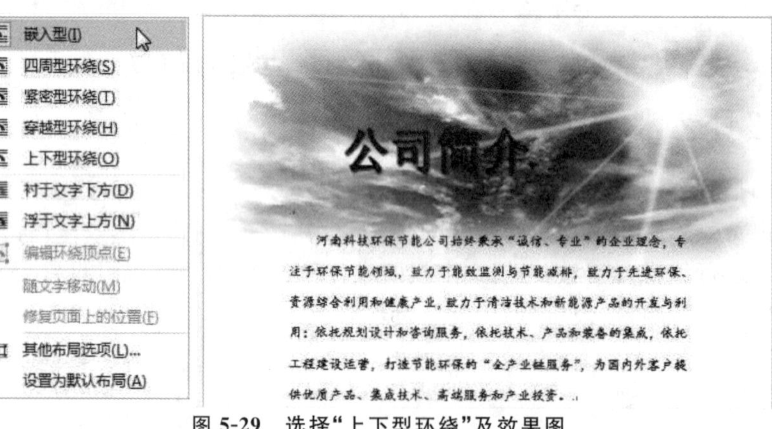

图 5-29 选择“上下型环绕”及效果图

(2)编辑艺术字大小

用鼠标按住艺术字的右下角的控制点向左上方拖动,即可缩小艺术字,如图 5-30 所示。

(3)编辑艺术字位置

选择艺术字,当鼠标光标变为时,按住鼠标左键不放,拖动到适当位置可改变艺术字的位置,如图 5-31 所示。

图 5-30 编辑艺术字大小

图 5-31 编辑艺术字位置

(4)改变艺术字形状

选择艺术字,选择“艺术字样式”库中的某种样式(在兼容情况下会出现样式对话框),如图 5-32 所示。也可单击 文本效果 按钮,在弹出的列表框中选择。如图 5-33 所示。

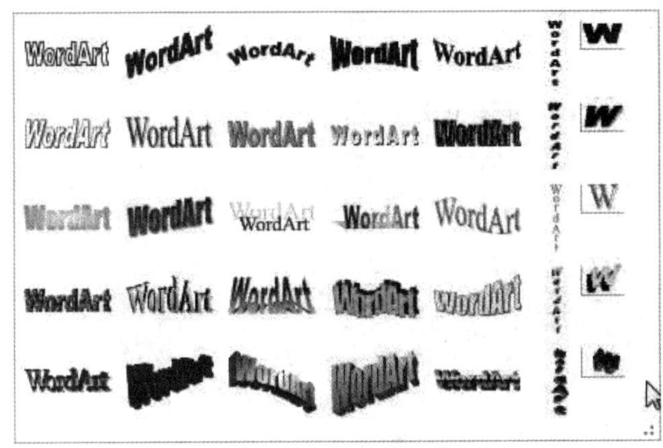

图 5-32 艺术字样式

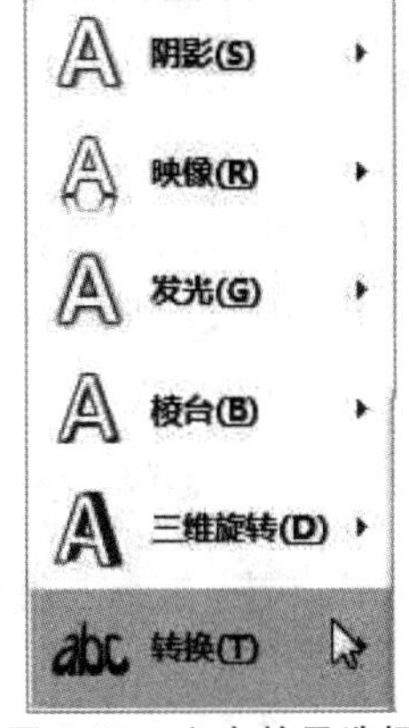

图 5-33 文本效果选择

(5)设置艺术字的颜色

选择艺术字,单击“艺术字样式”工具栏中的形状填充按钮,在弹出的列表中可选择颜色选项,即可设置艺术字的填充色彩。单击形状轮廓按钮可设置艺术字的边框颜色。

提示

右击插入的艺术字,在弹出的快捷菜单中选择“设置艺术字格式”命令,也可打开“设置艺术字格式”对话框,可以对艺术字的颜色、大小和版式等进行设置。

经过艺术字的插入和编辑,完成了文档中题目的制作。

任务 5.2 制作宣传手册封面

任务描述

宣传册的封面往往需要图文并茂、美观大方,图片的设计和处理需要用到平面设计的相关软件,将在后续课程中进行学习。在具有一定素材的情况下,我们也可用 Word 2013 完成排版工作。

图 5-34 所示为环保节能公司广告宣传册的封面。

任务分析

本作品中除包含有文字、图片、剪贴画和艺术字等元素,还有图形和文本框。在 Word 2013中可以自行绘制各种形状插入到文档中,如线条、正方形、椭圆、箭头、流程图、旗帜和星形等,还可以对它们编辑,制作出漂亮的效果。利用文本框可以设计出较为特殊的文档版式,因为在文本框中可以输入文本、插入图片等,根据需要还可使文本框呈现出各种样式。

可以按以下步骤进行创作:

步骤 1 创建文档;

步骤 2 进行页边距、纸张方向、纸张大小等页面设置,并设置页面背景颜色;

步骤 3　在文档中插入图片,编辑图片大小、位置和环绕方式;
步骤 4　绘制和编辑图形;
步骤 5　插入或绘制文本框,输入文字并编辑文本框;
步骤 6　插入并编辑艺术字;
步骤 7　调整各对象在页面中的位置,以达到和谐美观;
步骤 8　保存文档。

图 5-34　环保节能公司广告宣传册的封面

任务实施

活动 1　插入形状

1. 页面设置

(1)单击“页面布局”选项卡,设置“页边距”为普通,如图 5-35 所示。

(2)设置“页面颜色”为白色,如图 5-36 所示。

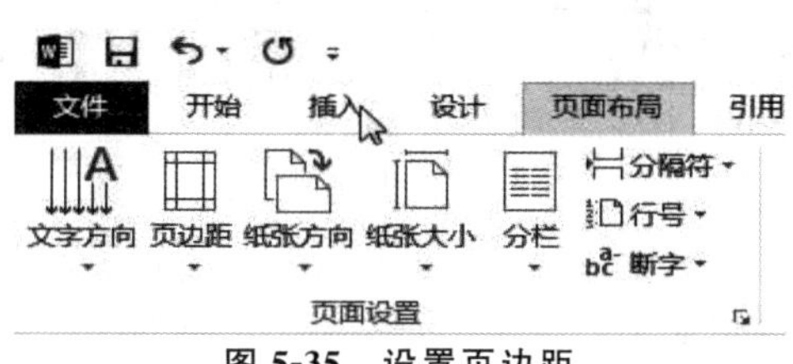

图 5-35　设置页边距

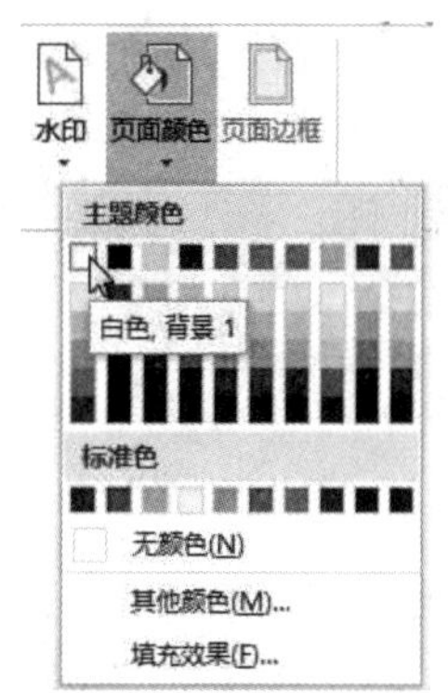

图 5-36　“页面颜色”为白色

2. 插入图片

(1)插入图片。

(2)设置图片“自动换行”为“衬于文字下方”,调整图片大小和位置。

3. 插入形状

在 Word 2013 中可以很方便地绘制形状,以制作各种图标及标志。操作步骤如下:

(1)在文档中单击“插入”选项卡,单击“插图”工具栏中的“形状”按钮;

(2)在弹出的列表中选择所需的图形“上凸带形”,如图 5-37 所示;

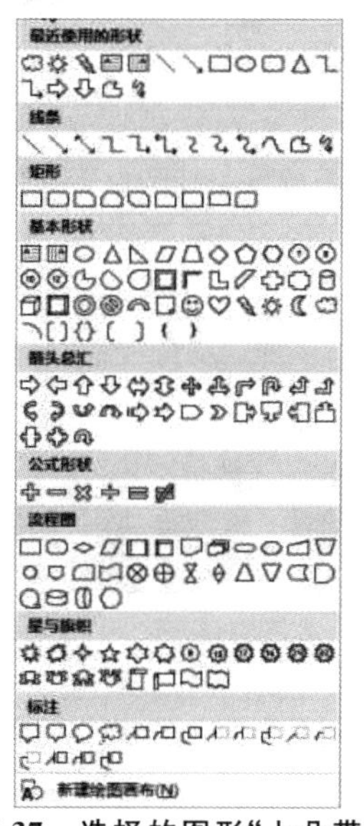

图 5-37　选择的图形“上凸带形”

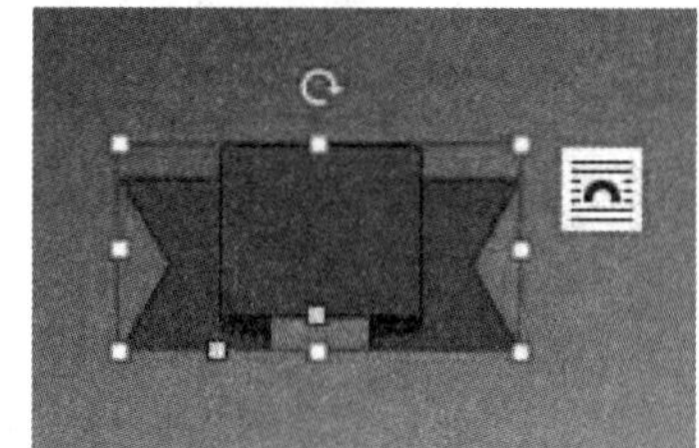

图 5-38　效果图

(3)绘制图形。此时鼠标光标变成“+”形状,在图片的适当位置按住鼠标左键不放并拖动鼠标,绘制出“上凸带形”,如图 5-38 所示。

活动 2　编辑形状

在文档中绘制形状后将激活绘图工具的“格式”选项卡,在其中可对插入的形状进行编辑加工,如添加文字、选择样式、设置阴影效果和三维效果等。

1. 添加文字

选中图形,单击右键从弹出的快捷菜单中选择"添加文字"命令,即可将插入点定位到形状中输入文字,如图 5-39 所示。

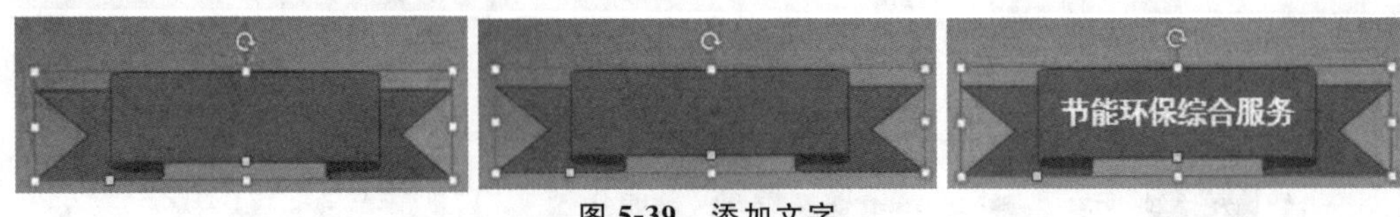

图 5-39 添加文字

2. 选择样式

绘制的形状默认状态下是蓝色填充、黑色边框,现在我们需要将填充色设置为橙色,可在"形状样式"工具栏中进行设置。操作步骤如下:

(1)选择需要编辑的形状,在"形状样式"工具栏的列表框中选择一种样式进行应用;

(2)如果需要对样式进行修改,可单击"形状填充"按钮,在弹出的列表框中更改形状的填充色。单击"形状轮廓"按钮,在弹出的列表框中更改图形的边框样式及颜色。单击"形状效果"按钮,在弹出的列表框中更改图形的形状,如图 5-40 所示。

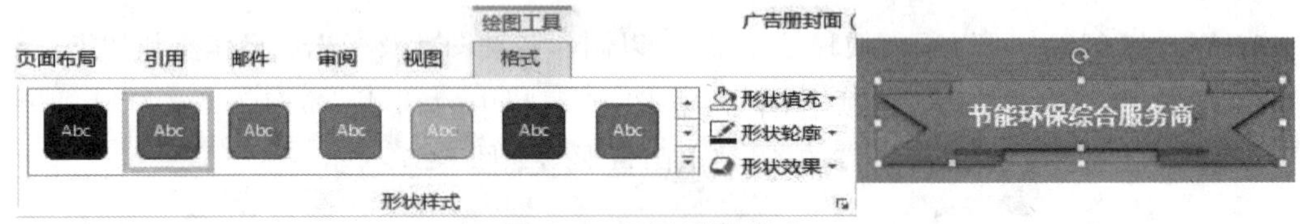

图 5-40 更改形状样式

3. 设置阴影效果

选择形状,单击"阴影效果"按钮,在弹出的列表框中可选择一种阴影效果样式,如图 5-41 所示。

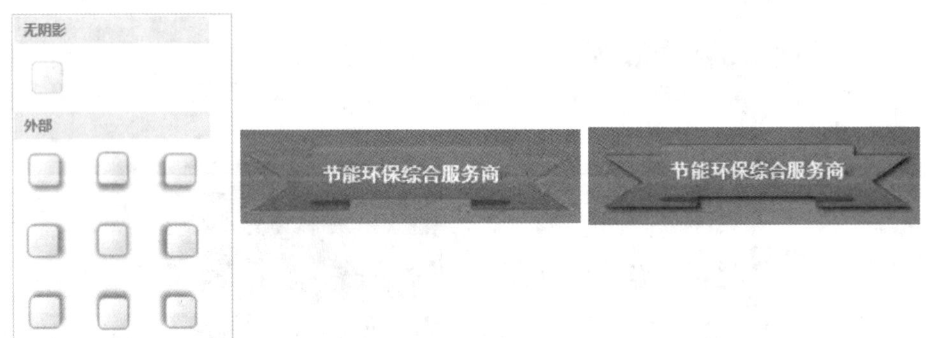

图 5-41 阴影效果样式

4. 设置三维效果

选择形状效果,单击"三维旋转(D)",在弹出的列表框中可选择一种三维效果样式,并设置三维效果的颜色、深度、方向等。

活动 3 插入文本框

文本框是一个可以容纳文字或图片等内容的图形对象,在文档中起到解释说明、示意或提示等作用,可以在文本中绘制文本框并将其移动至适当的位置,使文档更加有条理并提高文档的可欣赏性。在文档中可以插入横排或竖排的文本框。

1. 绘制文本框

（1）在文档中单击“插入”选项卡。在“文本”工具栏中单击“文本框”按钮。

（2）在弹出的列表中选择“绘制文本框”选项，如图 5-42 所示。

（3）鼠标光标变成“＋”形状，在文档的适当位置按住鼠标左键不放并拖动鼠标，绘制文本框，如图 5-43 所示。

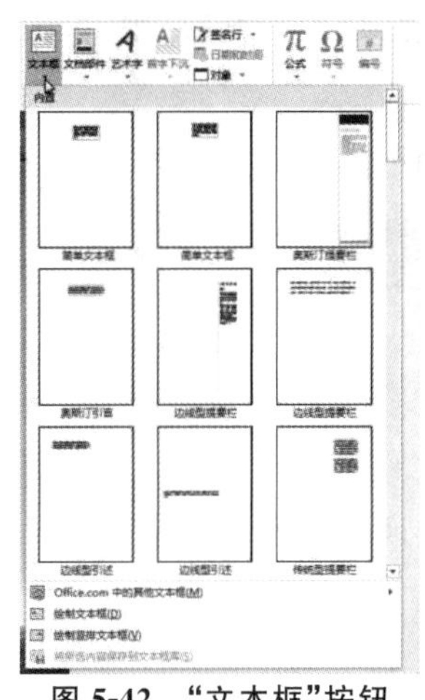

图 5-42　“文本框”按钮

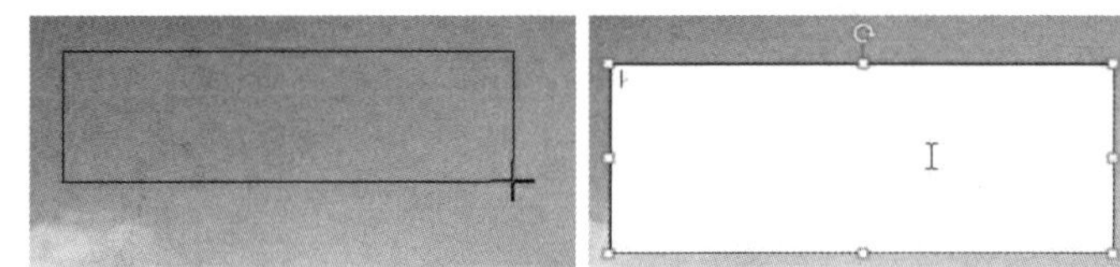

图 5-43　绘制文本框

2. 输入文字

释放鼠标，在文本框中显示插入点。在插入点处单击并输入文本，如图 5-44 所示。

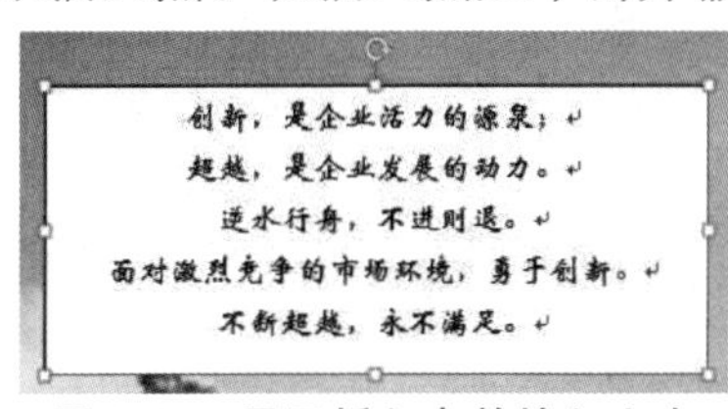

图 5-44　显示插入点并输入文本

提示

绘制竖排文本框的方法：单击“文本框”按钮，在弹出的列表中选择“绘制竖排文本框”选项，绘制出竖排文本框，并输入文本。

若原来文档中已经存在文字，为使其置于文本框中，可先选中文字，再绘制文本框。

3. 设置文本框中字体的格式

将刚才输入的文本设为华文新魏、20 号，颜色为黑色，居中对齐。

显然，文本框默认的填充色是白色，边框是黑色，需要对它进行编辑。

活动 4　编辑文本框

1. 设置填充色为“无”

操作步骤如下：

（1）单击选中文本框；

(2)单击文本框工具的“格式”选项卡,单击“文本框样式”工具栏中的形状填充·按钮;

(3)在弹出的列表中选择“无填充颜色”选项,如图 5-45 所示。设置后效果如图 5-46 所示。

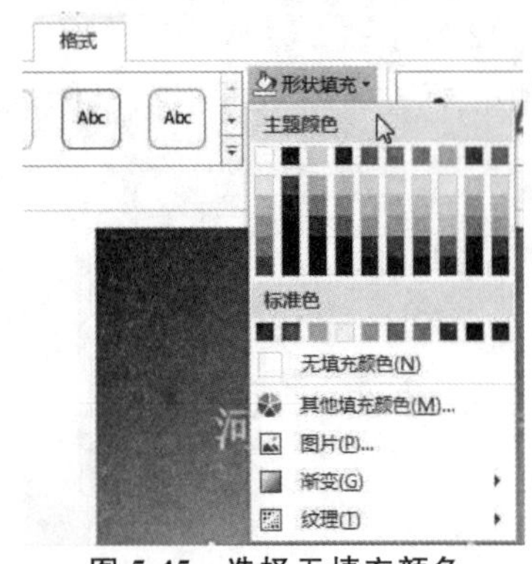

图 5-45 选择无填充颜色

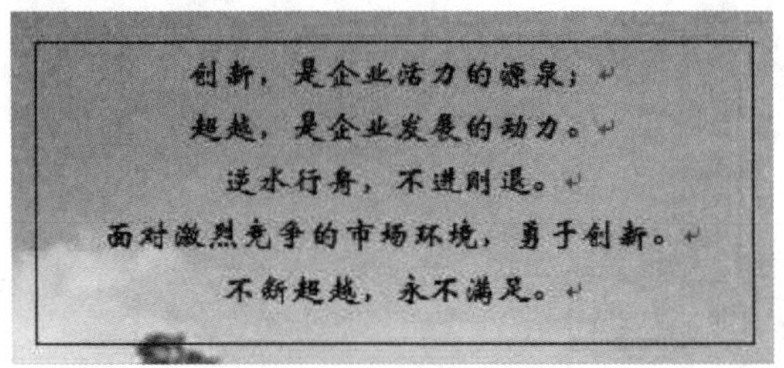

图 5-46 效果图

2. 设置边框色为“无”

操作步骤如下:

(1)单击选中文本框;

(2)单击文本框工具的“格式”选项卡,单击“文本框样式”工具栏中的形状轮廓·按钮;

(3)在弹出的列表中选择“无轮廓”选项,如图 5-47 所示。

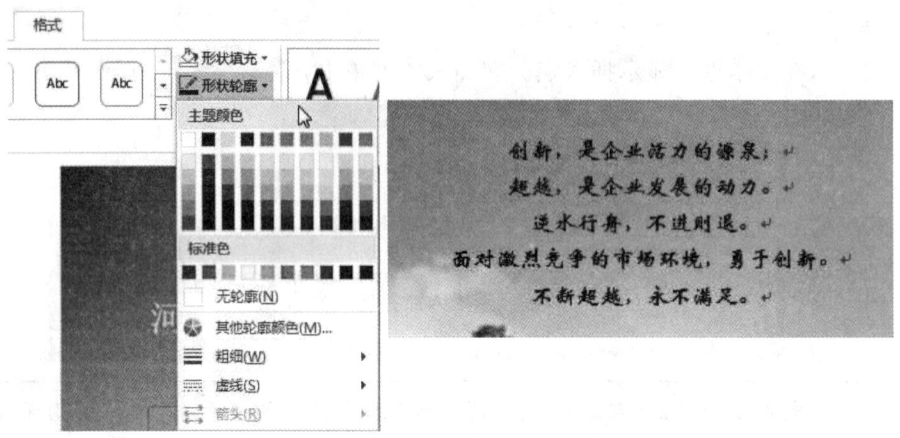

图 5-47 选择“无轮廓”选项和效果图

提示

为了使得颜色更协调,此时也可将文字段落设置为其他颜色。

3. 进一步调整效果

如果需要进一步调整效果,可利用形状效果·中的其他设置进行细节调整。

如果需要手动设置文本框样式,请单击“形状样式”工具组中的对话框启动器,打开对话框进行相关设置。

互动练习

(1)在文档合适位置插入艺术字标题,效果如图 5-48 所示。

(2)将文档中的相应位置插入文本框并进行编辑,效果如图 5-49 所示。

(3)在文档中绘制图形,效果如图 5-50 所示。

(4)在文档中插入装饰图片,设置图片效果,如图 5-51 所示。

图 5-48　插入艺术字标题

图 5-49　插入文本框并进行编辑

图 5-50　绘制图形

图 5-51　插入装饰图片

提示

如果文档中插入的图片、绘制的图形、文本框、剪贴画等多个对象位置已调整就绪,为避免在以后的操作中改变其位置关系,可将这些对象组合起来。操作方法是:按住【Shift】的同时用鼠标分别点击选择各对象,然后在“格式”选项卡中单击 组合 按钮,选择“组合”命令即可,如图 5-52 所示。

图 5-52 组合图片

任务 5.3 制作组织结构图

任务描述

为了使文字之间的关联表示的更加清晰,人们常常使用配有文字的插图。对于普通的文档,只需要绘制形状,然后在其中输入文字即可满足需要,但如果想制作出具有专业设计师水准的插图,则需要借助 SmartArt 图形。该项任务需要完成河南科技环保节能公司的组织结构图,效果如图 5-53 所示。

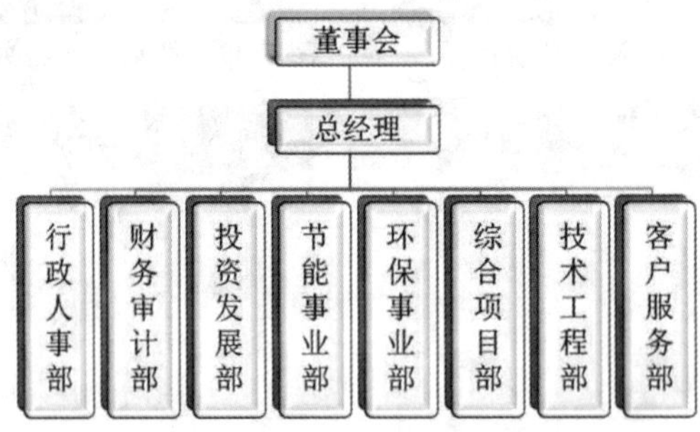

图 5-53 河南科技环保节能公司的组织结构图

任务分析

SmartArt 图形包括列表、流程、循环、层次结构、关系、矩阵和棱锥图等,该项任务我们可运用 SmartArt 图形中的"层次结构"来完成。

操作思路如下:

步骤 1 插入 SmartArt 图形;

步骤 2 编辑 SmartArt 图形,即完成 SmartArt 图形的布局、样式和颜色设置。

任务实施

活动 1 插入 SmartArt 图形

在 Word 2013 中提供了多种样式的 SmartArt 图形,可根据需要选择适当的样式插入文档中,其方法为:

(1)将插入点定位在需要插入 SmartArt 图形的位置,单击"插入"选项卡中"插图"工具栏中的"SmartArt"按钮;

(2)打开"选择 SmartArt 图形"对话框,选择所需的布局样式,如图 5-54 所示。

(3)单击 确定 按钮即可将 SmartArt 图形插入到文档中。

(4)单击 SmartArt 图形中的一个形状可输入文本,或单击 文本窗格 中的"[文本]"输入文本,如图 5-55 所示。

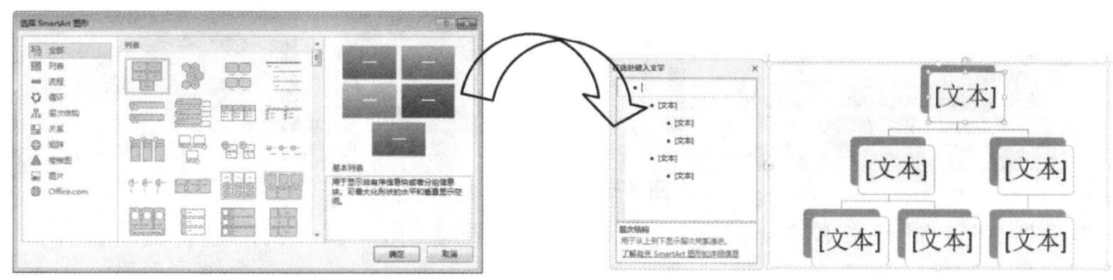

图 5-54　选择所需的布局格式　　　　图 5-55　输入文本

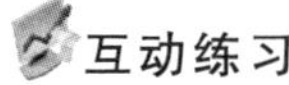

互动练习

运用 SmartArt 图形设计"河南科技环保节能公司的组织结构图"。

操作步骤如下:

1. 执行插入 SmartArt 图形命令

(1)新建一个空白文档,将其保存为"公司组织结构图"文档。

(2)在文档中输入标题,将插入点定位在下一行行首位置。

(3)单击"插入"选项卡,单击"SmartArt"按钮,如图 5-56 所示。

2. 选择 SmartArt 图形

(1)打开"选择 SmartArt 图形"对话框,选择"列表"类型。

(2)选择"层次结构"样式,如图 5-57 所示。

(3)单击 确定 按钮,SmartArt 图形即插入文档中。

图 5-56　单击"SmartArt"按钮

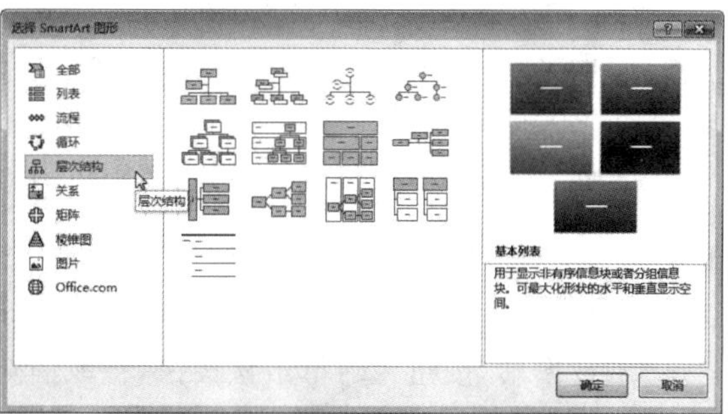

图 5-57　选择"层次结构"样式

3. 输入文本

(1)单击"文字"窗格中的"[文本]"输入文字。

(2)当默认的形状已输入文本,还需继续输入文本时,按【Enter】键,在出现的"[文本]"中继续输入文字,如图 5-58 所示。

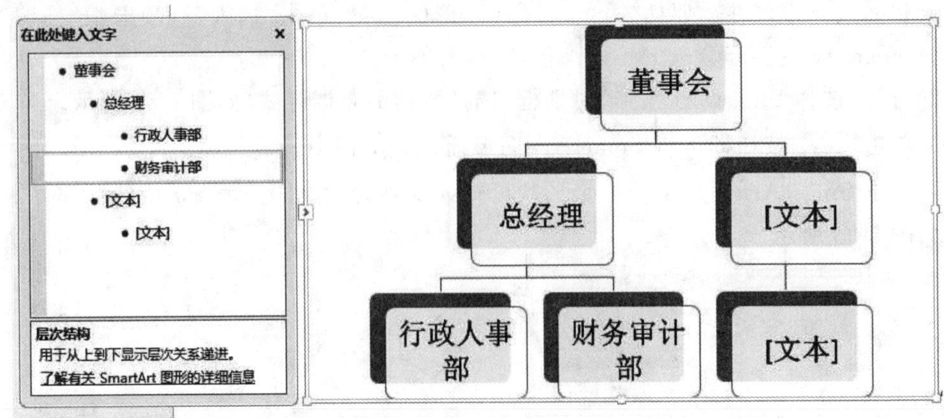

图 5-58 输入文本

很显然,这个图形并不符合任务的要求,我们需要对 SmartArt 图形进行编辑操作。

活动 2 完成 SmartArt 图形的布局、样式和颜色设置

插入 SmartArt 图形后将激活 SmartArt 工具的“设计”选项卡(图 5-59)和“格式”选项卡(图 5-60),通过这两个选项卡中的按钮或列表框可对 SmartArt 图形的布局、颜色和样式等进行编辑。

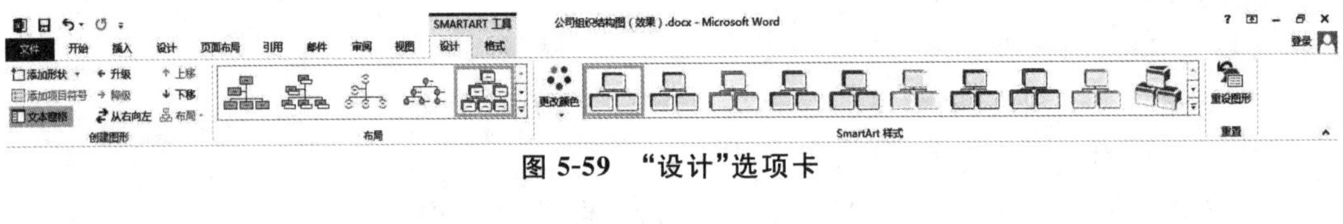

图 5-59 “设计”选项卡

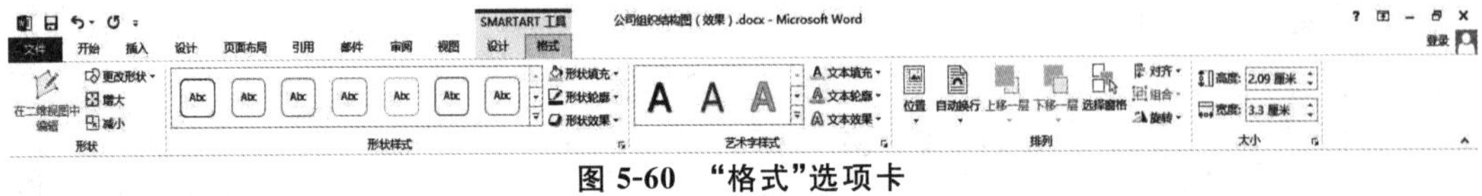

图 5-60 “格式”选项卡

各主要按钮或列表框功能介绍如下:

- “添加形状”按钮:单击该按钮下方的按钮,在弹出的列表中可选择为 SmartArt 图形添加形状的位置。
- “布局”工具栏列表框:在该列表框中可为 SmartArt 图形重新定义布局样式。
- “更改颜色”按钮:单击该按钮在弹出的列表中可为 SmartArt 图形设置颜色。
- “SmartArt 样式”工具栏列表框:在该列表框中可选择 SmartArt 图形样式。
- “重设图形”按钮:单击该按钮,将取消对 SmartArt 图形的任何操作,恢复原状态。
- “格式”工具栏列表框:选择 SmartArt 图形中的形状,在列表框中可为形状设置样式。
- “艺术字样式”工具栏列表框:在该列表框中可为选择的文字应用样式。
- 文本填充按钮:单击该按钮,在弹出的列表中可为选择的文字设置文本填充色。
- 文本轮廓按钮:单击该按钮,在列表中可为选择的文字设置文本边框的样式及颜色。
- 文本效果按钮:单击该按钮,在弹出的列表中可为选择的文字设置特殊的文本效果,

如发光、阴影等。

下面我们继续来制作"公司组织结构图"。

1. 添加形状

(1)选中"总经理"右侧的图文框。

(2)单击 → 降级 按钮,使该图文框移动到下方,如图 5-61 所示。

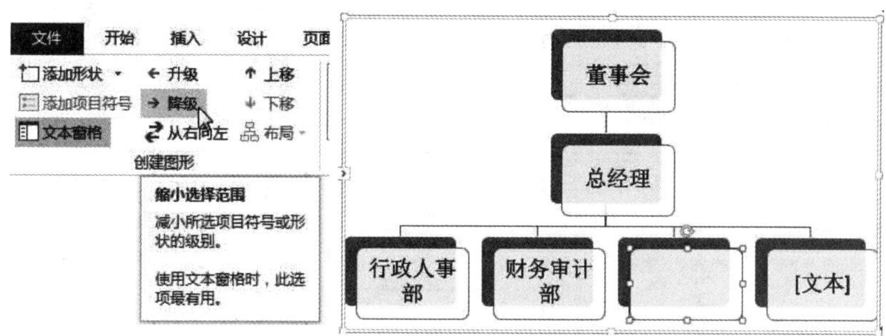

图 5-61　使用"降级"按钮和效果图

(3)选中"财务审计部"文本框。

(4)单击"添加形状"按钮,在下拉列表中选择"在后面添加形状"。连续点击四次,则添加四个文本框,效果如图 5-62 所示。

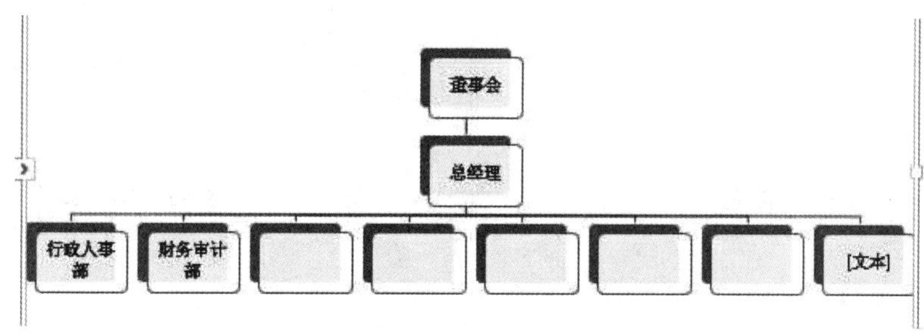

图 5-62　添加形状

(5)分别选中文本框,改变其大小,并设置字号为 18,效果如图 5-63 所示。

技巧

按住【Shift】键,同时点选下方各文本框,接着用鼠标拖拽即可获得统一的大小。

2. 输入文本

在各个文本框中分别输入文字,效果如图 5-64 所示。

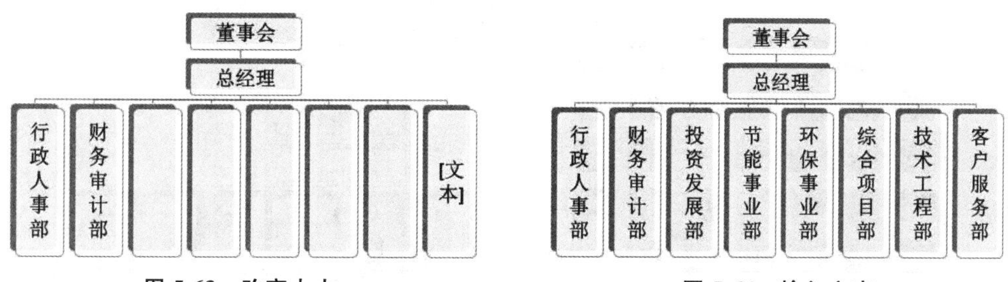

图 5-63　改变大小　　　图 5-64　输入文字

3. 更改 SmartArt 图形颜色

(1)选中 SmartArt 图形,激活 SmartArt 工具的"设计"和"格式"选项卡。

(2)单击“设计”选项卡。

(3)单击“SmartArt 样式”工具栏中的“更改颜色”按钮，在弹出的列表框中选择“彩色范围-着色 5 至 6”选项，如图 5-65 所示。

4. 更改 SmartArt 图形样式

(1)单击“设计”选项卡。

(2)从“SmartArt 样式”列表框中选择“三维”栏中的“嵌入”选项，如图 5-66 所示。

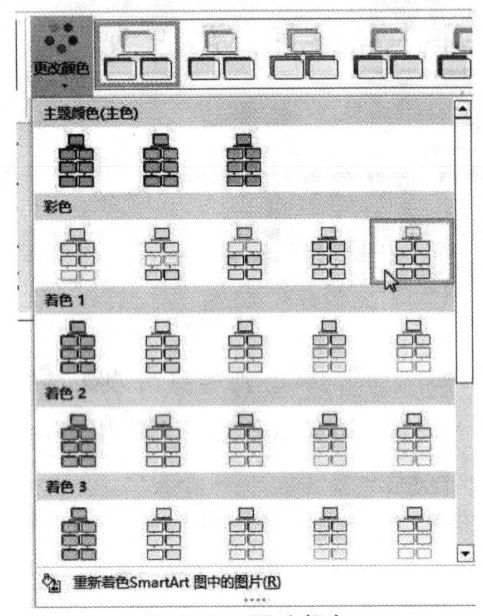

图 5-65 更改颜色

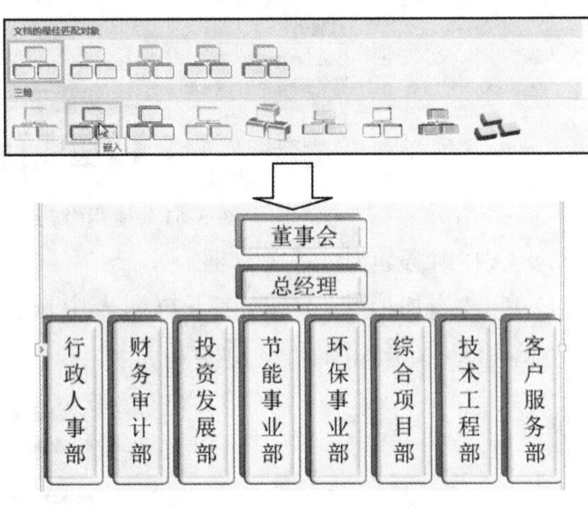

图 5-66 选择 SmartArt 样式

5. 更改形状样式

(1)按住【Ctrl】键不放，用鼠标点选多个文本框的背景。

(2)单击“格式”选项卡。

(3)单击“形状样式”工具栏列表框中的按钮，滚动显示列表框中的选项。

(4)在列表中选择“强烈效果-金色，强调颜色 4”选项，如图 5-67 所示。

使用同样的方法可设置其他形状的效果。

至此，运用 SmartArt 图形完成了“河南科技环保节能公司组织结构图”。

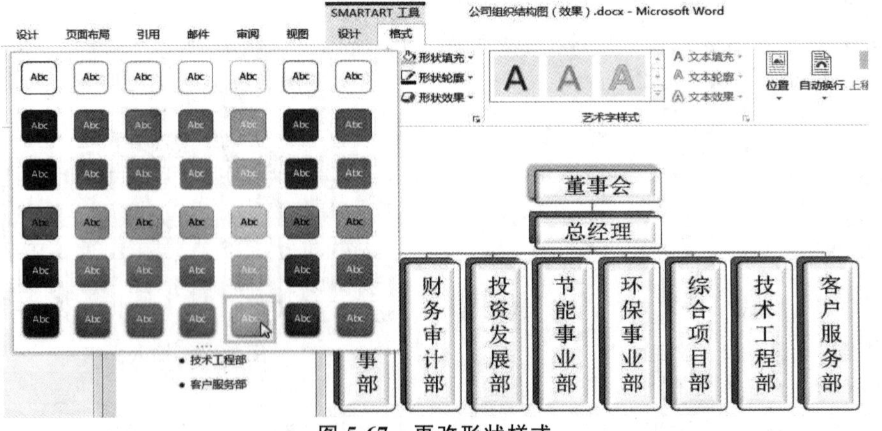

图 5-67 更改形状样式

实训项目

实训 1　制作房地产公司“人才理念”

实训要求：利用“项目 5\实训 1”中的图片素材，制作如图 5-68 所示的文档。保存在“项目 5\实训 1”文件夹中。

图 5-68　“人才理念”效果图

操作提示如下：

(1)分别插入两个图片。

(2)编辑图片，可设置为“衬于文字下方”，调整位置。

(3)绘制竖排文本框，输入文字。

(4)设置文字的字体、字号、颜色和行间距。

(5)文本框填充和边框都设置为无色。

(6)底部绘制矩形条，设置为红色。

实训 2　制作旅游景点宣传单

实训要求：利用“项目 5\实训 2”中的图片素材，制作如图 5-69 所示的文档。保存在“项目 5\实训 2”文件夹中。

操作提示如下：

(1)设置页边距为“窄”。

(2)插入图片，设置为“衬于文字下方”，调整图片的大小和位置。

(3)分别插入艺术字“双龙湾”、“第二届亲水狂欢节”。

(4)编辑艺术字。

(5)绘制文本框，输入文字。

(6)改变文本框的填充色和边框颜色，改变文本框的形状。设置文字格式。

图 5-69 旅游景点宣传单

实训 3 运用 SmartArt 图形制作“车标大赛参赛流程”

实训要求:利用“项目 5\实训 3”中的图片素材,制作如图 5-70 所示的文档。保存在“项目 5\实训 3”文件夹中。

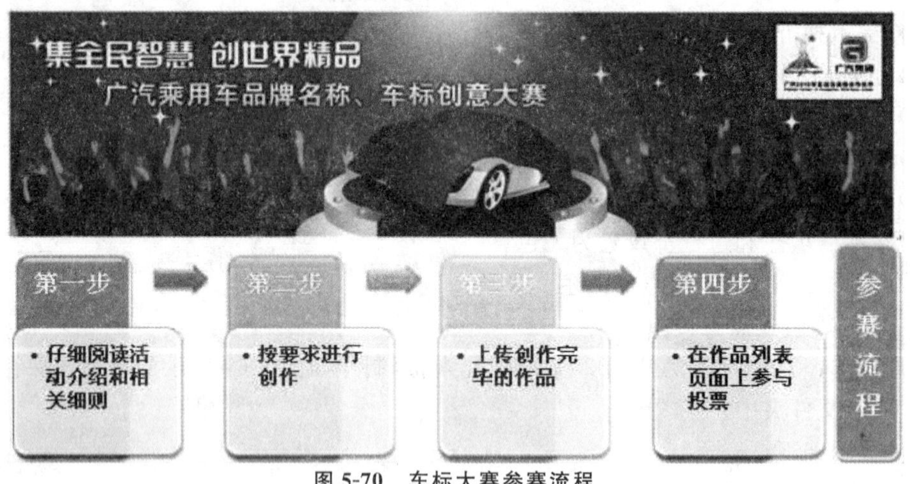

图 5-70 车标大赛参赛流程

操作提示如下:

(1)设置纸张方向为横向。

(2)在文档中插入图片。

(3)插入 SmartArt 图形,添加形状,调整位置并输入文字。

(4)设置 SmartArt 图形的的颜色及样式。

(5)插入文本框,输入“参赛流程”并编辑格式。

(6)保存文档。

项目 6

专业文档的编排与打印

项目导引：

在日常使用 Word 2013 的过程中，我们应该要尽量规范的 Word 文档，这样不仅便于浏览，而且也使得文档看上去更加美观。本项目通过完成“编排杂志页面”、“设置个性化的文档”、“打印文档”等几项工作任务的完成，使你充分的体验 Word 2013 的页面设置和打印的功能，掌握对长文档页面进行美化设置的方法和技巧。

能力目标：

✍会进行页面的相关设置；
✍会为长文档设置页眉页脚；
✍能对文档进行个性化设置；
✍能完成文档的打印。

知识目标：

✍熟练掌握进行页面设置的方法和技巧；
✍理解插入分页符和分节符的作用；
✍掌握设置页眉和页脚的方法；
✍掌握首字下沉、分栏等文档的个性化设置方法；
✍掌握打印文档的方法。

任务 6.1 编排杂志页面

任务描述

该项任务使用 Word 2013 完成“杂志页面的编排”。文档是已经美化好的多个页面的长文档，为了阅读的方便，为其添加页眉和页脚，并且每一页的页眉不同。这项任务要求完成三个页面的设置，其页眉分别为“励志故事”、“生活哲理”、“人生感悟”，页码连续，效果分别如图 6-1、图 6-2 所示。

励志故事

世界上最好的成功法则

【故事】世界上最好的成功法则是什么？下面的故事可以告诉你：

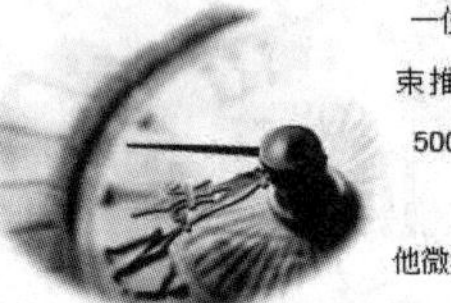

一位世界级的推销大师，在他结束推销的大会上吸引了业界的5000多位精英参加。

现场许多人问他推销秘诀时，他微笑着不说。这时，全场灯光暗了下来，从会场一边出现了4名彪形大汉，他们合力抬着一铁架，铁架下垂着一只大铁球走上台来。现场的所有人都丈二和尚摸不着头脑时，那位推销大师走上台，朝铁球推了一下，铁球没有动，隔了5秒，他又推了一下，还是没有动，于是他每隔5秒就推一下。这样如此持续不断，铁球还是动也没动，台下的人开始骚动，陆续有人离场而去，但大师还是继续推铁球，人越走越多，留下来的只有几百人了。终于，大铁球开始慢慢晃动了，并且幅度越来越大，就算任何人的努力也不能使它停下来。

最后，这位大师面对仅剩下来的几百人介绍了他一生推销成功经验：成功就是简单的事重复去做，以这种持续的毅力每天进步一点点，当成功来临的时候，你挡都挡不住。

【寓意】世界上最可怕的力量是习惯，世界上最宝贵的财富也是习惯，成功就是先养成成功的习惯。

1

图 6-1　杂志页面的效果 1

生活哲理

鱼儿眼中的大海

【故事】有一条鱼，在很小的时候就被捕上了岸，渔夫看它太小了，而且又很漂亮，便把它作为礼物送给了女儿。小女孩把它养在一个鱼缸里，但每天它游来游去时总会碰到鱼缸的内壁，心里便有一种不愉快的感觉。后来鱼越长越大，在鱼缸里连转身都困难了，小女孩就给它换了一个更大的鱼缸，它又可以游来游去了。可是每次碰到鱼缸的内壁，它畅快的心情又会黯淡下来。它开始讨厌这种原地转圈的生活了，索性静静地悬浮在水中，不游也不动，甚至连食物也不怎么吃。小女孩见它这么可怜，便把它放回了大海。它在海中不停地游着，心中却一直快乐不起来，一天它遇见了另外一条鱼，那条鱼问它：“你看起来好像是闷闷不乐呀！”它叹了口气说：“哎，这个鱼缸太大了，我怎么也游不到它的边！”

【哲理】在事业的旅途中，当你感到心力交瘁时，其根源往往不源于事与愿违，而在于你只看到了诸事中的不如意。正所谓“心有多大，世界就有多大。”时刻对生活抱以感激，生活也将回报给你更多的幸福感的事业，才是真正成功的事业。所以要凡事学会感激，这样我们的生活无形中会变得更加的美好。

2

人生感悟

花园里既有美丽的鲜花，也有除之不尽的杂草。该是什么样，就是什么样。不必粉饰什么，也不必扯谎。很多事情，纵然无法看清，却也知道的清清楚楚。这就是花园，一座广阔的花园。

“如浮云没有烟，花园总有花。可以放下不必恋上，那暂借芳华”。浮云很美，美到可以激动地流泪，所以我们总是追着浮云，可浮云却未必喜欢为我们追逐。浮云最美的一刻都在那缥缈的远方，渐行渐远的它，在脱离视线的一刻最为惊艳。喜欢它，并非要把留在身边，而是可以用自己的方式去表达，这便足够了。牵强之余，只会让云变成雨落下来，和你眼泪纠缠在一起，让你分不清哪是泪，哪是云化作的雨，再也区分不开来。

而花园不是，花园可以很小很小，小到微不足道。哪怕只是阳台的一隅，哪怕只是一两盆小株。可用了心的人，也会自豪的说，那就是我的花园。心静的下来，方能致远，谁又能说，那不是一座广阔的花园。追寻那虚幻的浮云，莫如拾掇好自己的花园。当然，心静不代表无心。乐陶陶的不食人间烟火般，也不大气。如果对一座花园来说，只是偏安于花儿绽放，没有杂草。那谈不上广阔。所谓广阔，是股浩然之气。

花园里的树不能想着出墙到别家去影响他家的采光，却也不能幻想着永远靠着围墙帮其挡风遮雨。花园里的花儿不能想着移作它家成为情人间的信物，却也不能忘记将花粉捎带出去，否则，那无人理睬额小草，也来的比他们广阔。因为小草始终在努力的生存着。所以，无须去掩饰我们的花园里是否有杂草，肯定会有，只是，要么将他们作为你花园的老师，正视他消灭他。要么把它看作不可宣扬的丑闻，隐瞒他被他破坏。要想广阔，就必须选择。

人不能整齐划一，却也能井井有条。人不能万事俱全，却也能错落有致。人，就是一座广阔的花园。

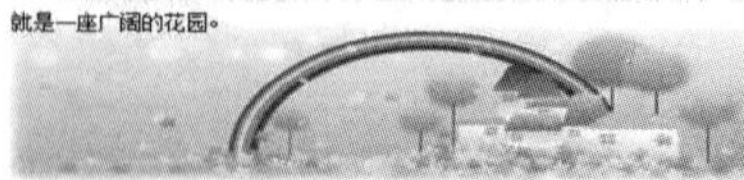

3

图 6-2　杂志页面的效果 2

任务分析

完成“散文赏析”页面的设置，要求掌握页眉和页脚的设置，分节符和分页符的应用方法，插入页码的方法，我们可以按照以下的操作思路进行设计：

步骤 1　打开“项目 6\任务 1”文件夹中的“杂志页面(源素材).docx”文档；

步骤 2　对文档进行页面设置；

步骤 3　插入分页符和分节符，使得每个主题的文档单独成为一个部分；

步骤 4　为每个主题的文档分别添加不同的页眉；

步骤 5　为文档插入页码；

步骤 6　保存文档。

任务实施

活动 1　页面设置

为了使文档的页面更加美观，增强其可读性，可合理地进行页面设置。我们可用已经学会的方法设置页面的方向、页边距和纸张的大小。

1. 页边距和页面方向

(1)打开位于“项目 6\任务一”文件夹中的“杂志页面(源素材).docx”文档。

(2)单击“页面布局”按钮，切换到“页面布局”选项卡下，然后单击“页面设置”组中的“页边距”按钮，在弹出的下拉列表中选择“普通”类型。

(3)在“页面布局”选项卡中，单击“页面设置”组中的“纸张方向”按钮，选择“纵向”。

2. 纸张

在“页面布局”选项卡下的“页面设置”组中单击“纸张大小”按钮，然后在展开的列表中选择一种 A4 纸张大小。

3. 设置版式和文档网格

(1)设置版式

利用“页面设置”对话框中的“版式”选项卡，可以设置页眉页脚的显示方式、页面垂直对齐方式等内容。

操作方法为：

- 在“页面设置”对话框中，单击“版式”标签，切换到“版式”选项卡。
- 单击“页面”选项组下的“垂直对齐方式”右侧的下拉三角按钮，在展开的列表中单击“顶端对齐”选项。
- 在“页眉”数值框中设置页眉距纸张的上边界距离。
- 在“页脚”数值框中设置页脚距纸张的下边界距离。
- 单击“确定”按钮，如图 6-3 所示。

提示

在“版式”选项卡中选中“奇偶页不同”复选框，可以为文档的奇数页和偶数页设置不同的页眉或页脚。选中“首页不同”复选框，可以单独设置首页的页眉页脚，也可以去掉首页的页眉页脚。

(2)文档网格

设置文档中文字的排列方向、每页的行数及每行的字数等内容。

操作方法为：

在图 6-3 中的“页面设置”对话框中单击“文档网格”标签，切换到“文档网格”选项卡下，在“网格”选项组中选择“只指定行网格”类型即可，如图 6-4 所示。

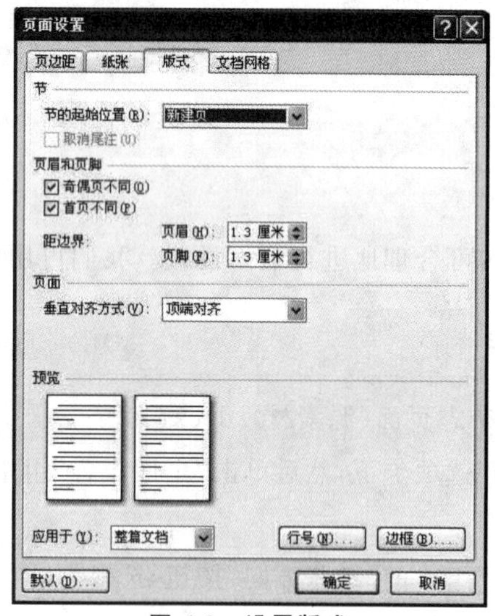

图 6-3 设置版式

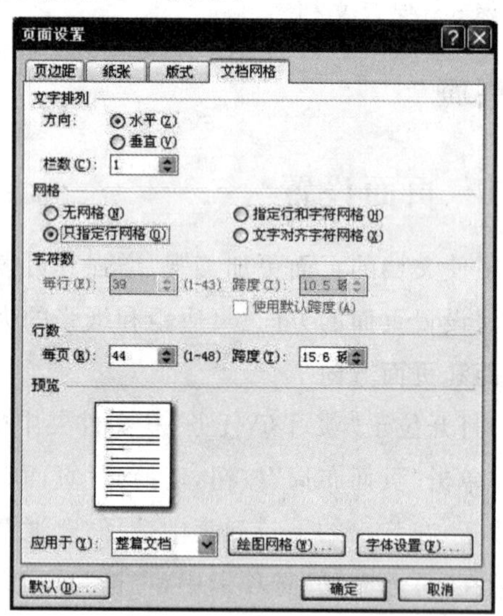

图 6-4 设置文档网格

活动 2 插入分页符和分节符

1. 插入分页符

当文本或图形等内容填满一页时，Word 会自动开始新的一页。默认情况下，Word 2013是将整个文档作为一个大章节来处理，但在一些特殊情况下，例如本项任务中三篇文章要求有不同的格式，为了便于操作，可在文档中加入分页符，在某个特定位置强制分页，这样可以确保每一篇文章的标题总在新的一页开始。

强制分页的操作步骤如下：

(1)将插入点置于要插入分页符的位置；

(2)打开“页面布局”选项卡，在“页面设置”组中单击“分隔符”按钮 分隔符，在弹出的菜单的“分页符”打开如图 6-5 所示的快捷菜单。在快捷菜单中，选择“分页符”即可实现分页的目的，效果如图 6-6 所示。

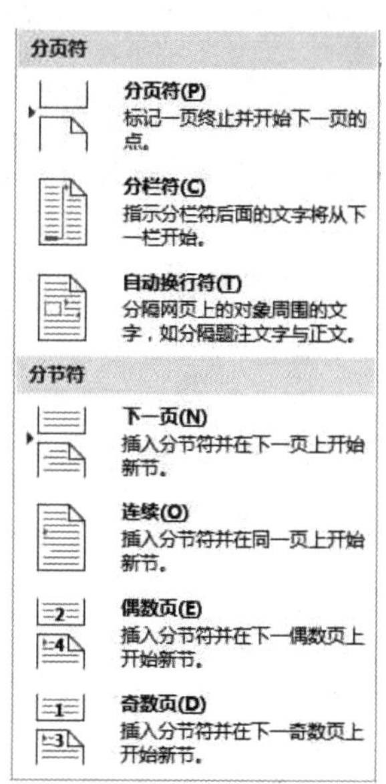

图 6-5　分页符菜单

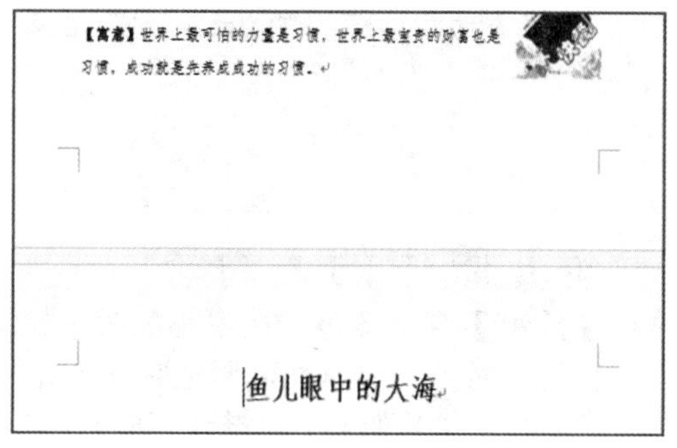

图 6-6　分页后效果

同样方法，在题目“人，一座广阔的花园”前插入“分页符”。

提示

将插入点定位在要分页的段落之前，选择“插入”选项卡，在“页”组中单击“分页”按钮，也可以实现分页操作。按【Ctrl+Enter】组合键也可实现分页操作。

2. 插入分节符

如果建立一个文档，需要设置许多格式，如页边距、页眉、页脚等，如果想要在文档的不同部分采用不同的格式，则可用分节符将整篇文档分割成几节(部分)。分节后，即可单独设置每节的的格式和版式，从而使文档的排版和编辑更加灵活。

互动练习

在本任务“杂志页面(源素材)”文档中，在第 2 篇文章和第 3 篇文章的题目前插入分节符。

插入分节符步骤如下：

(1)将插入点定位到新节的开始位置；

(2)打开“页面布局”选项卡，在“页面设置”组中单击“分隔符”按钮 分隔符，弹出如图 6-5 所示的快捷菜单；

(3)在“分节符类型”中，选择下面的一种：

- 下一页：选择此项，光标当前位置后的全部内容将移到下一页面上。
- 连续：选择此项，Word 将在插入点位置添加一个分节符，新节从当前页开始。
- 偶数页：光标当前位置后的内容将转至下一个偶数页上，Word 自动在偶数页之间空出一页。

● 奇数页:光标当前位置后的内容将转至下一个奇数页上,Word 自动在奇数页之间空出一页。

本任务中,在插入"分页符"操作之后,要想实现每个主题的文章作为一个独立的部分,需要插入"分节符",从第二个主题开始,在每个主题的前面,插入"连续"分节符,达到任务目的。

在"视图"选项卡中选择"大纲视图"即可看到插入的分节符,效果如图 6-7 所示。

○ 【寓意】世界上最可怕的力量是习惯,世界上最宝贵的财富也是习惯,成功就是先养成成功的习惯。↵

↵

○ ……………………分节符(连续)……………………

○ 鱼儿眼中的大海↵

○ 【故事】有一条鱼,在很小的时候就被捕上了岸,渔夫看它太小了,而且又很漂亮,便把它作为礼物送给了女儿。小女孩把它养在一个鱼缸里,但每天它游来游去时总会碰到鱼缸的内壁,

图 6-7 "分节符"效果

提示

本任务中要求,把每个主题单独成为一个独立的部分,除了采用插入"分页符"和"连续"分节符,也可以采用插入分节符中的"下一页"来实现。

技巧

如果需要将分页符和分节符删除,只需选中分页符或分节符,然后按 Delete 键即可。

活动 3 为文档添加页眉和页脚

页眉和页脚位于文档中每个页面的顶部和底部的区域,通常用于显示文档的附加信息,例如页码、日期、作者名称、单位名称、徽标或章节名称等。可以根据自己的需要在页眉和页脚中插入文本或图形。本任务中,要求三个主题对应的三个页面有不同的页眉。接下来我们来完成这个任务。

1. 插入页眉

操作步骤如下:

(1)打开活动 1、活动 2 中已完成的文档。

(2)切换到"插入"选项卡。

(3)在"页眉和页脚"工具组单击"页眉"下拉按钮,即弹出下拉列表,如图 6-8 所示。

(4)在弹出的页眉样式库中,单击一种页眉样式,本任务中选择"编辑页眉"命令,进入页眉编辑状态,在文档的第一篇上方的页眉处,添加页眉内容"励志故事",这样设置以后,该文档的所有页眉内容都是"励志故事",如图 6-9 所示。

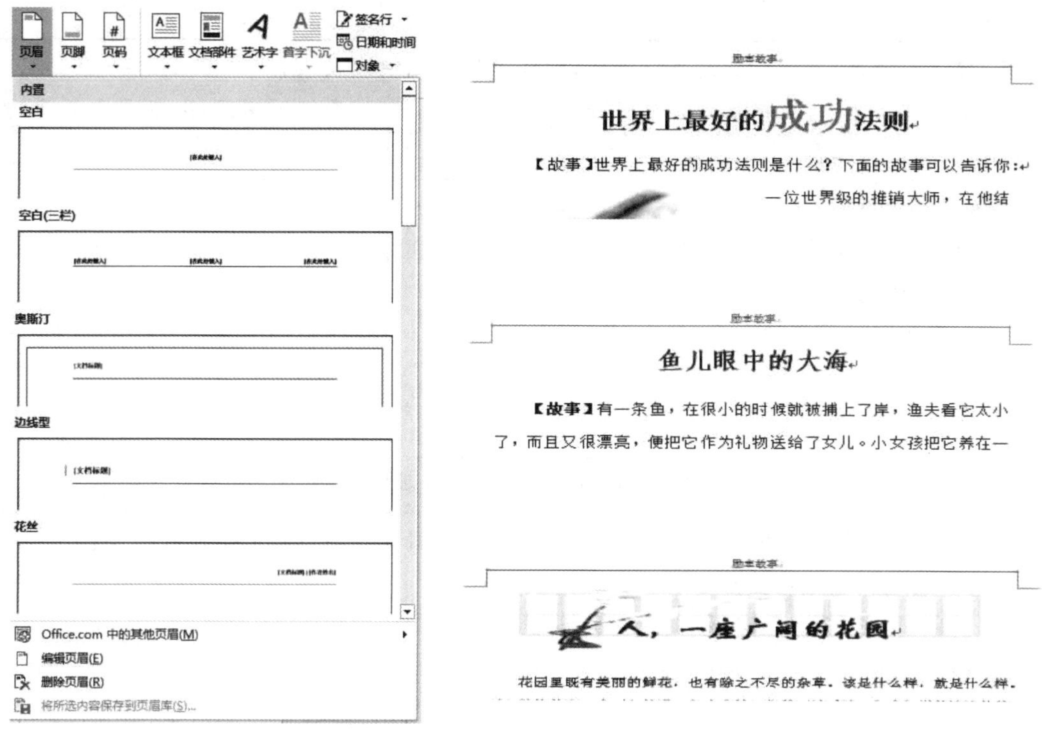

图 6-8　页眉和页脚下拉列表　　　　图 6-9　插入页眉效果

(5)要想把每个部分设置不同页眉内容，需要双击页眉内容，进入“页眉和页脚”编辑状态，选中第二个主题页眉处的内容，在“页眉和页脚工具”选项中单击“链接到前一条页眉”，断开第二部分和第一部分的链接，然后在第二部分页眉处添加内容“生活哲理”，这样第二个部分的页眉内容就和第一部分的内容不同了，如图 6-10 所示。

同样的方法，以后几个部分的页眉也采用这种方式，进行设置即可。

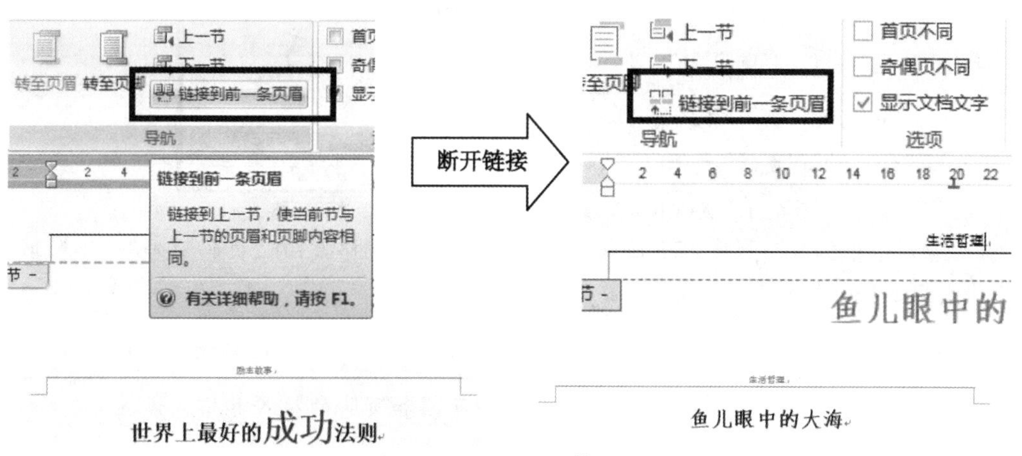

图 6-10　不同页眉的处理

技巧

双击页眉区,可以对页眉进行编辑,即可以设置文字格式,也可以插入图片、图形。即可获得美观大方、富有个性的效果。如果只要求首页不同、奇偶页不同,则不需要分节,直接在“页眉页脚工具”中进行设置即可。

2. 插入和设置页码

页码是指为文档每页所编排的号码,便于读者阅读和查找。页码一般添加在页脚中。

插入页码的步骤如下:

(1)单击“插入”选项卡下“页眉和页脚”组中的“页码”按钮,打开如图 6-11 所示的菜单。

(2)在菜单中选择页码的位置和样式即可。

提示

如果要在插入点插入页码,可在“页码”菜单中选择“当前位置”命令的子命令。

在文档中如果需要使用不同于默认格式的页码,就需要对页码的格式进行设置。

对页码进行设置的步骤如下:

(1)单击“插入”选项卡下“页眉和页脚”组中的“页码”按钮;

(2)在打开的菜单中选择“设置页码格式”命令,打开“页码格式”对话框,如图 6-12 所示;

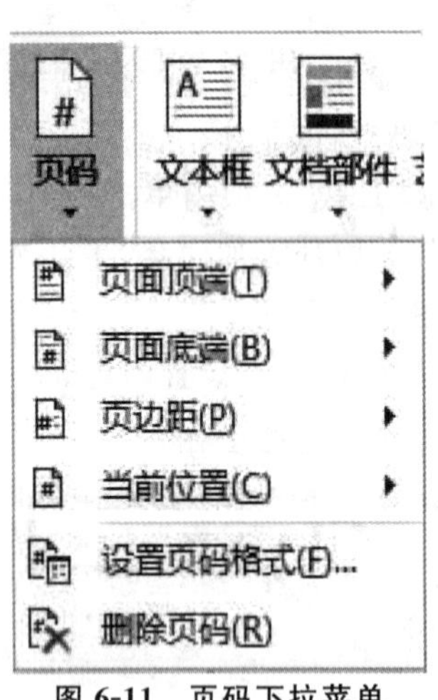

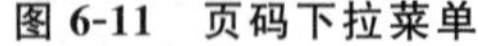
图 6-11 页码下拉菜单

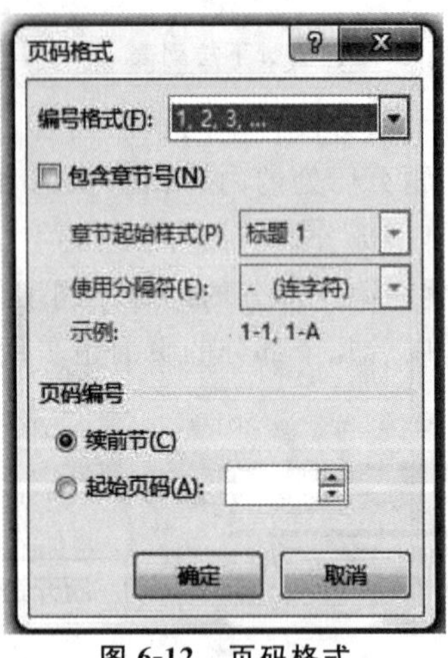

图 6-12 页码格式

(3)在对话框的“编号格式”下拉列表中,选择一种页码格式;在“页码编号”选项区域中,可以设置页码的起始页。

互动练习

使用页眉页脚的操作技巧,完成该项任务中页眉和页脚的插入和格式设置,以达到最佳效果。

操作提示:可综合运用前面所学习的技巧,对文字和段落格式重新进行设置,对图片进行编辑,也可绘制图形,题目可设为艺术字,也可添加边框、底纹等美化效果。

任务 6.2　设置个性化的文档

任务描述

一般报刊杂志都需要创建具有特殊效果的文档，这时就需要使用一些特殊的排版方式。Word 2013 提供了多种特殊的排版方式，例如，首字下沉、带圈字符和分栏排版等方法，可以美化文档，使文档更具观赏性，实现文档个性化的排版效果。

本任务中使用 Word 2013 的特殊排版功能对文档“世界上最好的成功法则”进行个性化的排版，效果如图 6-13 所示。

图 6-13　设置个性化文档效果图

任务分析

在该任务的完成过程中，用到了分栏排版、首字下沉、带圈字符等设置方法，以下是完成该项任务的操作思路：

步骤 1　打开“项目 6\任务二”文件夹中的“个性化文档.docx”文档。

步骤 2　对文档进行分栏设置。

步骤 3　对文档进行首字下沉设置。

步骤 4　设置字体的特殊效果，带圈字符。

任务实施

活动 1　分栏排版

利用分栏排版，可以创建不同风格的文档，同时也能减少版面空白。分栏排版被广泛应用于报纸、杂志等媒体中。

在 Word 中进行分栏设置，常用的有以下两种方法：

(1)选定要进行分栏排版的文档，选择“页面布局”命令标签中“页面设置”组中的“分栏”按钮，弹出如图 6-14 所示的下拉菜单，选择下拉菜单中的“两栏”命令，即可把原文档分为两栏的效果。

(2)选定要进行分栏排版的文档，选择“页面布局”命令标签中“页面设置”组“分栏”按钮，弹出如图 6-14 所示的下拉菜单，在下拉菜单中选择“更多分栏”命令，打开“分栏”对话框，如图 6-15 所示。在“预设”中选择“两栏”，在“分隔线”前面的复选框中单击，然后单击“确定”按钮，即可完成该项任务的要求，如图 6-16 所示。

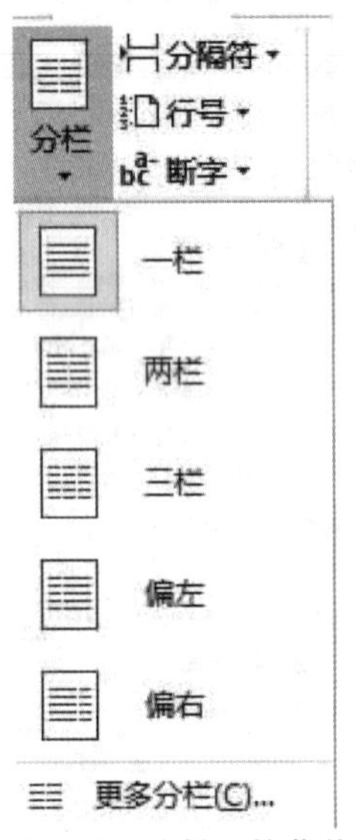

图 6-14　分栏下拉菜单

图 6-15　分栏对话框

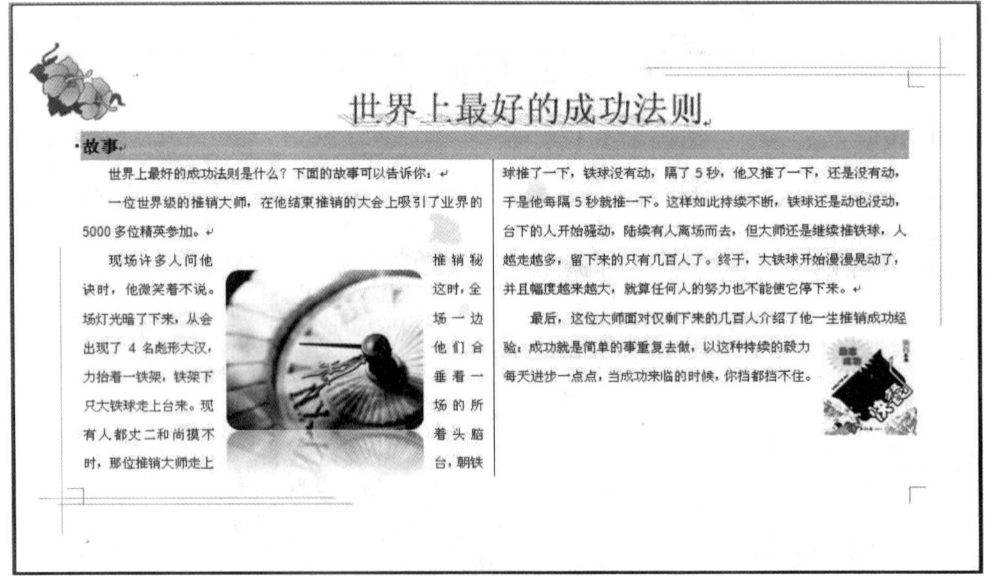

世界上最好的成功法则

故事

世界上最好的成功法则是什么？下面的故事可以告诉你：

一位世界级的推销大师，在他结束推销的大会上吸引了业界的5000 多位精英参加。

现场许多人问他推销秘诀时，他微笑着不说。这时，全场灯光暗了下来，从会场一边出现了 4 名彪形大汉，他们合力抬着一铁架，铁架下垂着一只大铁球走上台来。现场的所有人都丈二和尚摸不着头脑时，那位推销大师走上台，朝铁球推了一下，铁球没有动，隔了 5 秒，他又推了一下，还是没有动，于是他每隔 5 秒就推一下。这样如此持续不断，铁球还是动也没动，台下的人开始骚动，陆续有人离场而去，但大师还是继续推铁球，人越走越多，留下来的只有几百人了。终于，大铁球开始漫漫晃动了，并且幅度越来越大，就算任何人的努力也不能使它停下来。

最后，这位大师面对仅剩下来的几百人介绍了他一生推销成功经验：成功就是简单的事重复去做，以这种持续的毅力每天进步一点点，当成功来临的时候，你挡都挡不住。

图 6-16　分栏效果图

提示

在“分栏”的过程中,除了可以分成每栏宽度均相同的情况,还可以设置每栏的宽度,要想设置每栏的宽度和间距,只能在上面介绍的第二种方法中实现。对于题目往往需要设置为“通栏标题”,操作步骤是:选中设置为通栏标题的文本,选择“一栏”即可。

活动 2　设置首字下沉

首字下沉是指将 Word 文档中段首的一个文字放大,并进行下沉或悬挂设置,以凸显段落或整篇文档的开始位置。在 Word 2013 中设置首字下沉或悬挂的步骤如下:

(1)打开 Word 2013 文档窗口,将插入点光标定位到需要设置首字下沉的段落中。然后切换到“插入”功能区,在“文本”分组中单击“首字下沉”按钮,如图 6-17 所示。

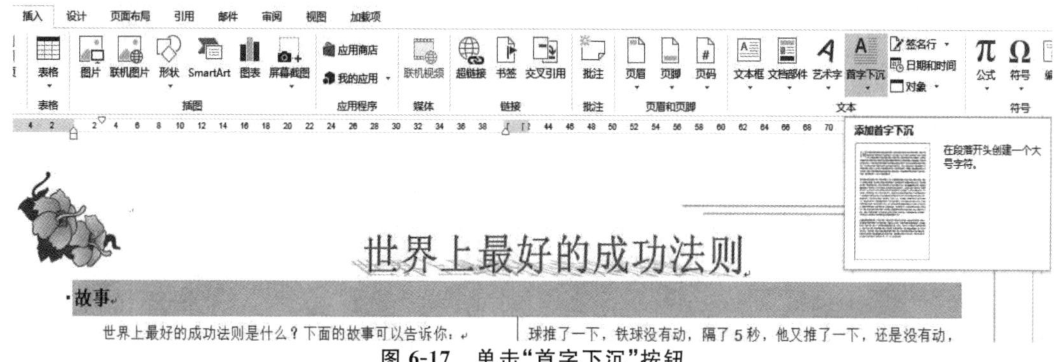

图 6-17　单击“首字下沉”按钮

(2)在打开的“首字下沉”菜单中单击“下沉”或“悬挂”选项设置首字下沉或首字悬挂效果,如图 6-18 所示。

(3)在“下沉”菜单中单击“首字下沉选项”,打开“首字下沉”对话框。选中“下沉”选项,并选择字体为华文新魏,设置下沉行数为 2 行。完成设置后单击“确定”按钮即可,如图 6-19 所示。

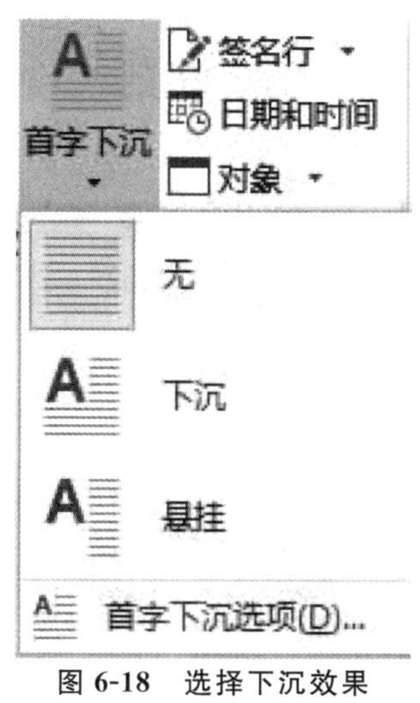

图 6-18　选择下沉效果

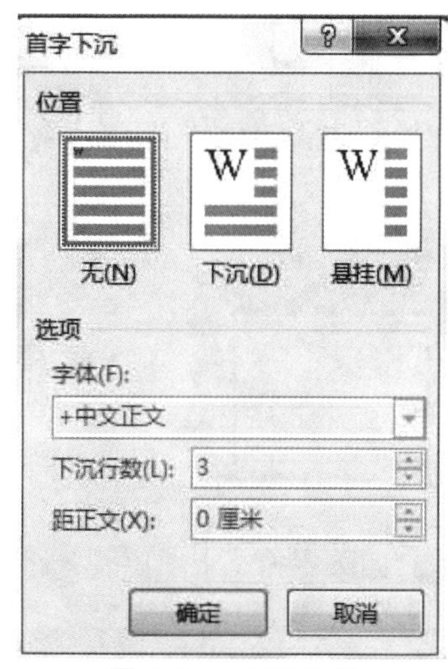

图 6-19　下沉设置

效果如图 6-20 所示。

图 6-20　首字下沉效果图

提示

如果想要进行下沉的是多个字符,可以先选择这些字符,再按照上述方法操作,即可达到下沉效果。

活动 3　设置字体特殊效果

当用户需要强调文本中重要的文字时,可以为字符加上圈号。

操作步骤如下:

(1)先选中需要设置“带圈字符”的文本内容,单击“开始”选项卡下的“字体”组中的“带圈字符”按钮,即可弹出“带圈字符”对话框,如图 6-21 所示。

(2)在对话框中的“样式”选项组中单击“增大圈号”按钮,然后单击“确定”按钮,单击“确定”按钮,即可设置成功,如图 6-22 所示。

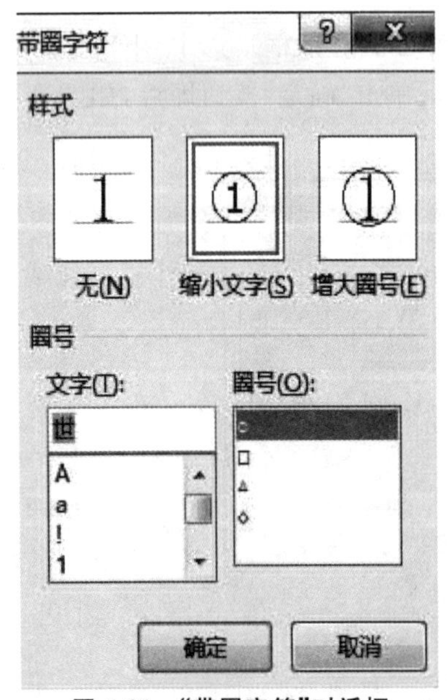

图 6-21　“带圈字符”对话框

图 6-22　增大圈号设置

任务 6.3　打印文档

任务描述

实现在任务 6.2 中完成的“个性化文档”的打印。

任务分析

完成该项任务的操作思路如下：

步骤 1　进行打印预览。

步骤 2　设置打印选项。

任务实施

活动 1　打印预览

在打印文档之前需要进行打印预览，以方便对文档进行修改和调整，效果满意后才能将文档打印出来，避免浪费时间和纸张。

方法一：

打开需要打印的文档，打开“自定义快速访问工具栏”，选中“打印预览和打印”项，快速访问工具栏上新增了“打印预览和打印”工具按钮。

点击“打印预览”按钮即可进入打印预览状态查看文档打印后的效果。进入打印预览状态后，可点击各功能选项进行相关设置，如图 6-23 所示。

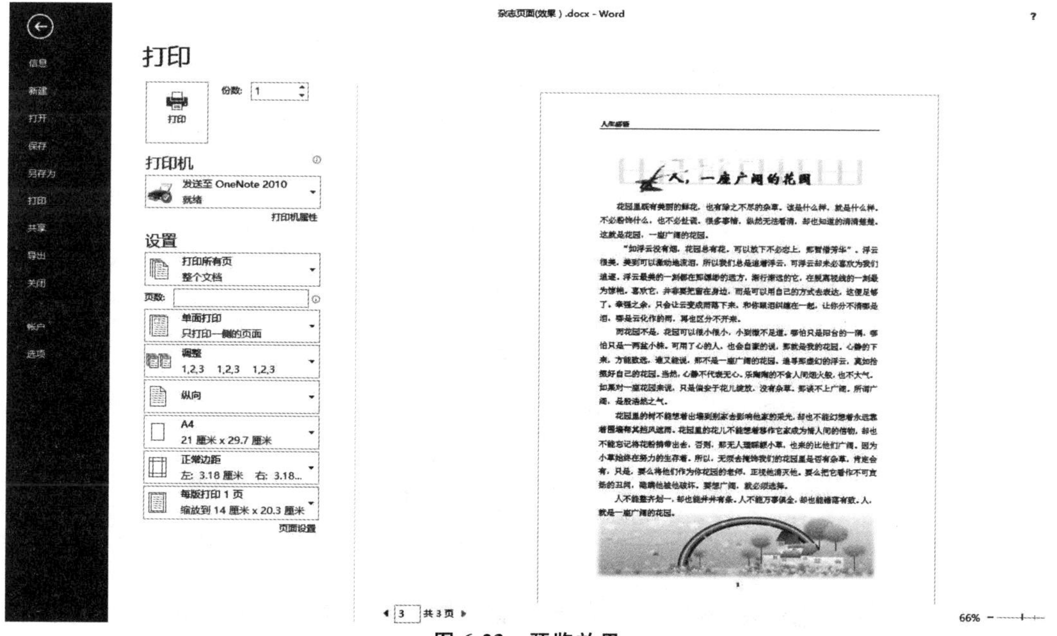

图 6-23　预览效果

方法二：

打开需要打印的文档，在 Word 文档中单击“文件”，打开快捷菜单，进行相关设置即可。

活动 2　打印文档

预览文档后，确认文档已不需要修改就可以将其打印输出。打印文档的方法如下：

(1)预览文档后选择“打印”命令；

(2)“打印”对话框中选择打印机的名称、设置打印页面的范围以及打印的份数等；

(3)单击“打印”按钮，与电脑连接的打印机将自动打印输出文档。

提示

如果不需要更改文档，可直接单击“打印”按钮，完成打印。

实训项目

实训 1　编排杂志页面

实训要求：将所给的文本素材整合为一个文档，并进行格式编辑和美化，各个页面要求有不同的页眉，页眉的内容为文章的标题，页码连续。完成后将文档保存在“项目 6\实训 1”文件夹中。

操作提示 1：

(1)打开“项目 6\实训 1\文本素材”文件夹中的文档，将三篇文章合成到一个文档中；

(2)对文档进行页面设置、格式编辑、美化；

(3)插入分页符和分节符，使得每个主题的文档单独成为一个部分；

(4)为每个主题的文档分别添加不同的页眉；

(5)为文档插入页码；

(6)保存文档。

实训 2　对散文“快乐其实很简单”进行个性化设置

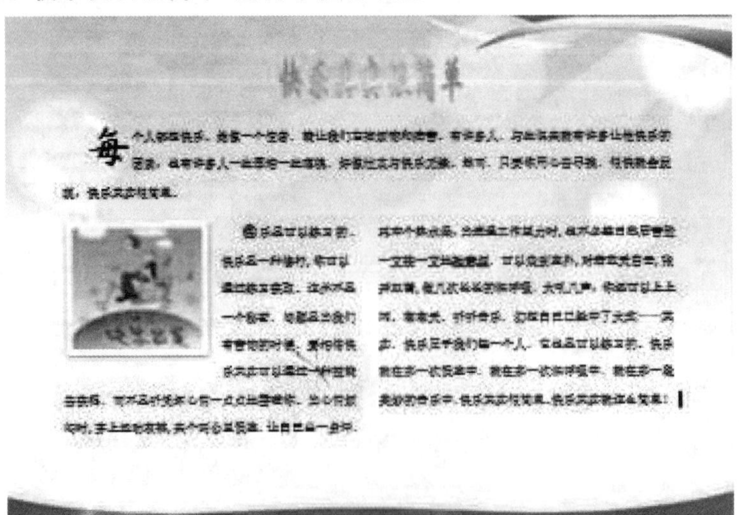

图 6-24　快乐其实很简单

实训要求：打开项目 6 源文件文件夹所给素材，对文档“快乐其实很简单.docx”进行编辑，制作效果如图 6-24 所示。保存在“项目 6\实训 2”文件夹中。

操作提示：

(1)插入背景图片并进行简单的图片处理，处理后把该图片“衬于文字下方”；

(2)插入插图，并进行编辑；

(3)设置文档标题为艺术字；

(4)设置首字下沉；

(5)对文档的第二段进行分栏设置；

(6)设置“快”为带圈字符。

实训 3　设计与制作电子报

实训要求：综合运用文档的编辑、页面设置的方法和技巧，自主制作两个版面电子报。主题和内容要求健康向上。

参考效果如图 6-25 所示。

图 6-25　电子报效果

应用拓展：制作中文信封

实训要求：制作如图 6-26 所示的信封。保存在“项目 6\拓展实训”文件夹中。

图 6-26 中文信箱效果

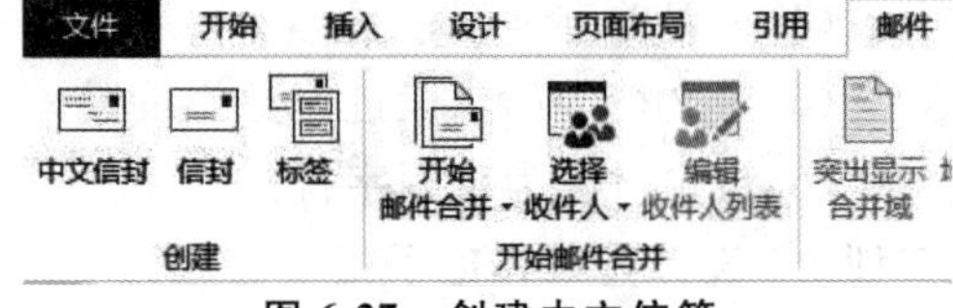

图 6-27 创建中文信箱

操作提示 1：

(1)设置纸张大小为 B5,纸张方向为横向。

(2)插入文本框,设置信封的封面内容。

(3)利用文本框,设置收信人的邮政编码,并放置在页面的页眉中。

(4)设置发信人的邮政编码,放置在页面的页脚中。

(5)按照效果图,制作出贴邮票出的效果。

操作提示 2：

(1)启动 Word 2013 后单击“邮件”选项卡,如图 6-27 所示,单击“创建”栏中的“中文信封”按钮。

(2)启动信封制作向导,按照向导的提示创建信封。

项目 7

使用 Word 2013 设计表格

项目导引：

设计表格也是 Word 的一个重要功能之一，掌握一些常用的方法和技巧，会使我们做出新颖、独特的表格，操作起来事半功倍，大大提高工作效率。在 Word 中，对表格的控制可以更为自由。本项目将完成“产品销售情况表”、“个人简历表”、“销售业绩统计表”的制作。

技能目标：

✍会制作常用的表格；
✍能对表格进行编辑；
✍能对表格中的数据进行操作；
✍能制作美观大方的表格。

知识目标：

✍掌握建立表格的方法；
✍熟练掌握编辑表格的方法；
✍掌握美化表格的方法；
✍掌握表格中数据的简单运算。

任务 7.1　建立“产品销售情况表”

任务描述

使用 Word 2013 设计一张“产品销售情况表”，效果如图 7-1 所示。

任务分析

完成该项任务的操作思路如下：

步骤 1　新建文档；
步骤 2　创建表格；

奔奔电脑公司产品销售情况表

销售员	产品	单价(元)	数量	销售金额(元)
杨丽	硬盘	650	5	
王刚	CPU	1100	6	
张强	显示器	950	7	
杨丽	音箱	160	3	
张强	键盘	120	4	
杨丽	装机	3800	5	

图 7-1 产品销售情况表效果图

步骤 3 输入表格内容;

步骤 4 保存文档。

任务实施

活动 1 创建表格

Word 2013 提供了强大的表格处理功能,利用 Word 可以创建行、列规则的表格,也可以通过手工绘制不规则的表格。常用的有以下几种方法。

1. 使用表格网格框

操作步骤如下:

(1)将光标移到待插入表格的位置,切换到"插入"选项卡,然后单击"表格"选项组中的"表格"按钮。在弹出的下拉菜单中有一个虚拟表格,此时移动鼠标可以选择表格的行和列,如图 7-2 所示。

(2)单击鼠标左键,即可在文档中插入一个 7 行 5 列的表格,如图 7-3 所示。

图 7-2 选择表格的行和列

图 7-3 7 行 5 列的表格

提示

被选定表格区域呈现为橙色，同时在上方显示“5×7 表格”的提示文字，并在文档中模拟出所选表格，但此时并没有真正插入到文档中。用这种方法最多只能创建 10×8 的表格。

2. 使用“插入表格”对话框

当表格范围超出 10×8 时，可以用“插入表格”命令灵活插入所需要的表格。

操作步骤如下：

(1)将光标移到待插入表格的位置，切换到“插入”选项卡，然后单击“表格”选项组中的“表格”按钮。在弹出的下拉列表中选择“插入表格”选项，这时将弹出“插入表格”对话框，如图 7-4 所示。

图 7-4 使用插入表格对话框

(2)在图 7-4 所示的对话框中通过“行数”和“列数”微调框中分别设置表格的行数和列数。

(3)在“自动调整操作”选项区中有三个选项，其作用分别如下：

- 固定列宽：若选择该单选按钮，则表格的宽度是固定的。当单元格的内容过多时，会自动进行换行。
- 根据内容调整表格：若选择该单选按钮，则插入的表格会缩小至最小状态。在单元格中输入内容时，表格会根据输入的内容自动调整列宽。
- 根据窗口调整表格：若选择该单选按钮，则插入的表格会根据文档窗口的大小自动进行调整。

3. 手动绘制表格

以上两种方法创建的表格样式都很单一，有些表格的行列并不规整，此时则可使用手动绘制表格的方式“画”出自己需要的表格。

手动绘制表格的操作步骤如下：

(1)将插入点定位在需要插入表格的位置，单击“表格”工具组中的“表格”按钮；

(2)在弹出的列表中，选择“绘制表格”选项；

(3)将鼠标光标移动到文档中需要绘制表格的位置，此时鼠标光标变成形状，按住鼠标左键不放并拖动鼠标，出现一个表格的虚框，待达到合适大小后，释放鼠标，生成一个表格的边框，如图 7-5 所示；

(4)在边框的任意位置按住鼠标左键不放,向下、向右或斜向拖动绘制表格的竖线、横线或斜线,如图 7-6 所示;

(5)按相同方法绘制出表格的各个边框线,完成表格的绘制。双击文档的任意位置,可退出绘制表格状态,使光标变回原样。

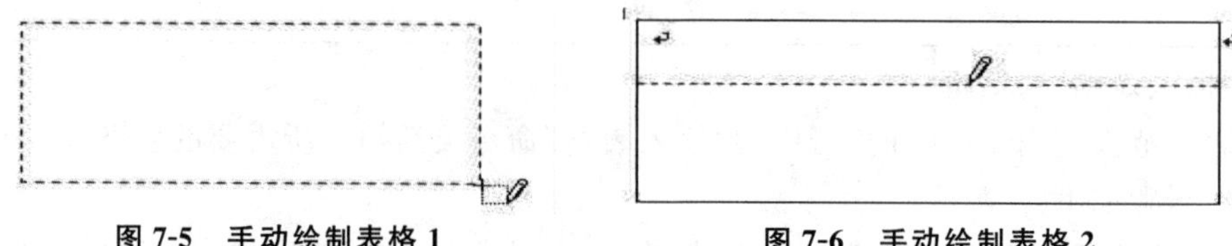

图 7-5 手动绘制表格 1　　　　图 7-6 手动绘制表格 2

活动 2 输入表格内容

通过活动 1 创建了一个表格。表格创建好之后就要向表格中输入内容,其方法与在文档中输入文本的方法相同,只需将鼠标光标定位到该单元格中,然后输入所需文本,并对文本格式进行设置。可分为三个环节。

1. 定位单元格

要向表格中输入内容,首先要将插入点光标定位到表格的单元格中,定位单元格的操作如表 7-1 所示。

表 7-1 定位单元格的操作及意义

定位方式	意义
单击左键	可定位任何一个指向的单元格
←或→	定位到当前单元格的前一个或后一个单元格
↑或↓	定位到当前单元格的上一个或下一个单元格
【Tab】	定位到当前单元格的后一个单元格
【Shift＋Tab】	定位到当前单元格的前一个单元格
【Alt＋Home】、	移动到本行的第一个单元格内
【Alt＋End】	移动到本行的最后一个单元格内
【Alt＋PageUp】	移动到本列的第一个单元格内
【Alt＋PageDown】	移动到本行的最后一个单元格内

提示

当插入点位于最后一个单元格时,如果按下【Tab】键,将增加一个新行。

2. 输入内容

定位好插入点后就可以向表格中输入内容了,在单元格中可以输入文本、数字、符号、图片等内容。这些内容的输入方式跟前面讲过内容输入相同,在此不再描述。

3. 设置文本格式

表格中的每个单元格类似于一个小的文档,可以在其中进行字体格式化、段落格式化以及添加边框、底纹等操作。设置的方法与在文档中进行文本格式设置的方法相同。

在单元格中也可以插入图片、剪贴画、艺术字等对象，对象的编辑方法和技巧同前，在设计图、文、表并茂的文本时，排版非常方便。

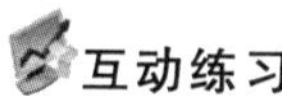互动练习

在“产品销售情况表”表格中输入内容，完成该项任务。效果如图 7-1 所示。

任务 7.2　制作个人简历表

任务描述

在实际工作中，有时需要设计一些比较复杂的表格，这时就需要对创建的表格进行编辑，使其满足需求。该项任务要求使用 Word 2013 设计“个人简历表”，效果如图 7-7 所示。

个人简历

姓名		性别		出生日期		照片
民族		最终学历		政治面貌		
婚姻状况		毕业院校				
联系地址				邮政编码		
联系电话				E-mail		
主要工作经历						
自我简介						
个人兴趣						

图 7-7　个人简历表效果图

任务分析

完成该项任务的操作思路为：

步骤 1　在新文档中创建表格；

步骤 2　调整表格在页面中的位置；

步骤 3　合并、拆分单元格；

步骤 4　调整表格的行高和列宽；

步骤 5　输入内容；

步骤 6　保存文档。

任务实施

活动 1　选择单元格、行、列与表格

首先创建一个 8 行 7 列的表格，保存为“个人简历表”。在表格上方输入题目“个人简历”。

技巧

如果需要表格下移一行，可将光标定位在“表头”单元格，按【Enter】键即可，如图 7-8 所示。

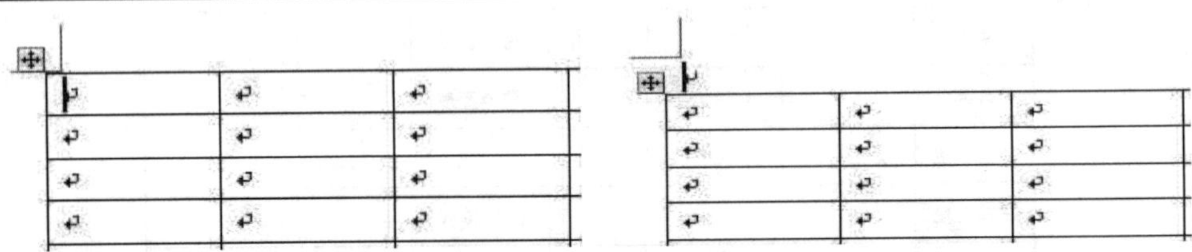

图 7-8　创建表格

对表格的内容进行编辑之前，首先需要选择编辑的对象。在选择表格的对象时，根据选择的对象不同，其选择方法也不相同。常用到单元格的选择、行列的选择和整个表格的选择。

1. 选择单元格

(1)选择单个单元格

将鼠标指向某个单元格的左侧，当指针呈现黑色箭头时，单击鼠标左键即可将其选定，效果如图 7-9 所示。

(2)连续多个单元格的选择

单击待选择区域的第一个单元格或将鼠标指向待选择单元格的左侧，当指针呈现黑色箭头时，按住鼠标左键拖至待定区域的最后一个单元格，拖动的起始位置到终止位置之间的单元格将被选定，效果如图 7-10 所示。

(3)不连续多个单元格的选择

先选定第一个单元格，然后按下【Ctrl】键不放，依次单击待选择的其他单元格，选择完成后释放【Ctrl】键，即可完成不连续单元格的选定，效果如图 7-11 所示。

图 7-9　选择单个单元格

图 7-10　连续多个单元格的选择

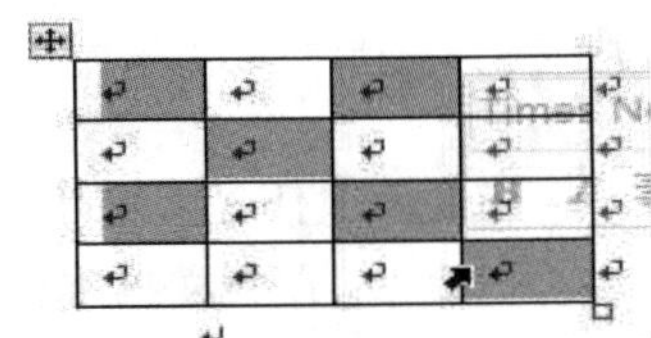

图 7-11　不连续多个单元格的选择

2. 选择行和列

单击行左侧的选择行标记(形状为空箭头),即可选定该行。按下鼠标左键上下拖动则可选定多行,如图 7-12 所示。

单击列上方的选择列标记(形状为黑色箭头),即可选定该列。按下鼠标左键左右移动则可选定多列,如图 7-13 所示。

提示

参照单元格的选择,借助【Shift】键可以选择连续的行或列,借助【Ctrl】键可以选择不连续的行或列。

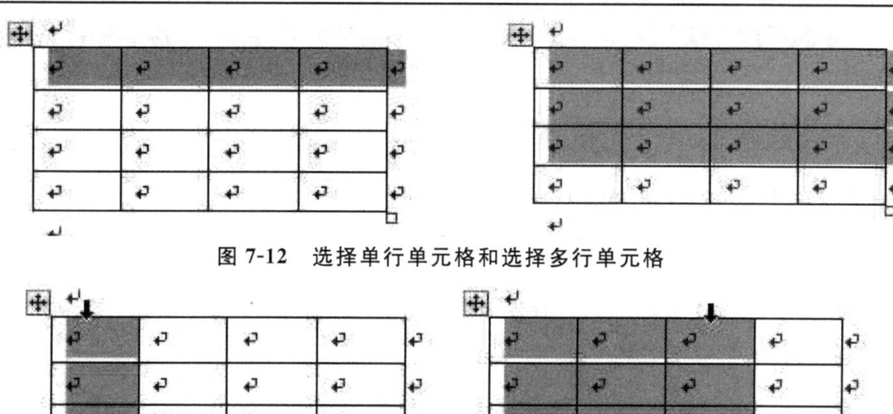

图 7-12　选择单行单元格和选择多行单元格

图 7-13　选择单列单元格和选择多列单元格

3. 选择整个表格

将鼠标指向表格时,表格左上角会出现双向箭头标志,下角也会出现双格标志,单击任何一个标志都可以选择整个表格,如图 7-14 所示。

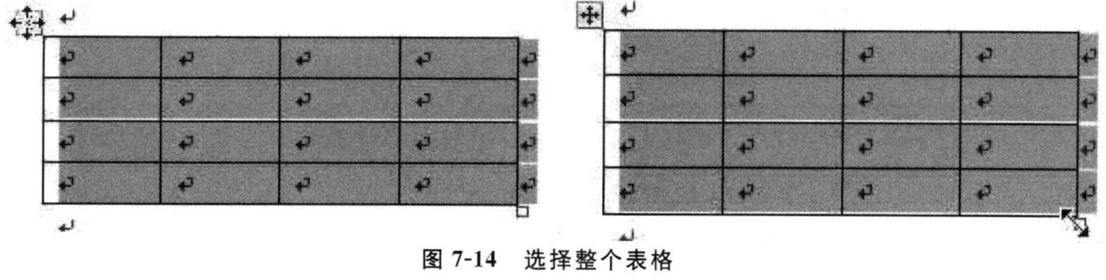

图 7-14　选择整个表格

提示

通过功能区也可实现单元格、行列和表格的选择。定位好光标的插入点,切换到"表格工具/布局"选项卡,单击"表"工具组中的"选择"按钮,在弹出的下拉菜单中选择相应的选项即可。操作界面如图 7-15 所示。

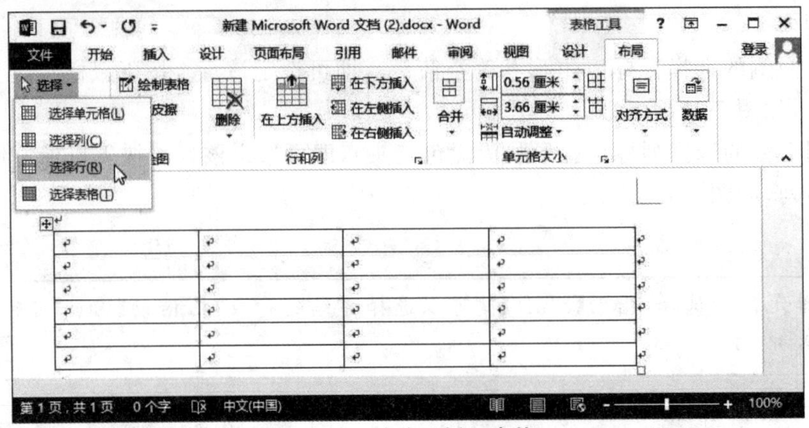

图 7-15 功能区插入表格

活动 2　调整表格在页面中的位置

如果表格位置不合适，可以将表格从一个位置移到另外一个位置，也就是说要调整表格在页面中的位置。常用的有以下四种方法。

(1)先选择整个表格，切换到“开始”选项卡，然后单击“剪贴板”工具组中的“剪切”按钮✂，将插入点设置到表格待插入的起始位置，再执行“粘贴”命令。

(2)将鼠标指针指向表格左上角的“移动表格”标记⊞上，按住鼠标左键拖动到目标位置后松开左键即可。

(3)选中整个表格，切换到“开始”选项卡，然后单击“段落”工具组中的对齐方式即可，如图 7-16 所示。

(4)选中表格则激活“表格工具”，单击“布局”选项卡下的“单元格大小”工具组中的“自动调整”按钮，在下拉列表中选择相应的命令即可，如图 7-17 所示。

提示

常用的是“根据窗口自动调整表格”。

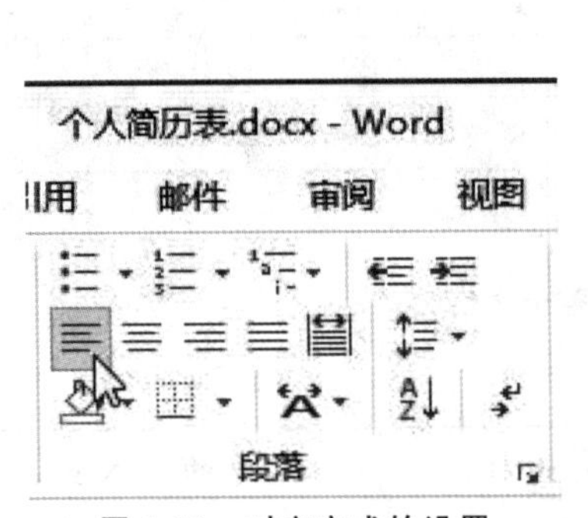

图 7-16 对齐方式的设置

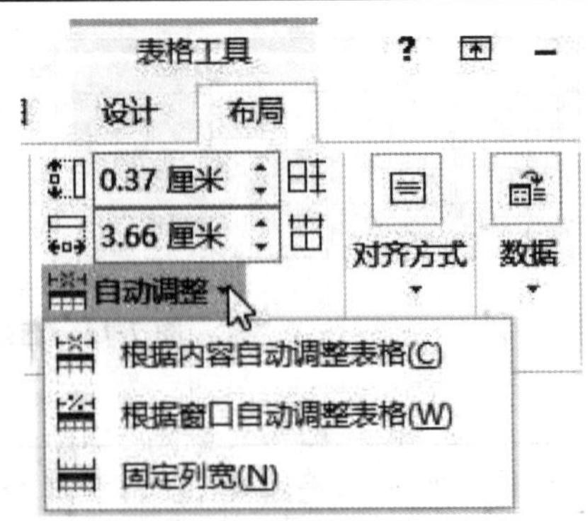

图 7-17 单元格大小设置

活动 3　单元格的合并、拆分与删除

单元格的合并就是将两个或多个相邻的单元格合并成一个单元格；单元格的拆分就是

将一个单元格分解成多个单元格，以达到增加行数和列数的目的。

1. 合并单元格

选择要合并的单元格，切换到“表格工具”→“布局”选项卡，单击“合并”工具组中的“合并单元格”按钮，即可将所选单元格合并。

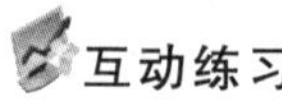

互动练习

在待完成的文档“个人简历表”表格中合并单元格，效果如图 7-18 所示。

操作步骤如下：

- 打开待完成文档“个人简历表”，选取需要合并的单元格；
- 选择表格工具的“布局”选项卡，在“合并”工具组中单击“合并单元格”按钮；或右键单击并在弹出的快捷菜单中选择“合并单元格”命令，即可将所选单元格合并，如图 7-19 所示；
- 使用相同方法合并其他单元格。

图 7-18　合并后单元格样式

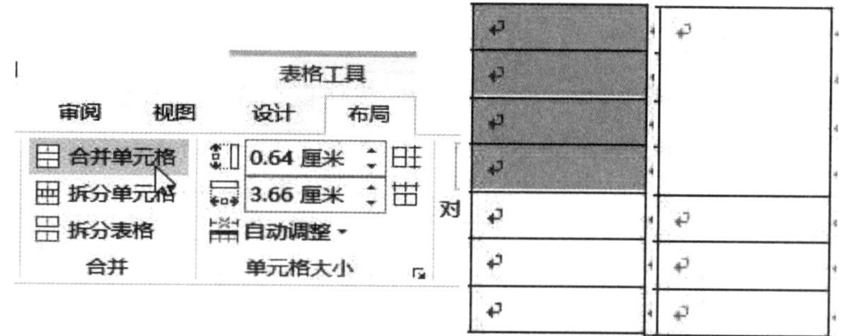

图 7-19　合并单元格的方式

2. 拆分单元格

如果要将某个单元格拆分为多个单元格，可按如下步骤操作。

- 选择需要进行拆分的单元格，切换到“表格工具”→“布局”选项卡，单击“合并”工具组“拆分单元格”按钮，将弹出如图 7-20 所示的对话框。
- 在弹出的“拆分单元格”对话框中设置需要拆分的列数和行数，然后单击 确定 按钮。此时所选择的单元格将被拆分成所设置的列数和行数，如图 7-21 所示。

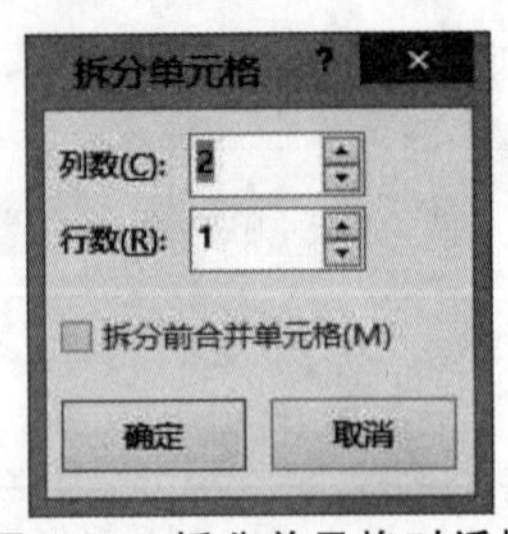

图 7-20 拆分单元格对话框

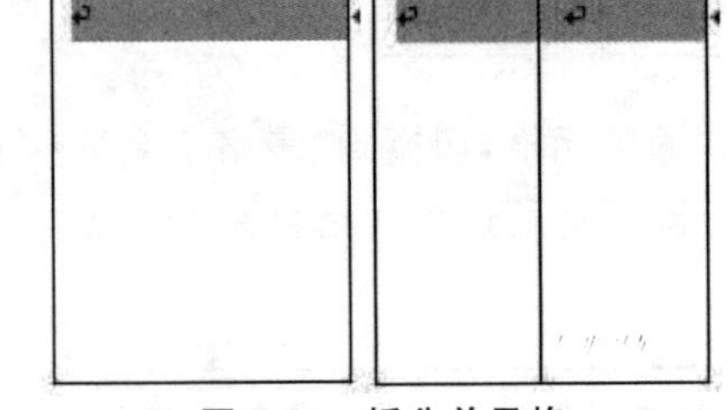

图 7-21 拆分单元格

活动 4 设置表格的行高与列宽

显然，单元格的高度和宽度不符合要求，我们可根据需要进行调整，常用的调整方法有以下两种。

1. 利用鼠标拖动

(1)将鼠标移动到要改变高度的行的横线上，按住鼠标左键并拖曳鼠标调整高度，虚线表示调整后的高度，如图 7-22 所示。松开鼠标，该行的高度改变。

图 7-22 鼠标改变行高度

(2)将鼠标移动到要改变宽度的列的竖线上，按住鼠标左键并拖曳鼠标调整宽度，虚线表示调整后的宽度，如图 7-23 所示。松开鼠标，该列的宽度改变。

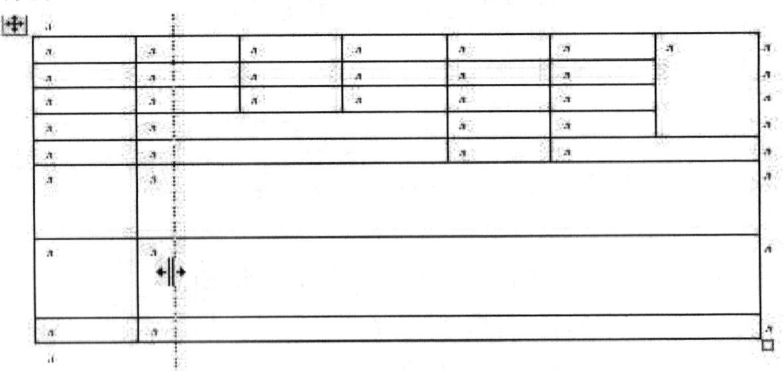

图 7-23 鼠标改变列高度

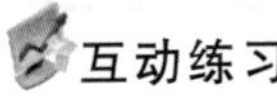互动练习

通过单元格的合并、拆分以及行高和列宽的调整，完成个人简历表的结构，效果如图 7-24所示。

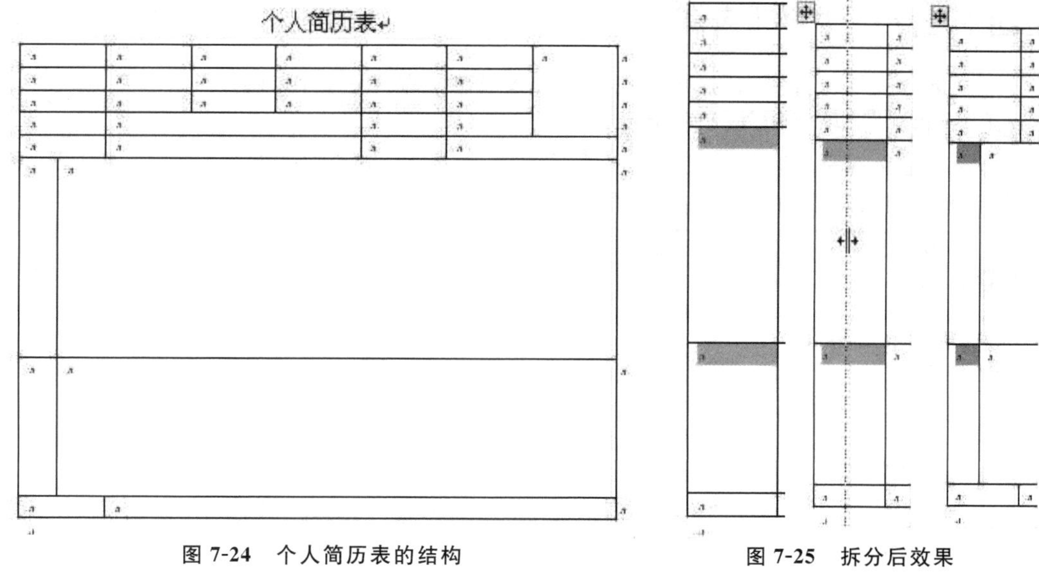

图 7-24　个人简历表的结构　　　图 7-25　拆分后效果

提示

选中单元格，可以将原来的边线分割开进行调整。操作过程如图 7-25 所示。此外，按住【Alt】键，再拖曳鼠标可以精确调整移动的位置。

2. 通过对话框设置

利用鼠标拖动只能大致调整行高和列宽，要想精确调整，还需通过对话框进行设置。

(1)将光标定位到待调整行或列的某个单元格内，切换到“表格工具”→“布局”选项卡，单击“单元格大小”工具组中的启动按钮，将弹出如图 7-26 所示的对话框；

(2)在此对话框中的“指定高度”和“指定宽度”微调框中填入具体数据就行了。

3. 通过表格工具设置

选中对象，点击“表格工具”→“布局”选项卡，在“单元格大小”工具组中的“高度”或“宽度”微调框中填入具体数据，即可精确设置单元格的高度或宽度，如图 7-27 所示。

图 7-26　表格属性对话框

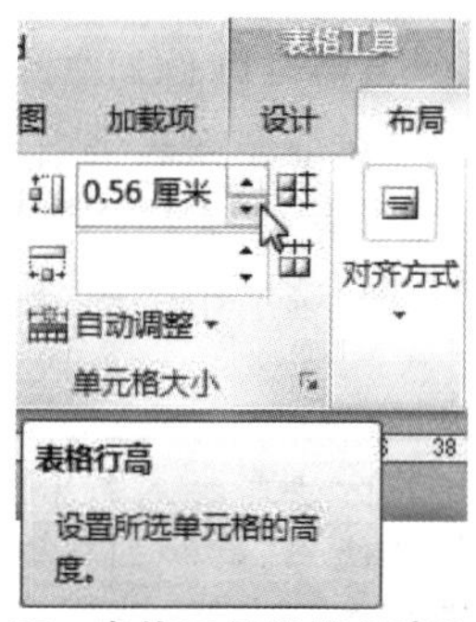

图 7-27　表格工具设置行高和列宽

活动5　行与列的插入和删除

当表格范围不符合要求时,可根据需要插入或删除单元格、行和列。

1. 利用“行和列”选项组插入行或列

将光标定位在待插入位置的任意一个单元格内,切换到“表格工具”→“布局”选项卡,单击“行和列”工具组中的相应按钮,如图7-28所示,即可在指定位置插入相应的行和列。

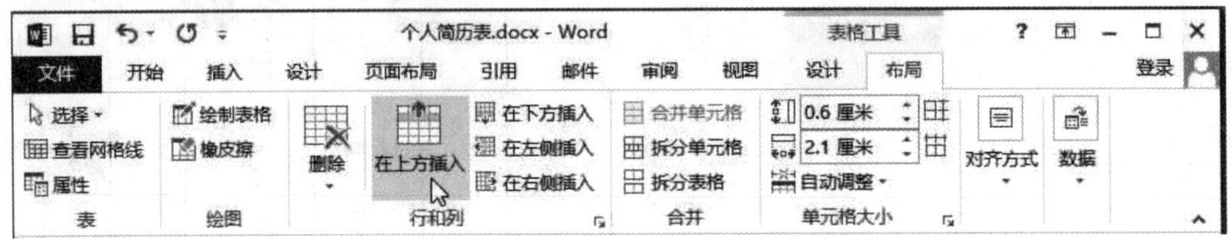

图7-28　利用“行和列”选项组插入行和列

2. 利用快捷菜单插入行和列

将光标定位在待插入位置的某个单元格,单击鼠标右键,从弹出的快捷菜单中选择相应命令即可,如图7-29所示是在指定列的右侧插入一列。

3. 利用按钮插入行和列

在表格中将光标指向表格左边或上边的行列交汇处时会出现⊕按钮,此时点击⊕按钮便可插入1行或1列。

4. 删除行和列

将光标定位在待删除位置的任意一个单元格内,切换到“表格工具”→“布局”选项卡,单击“行和列”工具组中的“删除”按钮,从弹出的下拉菜单中选择“删除行”或“删除列”命令,即可完成相应行和列的删除,操作界面如图7-30所示。

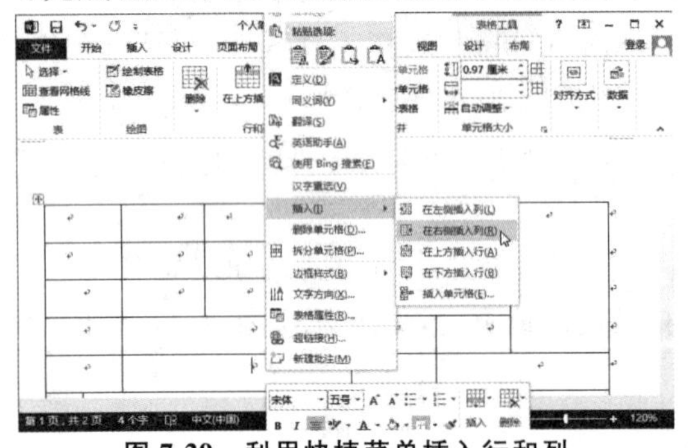

图7-29　利用快捷菜单插入行和列

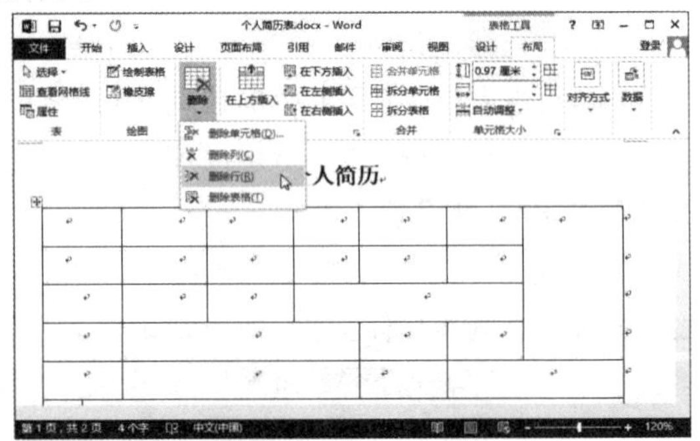

图7-30　删除行和列

5. 删除表格

对于不需要的表格可以将其删除,其操作步骤如下:

(1)将光标定位在待删除表格内;

(2)单击鼠标,切换到“表格工具”→“布局”选项卡;

(3)单击“行和列”选项组中的“删除”按钮,从弹出的下拉菜单中选择“删除表格”命令。

提示

单元格的插入方法与插入行和列的方法相似,如果使用快捷菜单,只需要选择“插入单元格”即可;如果使用“行和列”选项组,只需单击启动按钮并从弹出的对话框中进行选择即可。如果要删除单元格,只需在“删除”下拉列表中选择“删除单元格”命令即可。

互动练习

结合以上技巧，完成“个人简历表”表格和单元格的大小和位置布局，并输入相应的文本内容，编辑文本格式，建议设置为“居中”对齐，并设置边框和底纹，完成该项任务。效果如图 7-7 所示。

任务 7.3　完成销售业绩统计表

任务描述

(1)使用 Word 2013 设计奔奔公司第一季度“销售业绩统计表”，效果如图 7-31 所示。

奔奔公司计算机销售业绩统计表

月份 / 品名	一月	二月	三月	平均业绩(万元)
笔记本	42	30	45	**39**
组装机	31	28	34	**31**
品牌机	36	45	37	**39**
总计	**109**	**103**	**116**	**109**

图 7-31　销售业绩统计表效果图

(2)完成任务 7.1“奔奔公司计算机产品销售情况表”中销售金额的计算，并按降序进行排序，效果如图 7-32 所示。

奔奔公司计算机产品销售情况表

销售员	产品	单价（元）	数量	销售金额（元）
杨丽	装机	3800	5	3805
王刚	CPU	1100	6	1106
张强	显示器	950	7	957
杨丽	硬盘	650	5	655
杨丽	音箱	160	3	163
张强	键盘	120	4	124

图 7-32　按销售金额降序排序

任务分析

完成该项任务的操作思路如下：

步骤 1　创建新文档；

步骤 2　创建一个 5 行 5 列的表格；

步骤 3　绘制斜线表头；

步骤 4　输入原始数据；

步骤 5　利用公式求月平均业绩和每月销售总和；

步骤 6　对“奔奔公司计算机产品销售情况表”中总销售额降序进行排序；

步骤 7　保存文档。

任务实施

活动 1　在表格中绘制斜线表头

实际工作中，经常需要使用带有斜线表头的表格。在“销售业绩统计表”任务中表格就带有斜线表头。表头总是位于所选表格的第 1 行第 1 列的单元格中，斜线表头是指在表格的第 1 个单元格中以斜线划分多个项目标题，分别对应表格的行和列。

利用前面掌握的技巧，创建 5 行 5 列的表格。为该表格绘制斜线表头的操作步骤如下：

(1)将插入点定位在第 1 行第 1 列的单元格中，为了方便制作表头后输入文字，首行的高度拖拽成双行文字，如图 7-33 所示。选中第一个单元格，切换到“表格工具”→“布局”选项卡，单击“绘图”工具组中的“绘制表格”按钮。在该单元格中依对角线画一条斜线。

(2)在第一个单元格插入的两行中分别输入文字“月份”和“品名”，“月份”的对齐方式为右对齐，“品名”的对齐方式为左对齐，如图 7-34 所示。

奔奔公司计算机产品销售情况表

图 7-33　首行的高度拖拽成双行文字

奔奔公司计算机产品销售情况表

月份 品名				

图 7-34　绘制斜线表头

提示

在 Word 2013 中设置表头时，这种方法只能绘制一条斜线表头。如果要绘制多条斜线表头，打开“插入”→“插图”选项卡，选择“形状”按钮中的“线条”即可；需要插入的文字采用插入文本框。

活动 2　对表格中的数据进行计算

在表格中，可以通过输入带有加、减、乘、除等运算符的公式进行计算，也可以使用 Word 附带的函数进行较为复杂的计算。

1. 求和运算

操作步骤如下：

(1)利用前面所掌握的方法创建表格，如图 7-35 所示；

(2)将光标插入点定位在第 5 行第 2 列单元格中，切换到“表格工具”→“布局”选项卡，然后单击“数据”选项组中的“公式”按钮，如图 7-36 所示；

奔奔公司计算机销售业绩统计表

月份 / 品名	一月	二月	三月	平均业绩(万元)
笔记本	42	30	45	
组装机	31	28	34	
品牌机	36	45	37	
总计				

图 7-35　原始表格

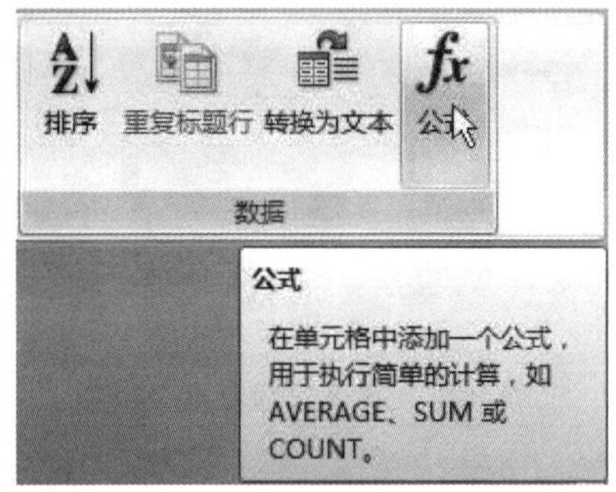

图 7-36　公式按钮

(3)单击“公式”按钮，将弹出如图 7-37 所示的“公式”对话框，在“公式”文本框中输入运算公式，当前单元格的公式应为“=SUM(ABOVE)”，即求当前单元格以上所有数据的和。公式输入结束后单击 确定 按钮；

(4)用同样方法可计算出各月的总计，运算结果如图 7-38 所示。

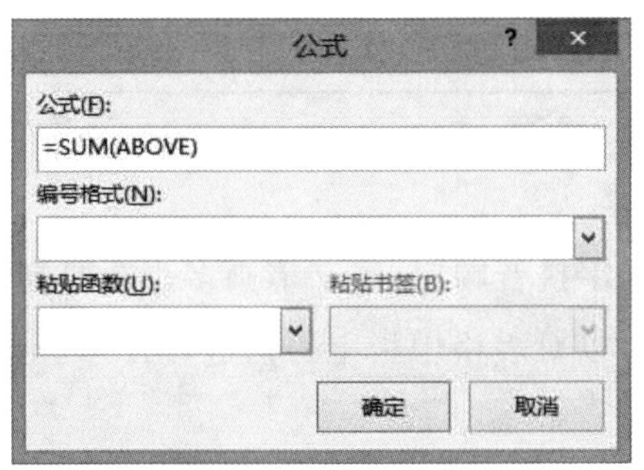

图 7-37　输入公式

奔奔公司计算机销售业绩统计表

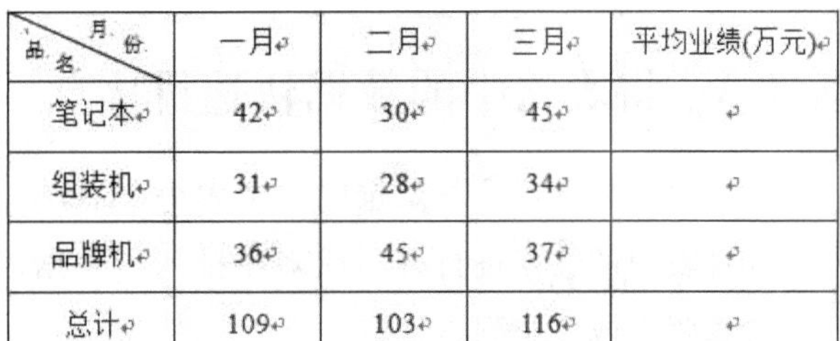

月份 / 品名	一月	二月	三月	平均业绩(万元)
笔记本	42	30	45	
组装机	31	28	34	
品牌机	36	45	37	
总计	109	103	116	

图 7-38　计算结果

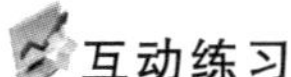**互动练习**

完成任务 7.1“奔奔公司计算机产品销售情况表”中销售金额的计算。(提示：销售金额的计算公式应为“=SUM(LEFT)”，即求该单元格左侧所有数据的和。)

2. 求平均值的运算

操作步骤如下：

(1)将光标插入点定位在第 2 行第 5 列单元格中，切换到“表格工具”→“布局”选项卡，然后单击“数据”选项组中的“公式”按钮；

(2)将“公式”文本框中的内容修改为“=SUM(LEFT)/3”，如图 7-39 所示，或者贴函数”下拉列表框中选择“AVERAGE”选项，将“公式”文本框中的内容修改为AVERAGE(LEFT)”；

(3)公式输入结束后单击 确定 按钮；

(4)按同样的方法，计算其他平均业绩，运算结果如图 7-40 所示。

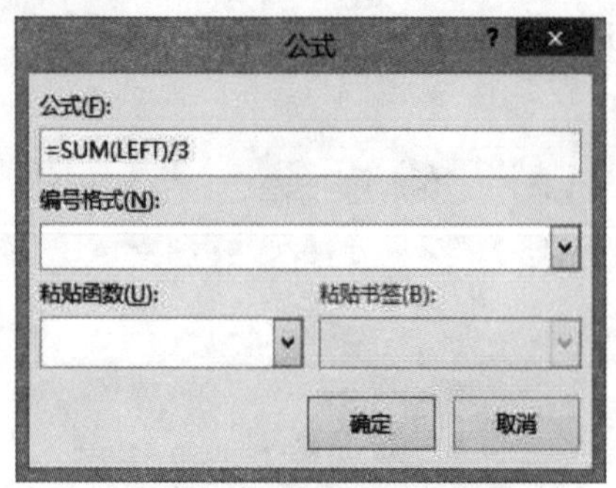

图 7-39 修改公式为求平均值

奔奔公司计算机销售业绩统计表

月份 品名	一月	二月	三月	平均业绩(万元)
笔记本	42	30	45	39
组装机	31	28	34	31
品牌机	36	45	37	39
总计	109	103	116	109

图 7-40 求平均值结果

提示

Word 中对表格的单元格描述范围时需要对表格进行编号。编号规定行的代号从上向下依次为 1、2、3,列的代号从左到右依次为 A、B、C,组合时列在前、行在后,如 B2 表示第二行第二列的单元格。"B2:D2"代表要引用从第二行第二列的单元格到第二行第四列单元格的数据。上例中求平均值用的公式也可为=AVERAGE(B2:D2)。

活动 3 将表格中的数据快速排序

表格中的数据排序就是按照数字大小、字母顺序、汉字拼音顺序、汉字笔画多少或日期先后等对表中的数据进行升序或降序排列。根据需要可以对表格中指定的列进行排序,也可以选择两个或多个列进行排序。

互动练习

在已经计算完成的"奔奔公司计算机产品销售情况表"中对销售金额按降序进行排列。

操作步骤如下:

(1)打开"销售情况表",选中需要排序的表格区域;

(2)选择表格工具的"布局"选项卡,在"数据"选项组中单击"排序"按钮,打开"排序"对话框;

(3)在对话框中的"主要关键字"的选项区中选择"销售金额(元)",在"类型"下拉列表框中选择"数字"选项,并且选中"降序"单选按钮,如图 7-41 所示;

(4)参数设置结束后,单击 确定 按钮。操作后的结果如图 7-42 所示。

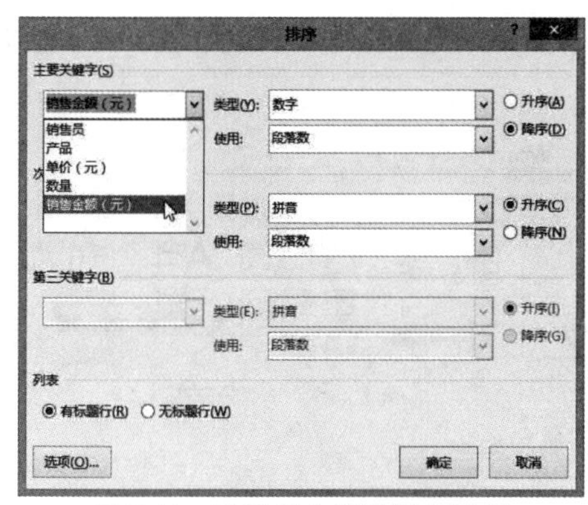

图 7-41　对话框中设置排序规则

奔奔公司计算机产品销售情况表

销售员	产品	单价（元）	数量	销售金额（元）
杨丽	装机	3800	5	3805
王刚	CPU	1100	6	1106
张强	显示器	950	7	957
杨丽	硬盘	650	5	655
杨丽	音箱	160	3	163
张强	键盘	120	4	124

图 7-42　排序后效果

如果想按其他的方式进行排序，只需在主关键字的下拉列表框中选择相应的关键字就行了。这时将按照指定的关键字进行排序。

活动 4　美化表格

在表格中添加完数据后，通常还需要对其进行一定的修饰操作。为了使表格整齐、美观，可以对其设置相应的格式，如对齐方式、样式与边框等。

1. 设置表格的对齐方式

默认情况下，新创建的表格采取左对齐方式。

更改对齐方式的操作方法如下：

(1)将光标定位在表格中，切换到“表格工具”→“布局”选项卡，然后单击“表”选项组中的“属性”按钮，将弹出“表格属性”对话框。如图 7-43 所示。

(2)在“表格属性”对话框中，切换到“表格”选项卡，然后在“对齐方式”选项组中选择需要的对齐方式。设置完成后，单击 确定 按钮即可。

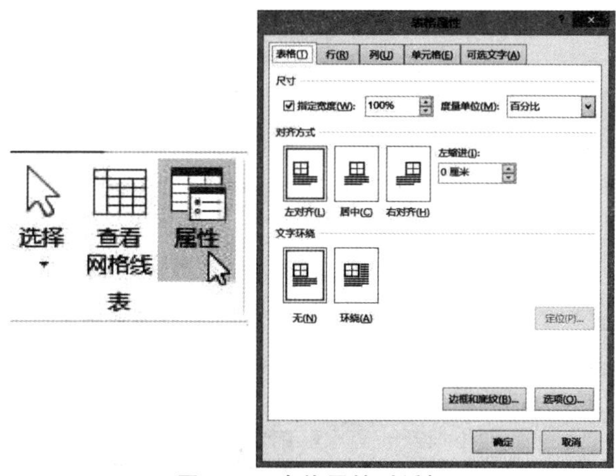

图 7-43　表格属性对话框

2. 设置文本的对齐方式

为了使单元格内的文本更加整齐美观，应对其设置相应的对齐方式。具体步骤如下：

(1)选择需要设置对齐方式的一个或多个单元格；

(2)切换到"表格工具"→"布局"选项卡,在"对齐方式"选项组中有九种方式可供选择,单击需要的按钮即可,如图 7-44 所示。

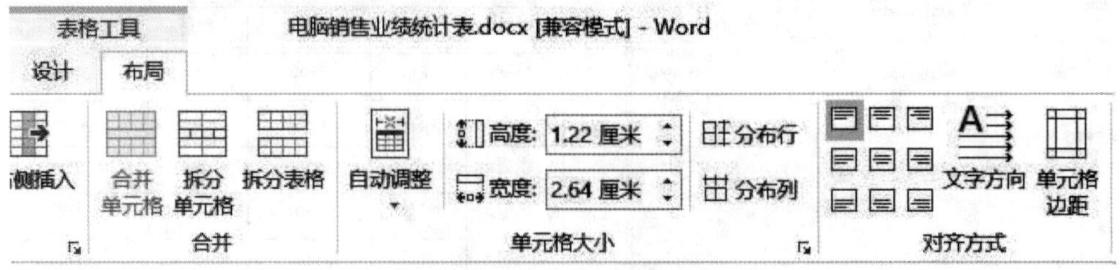

图 7-44 "对齐方式"选项组

这九种对齐方式的含义分别是:

靠上两端对齐:文字靠单元格左上角对齐。

靠上居中对齐:文字居中,并靠单元格顶部对齐。

靠上右对齐:文字靠单元格右上角对齐。

中部两端对齐:文字垂直居中,并靠单元格左侧对齐。

中部居中:文字在单元格内水平和垂直都居中。

中部右对齐:文字垂直居中,并靠单元格右侧对齐。

靠下两端对齐:文字靠单元格左下角对齐。

靠下居中对齐:文字垂直居中,并靠单元格底部对齐。

靠下右对齐:文字靠单元格右下角对齐。

提示

单元格"对齐方式"也可采用快捷菜单来做,在选择的单元格上单击鼠标右键,从弹出的快捷菜单中打开"表格属性"对话框,在"单元格"选项卡中选择合适的方式即可。要想改变文字方向,只需单击"文字方向",在弹出的对话框中进行设置。

3. 套用表格样式

创建表格后,除了表格的"布局"选项卡被激活外,"设计"选项卡也被激活,其中有许多表格样式,用户可直接套用。如图 7-45 所示。

套用表格样式的操作步骤如下:

(1)将插入点定位在选定表格,激活"设计"选项卡,再选中该选项卡;

(2)单击"表格样式"选项组中下拉按钮,滚动查看表格样式;

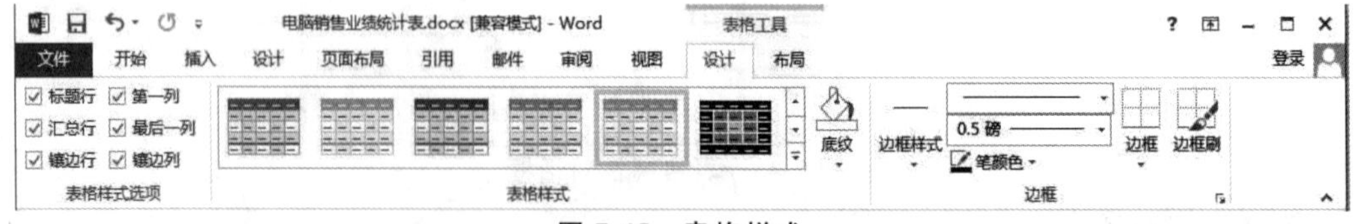

图 7-45 表格样式

(3)在弹出的下拉列表中选择某个表格样式时,可以预览效果,对其单击即可应用到当前表格,如图 7-46 所示是应用了表格样式后的销售业绩统计表。

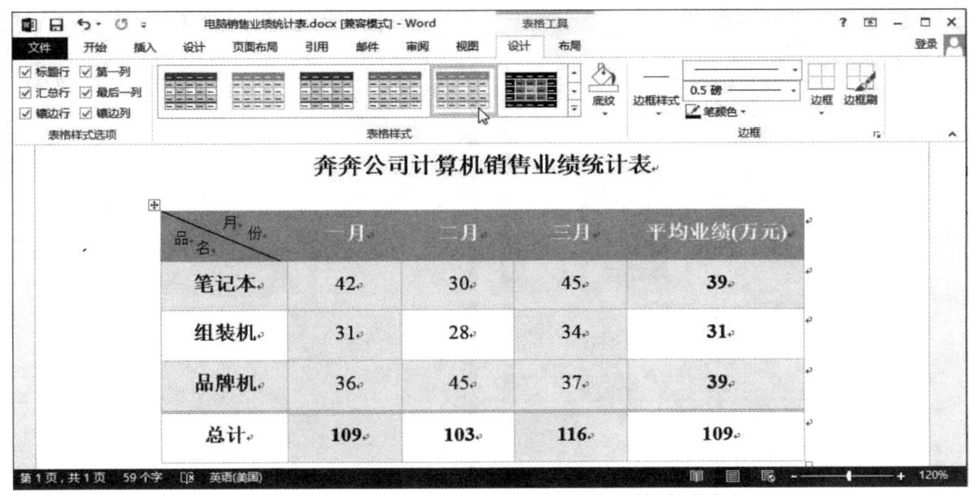

图 7-46 应用了表格样式后的销售业绩统计表

由上面可知，套用 Word 2013 提供的样式，可以给表格添加上边框、颜色以及其他的特殊效果，使得表格具有非常专业化的外观。

在“表格样式选项”选项组中，选中或清除每个表格元素旁边的复选框，以应用或删除选中的样式。

各选项含义如下：

标题行：表格的第一行显示特殊格式。

汇总行：表格的最后一行显示特殊格式。

镶边行：可以使表格的偶数行和奇数行显示不同格式。

第一列：表格的第一列显示特殊格式。

最后一列：表格的最后一列显示特殊格式。

镶边列：可以使表格的偶数列和奇数列显示不同格式。

提示

在展开的样式列表中选择“新建表样式”选项，打开“根据格式设置创建新样式”对话框，可以新建一个表格样式。选择“修改表格样式”选项，打开“修改样式”对话框，可以修改当前选中的表格样式。选择“清除”选项，可以删除选中的表格样式。

4. 设置边框和底纹

可根据需要对表格进行边框和底纹设计。使用“边框与底纹”对话框，不仅可以设置文字和段落的边框和底纹，还可以设置表格和单元格的边框和底纹。

操作步骤如下：

(1)选中表格或者单元格后，单击“表格工具”中的“设计”选项卡，在“边框”选项组中单击“边框”下拉按钮，在展开的下拉菜单中选择“边框和底纹”菜单命令，打开“边框与底纹”对话框，单击“边框”选项卡，如图 7-47 所示。

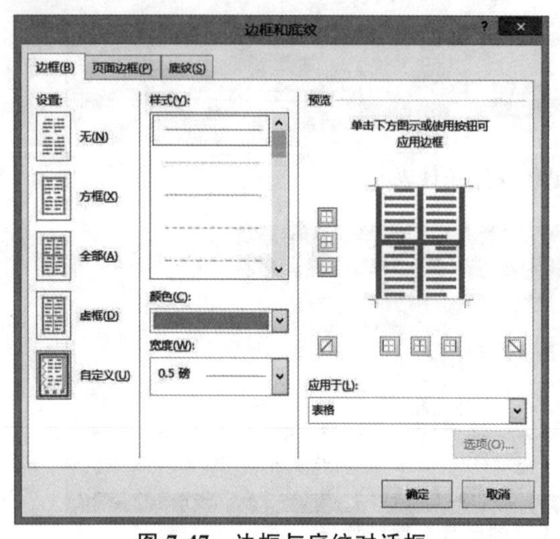

图 7-47 边框与底纹对话框

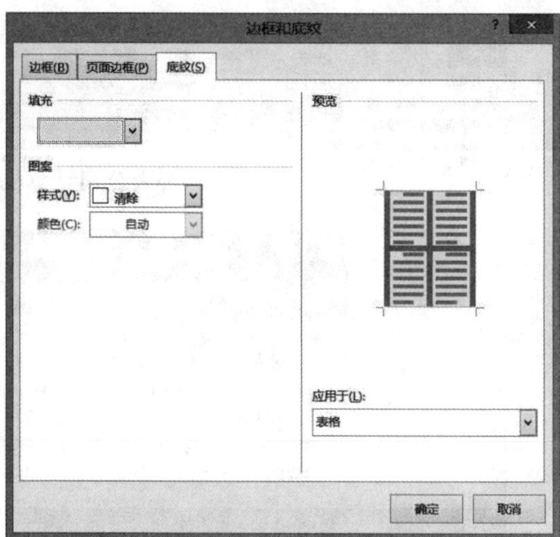

图 7-48 单元格底纹的填充颜色

(2)对边框的“样式”、“颜色”和“宽度”进行设置。

(3)单击“底纹”选项卡,在“填充”下拉列表框中选择单元格底纹的填充颜色,如图 7-48 所示。

(4)单击 确定 按钮。

提示

其实在“表格样式”选项组中单击“边框”下拉按钮,也可以简单选择要添加什么格式的边框线,在“底纹”下拉列表 底纹 中也可以进行底纹的设置。另外还可以在“表格属性”对话框中单击“边框和底纹”按钮,弹出如图 7-47 所示的对话框。

5. 技能拓展

(1)删除边框线

在“绘图”选项组中单击“橡皮擦”按钮,如图 7-49 所示。在要擦除的边框线上单击即可。操作如图 7-50 所示。擦除后的效果如图 7-51 所示。

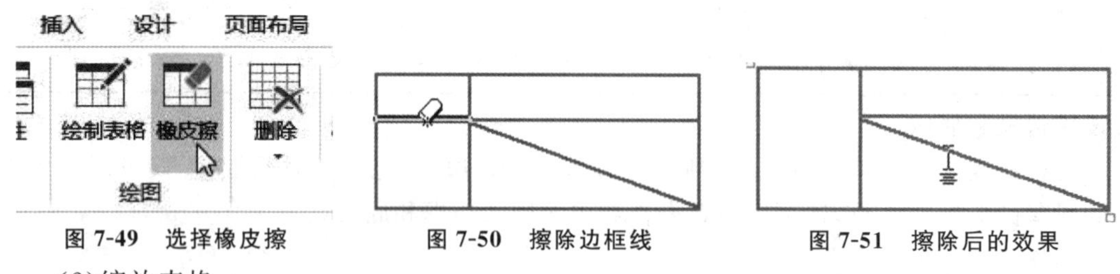

图 7-49 选择橡皮擦　　图 7-50 擦除边框线　　图 7-51 擦除后的效果

(2)缩放表格

将鼠标移动到表格上,直到表格右下角的尺寸控制柄□出现。将鼠标再移动到表格尺寸控制柄上,鼠标指针变成一个双向箭头↘,拖曳鼠标即可调整表格的大小。

(3)表格与文本的转换

在 Word 2013 中,可以将文本转换为表格,也可以将表格转换为文本。要把文本转换为表格时,应首先将需要转换的文本格式化,即把文本中的每一行用段落标记隔开,每一列用分隔符(如逗号、空格、制表符等)分开，否则系统将不能正确识别表格的行列分隔，从而导致错误的转换。

实际中，我们常常从网络上下载一些喜欢的文章，但往往都是以表格形式存在，为了编辑排版方便，则需要将表格转换为文本。

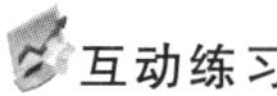互动练习

将从网上下载的带有表格的文档“在深秋里行走”转换为文本。

操作步骤如下：

(1)选中表格；

(2)选择表格工具中的“布局”选项卡，在“数据”选项组中单击“转换为文本”按钮，将打开“表格转换成文本”对话框，选中“制表符”单选按钮，如图 7-52 所示；

(3)单击“确定”按钮，并对转换的文本进行特殊的格式设置。

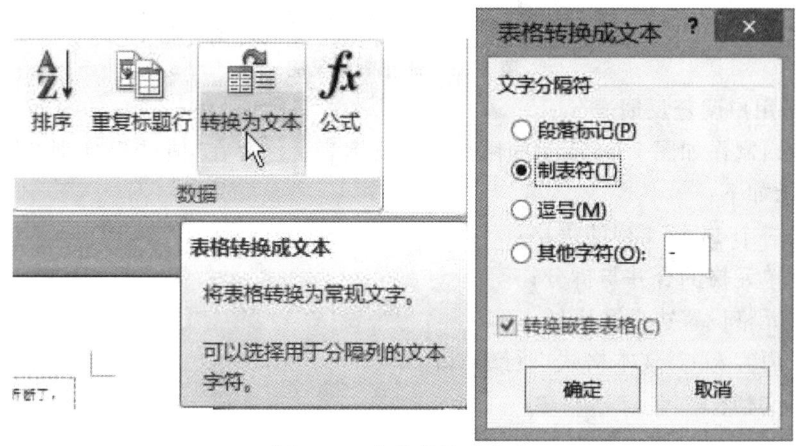

图 7-52　表格转换成文本

实训项目

实训 1　制作课程表

实训要求：利用 Word 2013 制作如图 7-53 所示的课程表。保存在“项目 7\实训 1”文件夹中。

操作提示如下：

(1)创建一个 7 行 7 列的表格；

(2)进行单元格的合并或拆分；

(3)调整单元格的大小；

(4)绘制斜线表头；

(5)设置表格边框线；

(6)输入表格内容；

(7)保存表格。

课程表

星期 / 时间		星期一	星期二	星期三	星期四	星期五
上午	8:00-8:50					
	9:00-9:50					
	10:10-11:00					
	11:10-12:00					
下午	14:30-15:20					
	15:30-16:20					

图 7-53 课程表效果图

实训 2 制作用户调查反馈表

实训要求:制作如图 7-54 所示的用户调查反馈表。保存在“项目 7\实训 2”文件夹中。

操作提示如下:

(1)制作一个 14 行 4 列的表格;

(2)进行单元格的合并与拆分;

(3)给单元格设置边框和底纹;

(4)输入内容,并对文本格式进行编辑;

(5)保存文档。

用户调查反馈表

用户基本信息			
姓名		性别	
工作单位			
家庭住址			
联系电话 1		联系电话 2	
电子邮件		购买日期	
满意度	□非常满意 □满意 □不满意		
意见或建议			
购买商品信息			
商品名称		商品编号	
生产厂家		服务电话	
通讯地址		邮政编码	
备注			

图 7-54 用户调查反馈表

项目 8

使用 Excel 2013 制作学生信息档案

项目导引:

我们知道 Word 具有强大的文字编辑功能,但数据的计算能力较弱,然而 Office 组件中 Excel 的计算能力却是非常强大的。

本项目通过使用 Excel 2013 制作"创建学生信息档案"和"修饰学生信息档案"两项任务的完成,初步体验 Excel 2013 的友好工作界面,熟悉工作簿的新建、保存、打开及程序的退出等基本操作,掌握数据输入、修饰的方法和技巧。

技能目标:

✍会制作简单的工作簿;
✍能在工作表中准确输入各种数据;
✍能根据不同数据设置数据格式;
✍能对数据表进行编辑美化。

知识目标:

✍掌握创建新工作簿的方法;
✍掌握输入数据的方法;
✍掌握工作簿中数据格式的设置方法;
✍理解如何提高数据的输入效率。

任务 8.1　创建学生信息档案

任务描述

使用 Excel 2013 制作完成学生信息档案。效果如图 8-1 所示。

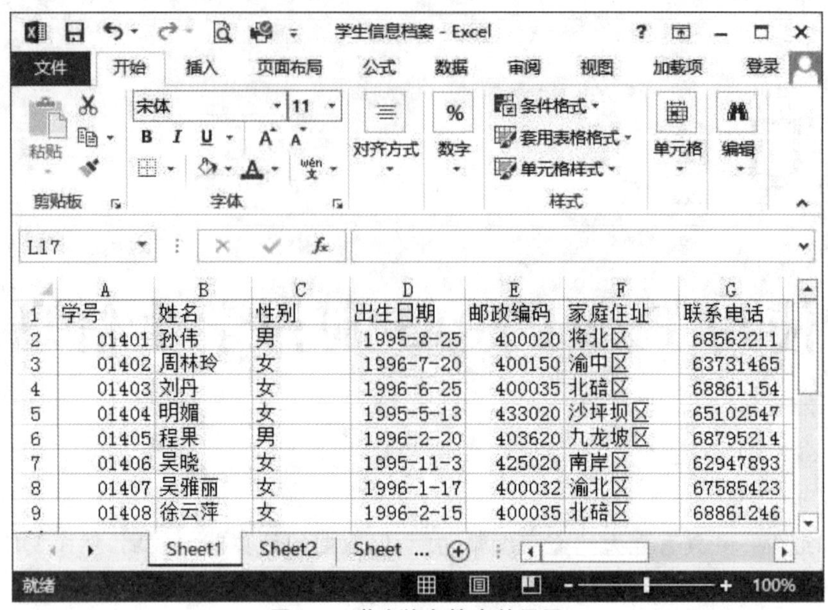

图 8-1 学生信息档案效果图

任务分析

完成该项任务的操作思路如下：

步骤 1 启动 Excel 2013，新建工作簿；

步骤 2 设置页面，保存工作簿；

步骤 3 向单元格中输入数据；

步骤 4 再次保存工作簿。

任务实施

活动 1 启动 Excel 2013，新建工作簿

Excel 2013 是最强大的电子表格制作软件，它不仅具有强大的数据组织、计算、分析和统计功能，还可以通过图表、图形等多种形式对处理结果加以形象地显示，更能够方便地与 Office 2013其他组件相互调用数据，实现资源共享。中文 Excel 2013 具有很强的图表图形功能，有丰富的命令和函数，并且支持 Internet 的开发功能。不仅对从事统计、财务、会计、金融和贸易工作人员是一种非常方便的工具，而且对于非专业人员所做的大部分表格也可适用，同时，排序、分类汇总和检索等操作也非常方便。

中文 Excel 2013 在中文 Excel 2010 的基础上进行了很大改进，界面更加简洁易用，并新增了很多强大功能。通过 Excel 2013 用户可以用来分析、共享和管理各种数据信息，做出更加有根据的决策。

下面我们从最简单的工作簿的建立开始。

新建一个工作簿主要有以下三种方法：

- 启动 Excel 2013，即可新建一个工作簿。

● Excel 2013 已经启动,按【Ctrl+N】组合键。

● 在 Excel 程序中单击“文件”的选项卡,打开“新建”对话框,再单击对话框中的“空白工作簿”按钮,即可创建新的工作簿,如图 8-2 所示。

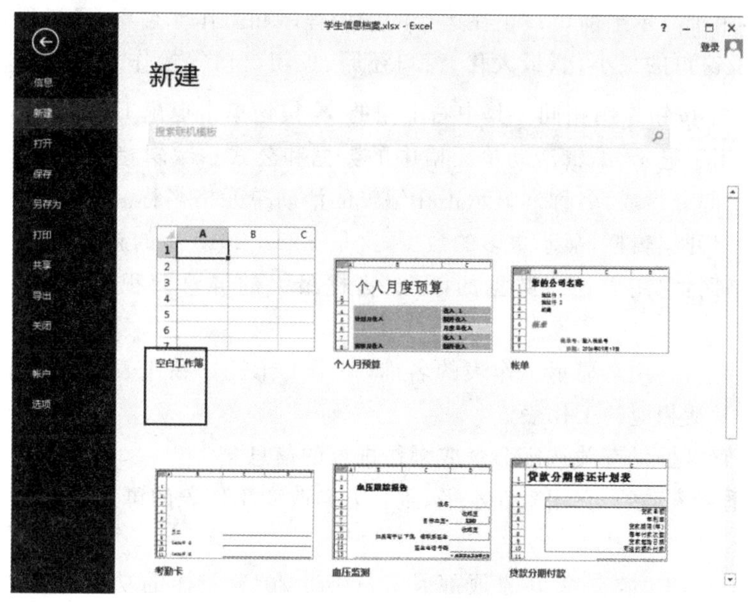

图 8-2　创建新的工作簿

启动 Excel 2013 后可以看到,Excel 与 Word 的工作界面相比有所不同,可参阅本任务所附的“相关资料 1”。

相关资料 1

资料 1.1　Excel 2013 工作界面介绍

1. 工作界面

启动 Excel 2013 时出现的工作界面与 Word 2013 相似,如图 8-3 所示,它由标题栏、快速访问工具栏、功能区、名称框、编辑栏、滚动条、工作区、工作表标签和状态栏等组成。

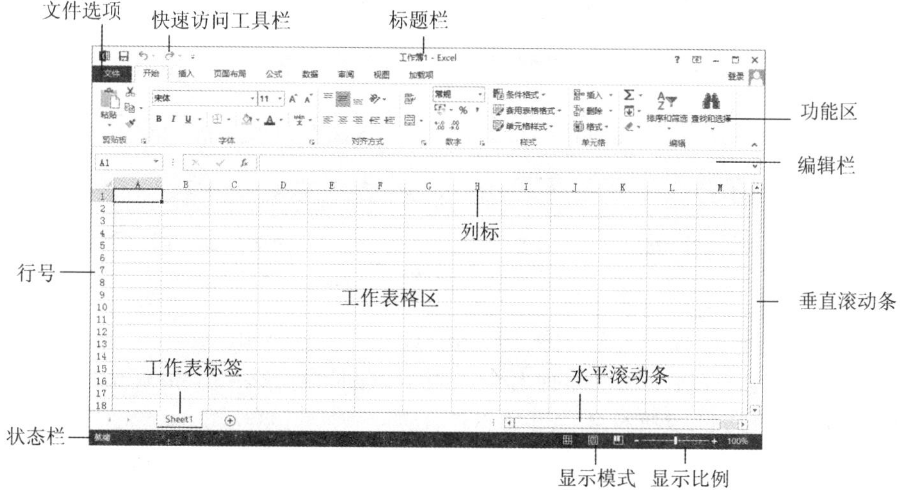

图 8-3　Excel 2013 工作界面

①文件选项:包含了对工作簿文件的操作命令。

②快速访问工具栏:经常使用的命令集合,可以将默认状态下没有的常用命令添加到此处,便于使用。

③标题栏:用于显示当前窗口正在运行的应用程序和工作簿名称,通过鼠标拖动标题栏来移动窗口以及窗口的最小化、最大化、窗口还原、关闭窗口等操作。标题栏右侧的三个按钮与 Word 的三个按钮作用相同。其中右上角的 ✖ 按钮单击退出 Excel 程序。

④编辑栏:用于显示、编辑活动单元格中的数据和公式。编辑栏由单元格名称框、操作按钮和编辑区三部分组成,名称框显示正在编辑的活动单元格名称。当单击右侧的“展开编辑栏”按钮时可展开编辑栏,显示更多的数据,这是 Excel 2013 版的新功能。

⑤工作表格区:它用以记录数据的区域,占据最大的屏幕面积,所有信息都存在这张表中。

⑥工作表标签:它用来显示工作表的名称,每个工作表标签代表一个工作表,单击工作表标签名称,将激活相应的工作表。

⑦状态栏:它可提供有关选定命令或操作进程的信息。

⑧水平与垂直滚动条:它用来在水平、垂直方向改变工作表的可见区域。

2. 功能区介绍

打开 Excel 2013 时,在窗口的顶部是和 Word 2013 一样的功能区和按钮,如图 8-4 所示。

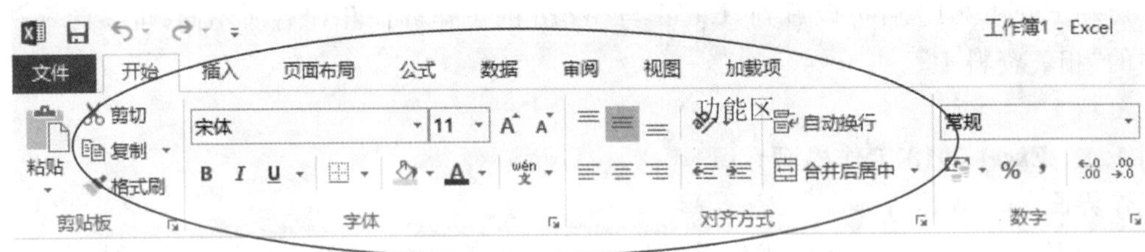

图 8-4 Excel 2013 的功能区

功能区由选项卡、组和命令三部分组成,如图 8-5 所示。

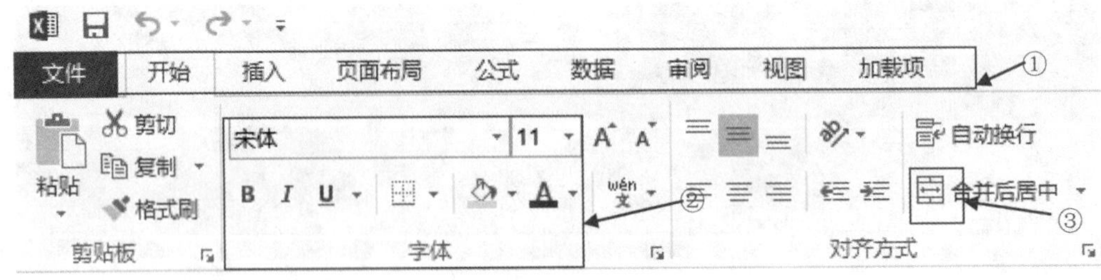

图 8-5 功能区组成

如①所示是选项卡:功能区顶部有七个选项卡,有时候会多一个格式选项卡,每个选项卡代表用户可以在 Excel 中执行的一组核心任务。

如②所示是组:每个选项卡都包含一些组,这些组将相关功能按钮显示在一起。

如③所示是命令:命令也是按钮,选择相应的功能单击应用即可。

3. 工作表新视图

在窗口的右下方设有“视图”工具栏，共有“普通”、“页面布局”和“分页预览”三个按钮，点击可以切换到不同的视图模式，如图 8-6 所示。

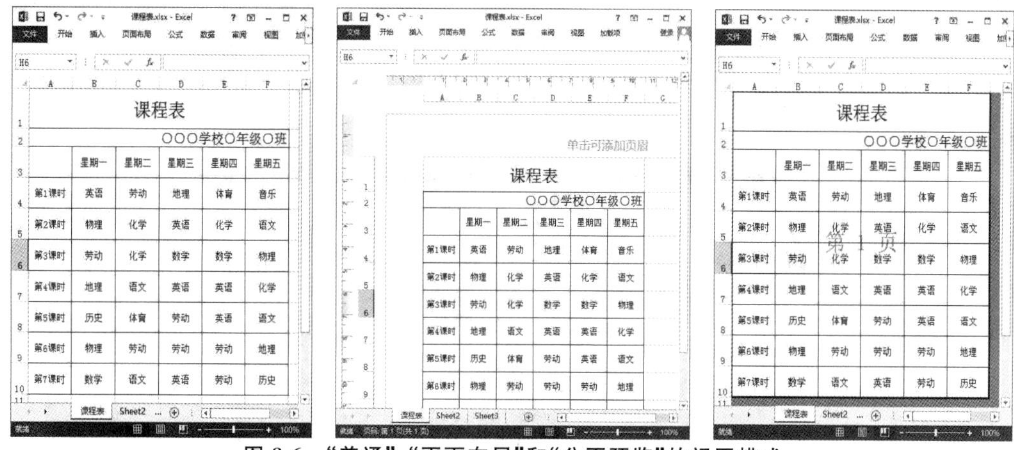

图 8-6 “普通”、“页面布局”和“分页预览”的视图模式

在“普通”视图下可编辑文档；在“页面布局”视图下可查看打印外观；在“分页预览”视图下可查看文档打印时的分页位置。

资料 1.2 工作薄、工作表和单元格概念

Excel 对数据的组织方式是通过“工作簿”和“工作表”来完成的，而“工作表”又是由许多“单元格”构成的，为叙述和理解方便，我们必须先熟悉 Excel 中最基本的一些概念。

1. 工作簿

工作簿是工作表和图表的集合，它以文件的形式存放在计算机的磁盘中，其默认扩展名为“. xlsx”。新创建的工作簿，Excel 将自动为其命名为：工作簿 1、工作簿 2、……，存盘时，用户可重新赋予工作簿有意义的名字：如“学生信息档案”。

2. 工作表

工作表是用于输入、编辑、显示和分析数据的表格，由行和列组成，存储在工作簿中。每一个都用一个工作表标签来标识，新建工作簿时，Excel 将自动为工作表命名为：Sheet1、Sheet2、……用户亦可重新命名，如“14 级 1 班”、“14 级 2 班”等。

3. 单元格

单元格是工作表中的小方格，它是工作表的基本元素，也是 Excel 独立操作的最小单位。每个单元格用于输入、显示和计算数据。如果输入的是文字或数字，则原样显示，如果输入的是公式或函数，则显示其结果。

工作簿、工作表与单元格之间的关系是包含与被包含的关系，即工作表由多个单元格组成，而工作簿又包含一个或多个工作表。

4. 单元格地址

单元格地址是用来标识一个单元格的坐标，用列标和行号组合表示，列号在前、行号在后。其中行号用 1,2,3,…… 表示，行号显示在工作簿窗口的左侧一列。列标用 A,B,C,……表示。列标显示在工作簿窗口工作区的上面。如第 4 列第 2 行的单元格地址为 D2,如图 8-7 所示。

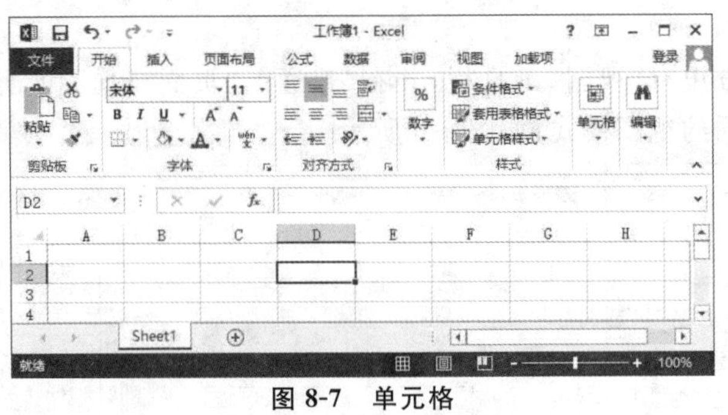

图 8-7　单元格

图 8-8　单元格区域

5. 活动单元格

活动单元格是指当前正在使用的单元格,在屏幕上带黑色粗线的方框指示其位置。活动单元格地址在编辑栏中的名称框显示。图 8-7 中 D2 就是活动单元格。

6. 单元格区域

单元格区域是指相邻的多个单元格,其表示方法是“区域左上角单元格地址:区域右下角单元格地址”,其中“:”为英文状态下的冒号。如图 8-8 中的区域可表示成“B2:D4”。

资料 1.3　在工作表中输入数据

在 Excel 中,单元格可以输入数值、文字、时间、日期或公式等数据。

1. 数据类型

在 Excel 中,我们把数据分为三类:即标签、数值和公式。

标签数据是指表格中的文字,只能对其编辑和修改,不能计算。

数值数据是指阿拉伯数字和小数点组成的数字。它有大小,可以进行计算,时间和日期也是数值数据。

公式数据是指以等号“=”开头,由单元格、运算符和数组成的字符串。在工作表中,如果某一个单元格的数据为公式,则单击该单元格是它的公式显示在编辑栏内,而单元格显示的是该公式计算的结果。

2. 输入数据的方式

(1)单个单元格数据输入

单击单元格使其成为活动单元格,直接在单元格中或编辑栏中键入内容,然后按编辑栏中的确认按钮 ✔,或在键入内容后直接按【Enter】或【Tab】键。如果取消输入操作则按编辑栏中的取消按钮 ✖。

(2)单元格区域数据的输入

选择区域,从左上角活动单元格开始输入数据,然后按【Tab】键或【Enter】键继续下一个单元格的输入。选择区域输入的最大好处是:按【Tab】键或【Enter】后活动单元格的移动不会超出所选区域。

(3)快速填充数据

选择单元格或单元格区域后会出现一个黑色边框的选区,该选区的右下角会出现一个控制柄,鼠标光标移至其上时会变成+形状,如图 8-9 所示,通过拖动这个控制柄可实现数据的快速填充。

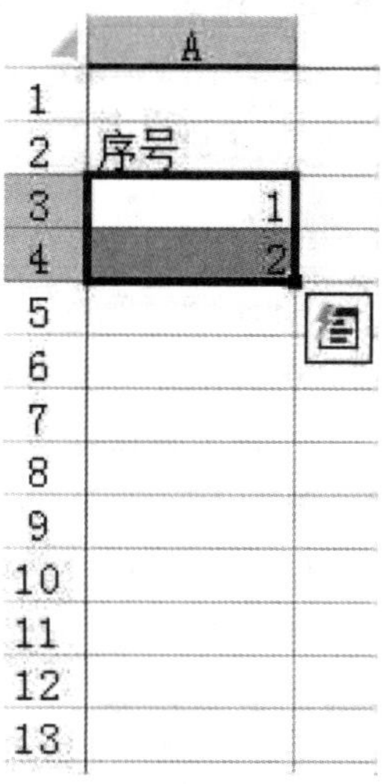

图 8-9 快速填充单元格

3. 各种类型数据的输入

(1)输入标签数据

标签数据的输入可以包括文字、数字(不可计算的数值)和符号。

对于全部由数字组成的字符串,如邮政编码、电话号码、身份证号等的输入,为了避免被 Excel 认为是数字型数据,可以在数字串前加单引号(')(英文状态下的单引号),当然,也可以事先将单元格的数字格式设置为“文本”,然后再输入。

(2)输入数值数据

输入的数值型数据默认对齐方式是单元格内靠右对齐。

在 Excel 中输入数值型数据,当数字长度超过单元格的宽度时,则会用科学记数法显示该数字,如“5.3E+17”。

输入分数时,先依次输入数字“0”和空格,再输入分数,如“0 1/3”,如果直接输入“1/3”,显示的是“1 月 3 日”。

输入日期(数值型数据,可以参与运算)时,可以使用斜杠“/”或字符“-”分隔年、月、日,如 1996 年 5 月 10 日,可以输入“1996/05/10”。如果输入的是当前日期可以直接按“【Ctrl+;】”组合键。

输入时间(数值型数据,可以参与运算)时,采用“时间+空格+pm 或 am”的方式输入,如下午六点,可以输入“6 pm”。如果输入的是当前时间直接按“【Ctrl+Shift+;】”。

(3)输入公式

以等号“=”开头,接着输入公式即可。编辑复杂的公式将在项目 9 中介绍。

活动 2 设置页面,保存工作簿

1. 设置页面

根据现有实际纸张大小设置页面。

操作步骤如下:

(1)单击“页面布局”选项卡。

(2)单击“页面设置”组中的“纸张大小”命令,选择合适的纸张,如 A4。

注意

先进行页面设置的好处是:根据现有实际纸张大小设置页面,打印时不必再次设置页面、调整列宽和行高。

2. 保存工作簿

和 Word 2013 相似,在 Excel 2013 中保存工作簿也有三种方法。

- 保存新建的工作薄。

注意

Excel 2013 默认保存文件扩展名为. xlsx,而之前的版本的文件扩展为. xls,所以文件采用默认保存类型的话,低版本的 Excel 程序是打不开的。

先将文件保存在外存上,万一机器出现故障死机或停电等原因,劳动成果不会丧失殆尽。Excel 2013 与 Word 2013 一样,对于已保存文件,在进行编辑时设置有自动保存功能(默认保存自动恢复信息时间间隔是 10 分钟)。

在工作簿制作过程中,应养成经常单击"保存"按钮的习惯,以免因突然停电等意外事件造成数据丢失。

- 保存原有工作簿。

对于已经保存过的工作簿,单击快速访问工具栏中的"保存"按钮,不会弹出"另存为"对话框,而是直接覆盖前次保存的工作簿。如果需要将工作簿保存为另一个文件,可以在"文件"选项中选择"另存为"命令,打开"另存为"对话框,以相同的文件名将文件保存到其他位置或者换名保存在同一位置。

- 另存为其他类型工作簿。

Excel 2013 的新格式为其以前版本所不容。为了兼容版本,Excel 2013 在保存格式选择中提供了一种兼容模式"Excel 97-2003 工作簿",只要将文档保存为这种格式,就可以被以前版本的 Excel 打开。保存为兼容模式的工作簿在标题栏会显示"[兼容模式]"。

提示

如果要保留原工作簿名,则必须选择与原工作簿不同的保存路径;如果要与原文件保存在同一个文件夹中则必须重命名。

活动 3　在单元格中输入数据

对数据进行正确分析的前提是在向工作表中输入的数据必须准确、规范。在 Excel 中建立学生信息档案,主要包括学生的学号、姓名、性别、出生日期、邮政编码、家庭住址和联系电话等内容。

操作步骤如下:

(1)命名工作表

在 Sheet1 工作表标签上,单击鼠标右键,在弹出的快捷菜单上单击"重命名"命令,如图 8-10 所示。然后输入工作表的名称,在这里输入"某某班学生档案表";也可以直接双击 Sheet1 工作表标签,然后输入工作表的名称。

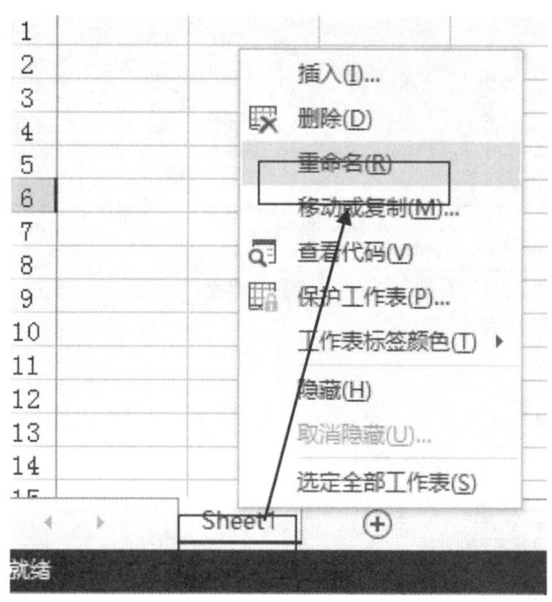

图 8-10　修改工作表的名称

(2)输入列标题名称

制作表格,首先要明确每一列的标题名称。对于本案例"学生信息档案"而言,主要的就是"学号"、"姓名"、"性别"、"出生日期"、"邮政编码"、"家庭住址"、"联系电话"等几个列标题名称。

单击 A1 单元格,选择输入法,输入"学号",按键盘上的制表位键【Tab】,输入"姓名",然后依次输入"性别"、"出生日期"、"邮政编码"、"家庭住址"和"联系电话"等字符。如图 8-11 所示。

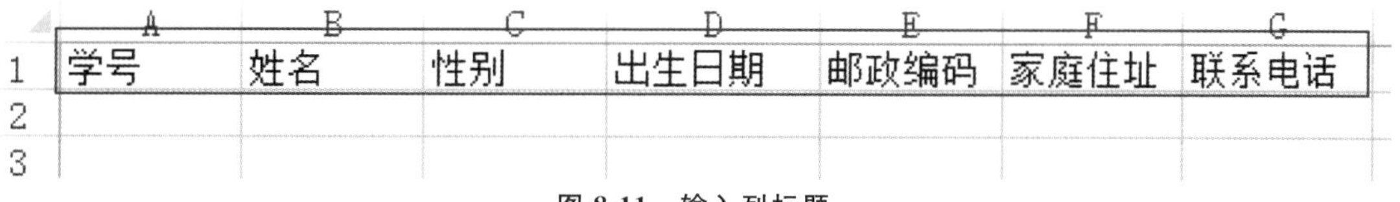

图 8-11　输入列标题

(3)学号的输入

在直接输入学号"01401"回车后,却显示成了"1401"。此时我们可以先选中 A2:A9 单元格区域,单击"开始"选项卡中的"数字"组向下箭头,弹出"设置单元格格式"对话框。

在"设置单元格格式"对话框中的"数字"选项卡中,选定"分类"列表框中的"自定义",在"类型"文本框中输入"0＃＃＃＃",然后单击"确定"按钮,完成单元格的格式设置,如图 8-12 所示。此时再输入"1401",单元格中会显示"01401"。

单击 A2 单元格,移动鼠标指针至 A2 单元格右下角小黑方块(称为填充柄),待鼠标指针由空心十字型✚变为实心十字型＋时,按住鼠标左键拖至 A9 单元格,松开鼠标,单击智能标记"自动填充选项",在弹出的快捷菜单中单击"填充序列",如图 8-13 所示。

图 8-12　输入学号

此项操作称为数据的自动填充，在相邻单元格的数据具有一定规律时经常采用自动填充的方法输入数据，这样可以提高输入速度和输入数据的准确性。

(4)出生日期的输入

出生日期的输入可以直接输入“1995-8-25”，也可输入“1995/8/25”，显示效果相同。在数据具有一定规律，如绝大部分学生出生在1995年，我们可以采用自动填充的功能快速输入，然后双击需要修改的单元格，移动光标进行修改。

(5)邮政编码的输入

为了增强数据输入的准确性，我们在这里介绍一下数据有效性的问题。

邮政编码均为六位，我们能否在数据输入前进行提示，如显示“请输入6位整数”，当用户输入数据不为六位时，显示警告信息，如“请确认您输入的数据为6位”？回答是肯定的，这就要用到数据的有效性。

具体操作如下：

选中单元格区域E2:E9，切换至“数据”选项卡，再单击“数据工具”组中的“数据验证”命令，弹出“数据验证”对话框，在“允许”列表框中选择“文本长度”，在“数据”列表框中选中“等于”，在“长度”框中输入数字“6”，如图8-14所示；单击“输入信息”选项卡，在“输入信息”列表框中输入“请输入6位整数”，；单击“出错警告”选项卡，在“错误信息”列表框中输入“请确认您输入的数据为6位”，单击“确定”按钮。

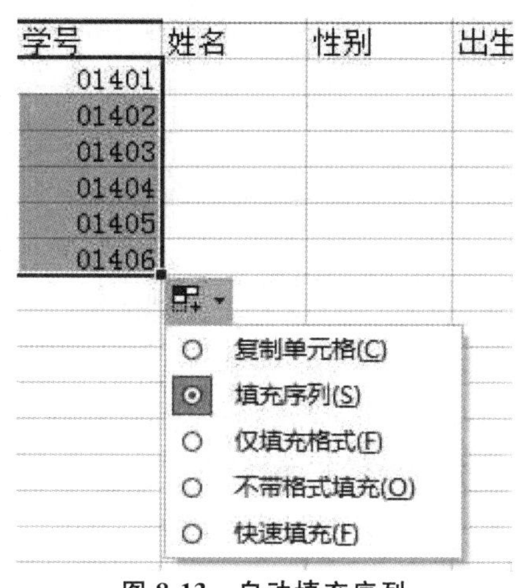

图 8-13　自动填充序列

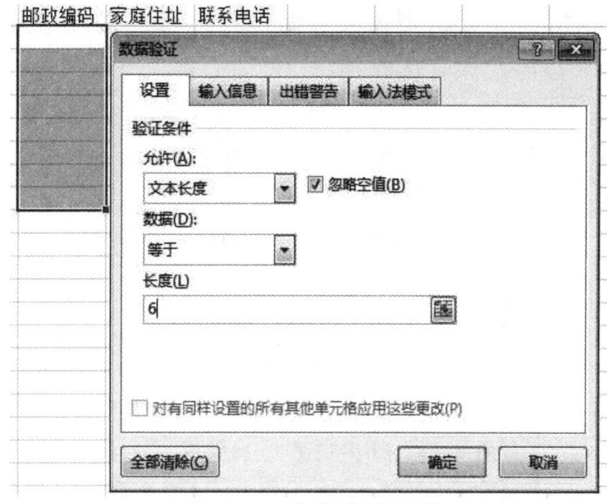

图 8-14　有效性的设置

(6)联系电话的输入

与邮政编码数据输入相似，这里不再赘述。

活动 4　再次保存工作簿

单击快速访问工具栏中的保存按钮，工作簿将以原文件名、原文件类型，保存在原位置。

实训项目

实训 1　制作饮料零售情况统计表

B	C	D	E	F	G
今日饮料零售情况统计					
日期	2014/7/10			利润率：	30%
名称	包装单位	零售单价	销售量	销售额	利润
可乐	听	3	120		
雪碧	听	2.8	98		
美年达	听	2.8	97		
健力宝	听	2.9	80		
红牛	听	6	56		
橙汁	听	2.6	140		
汽水	瓶	1.5	136		
啤酒	瓶	2	110		
酸奶	瓶	1.2	97		
矿泉水	瓶	2.3	88		
合计					

图 8-15　饮料零售情况统计表

实训要求：用 Excel 2013 制作完成“饮料零售情况统计表”工作薄，如图 8-15 所示，相关内容可参照本项目源文件 8.1.xlsx。完成后进行保存。

操作提示如下：

(1)启动 Excel 2013，新建工作簿。

(2)设置页面，保存工作簿。根据现有纸张设置页面。

(3)向单元格中输入数据,参照“项目 8\实训 8.1.xlsx”中的“数据”工作表,注意空行。

(4)再次保存工作簿。

实训 2 各种类型数据的输入

实训要求:打开“项目 8\实训 8.2.xlsx”,根据批注提示输入数据。各项任务如图 8-16 所示。

任务 1: 在单元格 A1 中输入数字 15;在单元格 A3 中输入数字 123456789012;在单元格 C3 中输入分数 2/5。
任务 2: 在 A5 中输入日期:2014 年 1 月 15 日;在 C5 中输入时间:下午 6 点;在 A7 中输入当天日期;在 C7 中输入当前时间。数据均为可计算数据。
任务 3: 在单元格 A9 中输入“工作簿”、“工作表”、“单元格”,各占一行。
任务 4: 将 A1 中数字 15 设置成 “日期”的格式。
任务 5: 将 C5 中的数据 6:00 PM 设置成 “常规”格式。
任务 6: 在单元格区域 A10:A20 内输入数字序列 1,2,3,4,5……
任务 7: 在单元格区域 B10:B20 内输入编号序列:0001,0002,0003,0004,0005……
任务 8: 在单元格区域 C10:C20 区域内输入工作日序列 10 月 1 日、10 月 2 日、……
任务 9: 在单元格区域 D10:D20 中输入系统内置的文字序列甲 乙 丙 丁…。
任务 10: 自定义文字序列:寝室、教室、食堂,并填充到单元格区域 E10:E20 中。
任务 11: 同时在 A21:A25 和 C21:C25 两个区域的所有单元格中输入相同的数据:成绩。
任务 12: 对 F10:F20 进行数据有效性检验设置,限定其输入值为 0-100 的数值。
任务 13: 使 G10:G20 的输入值为可选择的序列值:党员 团员 群众。

图 8-16 各种数据类型的输入

任务 8.2 修饰学生信息档案

任务描述

使用 Excel 2013 对任务 1 中的学生信息档案进行美化,效果如图 8-17 所示。

学号	姓名	性别	出生日期	邮政编码	家庭住址	联系电话
01401	孙伟	男	1995-8-25	400020	将北区	68562211
01402	周林玲	女	1996-7-20	400150	渝中区	63731465
01403	刘丹	女	1996-6-25	400035	北碚区	68861154
01404	明媚	女	1995-5-13	433020	沙坪坝区	65102547
01405	程果	男	1996-2-20	403620	九龙坡区	68795214
01406	吴晓	女	1995-11-3	425020	南岸区	62947893
01407	吴雅丽	女	1996-1-17	400032	渝北区	67585423
01408	徐云萍	女	1996-2-15	400035	北碚区	68861246

图 8-17 学生信息档案美化效果图

任务分析

完成该项任务的操作思路如下：

步骤 1　打开学生信息档案工作簿；

步骤 2　修饰列标题行格式；

步骤 3　设置列标题行下方数据格式；

步骤 4　给数据添加边框，调整行高，保存工作簿。

任务实施

活动 1　打开学生信息档案工作簿

打开已经存在的工作簿通常有两种方法，如果 Excel 2013 已经启动，我们可以通过单击“文件”选项中的“打开”命令（或直接用快捷键【Ctrl＋O】），寻找到工作簿存储路径，然后打开；如果 Excel 2013 未启动，我们可以寻找到要打开的工作簿，双击它即可打开该工作簿。

活动 2　修饰列标题行格式

（1）选中单元格区域 A1：G1，鼠标指针形状为空心时为选取状态，如图 8-18 所示。

	A	B	C	D	E	F	G
1	学号	姓名	性别	出生日期	邮政编码	家庭住址	联系电话
2	01401	孙伟	男	1995/8/25	400020	将北区	68562211
3	01402	周林玲	女	1996/7/20	400150	渝中区	63731465

图 8-18　选中单元格区域

（2）在“开始”选项卡中，单击“字体”组中的“加粗”按钮，设置列标题字号为 12。对齐方式中选择水平居中、垂直居中。

（3）在“开始”选项卡中，单击“字体”组中“填充颜色”下拉箭头，选择“橙色，着色 6，淡色 40%”。

效果如图 8-19 所示。

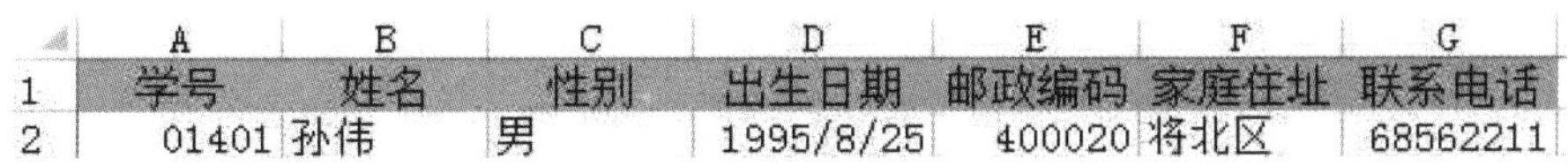

	A	B	C	D	E	F	G
1	学号	姓名	性别	出生日期	邮政编码	家庭住址	联系电话
2	01401	孙伟	男	1995/8/25	400020	将北区	68562211

图 8-19　填充颜色效果图

活动 3　设置列标题行下方数据格式

（1）选中单元格区域 A2：G9。在“开始”选项卡中，单击“对齐方式”组中的“居中”按钮。

（2）选中单元格区域 A2：A9。在“开始”选项卡中，单击“对齐方式”组对话框启动器箭头，弹出“设置单元格格式”对话框。

（3）在水平对齐方式列表框中选择“分散对齐”，并勾选“两端分散对齐”选项，如图 8-20 所示。

（4）单击“确定”按钮，效果如 8-21 所示。

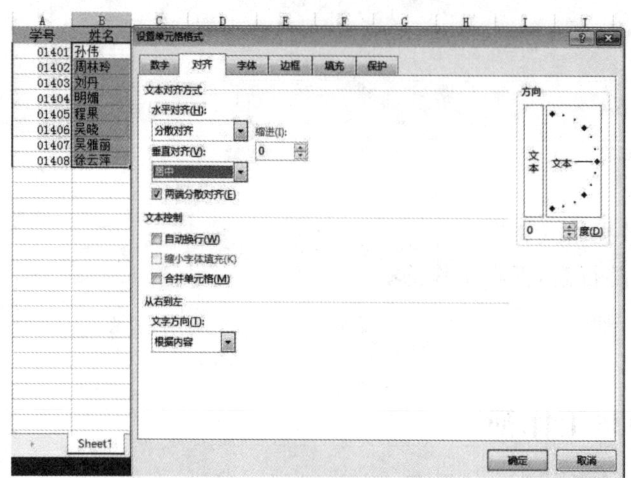
图 8-20 选择两端分散对齐

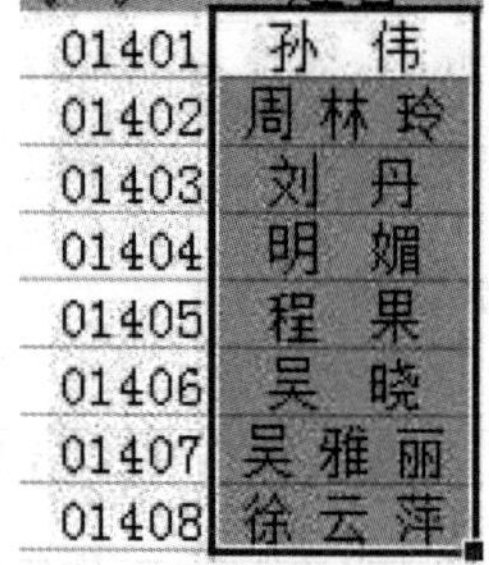
图 8-21 两端分散对齐样式

活动 4 给数据添加边框,调整行高,保存工作簿

(1)选中单元格区域 A1:G9。

(2)单击鼠标右键,在弹出菜单中选择"设置单元格格式",弹出"设置单元格格式"对话框,切换至"边框"选项卡。

(3)在"样式"区域中选择双实线,在颜色下拉列表中选择红色,单击"预置"区域的"外边框",如图 8-22 所示;选择单实线、绿色,单击"内部",单击"确定"按钮。

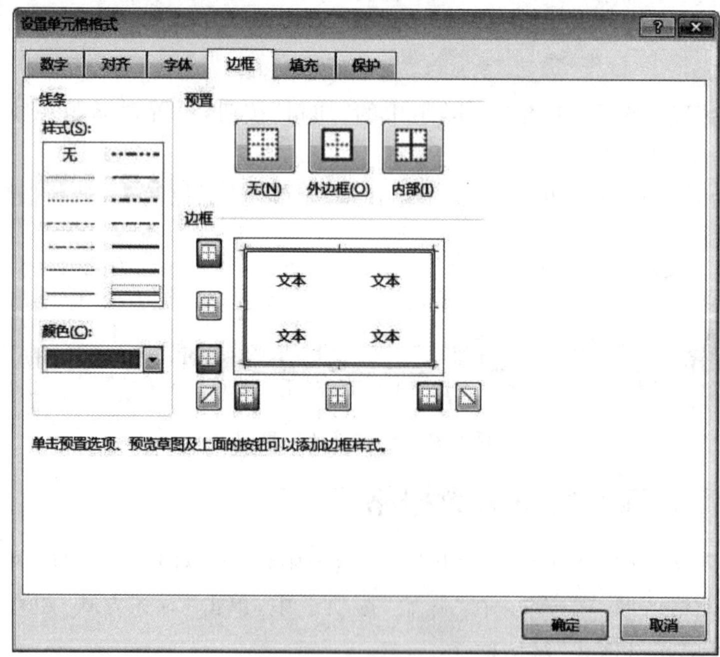

图 8-22 设置外边框

(4)将光标置于行号 1 上,按住鼠标左键拖动到行号 9,释放鼠标,这样就选择了 1~9 行;移动光标到 1~9 行中任意行号的边界位置,当光标变成双向箭头"✣"时向下拖动鼠标

可以调整行高，当行高符合要求之后释放鼠标。

(5)单击“保存”按钮，将最终结果保存为原位置工作簿。

至此，学生信息档案的修饰工作已经完成，效果如图 8-17 所示。

注意

在编辑过程中要留意鼠标指针的变化，只有让计算机做好准备了，才可以进行操作，否则是徒劳，这就像运动员比赛前的预备姿势，百米赛跑和投掷铅球是绝然不同的。空心十字“✚”是准备选单元格或单元格区域；黑色粗箭头“⬇”或“➡”是准备选择行或列；实心十字“+”是准备填充；双箭头“✢”或“+”是准备调整行高或列宽；双向十字箭头“✥”是准备移动数据；斜向上箭头加十字“↖”是准备复制数据等等。

在进行边框设置过程中，应先选择线条，然后选择给数据的哪部分加框线，这和写字绘画道理一样，要写字绘画，首先要选择笔型、色彩和粗细，然后动笔写字绘画。

实训项目

实训：修饰饮料零售情况统计表

实训要求：将“饮料零售情况统计表”进行美化。效果如图 8-23 所示。

今日饮料零售情况统计					
日期	2014/7/10			利润率：	30%
名称	包装单位	零售单价	销售量	销售额	利润
可　乐	听	3	120		
雪　碧	听	2.8	98		
美年达	听	2.8	97		
健力宝	听	2.9	80		
红　牛	听	6	56		
橙　汁	听	2.6	140		
汽　水	瓶	1.5	136		
啤　酒	瓶	2	110		
酸　奶	瓶	1.2	97		
矿泉水	瓶	2.3	88		
合　计					

图 8-23　饮料零售情况统计表美化效果图

操作提示：参照项目 8 源文件实训 8.1.xlsx 中的“修饰”工作表。

(1)“今日饮料零售情况统计”和“合计”是单击“对齐方式”组中的“合并后居中”按钮实现的。

(2)“名称”下数据设置为“分散对齐(缩进)”的水平对齐方式。

(3)列标题行下方和合计行上方的间隔线实际上是各有一行，行高较小。

相关资料 2

资料 2.1 单元格的操作

1. 单元格单击和双击

单击单元格使单元格处于覆盖状态，此时输入数据可将原数据覆盖。

双击单元格使单元格处于编辑状态，主要用于对单元格数据进行局部修改的情况，此时要配合鼠标指针的移动操作。

2. 单元格和单元格区域的选择

如果要进行输入数据或对数据进行编辑等操作，首先必须选中该单元格或单元格区域，使其成为活动单元格或单元格区域。不管同时选中多少个区域，最后选中的区域左上角的单元格不会变成反显状态。

(1)单元格的选择

用鼠标单击该单元格即可。

(2)单元格区域的选择

用鼠标单击要选择区域的左上角单元格，按住鼠标左键不放并拖拽至欲选择区域的右下角单元格，然后释放鼠标即可。

如果按住【Ctrl】不放，同时逐个选择欲选的单元格或单元格区域就可以选择多个非相邻的单元格或单元格区域。

(3)整行或整列的选择

用鼠标单击某行的行号，被单击的行的所有单元格均被选中；用鼠标单击某列的列标名，被单击列的所有单元格就被选中。

资料 2.2 移动、复制、清除数据

单元格中的数据可以复制或移动到同一个工作表上的其他地方、另一个工作表或者另一个应用程序中。数据的移动和复制有两种方法：一是用鼠标拖动；二是通过剪贴板进行粘贴。

1. 使用鼠标移动

(1)选定要移动的单元格或单元格区域，释放鼠标。

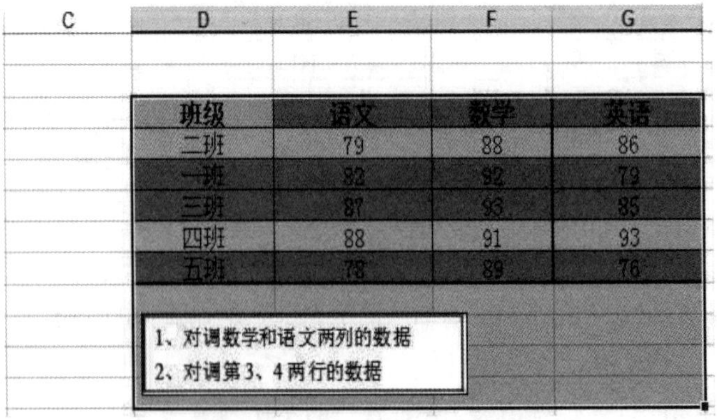

班级	语文	数学	英语
二班	79	88	86
一班	82	92	79
三班	87	93	85
四班	88	91	93
五班	78	89	76

1、对调数学和语文两列的数据
2、对调第3、4两行的数据

图 8-24 整行、整列移动数据

(2)将鼠标指针指向选定区域的边框线上，待鼠标指针变为双十字箭头“ ”时按住鼠标左键，并拖动到新的位置上，释放鼠标。

这种方法多用于在本工作表中的本界面数据的移动。

如果要整行、整列移动数据，如图 8-24 所示，可以先选中需移动数据所在的行或列，将鼠标指针指向选定区域的边框线上，待鼠标指针变为双十字箭头“ ”时按住鼠标左键和【Shift】键，并拖动到新的位置上，依次释放鼠标和【Shift】键即可，这种方法在调整数据时非常有用。

2. 用剪贴板进行移动

具体操作步骤如下：

(1)选定要移动的单元格或单元格区域，释放鼠标。

(2)单击“开始”选项卡中“剪贴板”组中的“剪切”按钮，或用快捷键【Ctrl+X】。

(3)选定要放置数据的单元格。

(4)单击“开始”选项卡中“剪贴板”组中的“粘贴”按钮，或用快捷键【Ctrl+V】。

这种方法多用于不同工作簿、工作表间数据的移动。

3. 使用鼠标复制

(1)选定要复制的单元格或单元格区域，释放鼠标。

(2)将鼠标指针指向选定区域的边框线上，待鼠标指针变为双十字箭头 时按住鼠标左键和【Ctrl】键，并拖动到新的位置上，依次释放鼠标左键和【Ctrl】键。

4. 用剪贴板进行复制

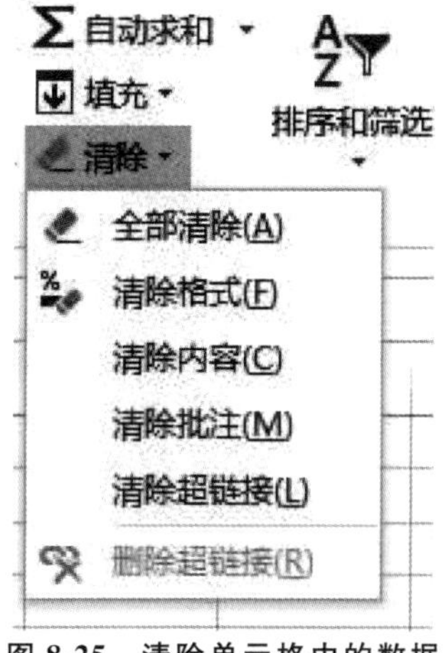

图 8-25　清除单元格中的数据

(1)选定要复制的单元格或单元格区域，释放鼠标。

(2)单击“开始”选项卡中“剪贴板”组中的“复制”按钮，或用快捷键【Ctrl+C】。

(3)选定要放置数据的单元格。

(4)单击“开始”选项卡中“剪贴板”组中的“粘贴”按钮，或用快捷键【Ctrl+V】。

这种方法多用于不同工作簿、工作表间数据的复制。

5. 清除单元格中数据

方法一，选中要清除数据的单元格，按【Delete】键即可。

方法二，选中单元格，单击“编辑”选项区中的“清除”按钮，从下拉菜单中选择所需选项。如图 8-25 所示。

资料 2.3 管理工作表

1. 工作表的插入

缺省状态下,一个新工作簿中只有 1 个工作表,而我们在实际工作中需要更多的工作表,此时就需要在此工作簿中插入工作表。

插入工作表的操作其实很简单,直接单击工作表标签右侧的"⊕"按钮即可,如图 8-26 所示。这是 Excel 2013 的新功能之一。

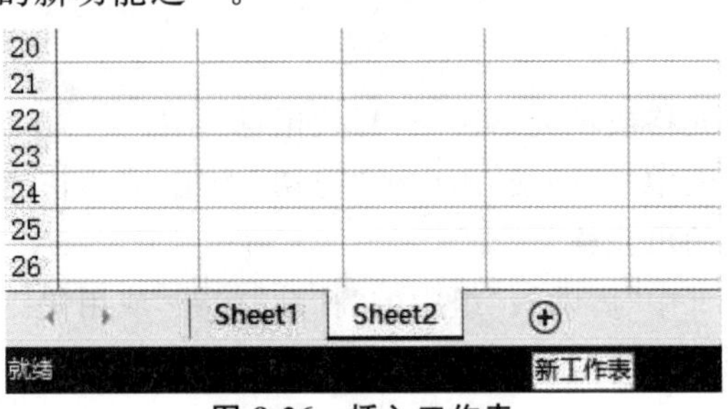

图 8-26 插入工作表

2. 工作表的移动和复制

选择要移动、复制的工作表标签,如果要移动,拖动所选的标签到所需位置即可;如果要复制,在按住【Ctrl】键的同时,拖动所选的标签到所需位置,依次释放鼠标和【Ctrl】键。拖动时,光标会出现一个黑色三角符号来表示移动的位置。

3. 工作表的删除

如果要删除错误的或不需要的工作表,可以直接右击该工作表标签,在弹出的快捷菜单上单击"删除"命令即可,如图 8-27 所示。

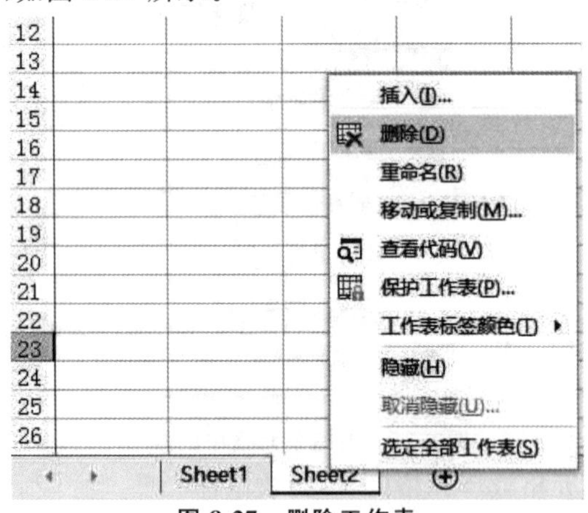

图 8-27 删除工作表

删除工作表的操作要谨慎,删除的工作表是不能恢复的。

资料 2.4 单元格内数据的格式

单元格内的数据可以根据需要设置成不同的数据格式。

1. 小数位数

"开始"选项卡中"数字"组中的"增加小数位数"按钮或"减小小数位数"按钮用于增加或减少数字的小数位数,每单击一次,就增加或减少一个小数位。

2. 货币样式

货币样式可以使数字前面带有货币符号。要应用货币样式,可以选中待设置的单元格或单元格区域，然后单击“开始”选项卡中“数字”组中的“货币样式”按钮。

3. 百分比样式

百分比样式可以使数字带有百分号。要应用百分比样式，可以选中待设置的单元格或单元格区域，然后单击“开始”选项卡中“数字”组中的“百分比样式”按钮 **%** 。

对单元格格式的集中设置可通过“设置单元格格式”对话框。单击“开始”选项卡中“数字”组对话框启动器，即可打开“设置单元格格式”对话框，如图 8-28 所示。

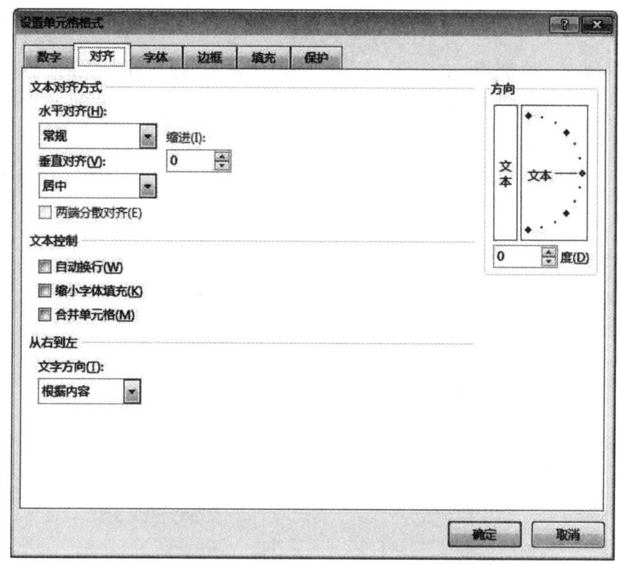

图 8-28　“设置单元格格式”对话框

4. 千位分隔符

如果要以逗号分隔数字的千位，可以选中待设置的单元格或单元格区域，然后单击“开始”选项卡中“数字”组中的“千位分隔样式”按钮 **,** ，如图 8-29 所示。

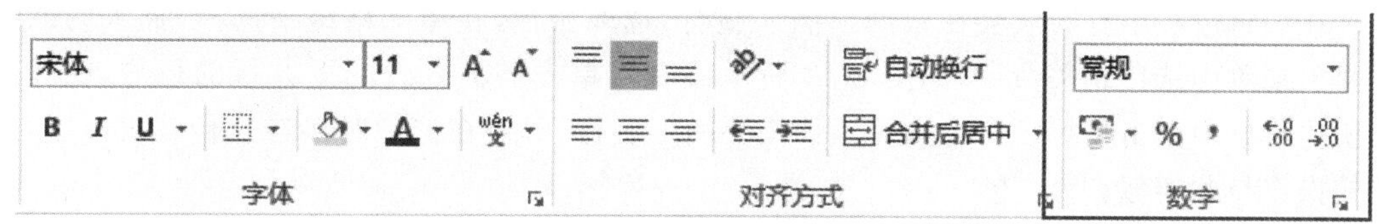

图 8-29　千位分隔样式

资料 2.5　行列的操作

当单元格中的数据不能全部显示出来时，我们就要调整列宽，有时候为了美观，也需要调整行高。

1. 自动调整

将鼠标指针移至某列右侧的分隔线，此时鼠标指针变为双向箭头“+ ”，双击该分隔线，就把该列的列宽自动调整到该列所有单元格中实际数据所占长度最大的那个单元格的宽度。用同样的方法也可以调整行高(双击行号的下分隔线)。

2. 拖拽调整

将鼠标指针移至某列右侧的分隔线，此时鼠标指针变为双向箭头“+ ”，拖拽鼠标至需要的宽度，然后释放鼠标即可调整列宽。用同样的方法也可以调整行高(拖拽行号的下分隔线)。

3. 利用命令调整

选中列或行,单击“开始”选项卡中的“单元格”组中的“格式”下的“列宽”或“行高”命令,可以调整列宽或行高,如图 8-30 所示。

4. 行、列的隐藏

右键单击需要隐藏的列或行,在弹出的快捷菜单中单击“隐藏”即可,如图 8-31 所示。

要取消隐藏的行或列,必须在隐藏部分的前后至少选择一行或一列,然后右击所选的行或列,在弹出的快捷菜单中单击“取消隐藏”。隐藏后的内容是打印不出来的。可以通过查看行或列的编号是否间断来判断一个工作表中是否有隐藏的行或列。

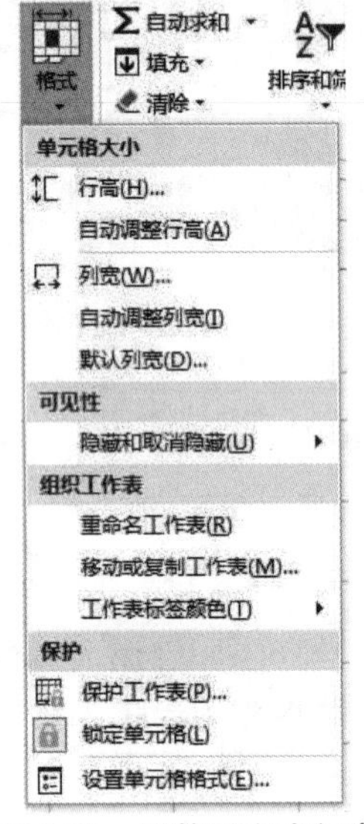

图 8-30 调整列宽或行高

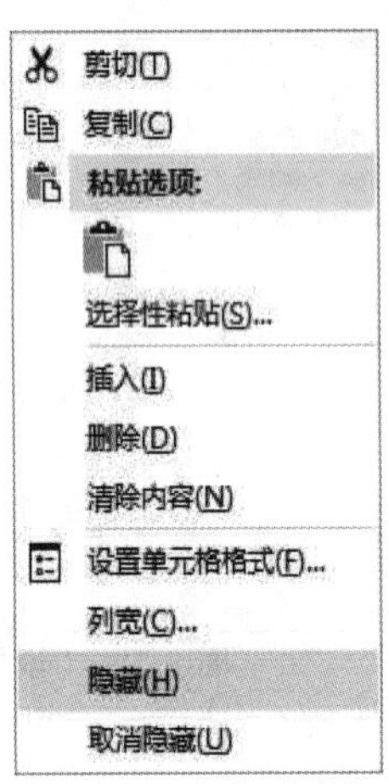

图 8-31 隐藏列或行

5. 插入行或列

在编辑过程中有时候会在数据中插入整行,选取目标,在单元格组中选择“插入”按钮,在弹出菜单中选择相关命令,如图 8-32 所示或右键单击需插入行的下方行的行号,在弹出的快捷菜单中单击“插入”命令即可。如果要插入多行,只要在选中时多选几行就可以了,多列的操作与此类似。

6. 删除行或列

在编辑过程中有时候会在数据中删除某行或某列,点击“删除”按钮,选择相关命令,如图 8-33 所示或右击该行号或列标,在弹出的快捷菜单中单击“删除”命令即可,如果要删除多行,只要在选择时多选几行就可以了,多列的操作与此类似。

图 8-32 插入行或列

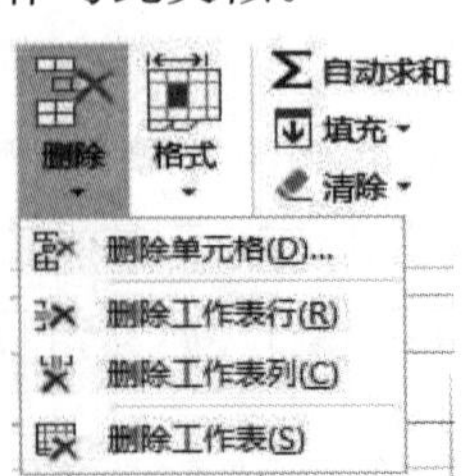

图 8-33 删除行或列

项目 9

使用 Excel 进行数据计算和分析

项目导引：

如果没有公式和函数，那么 Excel 与 Word 的表格功能相比大概不会有太多的优势。然而，也正是有了公式和函数，才使得 Excel 有强大的计算功能，显示了它的优越性所在。

本项目通过“用公式计算销售统计数据”和“对学生成绩统计表进行计算”两项目工作任务的完成，能够体会到 Excel 2013 强大的计算功能，并掌握公式、常用函数和一般函数的使用方法和技巧。通过“制作图书销售统计表”和“对图书销售表进行分析”任务的完成，能够体会到 Excel 2013 在数据分析统计上的强大功能，对数据清单的排序、筛选、分类汇总和建立透视表等进行了详尽的操作描述。

技能目标：

✍会用公式进行数据的简单计算；
✍会用五种常用函数对数据进行计算；
✍会使用排序、筛选、分类汇总工具管理数据清单中的数据；
✍会根据实际需要创建数据清单的透视表。

知识目标：

✍理解相对引用、绝对引用和混合引用的概念；
✍掌握用公式和常用函数对数据进行计算的方法；
✍掌握排序、筛选、分类汇总等工具在管理数据清单中应用；
✍掌握创建透视表的方法，并根据需要进行显示。

任务 9.1　用公式计算销售统计数据

任务描述

使用 Excel 2013 中的公式计算以下三种表格中的数据，如图 9-1～图 9-3 所示。

胖东来生活广场商品销售统计表				
				2014年7月25日
项目名称 编号	商品名称	销售数量	单价	销售总额
S005018	恰恰香瓜子	685	8.50	5,822.50
S002006	双汇火腿肠	821	7.50	6,157.50
H084026	大宝美容日霜	1003	12.50	12,537.50
H084009	丁家宜美白霜	53	35.80	1,897.40
SL002010	三笑水饺	248	10.50	2,604.00
Y006002	康师傅绿茶	369	2.80	1,033.20
Y002015	农夫果园	167	5.20	868.40
F012003	小天使童装	64	88.00	5,632.00
S016016	水晶之恋果冻	623	15.00	9,345.00
ST008006	香菇老抽酱油	2520	6.60	16,632.00
H026012	中华牙膏	852	7.20	6,134.40
H006004	德芙巧克力	182	45.50	8,281.00

图 9-1 胖东来生活广场商品销售统计表

今日饮料零售情况统计					
日期	2014/7/10			利润率:	30%
名称	包装单位	零售单价	销售量	销售额	利润
可　乐	听	3	120		
雪　碧	听	2.8	98		
美年达	听	2.8	97		
健力宝	听	2.9	80		
红　牛	听	6	56		
橙　汁	听	2.6	140		
汽　水	瓶	1.5	136		
啤　酒	瓶	2	110		
酸　奶	瓶	1.2	97		
矿泉水	瓶	2.3	88		
合　计					

图 9-2 今日饮料零售情况统计表

员工佣金计算表				
		发展经销商能力指标		
销售指标		弱	中	强
级别	销售额	3%	6%	8%
1	8000.00			
2	5000.00			
3	3000.00			
	总佣金			

图 9-3 员工佣金计算表

任务分析

完成该项任务的操作思路如下：

步骤 1　打开“公式”工作簿；

步骤 2　在输出单元格中输入公式；

步骤 3　自动填充复制公式；

步骤 4　保存工作簿。

任务实施

活动 1　打开“公式”工作簿

双击“项目 9\公式. xlsx”工作簿，即可打开。

活动 2　在输出单元格中输入公式

操作步骤如下：

1. 计算图 9-1 中编号为 S005018 的销售总额

(1)单击 E4 单元格。

(2)输入等号“＝”。

(3)单击 C4，输入乘号“＊”，单击 D4，单击编辑栏中的输入按钮 ✔，如图 9-4 所示。这种方法叫做提取单元格，公式中引用了两个单元格 C4、D4，该引用为相对引用。

提示

也可以手工输入“＝ C4＊D4”，但这样手工输入会有两个缺点：一是输入速度慢，另一个是容易输错，在较复杂的公式中，字符较多，极易出错。

胖东来生活广场商品销售统计表

2014年7月25日

项目名称 / 编号	商品名称	销售数量	单价	销售总额
S005018	恰恰香瓜子	685	8.50	=C4*D4
S002006	双汇火腿肠	821	7.50	
H084026	大宝美容日霜	1003	12.50	

图 9-4　编号为 S005018 的销售总额

注意

在运用公式和函数计算时首先应该单击选中目标单元格，否则完成任务后，需清除数据，再重新操作。

2. 计算图 9-2 中可乐的销售额和利润

(1)单击 F8 单元格。

(2)输入等号“＝”。

(3)单击 D8，输入乘号“＊”，单击 E8，单击编辑栏中的输入按钮 ✔，如图 9-5 所示。

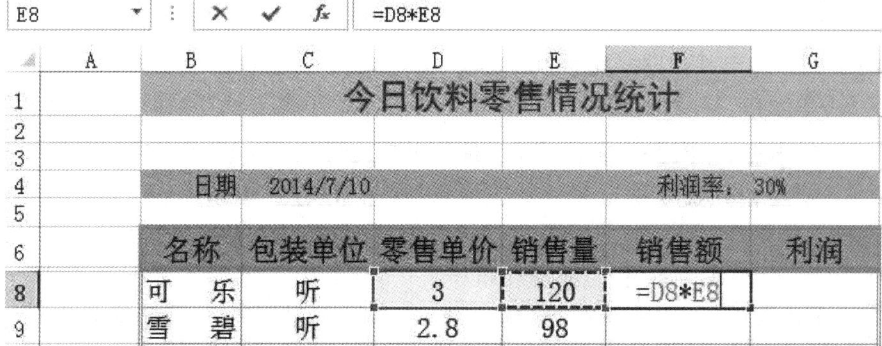

E8　=D8*E8

	A	B	C	D	E	F	G
1		今日饮料零售情况统计					
2							
3							
4		日期	2014/7/10			利润率：30%	
5							
6		名称	包装单位	零售单价	销售量	销售额	利润
8		可　乐	听	3	120	=D8*E8	
9		雪　碧	听	2.8	98		

图 9-5　计算可乐的销售额

(4)单击 G8 单元格。

(5)输入等号“＝”。

(6)单击 F8,输入乘号“＊”,单击 G4,按 F4 键,单击编辑栏中的输入按钮 ✔,如图 9-6 所示。＄G＄4 称为绝对引用。

G4　=F8*G4

	A	B	C	D	E	F	G
1		今日饮料零售情况统计					
2							
3							
4		日期	2014/7/10			利润率:	30%
5							
6		名称	包装单位	零售单价	销售量	销售额	利润
8		可　乐	听	3	120	360.00	=F8*G4
9		雪　碧	听	2.8	98		

图 9-6　计算可乐的利润

3. 计算图 9-3 销售额为 8000,发展经销商能力指标为 3%的员工佣金

(1)单击 C6 单元格。

(2)输入等号“＝”。

(3)单击 B6,输入乘号“＊”,单击 C5,在 5 和 B 前面加符号“＄”,单击编辑栏中的输入按钮 ✔,如图 9-7 所示。＄B6 和 C＄5 称为混合引用。

C6　=$B6*C$5

	A	B	C	D	E
1			员工佣金计算表		
2					
3			发展经销商能力指标		
4	销售指标		弱	中	强
5	级别	销售额	3%	6%	8%
6	1	8000.00	=$B6*C$5		

图 9-7　计算发展经销商能力指标为 3%的员工佣金

活动 3　自动填充复制公式

操作步骤如下:

(1)计算图 9-1 中其他商品销售额

单击 E4 单元格,移动鼠标指针至 E4 单元格右下角小黑方块(称为填充句柄),待鼠标指针由空心十字型✚变为实心十字型 ✚ 时,按住鼠标左键拖至 E15 单元格,松开鼠标,效果如图 9-8 所示。此项操作在本项目中会多次用到,我们简记为“拖动 E4 单元格的填充句柄复制公式至 E15 单元格”,此项操作既是自动填充数据,也是公式的复制。

(2)计算图 9-2 中其他商品的销售额和利润

选中单元格区域 F8:G8,释放鼠标,拖动 G8 单元格的填充句柄复制公式至 G17 单元格,效果如图 9-9 所示。

(3)计算 9-3 中其他情况员工佣金

单击 C6 单元格,拖动 C6 单元格的填充句柄复制公式至 E6 单元格,然后拖动 E6 单元格的填充句柄复制公式至 E8 单元格，效果如图 9-10 所示。

销售总额
5,822.50
6,157.50
12,537.50
1,897.40
2,604.00
1,033.20
868.40
5,632.00
9,345.00
16,632.00
6,134.40
8,281.00

图 9-8　自动填充计算销售总额

销售额	利润
360.00	108.00
274.40	82.32
271.60	81.48
232.00	69.60
336.00	100.80
364.00	109.20
204.00	61.20
220.00	66.00
116.40	34.92
202.40	60.72

图 9-9　自动填充计算利润

		发展经销商能力指标		
销售指标		弱	中	强
级别	销售额	3%	6%	8%
1	8000.00	240.00	480.00	640.00
2	5000.00	150.00	300.00	400.00
3	3000.00	90.00	180.00	240.00

图 9-10　复制公式

提示

公式的引用有三种情形：相对引用、绝对引用和混合引用。

1. 相对引用

引用分为相对引用、绝对引用和混合引用。在图 9-11 表中，E4 至 E15 单元格中的引用具有以下特点：所求的单元格（把它称为"目标单元格"）位置向下移动，发生了变化，它所引用的单元格地址也会随着发生变化（如 E4＝D4 * C4，E5＝D5 * C5，E6＝D6 * C6），但它们的相对位置没有发生变化，目标单元格的数值始终都是它左侧的两个单元格中数据的乘积，在形式上引用的单元格地址 C4、D4 前没有"$"符号，是相对地址，我们把这种引用称为相对引用。

E4　=C4*D4

	A	B	C	D	E
1	胖东来生活广场商品销售统计表				
2					2014年7月25日
3	项目名称 编号	商品名称	销售数量	单价	销售总额
4	S005018	恰恰香瓜子	685	8.50	5,822.50
5	S002006	双汇火腿肠	821	7.50	6,157.50
6	H084026	大宝美容日霜	1003	12.50	12,537.50
7	H084009	丁家宜美白霜	53	35.80	1,897.40
8	SL002010	三笑水饺	248	10.50	2,604.00
9	Y006002	康师傅绿茶	369	2.80	1,033.20
10	Y002015	农夫果园	167	5.20	868.40
11	F012003	小天使童装	64	88.00	5,632.00
12	S016016	水晶之恋果冻	623	15.00	9,345.00
13	ST008006	香菇老抽酱油	2520	6.60	16,632.00
14	H026012	中华牙膏	852	7.20	6,134.40
15	H006004	德芙巧克力	182	45.50	8,281.00

图 9-11　相对引用

2. 绝对引用

在图 9-12 中,在计算各种商品的利润时,我们在输入公式"＝F8＊G4"后,按了一下键盘上的 F4 功能键,将 G4 单元格地址的行号和列标前均加了一个"＄"符号,变成了"＝F8＊＄G＄4",这样做的目的,是在复制公式时第二个因子始终是 G4 单元格中的数值 30%,这正是我们所希望看到的结果。像这种目标单元格地址发生变化,而引用的单元格的地址始终不变的引用就称为绝对引用。绝对引用地址在形式上是在行号和列标前均加了一个"＄"符号。

G8 =F8*G4

	A	B	C	D	E	F	G
1		今日饮料零售情况统计					
2							
3							
4		日期	2014/7/10			利润率:	30%
5							
6		名称	包装单位	零售单价	销售量	销售额	利润
8		可　乐	听	3	120	360.00	108.00
9		雪　碧	听	2.8	98	274.40	82.32
10		美年达	听	2.8	97	271.60	81.48
11		健力宝	听	2.9	80	232.00	69.60
12		红　牛	听	6	56	336.00	100.80
13		橙　汁	听	2.6	140	364.00	109.20
14		汽　水	瓶	1.5	136	204.00	61.20
15		啤　酒	瓶	2	110	220.00	66.00
16		酸　奶	瓶	1.2	97	116.40	34.92
17		矿泉水	瓶	2.3	88	202.40	60.72

图 9-12　绝对引用

3. 混合引用

G8 =F8*G4

	A	B	C	D	E	F	G
1		今日饮料零售情况统计					
2							
3							
4		日期	2014/7/10			利润率:	30%
5							
6		名称	包装单位	零售单价	销售量	销售额	利润
8		可　乐	听	3	120	360.00	108.00
9		雪　碧	听	2.8	98	274.40	82.32
10		美年达	听	2.8	97	271.60	81.48
11		健力宝	听	2.9	80	232.00	69.60
12		红　牛	听	6	56	336.00	100.80
13		橙　汁	听	2.6	140	364.00	109.20
14		汽　水	瓶	1.5	136	204.00	61.20
15		啤　酒	瓶	2	110	220.00	66.00
16		酸　奶	瓶	1.2	97	116.40	34.92
17		矿泉水	瓶	2.3	88	202.40	60.72

图 9-13　混合引用

在图 9-13 所示的表中,C6 单元格引用为"＄B6＊C＄5",引用的单元格要么列标号前有"＄"符号,要么行号前有"＄"符号,我们称其为混合引用。

活动 4　保存工作簿

单击保存按钮，以原文件名保存。

实训项目

实训 1　计算“公司发货统计表、员工加班表”中的数据

实训要求：打开“项目 9\公式(练习). xlsx”，如图 9-14 所示，对数据进行计算。

操作提示如下：

(1)计算工作表“公式 1”中的合计、工作表“公式 2”中的毛利要用到相对引用。

(2)计算工作表“公式 3”中本月加班费要用到绝对引用和相对引用。

(3)三个工作表都是有针对性的练习，可以参看活动 1 的讲解。

员工姓名	加班时间（小时）			本月加班费		小时工资：	50.00
	截至上月	截至本月	本月				
张　培	32	43					
刘　斐	43	70					
王玉飞	22	36					
程　磊	45	58					
王　烁	32	47					
吴　言	52	68					
方文琮	65	79					
李　刚	63	78					
陈　全	33	45					

图 9-14　公式练习工作表

任务 9.2　用函数计算“学生成绩统计表”的数据

任务描述

使用 Excel 2013 中的函数计算以下图 9-15 所示表格中的数据。

任务分析

完成该项任务的操作思路如下：

步骤 1　打开“学生成绩统计表”工作簿；

步骤 2　运用常用函数计算学生总分；

步骤 3　运用常用函数计算学生单科平均分；

步骤 4　运用常用函数计算学生单科最高分；

	A	B	C	D	E	F	G
1	姓名	语文	数学	英语	物理	总分	名次
2	王 静	75	67	88	76		
3	李 斌	77	76	78	66		
4	赵晓飞	80	78	84	77		
5	陈 娟	78	73	60	65		
6	刘 敏	68	77	62	77		
7	王亚飞	80	62	76	73		
8	张艳丽	67	74	69	63		
9	徐梦云	80	76	86	70		
10	林 森	89	88	83	87		
11	蒋玉龙	67	72	67	66		
12	朱 丹	66	78	67	75		
13	平均分						
14	最高分						
15	最低分						

图 9-15 学生成绩统计表

步骤 5 运用常用函数计算学生单科最低分;

步骤 6 保存工作簿。

任务实施

活动 1 打开“学生成绩统计表”工作簿

双击“项目 9\学生成绩统计表.xlsx”工作簿,即可打开。

活动 2 运用常用函数计算学生总分

操作步骤如下:

(1)单击 F2 单元格。

(2)单击“开始”选项卡“编辑”组中的“自动求和”按钮 Σ 自动求和 ▾,选中弹出菜单中的“求和”命令,如图 9-16 所示。

(3)拖动 F2 单元格填充句柄复制公式至 F12 单元格。

对本表中的总分也可这样快速计算:

①选中单元格区域 B2:F12,单击“求和”命令。

②使用“公式”选项卡中的“自动求和”进行计算,如图 9-17 所示。

D	E	F
英语	物理	总分
88	76	
78	66	
84	77	
60	65	
62	77	
76	73	
69	63	
86	70	
83	87	
67	66	
67	75	

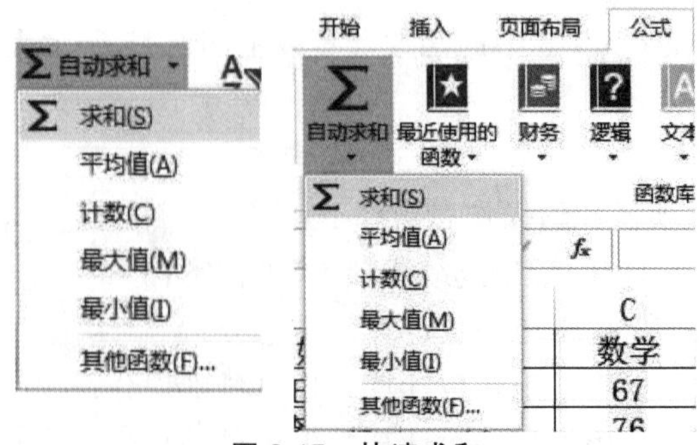

图 9-16 选中求和命令　　图 9-17 快速求和

技巧

对于五个常用函数，如果目标列或行与数据相邻，可以选中数据及目标列或行，直接单击常用函数命令来快速计算。

活动 3　运用常用函数计算学生单科平均分

操作步骤如下：

(1)单击 B13 单元格。

(2)单击“开始”选项卡“编辑”组中的“求和”按钮右侧的下拉箭头，单击“平均值”，如图 9-18 所示。

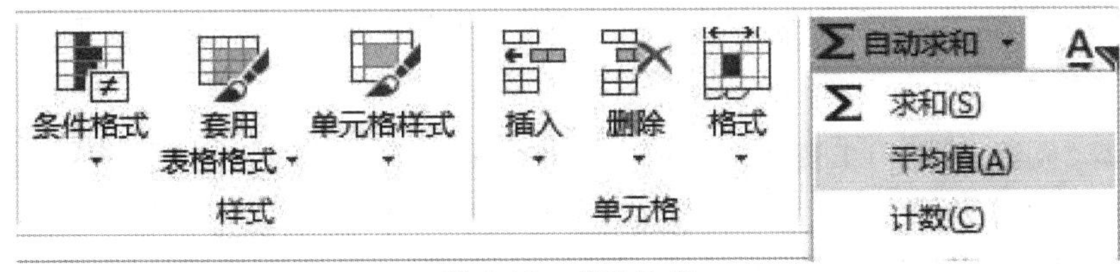

图 9-18　求平均值

(3)拖动 B13 单元格填充句柄复制公式至 E13 单元格。

活动 4　运用常用函数计算学生单科最高分

操作步骤如下：

(1)单击“开始”选项卡“编辑”组中的“自动求和”按钮右侧的下拉箭头，单击“最大值”。

(2)重新选取数据区域 B2:B12，如图 9-19 所示。

	A	B	C
1	姓名	语文	数学
2	王　静	75	67
3	李　斌	77	76
4	赵晓飞	80	78
5	陈　娟	78	73
6	刘　敏	68	77
7	王亚飞	80	62
8	张艳丽	67	74
9	徐梦云	80	76
10	林　森	89	88
11	蒋玉龙	67	72
12	朱　丹	66	78
13	平均分	75.2	74.6
14		=MAX(B2:B12)	
15	最低分	MAX(number1, [number2], ...)	

图 9-19　选取数据区域

	A	B	C
1	姓名	语文	数学
2	王　静	75	67
3	李　斌	77	76
4	赵晓飞	80	78
5	陈　娟	78	73
6	刘　敏	68	77
7	王亚飞	80	62
8	张艳丽	67	74
9	徐梦云	80	76
10	林　森	89	88
11	蒋玉龙	67	72
12	朱　丹	66	78
13	平均分	75.2	74.6
14		=MAX(B2:B13)	
15	最低分	MAX(number1, [number2], ...)	

图 9-20　不重新选取数据区域情况

(3)拖动 B14 单元格填充句柄复制公式至 E14 单元格。

注意

如果不重新选取数据区域，就会把平均分也包含在单科成绩内，如图 9-20 所示，因此在运用函数计算时一定要注意所引用的单元格区域是否符合要求，以免造成错误。

活动 5 运用常用函数计算学生单科最低分

操作步骤如下:

(1)单击 B15 单元格。

(2)单击“开始”选项卡“编辑”组中的“求和”按钮右侧的下拉箭头,单击“最小值”。

(3)重新选取数据区域 B2:B12。

(4)拖动 B15 单元格填充句柄复制公式至 E15 单元格。

活动 6 保存工作簿

单击保存按钮,以原文件名保存。

实训项目

实训 2 计算“成绩表、部门工资表、订单”中的数据

实训要求:打开“项目 9\函数(练习).xlsx”,打开工作簿中的“成绩”、“部门工资”工作表,如图 9-21 所示,对相关数据进行计算。

成绩表

学号	姓名	数 学	语 文	自 然	美 术	音 乐	体育	总 分
01401	赵秀秀	100	99	99	85	100	100	
01402	王辉	96	87	93	80	85	95	
01403	许庆龙	91	58	88	95	70	90	
01404	邓锐	100	86	99	75	85	100	
01405	李元锴	77	94	89	100	95	90	
01406	白小康	98	93	88	90	95	90	
01407	孙春红	94	86	96	70	100	100	
01408	王娜	98	73	89	85	90	75	
01409	李岩松	87	82	85	95	95	100	
01410	陈碧佳	71	94	77	95	90	90	
01411	康建平	86	76	98	95	100	90	
01412	贾青青	55	56	74	80	75	70	
01413	潘庆雷	85	88	93	95	100	85	
01414	张子非	97	87	88	90	100	90	
01415	于晓萌	81	87	99	100	85	90	
01416	周琳琳	85	68	85	75	70	80	
01417	王明浩	82	86	82	90	85	90	
01418	刘超	94	94	94	80	95	80	
01419	徐亮	76	93	100	85	95	90	
01420	沙靖松	93	97	96	80	95	75	
01421	魏宏明	100	97	91	95	100	100	
01422	李洋洋	78	78	100	75	95	85	
01423	赵杰	69	76	96	75	95	85	
	平均成绩							

部门工资表

部门	姓名	基本工资	奖金	应发工资	扣款	实发工资
销售部	姚兵	¥ 2,777.00	¥ 800.00		¥95.00	
销售部	刘莉	¥ 2,706.00	¥ 920.00		¥88.00	
销售部	王娜娜	¥ 2,706.00	¥ 860.00		¥76.00	
销售部	李绿夏	¥ 2,777.00	¥ 900.00		¥68.00	
销售部	王凯青	¥ 2,706.00	¥ 950.00		¥59.00	
公关部	李红	¥ 3,000.00	¥ 600.00		¥52.00	
公关部	代化	¥ 2,800.00	¥ 600.00		¥82.00	
公关部	张小明	¥ 3,000.00	¥ 600.00		¥46.00	
研发部	刘晨光	¥ 3,500.00	¥ 1,300.00		¥57.00	
研发部	丁琴	¥ 3,500.00	¥ 1,420.00		¥49.00	
合计						

图 9-21 “成绩”、“部门工资”工作表

操作提示:

(1)工作表“成绩”是运用常用函数和一般函数进行计算的。

(2)工作表“部门工资”是综合训练,涵盖了公式、常用函数的使用。

任务 9.3 对图书销售表进行分析

任务描述

任务一:在“图书情况销售表”工作簿的 Sheet1 工作表中,以“类别”为主要关键字,按照降序排序,结果如图 9-22 所示。

	A	B	C	D	E
1	书籍名称	类别	销售数量（本）	单价	销售总额
2	健康周刊	生活百科	1930	8.3	16019
3	医学知识	生活百科	2410	15.9	38319
4	饮食与健康	生活百科	2570	9.5	24415
5	丁丁历险记	少儿读物	2350	19.8	46530
6	十万个为什么	少儿读物	3840	22.4	86016
7	儿童乐园	少儿读物	6520	18.8	122576
8	中学物理辅导	课外读物	2860	14.8	42328
9	中学化学辅导	课外读物	3150	15.2	47880
10	中学数学辅导	课外读物	3260	8.8	28688
11	中学语文辅导	课外读物	3370	8.6	28982

图 9-22　以“类别”降序排序

任务二：在“图书情况销售表”工作簿的 Sheet1 工作表中，筛选出“销售数量”大于 3000 或小于 2000 的记录，将筛选结果复制到从 G1 单元格起的区域中，结果如图 9-23 所示。

G	H	I	J	K
书籍名称	类别	销售数量（本）	单价	销售总额
健康周刊	生活百科	1930	8.3	16019
中学化学辅导	课外读物	3150	15.2	47880
儿童乐园	少儿读物	6520	18.8	122576
中学数学辅导	课外读物	3260	8.8	28688
十万个为什么	少儿读物	3840	22.4	86016
中学语文辅导	课外读物	3370	8.6	28982

图 9-23　筛选结果

任务三：在“图书情况销售表”工作簿的 Sheet1 工作表中，以“类别”为分类字段，将“销售数量”进行“求和”分类汇总，结果如图 9-24 所示。再以“类别”为分类字段，将“销售数量”进行“平均值”分类汇总，结果如图 9-25 所示。

	A	B	C	D	E
1	书籍名称	类别	销售数量（本）	单价	销售总额
2	健康周刊	生活百科	1930	8.3	16019
3	饮食与健康	生活百科	2570	9.5	24415
4	医学知识	生活百科	2410	15.9	38319
5		**生活百科 汇总**	6910		
6	儿童乐园	少儿读物	6520	18.8	122576
7	十万个为什么	少儿读物	3840	22.4	86016
8	丁丁历险记	少儿读物	2350	19.8	46530
9		**少儿读物 汇总**	12710		
10	中学物理辅导	课外读物	2860	14.8	42328
11	中学化学辅导	课外读物	3150	15.2	47880
12	中学数学辅导	课外读物	3260	8.8	28688
13	中学语文辅导	课外读物	3370	8.6	28982
14		**课外读物 汇总**	12640		
15		**总计**	32260		

图 9-24　以“类别”为分类字段分类汇总

	A	B	C	D	E
1	书籍名称	类别	销售数量（本）	单价	销售总额
2	健康周刊	生活百科	1930	8.3	16019
3	饮食与健康	生活百科	2570	9.5	24415
4	医学知识	生活百科	2410	15.9	38319
5		**生活百科 平均值**	2303.333333		
6	儿童乐园	少儿读物	6520	18.8	122576
7	十万个为什么	少儿读物	3840	22.4	86016
8	丁丁历险记	少儿读物	2350	19.8	46530
9		**少儿读物 平均值**	4236.666667		
10	中学物理辅导	课外读物	2860	14.8	42328
11	中学化学辅导	课外读物	3150	15.2	47880
12	中学数学辅导	课外读物	3260	8.8	28688
13	中学语文辅导	课外读物	3370	8.6	28982
14		**课外读物 平均值**	3160		
15		**总计平均值**	3226		

图 9-25　分类汇总

任务四:在“图书情况销售表”工作簿中,使用 Sheet2 工作表中的数据,以“书店名称”为报表筛选,以“书籍名称”为行字段,以“类别”为列字段,以“销售数量”为平均值项,从 Sheet3 工作表的 A1 单元格起建立数据透视表,结果如图 9-26 所示。

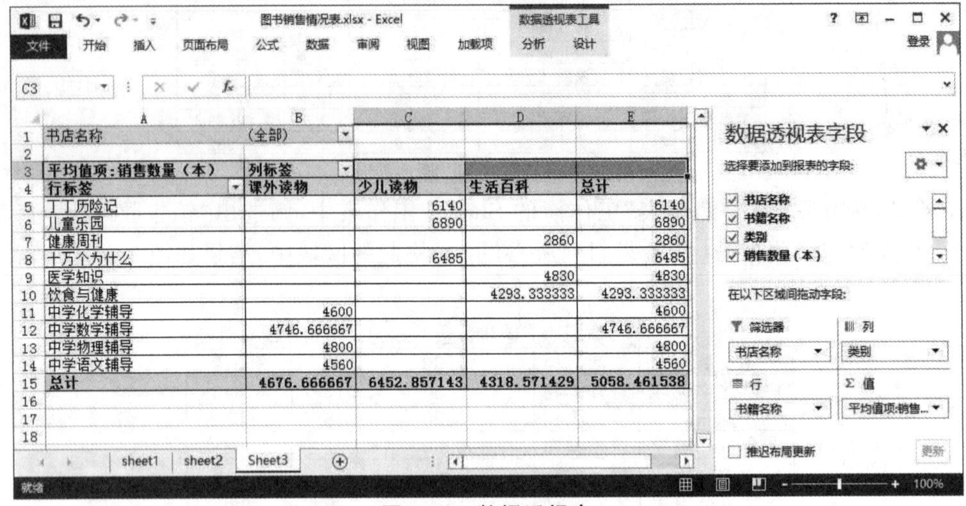

书店名称	(全部)			
平均值项:销售数量（本）	列标签			
行标签	课外读物	少儿读物	生活百科	总计
丁丁历险记		6140		6140
儿童乐园		6890		6890
健康周刊			2860	2860
十万个为什么		6485		6485
医学知识			4830	4830
饮食与健康			4293.333333	4293.333333
中学化学辅导	4600			4600
中学数学辅导	4746.666667			4746.666667
中学物理辅导	4800			4800
中学语文辅导	4560			4560
总计	4676.666667	6452.857143	4318.571429	5058.461538

图 9-26　数据透视表

任务分析

完成该项任务的操作思路如下：

步骤 1　进行数据排序；

步骤 2　进行数据筛选；

步骤 3　进行分类汇总；

步骤 4　进行嵌套汇总；

步骤 5　删除分类汇总；

步骤 6　建立透视表。

任务实施

活动 1　数据排序

排序是对数据清单最基本的操作。排序就是依据某一个或几个字段值,按一定的顺序将清单中的记录重新排列。排序有升序和降序,对于数值字段,升序就是从小到大的顺序排列,降序则是从大到小排列。对于字符,从 A 到 Z 是升序,反之则是降序。如果是汉字,则以汉语拼音字母排序。

1. 单字段排序

如果只根据某一字段进行排序就是单字段排序,这个字段也称“关键字”。

在“图书情况销售表”工作簿的 Sheet1 工作表中,如果要以“类别”为主要关键字,按照降序排序,那么我们可以先单击“数据”选项卡下的“排序和筛选”组中的降序按钮 Z↓A 或单击“编辑”选项卡组中的“排序和筛选”选择“降序”。效果如图 9-27所示。

A	B
书籍名称	类别
健康周刊	生活百科
饮食与健康	生活百科
医学知识	生活百科
儿童乐园	少儿读物
十万个为什么	少儿读物
丁丁历险记	少儿读物
中学物理辅导	课外读物
中学化学辅导	课外读物
中学数学辅导	课外读物
中学语文辅导	课外读物

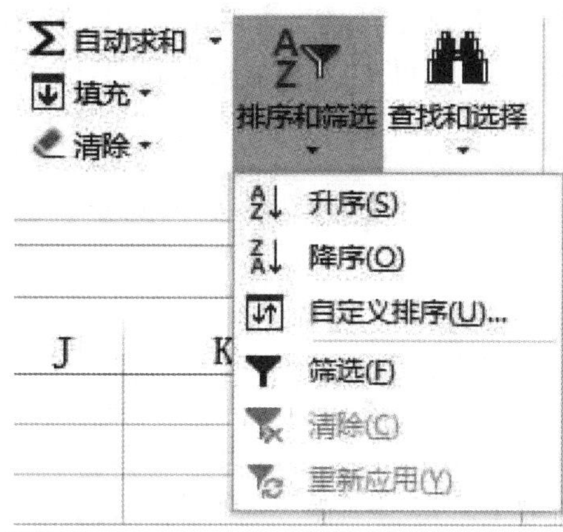

图 9-27　单字段排序

2. 多字段排序

多字段排序又叫多重排序。如果我们以“类别”为主要关键字，降序排序后，再以“销售数量”为关键字，升序排序，那么这就是多字段排序。

对于多字段排序，我们必须使用自定义排序。

多字段排序的操作步骤如下：

(1)单击数据清单中任意单元格。

(2)单击“数据”选项卡下的“排序和筛选”组中的“排序”命令，弹出“排序”对话框。

(3)在“主要关键字”中选择“类别”，在“次序”中选择“降序”。

(4)单击“添加条件”按钮，在“次要关键字”中选择“销售数量(本)，在“次序”中选择“升序”，如图 9-28 所示。如果对排序还有其他要求，可以在“排序”对话框中单击“选项”按钮，在弹出的“排序选项”对话框中，用户可根据需要进行设置。如果不选择“数据包含标题”，则字段名行也参加排序。

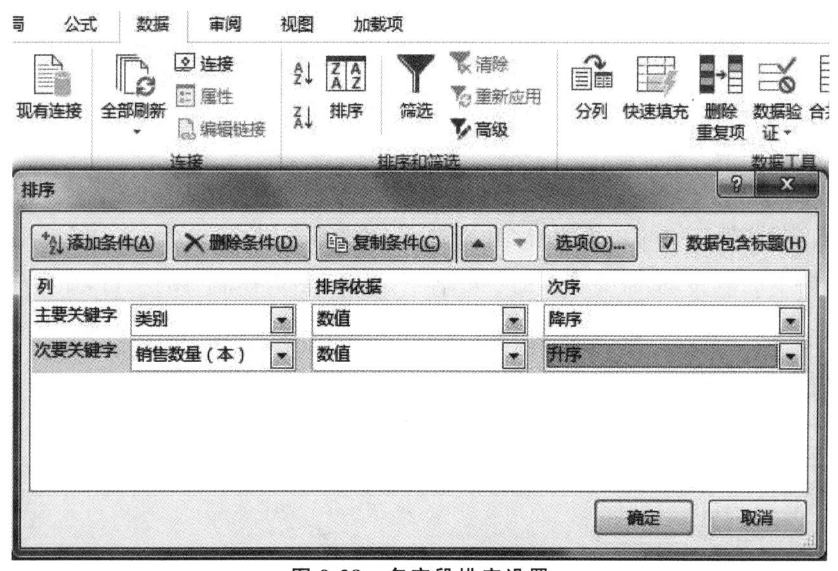

图 9-28　多字段排序设置

(5)单击“确定”按钮,效果如图 9-29 所示。

从图 9-29 中我们可以清楚地看到,同一类别的书籍是按升序排序的。

提示

使用图 9-27 中的“自定义排序”命令也可打开“排序”对话框,进行相关设置。

A	B	C	D	E
书籍名称	类别	销售数量(本)	单价	销售总额
健康周刊	生活百科	1930	8.3	16019
医学知识	生活百科	2410	15.9	38319
饮食与健康	生活百科	2570	9.5	24415
丁丁历险记	少儿读物	2350	19.8	46530
十万个为什么	少儿读物	3840	22.4	86016
儿童乐园	少儿读物	6520	18.8	122576
中学物理辅导	课外读物	2860	14.8	42328
中学化学辅导	课外读物	3150	15.2	47880
中学数学辅导	课外读物	3260	8.8	28688
中学语文辅导	课外读物	3370	8.6	28982

图 9-29 排序效果图

活动 2 数据筛选

在繁杂的数据中,要挑选出符合某种条件的数据就需要对数据清单中的数据进行筛选。筛选数据只是显示那些符合条件的记录,而将其他记录隐藏起来。Excel 2013 有较强的数据筛选功能,用户可使用 Excel 2013 对记录进行自动筛选,也可以通过高级筛选进行更复杂的数据处理。

1. 自动筛选

自动筛选是一种快速的筛选方法,可以通过它快捷地访问大量数据,并把从中选出满足条件的记录显示出来。

具体操作步骤如下:

(1)单击数据清单中任一单元格。

(2)切换到“数据”选项,单击“排序和筛选”组中“筛选”按钮,这时在每个字段名右侧都出现了一个向下的箭头,从需要筛选的字段名下拉列表中选择需要的项目,如单击“类别”右侧的箭头,在下拉列表中单击“(全选)”,再单击“少儿读物”,如图 9-30 所示,单击“确定”按钮,结果如图 9-31 所示。

如果要取消自动筛选的显示结果,恢复到数据清单的初始状态,我们只需要单击“筛选”按钮即可。

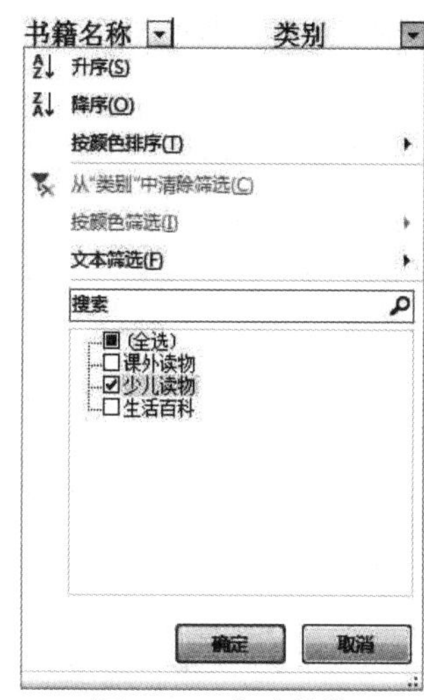

图 9-30　自动筛选

B1　类别

	A	B	C	D	E
1	书籍名称	类别	销售数量（本	单价	销售总额
5	丁丁历险记	少儿读物	2350	19.8	46530
6	十万个为什么	少儿读物	3840	22.4	86016
7	儿童乐园	少儿读物	6520	18.8	122576

图 9-31　筛选后效果图

2. 高级筛选

当涉及到更为复杂的筛选条件时，利用自动筛选已无法完成，这时就需要使用高级筛选。下面以“图书情况销售表”工作簿的 Sheet1 工作表的数据清单为例，使用高级筛选的方法筛选出“销售数量”大于 3000 或小于 2000 的记录，将筛选结果复制到从 G1 单元格起的区域中。

具体操作步骤如下：

(1)设置筛选条件。设置如图 9-32 所示的筛选条件，其中“销售数量(本)”为字段名，条件在同一行表示“与”的关系，不在同一行是“或”的关系。

	A	B	C	D	E
1	书籍名称	类别	销售数量（本）	单价	销售总额
2	健康周刊	生活百科	1930	8.3	16019
3	医学知识	生活百科	2410	15.9	38319
4	饮食与健康	生活百科	2570	9.5	24415
5	丁丁历险记	少儿读物	2350	19.8	46530
6	十万个为什么	少儿读物	3840	22.4	86016
7	儿童乐园	少儿读物	6520	18.8	122576
8	中学物理辅导	课外读物	2860	14.8	42328
9	中学化学辅导	课外读物	3150	15.2	47880
10	中学数学辅导	课外读物	3260	8.8	28688
11	中学语文辅导	课外读物	3370	8.6	28982
12					
13		销售数量（本）			
14		>3000			
15		<2000			

图 9-32　设置筛选条件

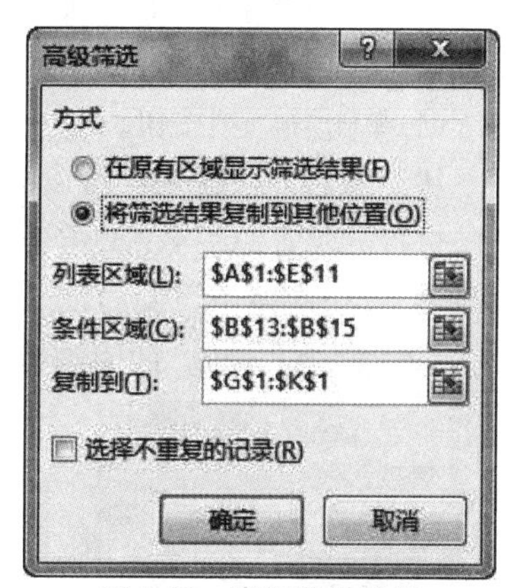

图 9-33　高级筛选设置

(1)单击数据清单中任一单元格。

(2)单击“排序和筛选”组中的“高级”按钮，弹出“高级筛选”对话框。因为已单击了数据清单中任一单元格，所以“列表区域”中的引用就是数据清单区域。

(3)在“方式”选项区中，单击选中“将筛选结果复制到其他位置”。

(4)在“条件区域”框中，用鼠标拖选条件区域“B13:B15”，在“复制到”框中输入 G1(或单击提取 G1 单元格)，如图 9-33 所示。

(5)单击“确定”按钮。

如果要取消高级筛选的显示结果,单击“排序和筛选”组中的“筛选”按钮即可。

技巧

高级筛选功能的应用贵在筛选条件的编制,编制筛选条件的依据就是:条件在同一行表示“与”的关系,不在同一行是“或”的关系。

活动3　分类汇总

Excel的“筛选”功能可从大量的数据中筛选出我们需要的数据,但是对相同数据进行处理的功能较弱。补充筛选功能的不足可使用Excel的分类汇总功能,对工作表的相同数据进行求和、求平均值、求最大最小值等操作。

注意

在进行分类汇总之前,必须对关键字进行排序,否则汇总无意义;如果数据已经是排好序的,可免除该步骤。进行分类汇总的数据不能再套用表格格式,否则分类汇总无法进行。

具体操作步骤如下:

(1)将光标定位在要进行分类汇总的Sheet1工作表数据区域的一个单元格中,活动2已经按“类别”进行“降序排序”,所以本活动的第一步没有再进行排序。

(2)切换到“数据”选项卡,单击“分级显示”组上的“分类汇总”按钮打开“分类汇总”对话框。

(3)在“分类字段”下拉列表框中选择“类别”,在“汇总方式”的下拉列表框选择“求和”,在“汇总项”中选择“销售数量(本)”,如图9-34所示。

(4)单击“确定”按钮。

从汇总后的数据表中可以方便查看每类图书的销售数量总和。

执行分类汇总后,在工作表左侧是“分级显示”按钮,当数据记录很多时,可通过单击“分级显示”按钮隐藏不需要的记录。例如单击“少儿读物”汇总行左侧的“分级显示”按钮中的“[-]”,隐藏“少儿读物”的明细数据,如图9-35所示。

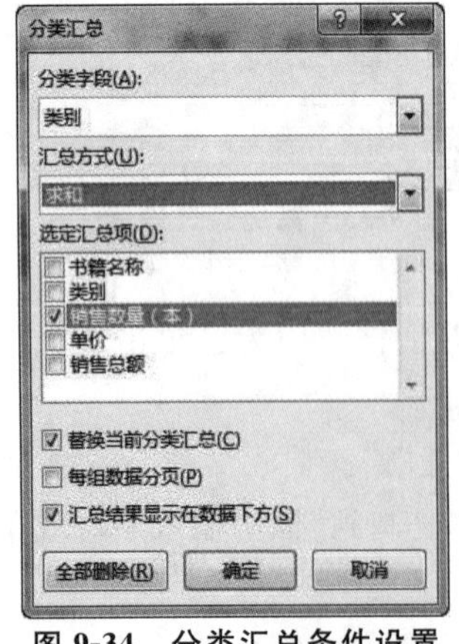

图9-34　分类汇总条件设置

	A	B	C	D	E
1	书籍名称	类别	销售数量(本)	单价	销售总额
2	健康周刊	生活百科	1930	8.3	16019
3	饮食与健康	生活百科	2570	9.5	24415
4	医学知识	生活百科	2410	15.9	38319
5		生活百科 汇总	6910		
6	儿童乐园	少儿读物	6520	18.8	122576
7	十万个为什么	少儿读物	3840	22.4	86016
8	丁丁历险记	少儿读物	2350	19.8	46530
9		少儿读物 汇总	12710		
10	中学物理辅导	课外读物	2860	14.8	42328
11	中学化学辅导	课外读物	3150	15.2	47880
12	中学数学辅导	课外读物	3260	8.8	28688
13	中学语文辅导	课外读物	3370	8.6	28982
14		课外读物 汇总	12640		
15		总计	32260		

图9-35　汇总后的明细数据

单击窗口侧“分级显示”按钮中的“+”可重新显示销售记录明细数据。除此之外，在窗口的左上角，有三个按钮，它们的功能与下方的分级显示按钮相近，单击标号为“1”按钮，只显示销售数量总计，其他信息全部隐藏；单击标号为“2”按钮，只显示销售数量总计和各类图书销售数量总和，隐藏各书籍的其他信息，如图 9-36 所示；单击标号为“3”按钮，显示全部记录。

	A	B	C	D	E
1	书籍名称	类别	销售数量（本）	单价	销售总额
5		生活百科 汇总	6910		
9		少儿读物 汇总	12710		
14		课外读物 汇总	12640		
15		总计	32260		

图 9-36　分级显示

活动 4　嵌套汇总

所谓嵌套汇总是指首先对某项指标汇总，然后再对汇总后的数据作进一步的细化。如在活动 3 的基础上再以“类别”为分类字段，将“销售数量”进行“平均值”分类汇总，就可以进一步了解同类别书籍中每种图书(不同书籍名)的平均销售数量。

使用嵌套分类汇总的操作步骤如下：

(1)在活动 3 的基础上进行操作；

(2)单击“分级显示”组上的“分类汇总”按钮打开“分类汇总”对话框；

(3)在“分类字段”下拉列表框中选择“类别”，在“汇总方式”的下拉列表框选择“平均值”，在“汇总项”中选择“销售数量(本)”。

(4)清除“替换当前分类汇总”复选框，如图 9-37 所示。

(5)单击“确定”按钮。

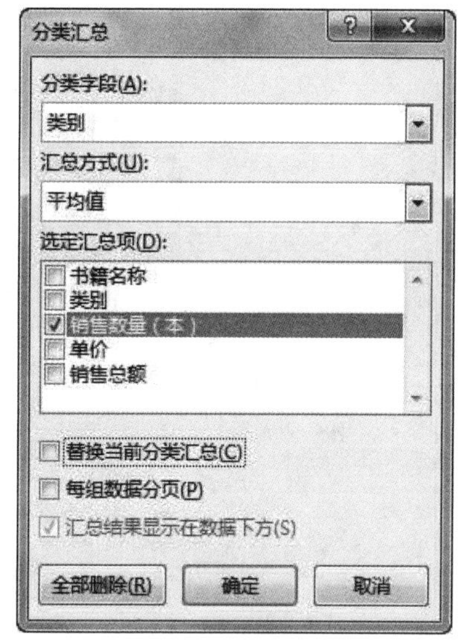

图 9-37　嵌套汇总

活动 5　删除分类汇总

如果要取消分类汇总的显示结果，恢复到数据清单的初始状态，只要打开“分类汇总”对话框，单击“全部删除”按钮即可。

活动 6　建立透视表

数据透视表是交互式报表，可快速合并和比较大量的数据。如果要分析相关的汇总值，尤其是在要合计数量较大的数字清单并对每个数字进行多种比较时，可以使用数据透视表。

下面我们在“图书情况销售表”工作簿中，使用 Sheet2 工作表中的数据，以“书店名称”为报表筛选，以“书籍名称”为行字段，以“类别”为列字段，以“销售数量”为平均值项，从 Sheet3 工作表的 A1 单元格起建立数据透视表。

具体操作步骤如下：

(1)单击 Sheet2 工作表数据清单中任一单元格。

(2)切换到“插入”选项卡,在“表”中单击“数据透视表”按钮右侧的箭头,选择“数据透视表”命令,弹出“创建数据透视表”对话框。因为单击了数据清单中任一单元格,所以“表/区域”中的引用就是数据清单区域。

(3)选择“选择放置数据透视表的位置”下的单选项“现有工作表”,在“位置”框中单击,依次单击 Sheet3 工作表标签和 A1 单元格(Sheet3 中的 A1 单元格),如图 9-38 所示,单击“确定”按钮,如图 9-39 所示。

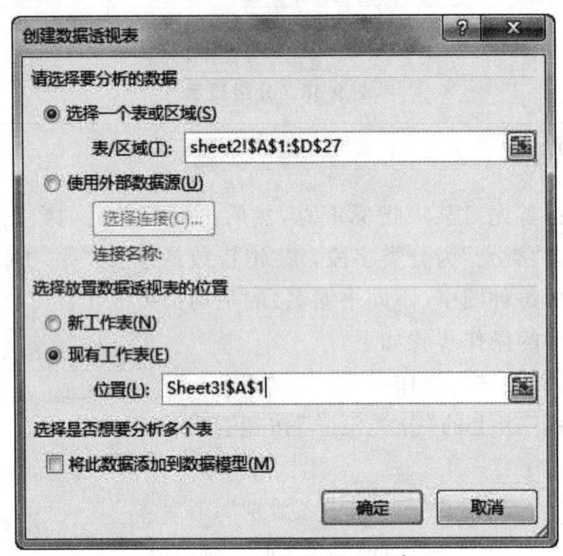

图 9-38 创建数据透视表

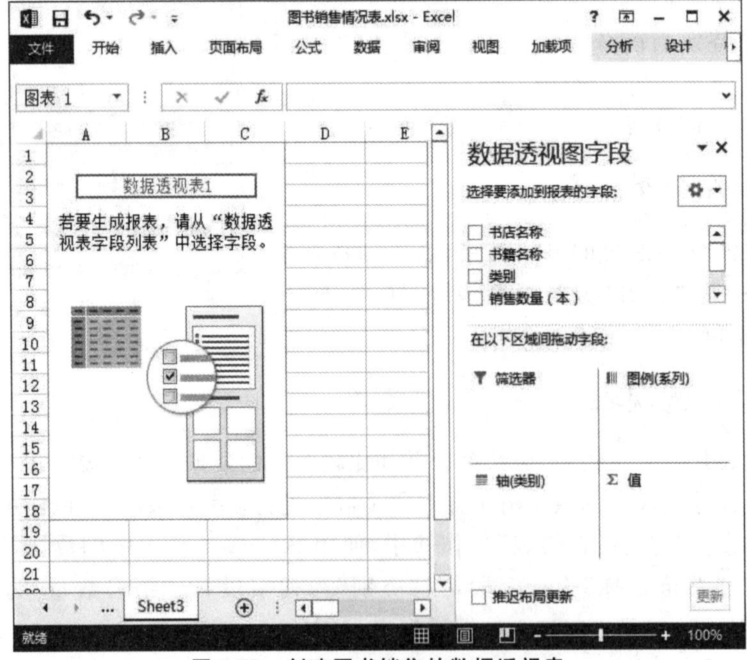

图 9-39 创建图书销售的数据透视表

(4)在右侧“选择要添加到报表的字段”列表框中，将“书店名称”拖至“报表筛选”框、“书籍名称”拖至“行标签”框、“类别”拖至“列标签”框、“销售数量(本)”拖至“数值”框，如图 9-40 所示。

(5)单击“求和项”右侧箭头，在下拉菜单(图 9-41)上单击“值字段设置”命令，在弹出的“值字段设置”对话框中单击选择“平均值”，单击“确定”按钮，效果如图 9-26 所示。

图 9-40　选择要添加到报表的字段

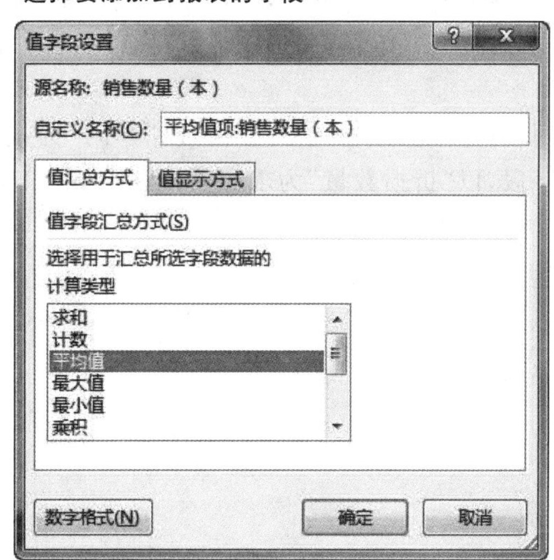

图 9-41　值字段设置

实训项目

实训 3 对“设备情况表”进行数据分析

实训要求:打开数据清单“项目 9\设备情况表. xlsx”,如图 9-42 所示,对表中数据进行分析。

	A	B	C	D	E	F
1	车间	设备名称	型号	单价	进货数量	折损数量
2	第一车间	车床	X-125	8600	2	2
3	第一车间	车床	X-226	6500	3	1
4	第一车间	车床	X-587	6000	4	3
5	第一车间	加工中心	Y-765	1600000	4	1
6	第一车间	加工中心	Y-768	1650000	3	0
7	第一车间	加工中心	Y-967	1750000	5	0
8	第一车间	铣床	C-101	5400	2	1
9	第一车间	铣床	C-502	9700	3	1
10	第一车间	铣床	C-601	13500	2	0
11	第一车间	铣床	C-701	11100	2	0
12	第二车间	车床	X-125	8600	1	0
13	第二车间	车床	X-226	6500	2	1
14	第二车间	车床	X-587	6000	2	0
15	第二车间	车床	X-128	8800	4	1
16	第二车间	加工中心	Y-765	1600000	2	0
17	第二车间	加工中心	Y-768	1650000	2	1
18	第二车间	铣床	C-705	8900	3	1
19	第二车间	铣床	C-101	5400	2	1
20	第二车间	铣床	C-502	9700	1	0
21	第二车间	铣床	C-601	13500	3	1

图 9-42 设备情况表

操作提示如下:

(1)使用 Sheet1 工作表中的数据,以“折损数量”为主要关键字,“进货数量”为次要关键字,降序排序(多字段排序)。

(2)使用 Sheet1 工作表中的数据,筛选出“折损数量”为 0 的记录(自动筛选)。

(3)使用 Sheet1 工作表中的数据,以“设备名称”为分类字段,将“折损数量”进行“求和”分类汇总。

(4)使用“Sheet2”工作表中的数据,以“车间”为报表筛选,以“型号”为行字段,以“设备名称”为列字段,以“折损数量”为求和项,从 Sheet3 工作表的 A1 单元格起建立数据透视表。

项目 10

创建销售业绩图表与打印销售清单

项目导引：

如果将工作表中的数据以图表的形式显示出来，图表可以使数据更加直观、生动、醒目，易于阅读和理解，也利于分析和比较数据，通过图表直接了解到数据之间的关系和变化趋势。

制作和修饰完工作表后我们常常要将它打印出来，而在打印之前还需要对工作表进行设置和预览。

本项目通过“创建图书销售业绩图表”和“打印销售清单”两项工作任务的完成，掌握依据数据清单如何创建和编辑图表，熟悉工作表的页面设置、打印预览和打印等操作。

技能目标：

✍会创建图表；
✍能在创建好的图表上进行编辑修饰；
✍能对工作表进行页面设置和打印预览；
✍能对工作表进行打印设置。

知识目标：

✍掌握创建图表的方法；
✍掌握编辑图表的技巧；
✍掌握工作表的页面设置方法和打印预览；
✍掌握工作表的打印设置方法。

任务 10.1　创建图书销售业绩图表

任务描述

使用 Excel 2013 制作完成图书销售业绩图表。效果如图 10-1 所示。

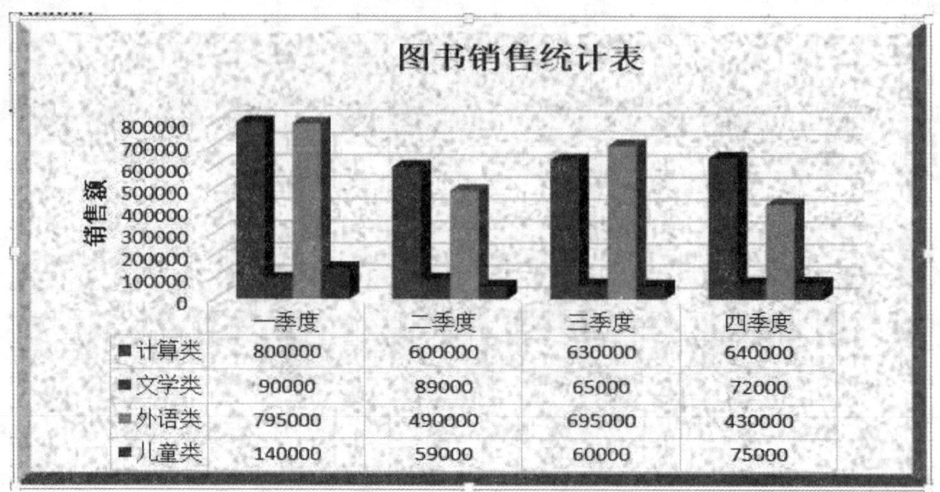

图 10-1　图书销售业绩图表

任务分析

完成该项任务的操作思路如下：

步骤 1　新建"图书销售业绩"工作簿；

步骤 2　依据"图书销售业绩"工作簿中工作表数据创建图表；

步骤 3　编辑上述图表；

步骤 4　保存工作簿。

任务实施

活动 1　新建"图书销售业绩"工作簿

图表要依据工作表的数据来创建，我们首先新建一个"图书销售业绩"的工作簿。

具体步骤如下：

(1)双击桌面快捷方式启动 Excel 2013，单击"保存"按钮，确定保存位置，命名为"图书销售业绩"；

(2)向 Sheet1 工作表中输入图书销售信息，如图 10-2 所示；

(3)单击保存，"图书销售业绩"工作簿创建完成。

	A	B	C	D	E
1	图书销售统计表				
2		一季度	二季度	三季度	四季度
3	计算类	800000	600000	630000	640000
4	文学类	90000	89000	65000	72000
5	外语类	795000	490000	695000	430000
6	儿童类	140000	59000	60000	75000

图 10-2　输入图书销售信息

活动2 创建图表

依据“图书销售业绩”工作簿创建图表的具体步骤如下：

(1)选择要包含在统计图表中的单元格区域；

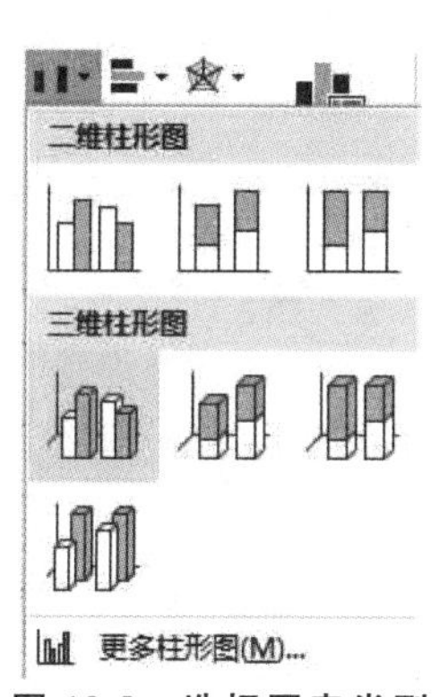

图 10-3 选择图表类型

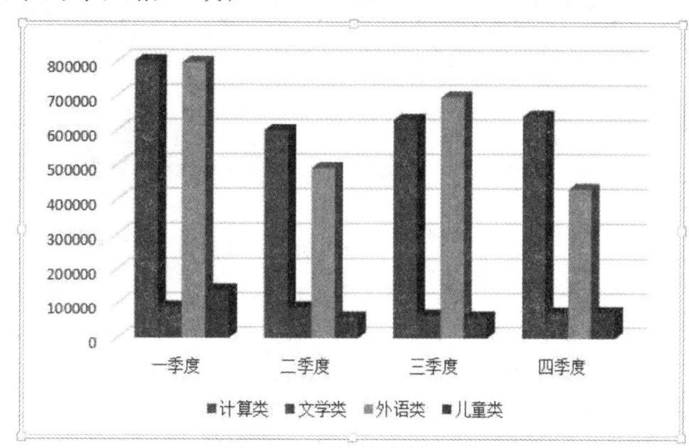

图 10-4 创建后的图表

(2)切换到“插入”选项卡，在“图表”组中单击“插入柱形图”，选择“三维簇状柱形图”，如图10-3所示。创建的图表如图10-4所示。

活动3 编辑图表

图表建立之后，如果觉得有不合适之处，还可以进行修改。

1. 更改图表类型

Excel 2013中提供了10大类图表的类型，例如柱形图、折线图、饼图、条形图、面积图、散点图以及其他图表等，在进行数据处理时可根据实际情况选择合适的图表类型创建图表。通常柱形图、折线图和饼图是较为常用的图表类型。

提示

Excel有很多图表类型，并非每种类型都适合表现工作表数据的内涵，因此选择图表类型时应该明确对数据进行何种分析。

各种图表的作用如下：

- 柱形图主要用于表示一段时间内数据的变化或者各个项目之间数据的比较描述；
- 折线图是将一系列的数据点用直线连接起来的，以等间隔的方式显示数据的变化趋势；
- 饼图能够反映出统计数据中各项所占的百分比或者某个单项占总体的比例。使用该类图表便于查看整体与个体之间的关系；
- 使用条形图可以显示出各个分类项目之间数据的差异。条形图主要强调在特定的时间点上进行水平轴与垂直轴的比较；
- 面积图用于显示某个时间阶段总数与数据系列的关系；
- XY散点图用于显示两个变量之间的关系，可以利用散点图绘制函数曲线。

更改图表类型的操作步骤如下：

(1)单击选择该图表,此时选项卡增加了两个图表工具选项卡“设计”(含布局)和“格式”(图 10-5)。

(2)切换至“设计”选项卡,在“类型”组中单击“更改图表类型”按钮。

(3)在“更改图表类型”对话框中单击选择一种类型,如“折线图”类的“带数据标记的折线图”,结果如图 10-6 所示。

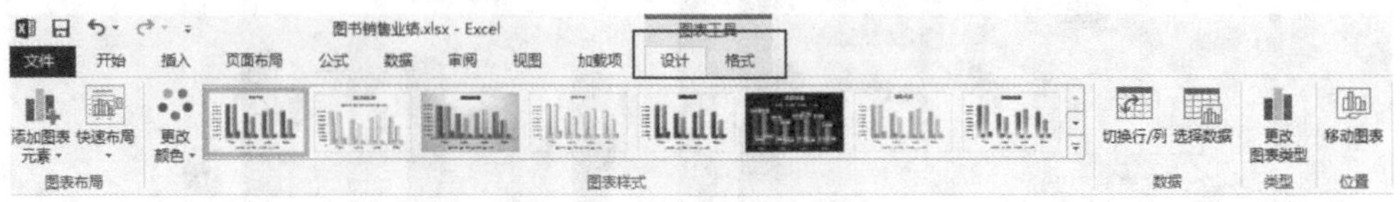

图 10-5　设计和格式选项卡

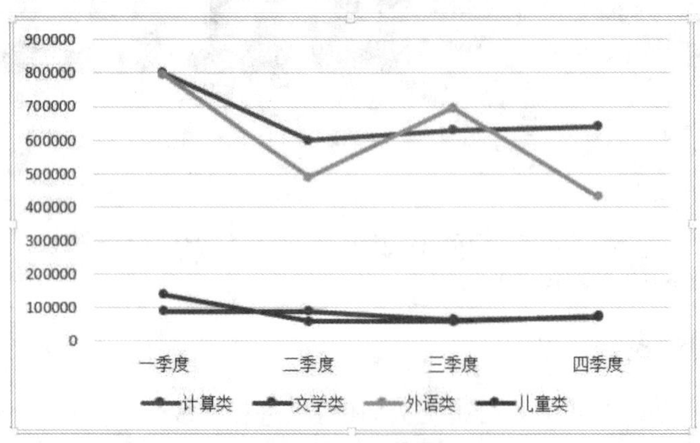

图 10-6　折线图

从该折线图上我们可以很明显地看出,各类图书的销售情况呈现下降趋势。

2. 修改图表数据源

如果我们只想比较儿童和外语类书籍的销售情况,则不必重新创建图表,可以在图 10-6 所示的图表中直接修改图表数据源。

修改图表数据源的操作步骤如下:

(1)切换至“设计”选项卡,在“数据”组中单击“选择数据”按钮,弹出“选择数据源”对话框。

(2)在“选择数据源”对话框中选择“计算类”,单击“删除”按钮,再选择“文学类”,单击“删除”按钮,如图 10-7 所示。

(3)单击“确定”按钮,结果如图 10-8 所示。

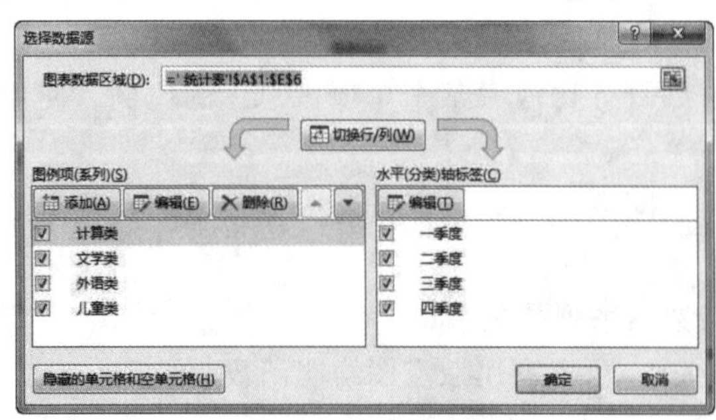

图 10-7　修改数据源

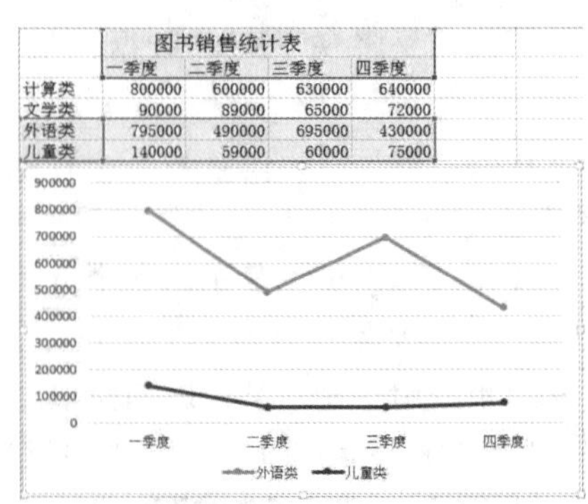

图书销售统计表

	一季度	二季度	三季度	四季度
计算类	800000	600000	630000	640000
文学类	90000	89000	65000	72000
外语类	795000	490000	695000	430000
儿童类	140000	59000	60000	75000

图 10-8　修改后的折线图

修改图表数据源也可以在图 10-7 中，单击“图表数据区域”框，重新选取数据源区域。

3. 调整图表中元素的大小和位置

图表是由图表区、绘图区、图标标题、图例、垂直轴、水平轴、数据系列以及网格线等元素组成，如图 10-9 所示。

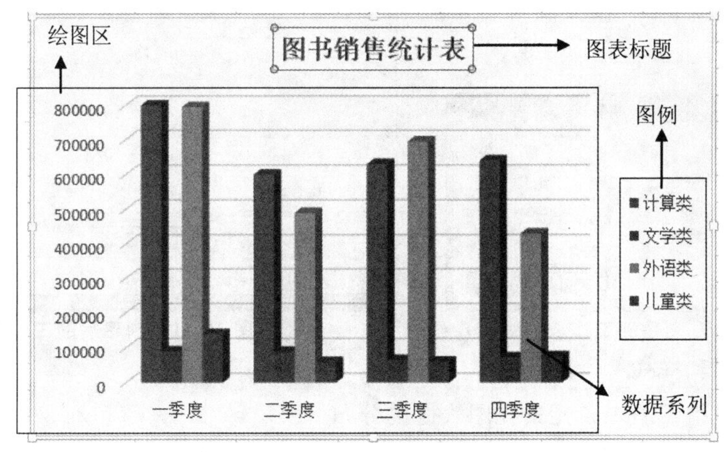

图 10-9　图表组成

各元素的作用如下：

- 图表区：是图表最基本的组成部分，是整个图标的背景区域，图表的其他组成部分都汇集在图表区中，例如图表标题、绘图区、图例、垂直轴、水平轴、数据系列以及网格线等；
- 绘图区：绘图区是图表的重要组成部分，它主要包括数据系列和网格线等；
- 图表标题：图表标题主要用于显示图表的名称；
- 图例：图例用于表示图表中的数据系列的名称或者分类而指定的图案或颜色；
- 垂直轴：垂直轴可以确定图表中垂直坐标轴的最小和最大刻度值；
- 水平轴：水平轴主要用于显示文本标签；
- 数据系列：根据用户指定的图表类型以系列的方式显示在图表中的可视化数据。

图表在工作表中的位置移动可以通过鼠标拖动的办法，改变图表大小可以通过鼠标拖动图表控制点来实现，这与在 Word 中图片位置及大小的调整是一样的。

新建的图表可以作为一个工作表插入到工作簿中，也可以作为一个工作表的对象插入到工作表中。以上各图表均是作为对象插入到工作表当中的。

将图表单独作为一个工作表插入到工作簿中的操作步骤如下：

(1)单击图 10-6 所示图表。

(2)切换至“设计”选项卡，单击“位置”组中“移动图表”按钮，弹出“移动图表”对话框。

(3)选择“新工作表”单选项(图 10-10)，单击“确定”按钮即可，结果如图 10-11 所示。

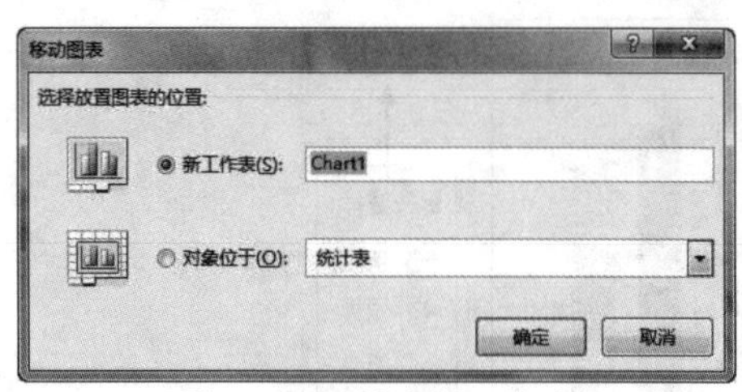

图 10-10　创建新工作表

图 10-11　创建后的工作表

4. 更改图表布局和样式

图表布局是指图表中各元素在图表区的分布。

创建图表后,用户可以立即更改它的外观。可以快速向图表应用预定义布局和样式,而无需手动添加或更改图表元素或设置图表格式。

Excel 2013 提供了 12 种快速布局和 13 种图表样式供用户选择;但是如果需要,用户仍可以通过手动更改各个图表元素的布局和样式来自定义布局或样式。

图表应用预定义布局的操作步骤如下:

(1)单击选择如图 10-4 所示的图表。

(2)切换至“设计”选项卡,在“图表布局”组中单击“快速布局”按钮,如图 10-12 所示。

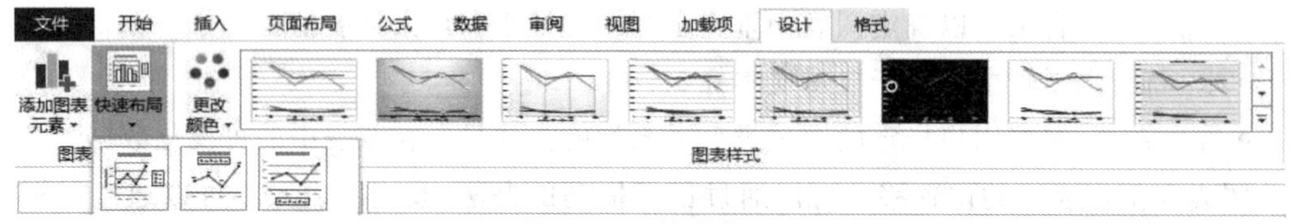

图 10-12　快速布局

(3)选择“布局 5”,结果如图 10-13 所示。

如果要应用图表样式,可以单击“图表样式”组中的“样式”按钮进一步选择应用。

图表布局除应用预定义布局来更改整体布局外,还可以手动更改图表元素布局。

手动更改图表元素布局的操作步骤如下:

(1)单击要更改其布局的图表或图表元素;

(2)单击“图表布局”选项卡上的“添加图表元素”,单击要更改的图表元素,然后单击所需的布局选项,如图 10-14 所示。

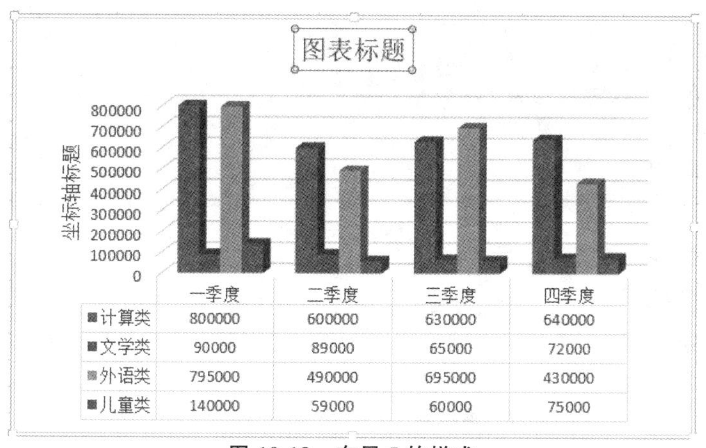

图 10-13 布局 5 的样式

图 10-14 更改图表元素

技巧

选择图表元素可以从“布局”或“格式”选项卡左侧“当前所选内容”组的“图表元素”列表框中单击选择。

用手动更改图表元素布局的办法，将如图 10-4 所示图表变为如图 10-13 所示图表，操作如下：

(1)单击如图 10-4 所示图表。

(2)切换到“设计”选项卡，在“快速布局”组中，单击“添加图表元素”，选择“图表上方”命令，如图 10-15 所示。

(3)单击“数据表”，选择“无图例项标示”命令，如图 10-16 所示。

(4)单击“轴标题”，选择“主要横坐标轴”，如图 10-17 所示。

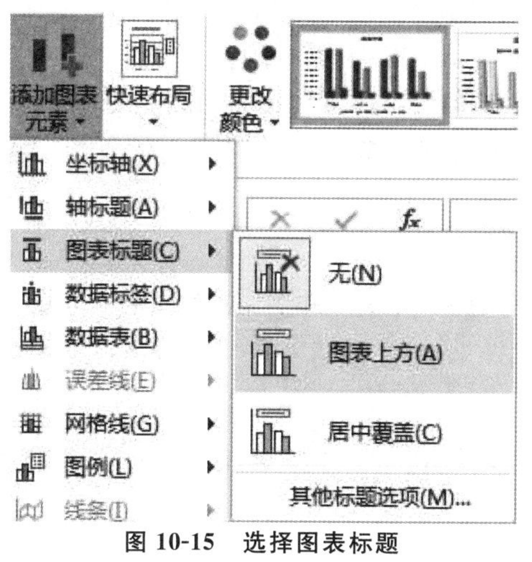

图 10-15 选择图表标题

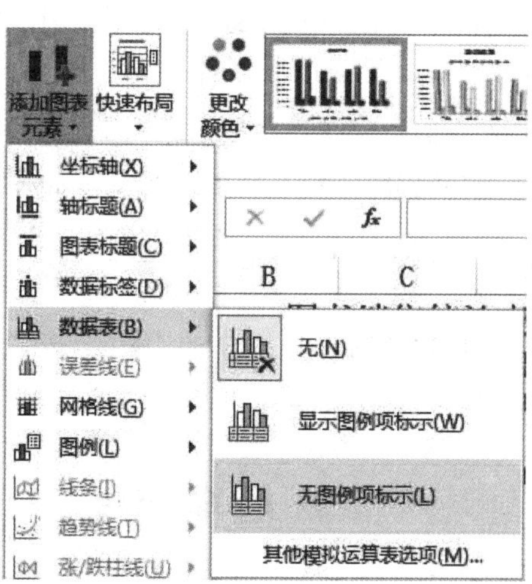

图 10-16 数据表

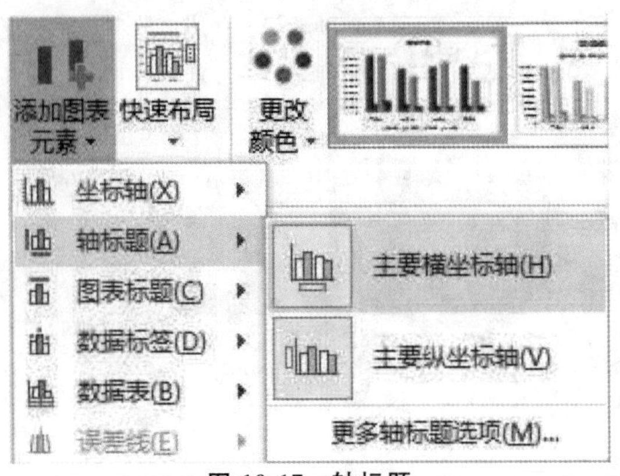

图 10-17 轴标题

5. 设置图表元素的格式

元素格式的设置包括字体、字号、图案、颜色和数字样式等设置。

设置元素的格式有两种常用的方法，一是在“格式”选项卡中的“当前所选内容”组里单击“图表元素”列表，从下拉列表中选择需设置格式的图表元素，然后单击“设置所选内容格式”按钮，弹出对应的设置格式对话框；二是右击该对象，在弹出的快捷菜单中选择相应的格式设置命令，在弹出的格式设置对话框中进行设置。

我们更多地是采用第二种方法，对图表元素的格式进行设置，这种方法比较快捷。下面以为图表区添加背景为例加以说明。

操作步骤如下：

(1)右击图表区，在弹出的快捷菜单中单击“设置图表区域格式”命令。

(2)在“填充”项右侧，单击“图片或纹理填充”单选项，设置“新闻纸”纹理。

(3)单击“三维格式”，将“棱台”“顶端”设置为“角度”；将“表面效果”“材料”设置为“半透明”。

如果我们再将图表标题改为“图书销售业绩图表”(双击标题进行修改)，主要纵坐标轴标题改为“销售额”，那么我们就得到了如图 10-1 所示的结果。

活动 4 保存工作簿

单击快速访问工具栏中的“保存”按钮，工作簿将以原文件名、原文件类型，保存在原位置。

任务 10.2 打印销售清单

任务描述

将源文件中的销售清单工作表设置成如图 10-18 所示的待打印表。

销售清单

销售清单统计表										
日期	商品编码	商品名称	销售状态	市场价格	成交价格	折扣率	数量	金额	折扣额	销售员
2014-7-1	cdz0001	都市之风-42F	正常	1588	1588	0.00%	2	3176	0.00	李明
2014-7-1	cdz0002	都市之风-43F	正常	1688	1688	0.00%	3	5064	0.00	王军
2014-7-2	cdz0001	都市之风-42F	正常	1588	1480	6.80%	3	4440	301.96	张月
2014-7-2	cdz0003	都市之风-44F	正常	1788	1700	4.92%	5	8500	418.34	刘红
2014-7-2	cdz0001	都市之风-42F	正常	1588	1588	0.00%	3	4764	0.00	吴丽
2014-7-3	cdz0004	都市之风-45F	正常	1888	1880	0.42%	10	18800	79.66	陈小英
2014-7-3	cdz0001	都市之风-42F	正常	1588	1488	6.30%	20	29760	1874.06	刘丽
2014-7-4	cdz0001	都市之风-42F	正常	1588	1588	0.00%	5	7940	0.00	李明
2014-7-4	cdz0005	玫瑰之约2000型	正常	1988	1900	4.43%	2	3800	168.21	王军
2014-7-5	cdz0001	都市之风-42F	正常	1588	1588	0.00%	5	7940	0.00	张月
2014-7-6	cdz0002	都市之风-43F	正常	1688	1688	0.00%	2	3376	0.00	刘红
2014-7-6	cdz0003	都市之风-44F	正常	1788	1788	0.00%	1	1788	0.00	吴丽
2014-7-7	cdz0004	都市之风-45F	正常	1888	1888	0.00%	1	1888	0.00	陈小英
2014-7-8	cdz0005	玫瑰之约2000型	正常	1988	1900	4.43%	10	19000	841.05	刘丽
2014-7-9	cdz0006	玫瑰之约2001型	促销	2088	1888	9.58%	12	22656	2170.11	李明
2014-7-9	cdz0001	都市之风-42F	正常	1588	1588	0.00%	3	4764	0.00	王军
2014-7-9	cdz0002	都市之风-43F	正常	1688	1688	0.00%	2	3376	0.00	张月
2014-7-10	cdz0006	玫瑰之约2001型	促销	2088	1888	9.58%	3	5664	542.53	刘红
2014-7-11	cdz0006	玫瑰之约2001型	促销	2088	1888	9.58%	2	3776	361.69	吴丽
2014-7-11	cdz0001	都市之风-42F	正常	1588	1588	0.00%	5	7940	0.00	陈小英
2014-7-12	cdz0006	玫瑰之约2001型	促销	2088	1888	9.58%	2	3776	361.69	吴丽
2014-7-12	cdz0002	都市之风-43F	正常	1688	1688	0.00%	3	5064	0.00	李明

销售统计

就绪　页码：第 1 页(共 3 页)

图 10-18　销售清单工作表

任务分析

完成该项任务的操作思路如下：

步骤 1　对工作表进行“页面设置”；

步骤 2　对设置好的工作表进行打印前预览；

步骤 3　打印工作表。

任务实施

活动 1　页面设置

电子表格的内容一般并不是按打印需求编排的，所以打印的时候常常还需要专门设置，页面设置的主要目的是使打印出来的工作表能符合用户的要求。

在 Excel 2013 中进行打印，就是将整个工作表分页打到某类型的纸张上，打印方法与普通的 Word 文档打印方法基本相同，但同时也有它的特殊性。在 Excel 2013 中，页面设置包括设置纸张的大小、方向（横向打印、还是纵向打印）、打印内容在打印纸中的位置、设置页眉和页脚、设置打印标题行、设置打印区域等。

在 Excel 2013 中，由于增加了“页面视图”功能，使得工作表的打印效果调整的比较直观。

本任务中的工作表原样式如图 10-19 所示。

由于本工作表内容比较宽，普通 A4 纸纵向是打不完的，需要设置纸张为横向才可以。此外，还可能需要进行页面边距等设置。

页面设置步骤如下：

销售清单统计表

日期	商品编码	商品名称	销售状态	市场价格	成交价格	折扣率	数里	金额	折扣额	销售员
2014/7/1	cdz0001	都市之风-42F	正常	1588	1588	0.00%	2	3176	0.00	李明
2014/7/1	cdz0002	都市之风-43F	正常	1688	1688	0.00%	3	5064	0.00	王军
2014/7/2	cdz0001	都市之风-42F	正常	1588	1480	6.80%	3	4440	301.96	张月
2014/7/2	cdz0003	都市之风-44F	正常	1788	1700	4.92%	5	8500	418.34	刘红
2014/7/2	cdz0001	都市之风-42F	正常	1588	1588	0.00%	3	4764	0.00	吴丽
2014/7/3	cdz0004	都市之风-45F	正常	1888	1880	0.42%	10	18800	79.66	陈小英
2014/7/3	cdz0001	都市之风-42F	正常	1588	1488	6.30%	20	29760	1874.06	刘丽
2014/7/4	cdz0001	都市之风-42F	正常	1588	1588	0.00%	5	7940	0.00	李明
2014/7/4	cdz0005	玫瑰之约2000型	正常	1988	1900	4.43%	2	3800	168.21	王军
2014/7/5	cdz0001	都市之风-42F	正常	1588	1588	0.00%	5	7940	0.00	张月
2014/7/6	cdz0002	都市之风-43F	正常	1688	1688	0.00%	2	3376	0.00	刘红
2014/7/6	cdz0003	都市之风-44F	正常	1788	1788	0.00%	1	1788	0.00	吴丽
2014/7/7	cdz0004	都市之风-45F	正常	1888	1888	0.00%	1	1888	0.00	陈小英
2014/7/8	cdz0005	玫瑰之约2000型	正常	1988	1900	4.43%	10	19000	841.05	刘丽
2014/7/9	cdz0006	玫瑰之约2001型	促销	2088	1888	9.58%	12	22656	2170.11	李明
2014/7/9	cdz0001	都市之风-42F	正常	1588	1588	0.00%	3	4764	0.00	王军
2014/7/9	cdz0002	都市之风-43F	正常	1688	1688	0.00%	2	3376	0.00	张月
2014/7/10	cdz0006	玫瑰之约2001型	促销	2088	1888	9.58%	3	5664	542.53	刘红
2014/7/11	cdz0006	玫瑰之约2001型	促销	2088	1888	9.58%	2	3776	361.69	吴丽
2014/7/11	cdz0001	都市之风-42F	正常	1588	1588	0.00%	5	7940	0.00	陈小英
2014/7/12	cdz0006	玫瑰之约2001型	促销	2088	1888	9.58%	2	3776	361.69	吴丽
2014/7/12	cdz0002	都市之风-43F	正常	1688	1688	0.00%	3	5064	0.00	李明
2014/7/13	cdz0006	玫瑰之约2001型	促销	2088	1888	9.58%	10	18880	1808.43	王军
2014/7/13	cdz0003	都市之风-44F	正常	1788	1700	4.92%	5	8500	418.34	张月
2014/7/14	cdz0006	玫瑰之约2001型	促销	2088	1888	9.58%	15	28320	2712.64	刘红
2014/7/14	cdz0007	玫瑰之约2002型	正常	2188	2188	0.00%	2	4376	0.00	吴丽
2014/7/14	cdz0001	都市之风-42F	正常	1588	1588	0.00%	5	7940	0.00	陈小英
2014/7/14	cdz0002	都市之风-43F	正常	1688	1688	0.00%	3	5064	0.00	刘丽
2014/7/15	cdz0007	玫瑰之约2002型	正常	2188	2188	0.00%	1	2188	0.00	李明
2014/7/15	cdz0004	都市之风-45F	正常	1888	1800	4.66%	5	9000	419.49	王军
2014/7/16	cdz0001	都市之风-42F	正常	1588	1500	5.54%	5	7500	415.62	张月

销售统计

图 10-19 工作表原样式图

(1)单击状态栏的“页面布局”按钮,将工作表切换到页面布局视图下。

(2)切换至“页面布局”选项卡,在“页面设置”组中单击“纸张大小”,可以选择“A4”或者其他用户使用的打印纸(工作表默认的纸张是 A4 纸)。如果纵向打印,可以看到,工作表被分割到了 4 张 A4 纸上,纸张的宽度显然不够,如图 10-20 所示。

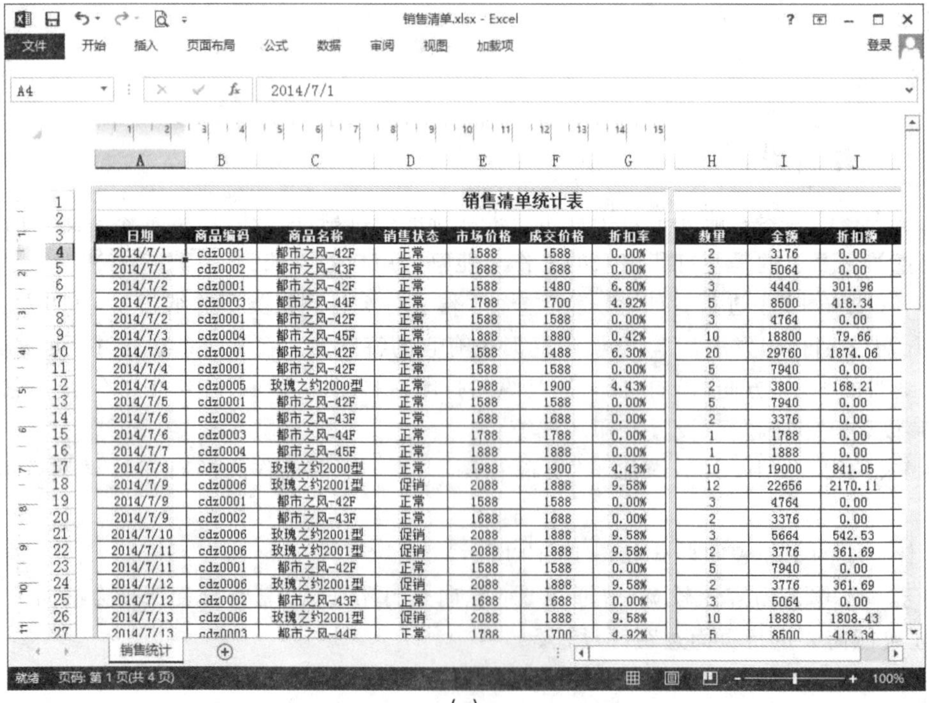

销售清单统计表

日期	商品编码	商品名称	销售状态	市场价格	成交价格	折扣率	数里	金额	折扣额
2014/7/1	cdz0001	都市之风-42F	正常	1588	1588	0.00%	2	3176	0.00
2014/7/1	cdz0002	都市之风-43F	正常	1688	1688	0.00%	3	5064	0.00
2014/7/2	cdz0001	都市之风-42F	正常	1588	1480	6.80%	3	4440	301.96
2014/7/2	cdz0003	都市之风-44F	正常	1788	1700	4.92%	5	8500	418.34
2014/7/2	cdz0001	都市之风-42F	正常	1588	1588	0.00%	3	4764	0.00
2014/7/3	cdz0004	都市之风-45F	正常	1888	1880	0.42%	10	18800	79.66
2014/7/3	cdz0001	都市之风-42F	正常	1588	1488	6.30%	20	29760	1874.06
2014/7/4	cdz0001	都市之风-42F	正常	1588	1588	0.00%	5	7940	0.00
2014/7/4	cdz0005	玫瑰之约2000型	正常	1988	1900	4.43%	2	3800	168.21
2014/7/5	cdz0001	都市之风-42F	正常	1588	1588	0.00%	5	7940	0.00
2014/7/6	cdz0002	都市之风-43F	正常	1688	1688	0.00%	2	3376	0.00
2014/7/6	cdz0003	都市之风-44F	正常	1788	1788	0.00%	1	1788	0.00
2014/7/7	cdz0004	都市之风-45F	正常	1888	1888	0.00%	1	1888	0.00
2014/7/8	cdz0005	玫瑰之约2000型	正常	1988	1900	4.43%	10	19000	841.05
2014/7/9	cdz0006	玫瑰之约2001型	促销	2088	1888	9.58%	12	22656	2170.11
2014/7/9	cdz0001	都市之风-42F	正常	1588	1588	0.00%	3	4764	0.00
2014/7/9	cdz0002	都市之风-43F	正常	1688	1688	0.00%	2	3376	0.00
2014/7/10	cdz0006	玫瑰之约2001型	促销	2088	1888	9.58%	3	5664	542.53
2014/7/11	cdz0006	玫瑰之约2001型	促销	2088	1888	9.58%	2	3776	361.69
2014/7/11	cdz0001	都市之风-42F	正常	1588	1588	0.00%	5	7940	0.00
2014/7/12	cdz0006	玫瑰之约2001型	促销	2088	1888	9.58%	2	3776	361.69
2014/7/12	cdz0002	都市之风-43F	正常	1688	1688	0.00%	3	5064	0.00
2014/7/13	cdz0006	玫瑰之约2001型	促销	2088	1888	9.58%	10	18880	1808.43
2014/7/13	cdz0003	都市之风-44F	正常	1788	1700	4.92%	5	8500	418.34

(a)

	A	B	C	D	E	F	G	H	I	J
48	2014/7/21	cdz0003	都市之风-44F	正常	1788	1780	0.45%	5	8900	39.82
49	2014/7/21	cdz0010	玫瑰之约2005型	新产品推广	2488	2488	0.00%	2	4976	0.00
50	2014/7/21	cdz0001	都市之风-42F	正常	1588	1588	0.00%	3	4764	0.00
51	2014/7/21	cdz0007	玫瑰之约2002型	正常	2188	2188	0.00%	2	4376	0.00
52	2014/7/21	cdz0006	玫瑰之约2001型	正常	2088	2088	0.00%	2	4176	0.00
53	2014/7/22	cdz0010	玫瑰之约2005型	新产品推广	2488	2188	12.06%	3	6564	791.48
54	2014/7/22	cdz0003	都市之风-44F	正常	1788	1788	0.00%	2	3576	0.00
55	2014/7/22	cdz0007	玫瑰之约2002型	正常	2188	2188	0.00%	1	2188	0.00
56	2014/7/23	cdz0010	玫瑰之约2005型	新产品推广	2488	2488	0.00%	3	7464	0.00
57	2014/7/23	cdz0001	都市之风-42F	正常	1588	1588	0.00%	10	15880	0.00
58	2014/7/24	cdz0010	玫瑰之约2005型	新产品推广	2488	2488	0.00%	1	2488	0.00
59	2014/7/25	cdz0001	都市之风-42F	正常	1588	1588	0.00%	10	15880	0.00
60	2014/7/25	cdz0007	玫瑰之约2002型	正常	2188	2188	0.00%	5	10940	0.00
61	2014/7/26	cdz0010	玫瑰之约2005型	新产品推广	2488	2488	0.00%	5	12440	0.00
62	2014/7/26	cdz0002	都市之风-43F	正常	1688	1688	0.00%	2	3376	0.00
63	2014/7/27	cdz0001	都市之风-42F	正常	1588	1588	0.00%	5	7940	0.00
64	2014/7/28	cdz0002	都市之风-43F	正常	1688	1688	0.00%	2	3376	0.00
65	2014/7/28	cdz0010	玫瑰之约2005型	新产品推广	2488	2488	0.00%	3	7464	0.00
66	2014/7/28	cdz0006	玫瑰之约2001型	正常	2088	2088	0.00%	1	2088	0.00
67	2014/7/29	cdz0010	玫瑰之约2005型	新产品推广	2488	2488	0.00%	20	49760	0.00
68	2014/7/29	cdz0010	玫瑰之约2005型	新产品推广	2488	2488	0.00%	2	4976	0.00
69	2014/7/29	cdz0001	都市之风-42F	正常	1588	1588	0.00%	3	4764	0.00
70	2014/7/30	cdz0010	玫瑰之约2005型	新产品推广	2488	2488	0.00%	2	4976	0.00
71	2014/7/30	cdz0005	玫瑰之约2000型	正常	1988	1988	0.00%	5	9940	0.00
72	2014/7/31	cdz0010	玫瑰之约2005型	新产品推广	2488	2488	0.00%	10	24880	0.00
73	2014/7/31	cdz0001	都市之风-42F	正常	1588	1588	0.00%	5	7940	0.00

(b)

图 10-20　页面设置为纵向

(3)单击“纸张方向”,在下拉列表中选择“横向”选项,如图 10-21 所示。由于我们使用横向打印,所以不必设置窄边距来实现数据不被纵向分割的现象。

日期	商品编码	商品名称	销售状态	市场价格	成交价格	折扣率	数量	金额	折扣额	销售员
2006-7-1	cdz0001	都市之风-42F	正常	1588	1588	0.00%	2	3176	0.00	李明
2006-7-1	cdz0002	都市之风-43F	正常	1688	1688	0.00%	3	5064	0.00	王军
2006-7-2	cdz0001	都市之风-42F	正常	1588	1480	6.80%	3	4440	301.96	张月
2006-7-2	cdz0003	都市之风-44F	正常	1788	1700	4.92%	5	8500	418.34	刘红
2006-7-2	cdz0001	都市之风-42F	正常	1588	1588	0.00%	3	4764	0.00	吴丽
2006-7-3	cdz0004	都市之风-45F	正常	1888	1880	0.42%	10	18800	79.66	陈小英
2006-7-3	cdz0001	都市之风-42F	正常	1588	1488	6.30%	20	29760	1874.06	刘丽
2006-7-4	cdz0001	都市之风-42F	正常	1588	1588	0.00%	5	7940	0.00	李明
2006-7-4	cdz0005	玫瑰之约2000型	正常	1988	1900	4.43%	2	3800	168.21	王军
2006-7-5	cdz0001	都市之风-42F	正常	1588	1588	0.00%	5	7940	0.00	张月
2006-7-6	cdz0002	都市之风-43F	正常	1688	1688	0.00%	2	3376	0.00	刘红
2006-7-6	cdz0003	都市之风-44F	正常	1788	1788	0.00%	1	1788	0.00	吴丽
2006-7-7	cdz0004	都市之风-45F	正常	1888	1888	0.00%	1	1888	0.00	陈小英
2006-7-8	cdz0005	玫瑰之约2000型	正常	1988	1900	4.43%	10	19000	841.05	刘丽
2006-7-9	cdz0006	玫瑰之约2001型	促销	2088	1888	9.58%	12	22656	2170.11	李明
2006-7-9	cdz0001	都市之风-42F	正常	1588	1588	0.00%	3	4764	0.00	王军
2006-7-9	cdz0002	都市之风-43F	正常	1688	1688	0.00%	2	3376	0.00	张月
2006-7-10	cdz0006	玫瑰之约2001型	促销	2088	1888	9.58%	3	5664	542.53	刘红
2006-7-11	cdz0006	玫瑰之约2001型	促销	2088	1888	9.58%	2	3776	361.69	吴丽
2006-7-11	cdz0001	都市之风-42F	正常	1588	1588	0.00%	5	7940	0.00	陈小英
2006-7-12	cdz0006	玫瑰之约2001型	促销	2088	1888	9.58%	2	3776	361.69	吴丽
2006-7-12	cdz0002	都市之风-43F	正常	1688	1688	0.00%	3	5064	0.00	李明
2006-7-13	cdz0006	玫瑰之约2001型	促销	2088	1888	9.58%	10	18880	1808.43	王军
2006-7-13	cdz0003	都市之风-44F	正常	1788	1700	4.92%	5	8500	418.34	张月
2006-7-14	cdz0006	玫瑰之约2001型	促销	2088	1888	9.58%	15	28320	2712.64	刘红
2006-7-14	cdz0007	玫瑰之约2002型	正常	2188	2188	0.00%	2	4376	0.00	吴丽
2006-7-14	cdz0001	都市之风-42F	正常	1588	1588	0.00%	5	7940	0.00	陈小英
2006-7-14	cdz0002	都市之风-43F	正常	1688	1688	0.00%	3	5064	0.00	刘丽
2006-7-15	cdz0007	玫瑰之约2002型	正常	2188	2188	0.00%	1	2188	0.00	李明
2006-7-15	cdz0004	都市之风-45F	正常	1888	1800	4.66%	5	9000	419.49	王军
2006-7-16	cdz0001	都市之风-42F	正常	1588	1500	5.54%	5	7500	415.62	张月
2006-7-15	cdz0007	玫瑰之约2002型	正常	2188	2188	0.00%	5	10940	0.00	刘红
2006-7-15	cdz0002	都市之风-43F	正常	1688	1588	5.92%	5	7940	470.38	吴丽

图 10-21　页面设置为横向

(4)经过上述几步的设置,观察工作表在页面的中的位置是否合适,如果不合适可适当调整页边距，或者拖动列标签调整列宽。

(5)设置页眉页脚。单击页眉区，在“设计”选项卡的“页眉和页脚元素”组中单击“文件名”按钮，如图 10-22 所示；在“导航”中单击“转至页脚”，在“页眉和页脚”组中单击“页脚”，选择“第 1 页，共？页”，如图 10-23 所示。

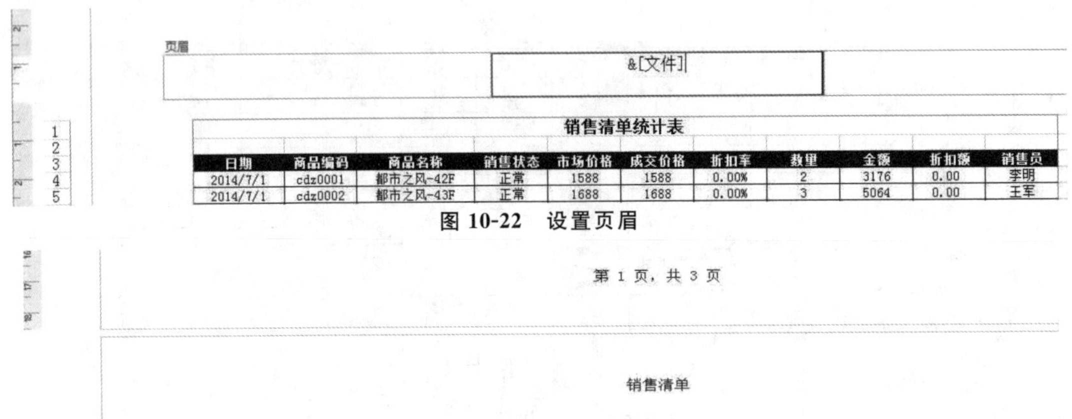

图 10-22 设置页眉

图 10-23 设置页脚

(6)设置打印标题行。如果我们不设置打印标题行，则由于行数较多，工作表会分很多页，而只在第一页有标题行，其他各打印页均为“光头”表。如图 10-24 所示。

销售清单

36	cdz0002	都市之风-43F	正常	1688	1588	5.92%	5	7940	470.38	吴丽
37	cdz0008	玫瑰之约2003型	正常	2288	2288	0.00%	1	2288	0.00	陈小英
38	cdz0001	都市之风-42F	正常	1588	1588	0.00%	5	7940	0.00	刘丽
39	cdz0008	玫瑰之约2003型	正常	2288	2288	0.00%	3	6864	0.00	李明

图 10-24 设置打印标题行

我们可以在“页面布局”选项卡的“工作表选项组”中打开对话框进行设置。在弹出的“页面设置”对话框的“顶端标题行”中选择 1～3 行，如图 10-25 所示。单击“确定”后第 2 页纸张上方的效果如图 10-26 所示。如果是单页工作表，则无须设置此项。

图 10-25 设置顶端标题行

图 10-26 效果图

我们可以清楚地看到，第 2 页和第 3 页的上方均出现这张打印纸张的前三行。

(7)设置打印区域。如果只打印工作表的一部分，如打印 A1:K30，我们可以单击“页面设置”组中的“打印区域”，选择“设置打印区域”，选取 A1:K30 即可。打印预览效果可从快速访问工具栏或文件选项中操作。

活动 2　打印预览

Excel 2013 提供了三种方法来查看调整工作表的外观：一是普通视图(为默认方式)，适用于屏幕查看和处理；二是打印预览(显示页面)，方便用户调整列宽、页边距和页眉页脚；三是分页预览，显示每一页所包含的数据，以便快速调整打印区域和分页。

在设置工作表的打印效果时，可以在不同视图间来回切换，以查看其打印的模拟显示效果，然后再执行打印命令，这样操作可以达到理想的的打印效果，并且可以节省纸张，所以打印之前预览一下是很有必要的。

打印预览窗口我们可以用以下三种方法获得：

- 按【Ctrl+F2】快捷键；
- 单击“自定义快速访问工具栏”，选择“打印预览”命令；
- 单击“文件”选项卡，然后单击“打印”。

在对话框中可对各项进行相关设置，如图 10-27 所示。

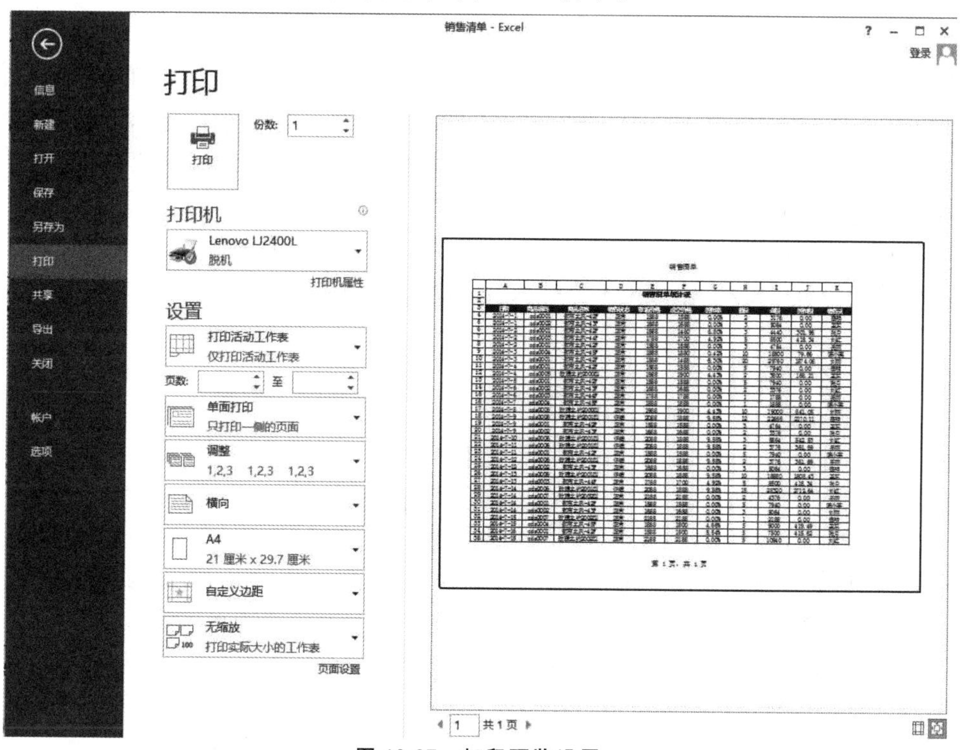

图 10-27　打印预览设置

活动 3　打印工作表

当一个工作表通过打印预览观察后达到了理想的打印效果，即可将该工作表打印输出。

操作方法:

(1)单击“文件”选项卡,然后单击“打印”;

(2)如果打印机的属性以及工作簿均符合要求,请单击“打印”。若要更改打印机的属性,请单击该打印机名称下的“打印机属性”。若要设置打印范围,可点击“设置”命令下的“打印活动工作表”下拉菜单进行相关设置,如图 10-28 所示。

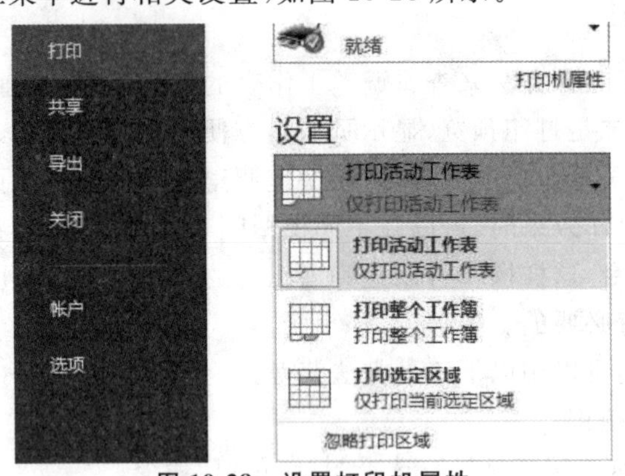

图 10-28 设置打印机属性

实训项目

实训 1 创建产品销售图表

实训要求:用 Excel 2013 制作完成“产品销售”图表工作薄,相关内容可参看“项目 10\产品销售.xlsx”。以工作表插入“三维簇状柱形图”,设置图表标题和纵坐标标题,设置绘图区填充色为“再生纸”,设置三维格式为“顶端斜面格式”,设置表面效果为“塑料效果”。

操作提示如下:

(1)新建“产品销售”工作簿;

(2)依据“产品销售”工作簿中工作表数据创建图表;

(3)编辑上述图表;

(4)再次保存工作簿。

实训 2 打印通讯录

实训要求:将“工作通讯录”工作簿中的工作表设置为:A4 纸横向,水平居中方式,页眉为文件名,页脚为“第 1 页,共? 页”,打印标题行为前 3 行,整个工作表打印在 2 张纸上。

操作提示:

(1)进行如下页面设置:A4 纸横向,水平居中方式,页眉为文件名,页脚为“第 1 页,共? 页”,打印标题行为前 3 行;

(2)在分页预览视图下,调整边框线,使得整个工作表打印在 2 张纸上;

(3)打印预览,察看打印的模拟显示效果;

(4)如果有打印条件,进行打印内容的设置,最后打印输出。

项目 11

PowerPoint 2013 基本应用

项目导引

利用 PowerPoint 2013 能够制作出集文字、图形、图像和声音视频于一体且感染力极强的幻灯片，并且既能自动播放，又可以在网络上布，还可以在计算机的控制下，利用投影设备在大屏幕上演示。本章从认识 PowerPoint 2013 开始，通过项目案例的学习快速掌握演示文稿的创建方式，各种视图方式以及如何在幻灯片中输入文字、插入图片、图表、多媒体等内容。

技能目标：

✍会制作演示文稿；
✍能对演示文稿进行编辑；
✍能完成对幻灯片的基本操作；
✍能丰富幻灯片中的内容。

知识目标：

✍掌握创建和保存演示文稿的方法；
✍掌握编辑幻灯片的方法；
✍掌握幻灯片中内容的添加和编辑；
✍掌握快速制作演示文稿的方法；
✍了解 PowerPoint 的基本界面。

任务 11.1　创建电子画册

任务描述

在制作幻灯片之前需要新建 PowerPoint 演示文稿。在 PowerPoint 2013 中新建普通演示文稿的操作方法与在 Word 中新建文档方法类似。下面将通过制作一个精美的电子画册来学习。项目效果及素材保存在附带“光盘项目 11\任务 1”文件夹中，效果截图如图 11-1 所示。

图 11-1 《电子相册》效果图

任务分析

完成该项任务的操作思路如下：

步骤 1　新建 PowerPoint 演示文稿；

步骤 2　选择新建演示文稿的方式；

步骤 3　插入与删除新幻灯片；

步骤 4　保存演示文稿；

步骤 5　打开并浏览演示文稿；

步骤 6　幻灯片内容的添加。

任务实施

活动 1　新建 PowerPoint 演示文稿

与 Office 中的 Word、Excel 组件相同，启动 PowerPoint 2013 后，系统将默认选择“空白演示文稿”，回车或者双击“空白演示文稿”后将会创建一个名为“演示文稿 1”的演示文稿。另外，也可选择“文件/新建”菜单命令。

活动 2 选择新建演示文稿的方式

在打开的“新建演示文稿”对话框中选择新建演示文稿方式。不仅可以创建空白类型演示文稿，还可以根据模板或 Microsoft Office Online 官方网站上的模板新建带有样式和内容的演示文稿。

本活动采用“新建”→“相册——家庭相册(绿叶自然设计)”，如图 11-2 所示。

图 11-2 新建相册——家庭相册

提示

新建 PowerPoint 2013 演示文稿时所使用的模板并没有真正下载到本机，如果还需要使用，可以在“新建”→搜索联机模板和主题中找到它。

活动 3 插入与删除幻灯片

在 PowerPoint 2013 中，如果需要改变幻灯片的数量，可以使用手工插入或删除幻灯片。

1. 插入新幻灯片

在演示文稿中切换到插入位置的幻灯片后，可进行下列任一操作：

- 选择主工具栏“开始”→“新建幻灯片”下方的新建幻灯片按钮，在弹出的下拉列表中选择添加所需版式的幻灯片；
- 按组合键【Ctrl+M】。

2. 删除幻灯片

选中要删除的幻灯片，按【Delete】键。

技巧

在“普通视图”、“大纲视图”的任务窗格或“幻灯片浏览视图”下单击鼠标右键，在打开的右键快捷菜单中选择【新建幻灯片】或【删除幻灯片】菜单命令，同样也可插入或删除幻灯片。

活动 4　保存演示文稿

对新创建的演示文稿进行保存,单击“保存”按钮。打开“另存为”对话框,如图 11-3 所示。

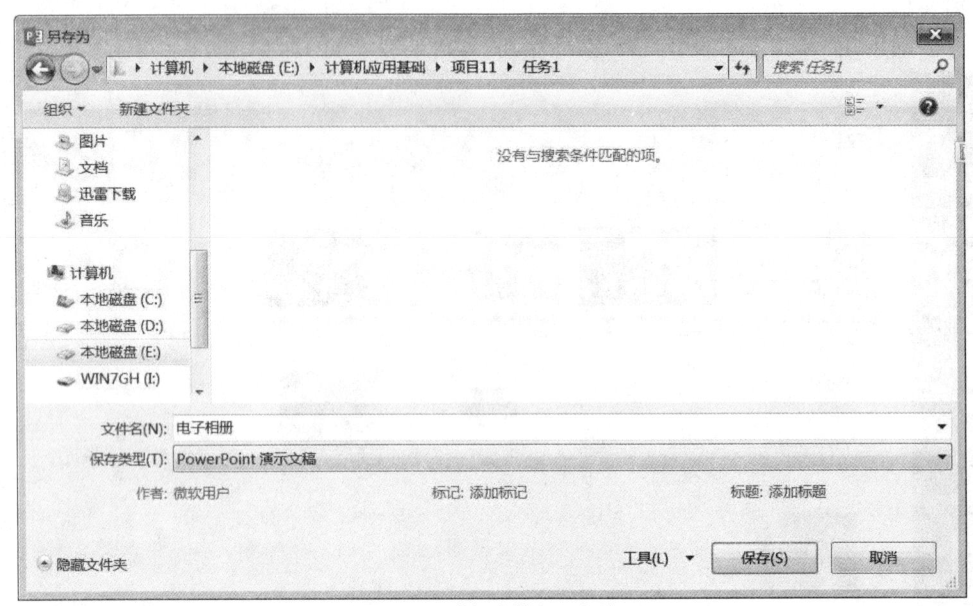

图 11-3　“保存”演示文稿

(1)在“保存位置”下拉列表中选择“项目 11\任务 1”选项。

(2)在“文件名”文本框中输入“电子画册”,对已保存过的文件,可在下拉列表中选择相应名称。

(3)在“保存类型”下拉列表中选择要保存的文件类型。

(4)单击“保存”按钮,完成保存。

(5)注意在编辑过程中和完成编辑后也要单击“保存”按钮进行保存。

技巧

保存 PowerPoint 2013 演示文稿时,默认的的扩展名是“pptx”,如需在 PowerPoint 2013 版本以下的环境下打开编辑,则建议保存为“PowerPoint 97-2003 演示文稿”;如仅是播放,可选择保存类型为“PowerPoint 放映”。

活动 5　打开并浏览演示文稿

双击已保存的演示文稿名称,打开电子画册。分别单击窗口下部的按钮,可以用四种不同的视图显示方式浏览电子画册。

1. 普通视图

PowerPoint 2013 默认的窗口为普通视图,在该视图中可以同时显示幻灯片、大纲及备注,如图 11-4 所示。如果要显示备注,只需点击状态栏中的备注按钮。

图 11-4　普通视图

2. 幻灯片浏览视图

单击“幻灯片浏览视图”按钮，显示电子相册的所有幻灯片的缩略图、完整的文本和图片。在该视图中可以重新调整幻灯片的顺序、添加幻灯片切换、设置动画效果、设置幻灯片放映时间等，如图 11-5 所示。

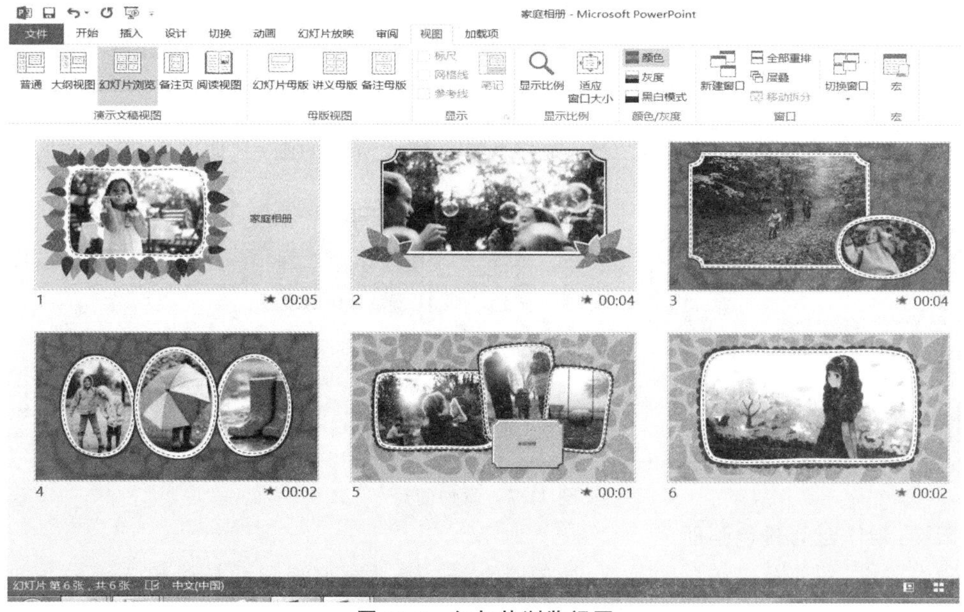

图 11-5　幻灯片浏览视图

3. 幻灯片阅读视图

单击“幻灯片阅读视图”按钮，从当前选定的幻灯片开始非全屏放映演示文稿，可以用来查看演示文稿的动画、声音以及切换等效果。

4. 幻灯片放映视图

单击“幻灯片放映视图”按钮，从当前选定的幻灯片开始全屏动态显示，可以用来查看演示文稿的动画、声音以及切换等效果。

活动6 幻灯片内容的添加

1. 文本的添加

在新建的电子画册中，包含了诸如“单击此处添加标题”、“单击此处添加日期或详细信息”等字样的文本框，这些文字在放映时是不可见的。它们被称作“占位符”，只是提示如果需要文字，可以单击它们将插入点定位到占位符中进行输入。

幻灯片中已有的文字比如“带有题注的图片版式”，如果不理想允许进行修改，如图11-6所示为修改前后的效果。

如果幻灯片中占位符不够或没有时，也可单击主工具栏“插入”→“文本框”下方的文本框按钮，选择横排或竖排文本框进行添加文字。

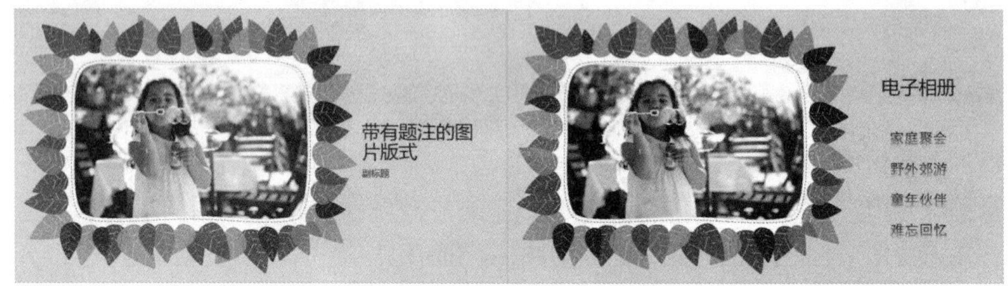

图11-6 修改前后的效果

2. 图片的添加

在新建的电子画册中，删除已有的图片，会看到如图11-7左图所示的位置，根据提示可插入自选的图片。PowerPoint编辑图片的方法和Word类似。

单击主工具栏“插入”→“图片”按钮，也可以插入所选的图片，如图11-7右图所示。

图11-7 添加图片

应用拓展:制作台湾景色画册

制作要求:随着数码相机的普及，如何对大量记录着美好瞬间的数码相片进行合理地组织与管理，成为大家最想了解的技巧。Microsoft Office PowerPoint 2013不仅是一款优秀的演示文稿制作软件，它还可以快速制作出精美的画册，让数码相片得以妥善保管和收藏。如图11-8所示为台湾景色画册的制作效果。案例素材及效果保存在“光盘\项目11\任务1延伸案例”文件夹中。

操作步骤：

(1)新建 PowerPoint 2013 演示文稿。

(2)单击主工具栏“插入”→“相册”按钮。打开“相册”对话框，如图 11-9 所示。

(3)单击“文件 / 磁盘”按钮，可打开“插入新图片”对话框，如图 11-10 所示。在其中选择要插入的图片的位置和图片文件，单击“插入”按钮。

(4)返回到“相册”对话框后，可以再单击“文件 / 磁盘”按钮，继续插入图片，图片插入完成后，单击 创建(C) 按钮完成新建一个相册演示文稿，并进行保存。

图 11-8　《台湾景色画册》制作效果

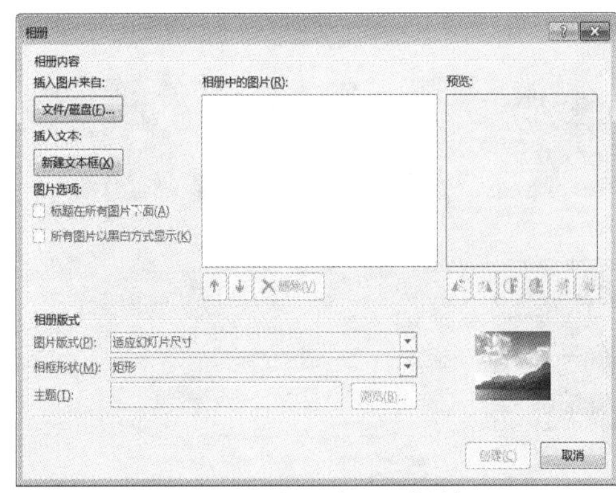

图 11-9　打开相册对话框

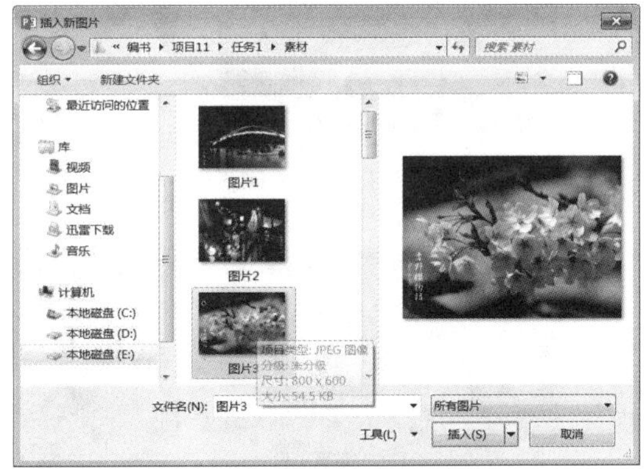

图 11-10　插入新图片对话框

提示

在【相册】对话框中还有许多的选项和按钮，使用它们可以制作出更加完美的相册，其功能如图 11-11 所示。

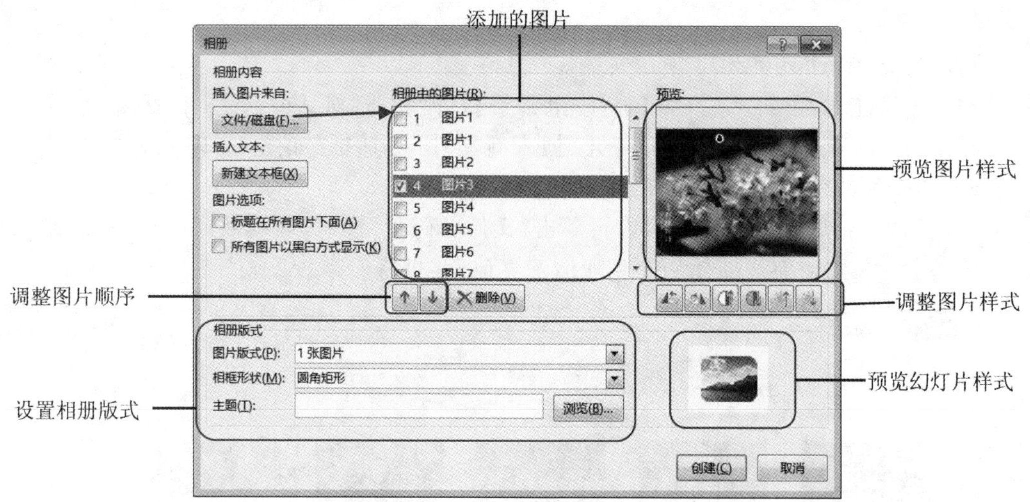

图 11-11 对话框中的其他选项功能

任务 11.2 快速制作演示文稿

任务描述

文学作品、工作会议报告、教案等通常用 Word 来录入、编辑、打印，然而如果能做成幻灯片，以多媒体的形式展示给众人，不仅能极大地提升大家对相关内容的感性认识和兴趣，而且还可以避免概念模糊和遗漏等情况。下面就通过文学作品《珍惜》来学习快速制作演示文稿的方法。项目效果及素材保存在附带“光盘\项目 11\任务 2 文件夹”中，效果截图如图 11-12 所示。

图 11-12 《珍惜》项目效果

任务分析

完成该项任务的操作思路如下：

步骤 1　新建演示文稿；

步骤 2　选择幻灯片；

步骤 3　移动、复制和删除幻灯片；

步骤 4　丰富幻灯片的内容；

步骤 5　保存演示文稿。

任务实施

活动 1　新建演示文稿

方法 1：

(1)新建 PowerPoint 2013 演示文稿。

(2)单击主工具栏“开始”→“新建幻灯片”下的下拉按钮。在其下拉列表中选择“幻灯片(从大纲)”，在弹出的【插入大纲】对话框(图 11-13)中选择所需的文档，单击【插入】命令即可，如图 11-14 所示。

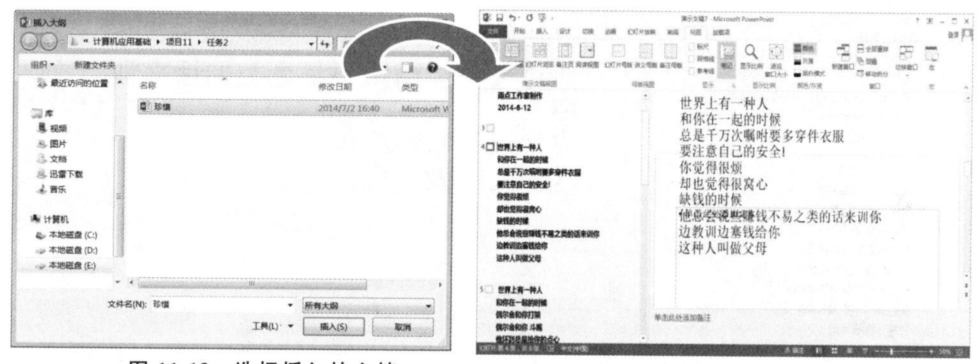

图 11-13　选择插入的文档　　图 11-14　插入之后效果图

方法 2：

(1)打开 Word 文档，全部选中，执行【复制】命令。

(2)启动 PowerPoint 2013，在“视图”选项卡下选择“大纲视图”，将光标定位到第一张幻灯片处，执行“粘贴”命令，则将 Word 文档中的全部内容插入到了第一张幻灯片中，如图 11-15 所示。

(3)将光标定位到需要划分为下一张幻灯片处，通过按回车键得到新的幻灯片；如果需要插入空行，按组合键【Shift＋Enter】。经过调整，很快就可以完成多张幻灯片的制作(图 11-16)。最后，还可以在“大纲视图”区，单击鼠标右键，在弹出的右键快捷菜单中选择“升级”、“降级”、“上移”、“下移”等菜单命令进一步进行调整。

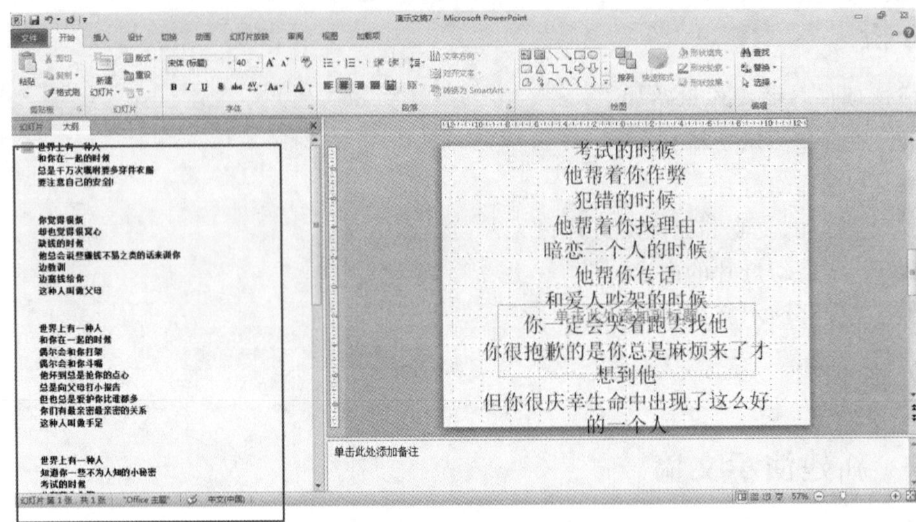

图 11-15　粘贴到幻灯片中

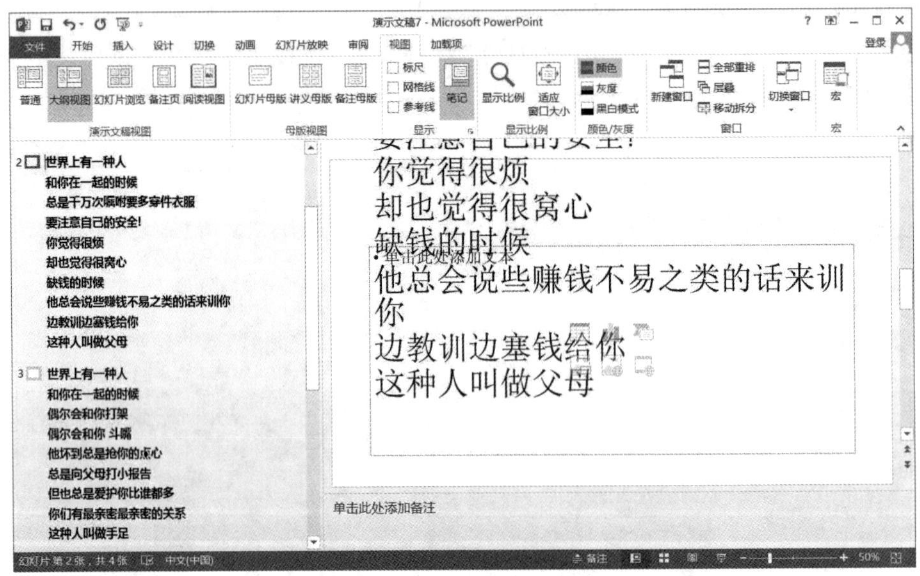

图 11-16　制作多张幻灯片

技巧

如果是将 PowerPoint 演示文稿转换成 Word 文档，同样可以利用“大纲”视图快速完成。方法是将光标定位在除第一张以外的其他幻灯片的开始处，按下【Backspace】键，重复多次，将所有的幻灯片合并为一张，然后全部选中，通过复制、粘贴到 Word 中即可。

活动 2　选择幻灯片

在 PowerPoint 中要对幻灯片进行操作前，必须先选择该幻灯片。在幻灯片浏览视图中选择幻灯片的方法如下：

(1)单击单张幻灯片可以选中该幻灯片。

(2)如果要选择多张连续的幻灯片,可以选单击第一张幻灯片,然后按住【Shift】键,再单击最后一张幻灯片。

(3)如果要选择多张不连续的幻灯片,可以选单击第一张幻灯片,然后按住【Ctrl】键,再单击其他需要选择的幻灯片。

活动 3　移动、复制和删除幻灯片

1. 移动幻灯片

在 PowerPoint 中要调整幻灯片的位置,可以进行移动幻灯片。

例如本例图 11-16 所示的情况下,要制作标题幻灯片,需在幻灯片浏览视图中选择一张空白幻灯片移动到第一张位置,操作方法如下:

(1)选择任一空白的幻灯片,单击鼠标右键,然后在弹出的右键快捷菜单中选择“剪切”菜单命令。

(2)把光标置于首张幻灯片之前的位置,然后单击“粘贴”。

按上述的移动幻灯片的方法,调整其他幻灯片的位置,如图 11-17 所示。

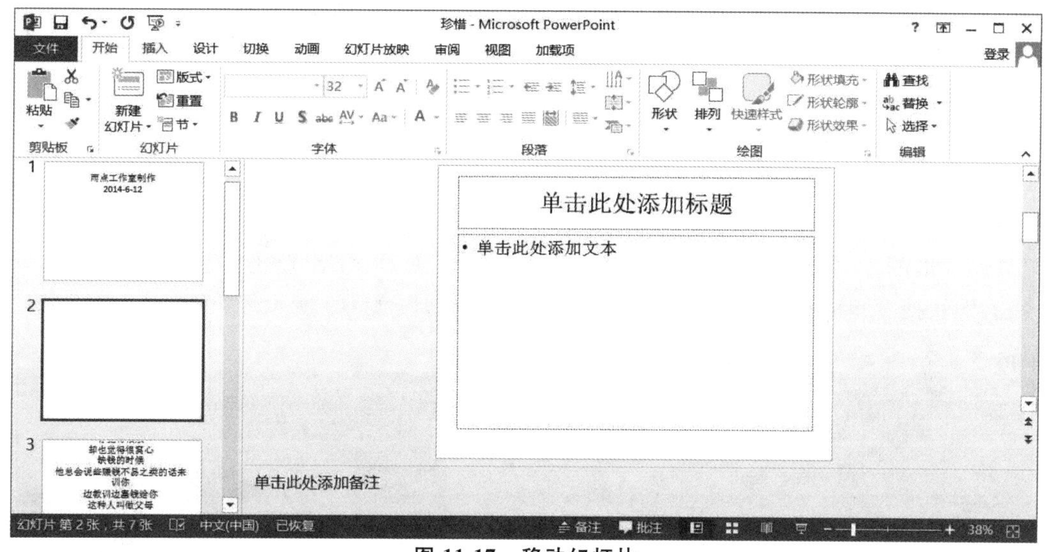

图 11-17　移动幻灯片

技巧

移动幻灯片时,也可以选择需要移动的幻灯片,按住鼠标左键拖动至目标位置释放。

2. 复制幻灯片

要在演示文稿中添加包含已有幻灯片的内容的新幻灯片,可以复制该已有幻灯片。操作方法如下:

(1)选择需复制的幻灯片,单击鼠标右键,然后在弹出的右键快捷菜单中选择“复制”菜单命令。

(2)把光标置于目标位置,然后单击“粘贴”。

技巧

复制幻灯片时,选择需要复制的幻灯片,同时按住鼠标左键和【Ctrl】键拖动至目标位置释放即可。

3. 删除幻灯片

选择多余的空白幻灯片,按【Delete】键删除。

活动 4 丰富幻灯片的内容

1. 首先设计标题页幻灯片

操作方法如下:

(1)单击标题幻灯片上的标题占位符,将其删除。

(2)单击主工具栏“插入”→“艺术字”下的按钮,从下拉列表中选择所需的艺术字样式(这里选择“填充-红色,着色 2,轮廓-着色 2),如图 11-18 所示。返回到幻灯片,可以看到插入的占位符,占位符中的文本显示了艺术字的效果。

(3)单击艺术字占位符内部,输入需要的标题内容,例如“珍惜”。字体为“华文新魏”,大小为“120”,“加粗”。

(4)单击标题幻灯片上的副标题占位符,在其中输入制作者和制作日期。字体为“宋体”,大小为“24”,“加粗”。

(5)最后插入一张图片。单击主工具栏“插入”→“图片”按钮,打开“插入图片”对话框,选择“图片 1”。

(6)双击图片,单击主工具栏“格式”选项卡;在“图片样式”组单击“矩形投影”样式。然后在右键快捷菜单中选择“置于底层”菜单命令,效果如图 11-19 所示。

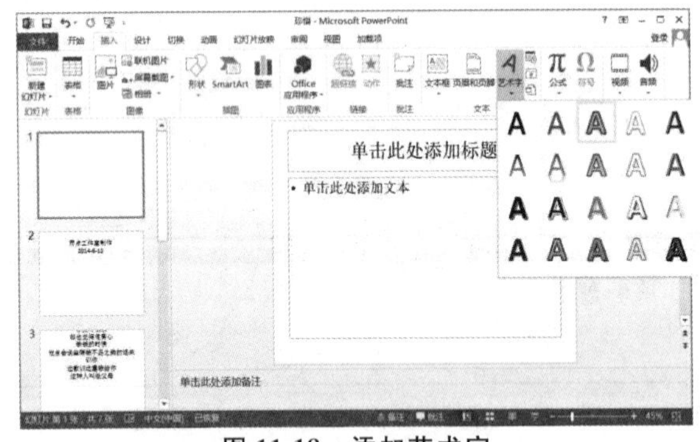

图 11-18 添加艺术字

图 11-19 效果图

2. 在剩余的幻灯片中插入图片美化

图片采用默认的格式,并置于底层。

3. 对幻灯片中的文字进行编辑

全部采用“宋体”、“24 磅”,行距为“1.5 磅”。

活动 5 保存演示文稿

幻灯片编辑完成后,单击快速访问工具栏中的“保存”按钮,或者按下【Ctrl+S】键,在弹出的“另存为”对话框中进行设置后，单击“保存”按钮完成演示文稿的保存。

技巧

在 PowerPoint 2013 中如果插入的图片是屏幕截图时，无需离开 PowerPoint。单击主工具栏“插入”→“屏幕截图”下拉菜单中的“屏幕剪辑”按钮，选择所需的图像部分即可。添加屏幕截图后，可以使用“图片工具”选项卡上的工具来编辑图像和增强效果。

任务 11.3　制作“公司简介”演示文稿

任务描述

演示文稿是企业宣传最经济、最方便的一种手段，因此它广泛应用于商务活动、会议展示和员工培训等方面。在本案例中，重点设计幻灯片中图形、图表等个性化元素，项目效果及素材保存在附带“光盘\项目 11\任务 3”文件夹中，效果截图如图 11-20 所示。

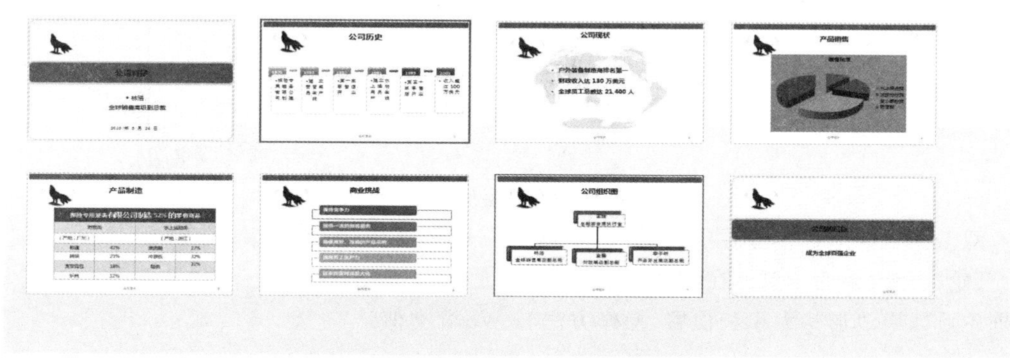

图 11-20　《公司简介》演示文稿效果图

任务分析

完成该项任务的操作思路如下：

步骤 1　插入图片和形状；

步骤 2　插入表格和图表；

步骤 3　插入页眉和页脚。

任务实施

启动 PowerPoint 2013 后，系统自动新建一个默认文件名为“演示文稿 1”的空白演示文稿。单击自定义快速访问工具栏中的“保存”按钮，保存为名为“公司简介”的演示文稿。

活动 1　插入图片和形状

在默认的幻灯片中插入名为“huibiao”的图片，并调整位置于左上角，复制得到七张幻灯片。

在标题幻灯片中，单击主工具栏“插入”→“形状”按钮。在弹出的下拉列表中单击所需形状，接着单击幻灯片的任意位置，然后拖动以放置形状。

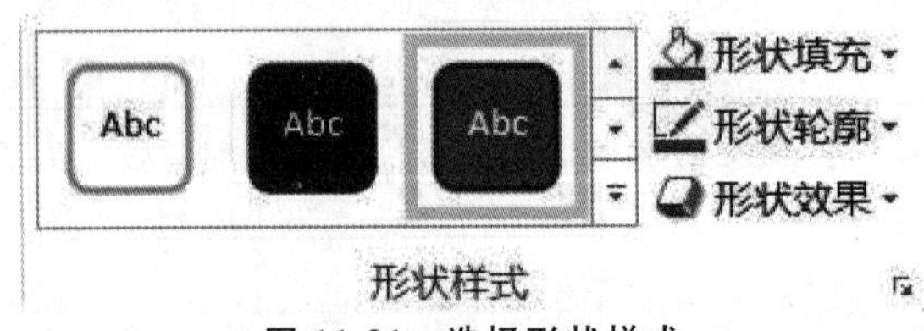

图 11-21 选择形状样式

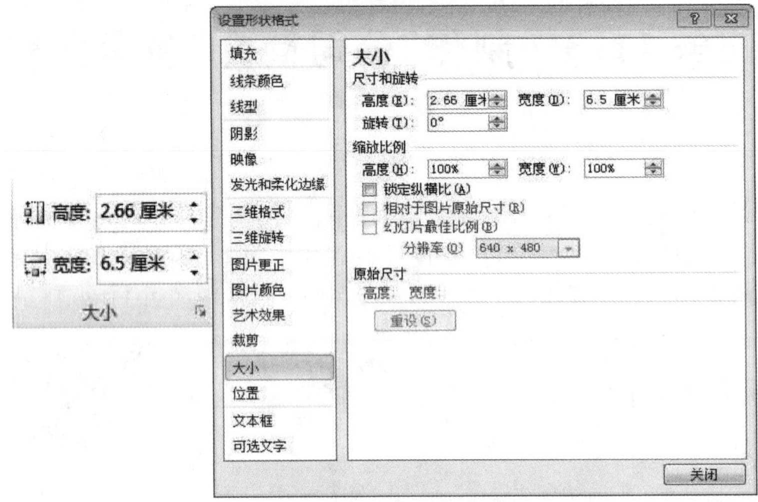

图 11-22 设置形状格式

双击插入的形状，利用主工具栏选择“格式”→“形状样式”工具组(图 11-21)对形状进行填充、轮廓及效果的设置。在图 11-22 所示的“大小”工具组或展开后的“设置形状格式”对话框中可以更改形状大小和位置，操作方法与 Word 类似。

技巧

要创建规范的正方形或圆形(或限制其他形状的尺寸)，请在拖动的同时按住【Shift】。

本例中四个形状的最终效果，如图 11-23 所示。对标题幻灯片复制后得到幻灯片。

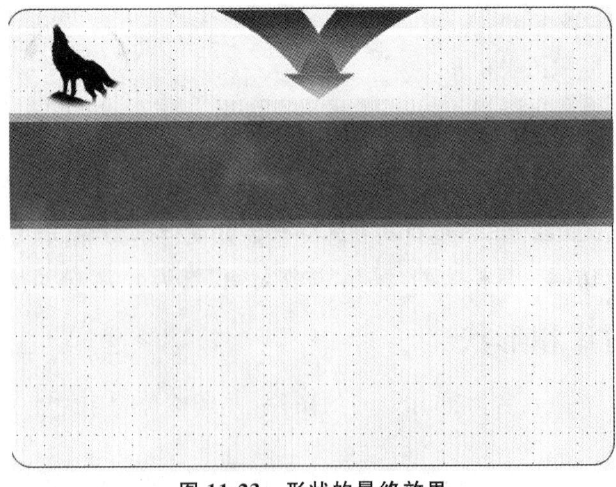

图 11-23 形状的最终效果

活动 2　插入表格和图表

1. 插入表格

首先在每张幻灯片中输入对应的文本内容。然后在“产品制造”幻灯片中插入表格，操作方法如下：

（1）选择要向其添加表格的幻灯片。

（2）单击主工具栏“插入”→“表格”按钮。

执行下列操作之一：

● 移动指针以选择所需的行数和列数，单击后完成插入表格。

● 单击下拉菜单中的“插入表格”选项，然后在“列数”和“行数”列表中输入数字。

（3）要向表格单元格添加文字，单击某个单元格进行输入，输入完成后，单击该表格外的任意位置。

提示

要在表格的末尾添加一行，请单击最后一行的最后一个单元格，然后按【Tab】。

2. 更改表格的外观

双击插入的表格，利用“设计”选项卡下的工具对表格进行美化。

在“表格工具”下的“设计”选项卡上单击“表格样式”组中所需的表格样式(选择浅色样式 3-强调 1)。如果将指针置于某个快速样式缩略图上时，可以看到该快速样式对表格的影响。

除了应用表格样式(或快速样式)外，和 Word、Excel 类似，还可以通过更改表格的轮廓或边框、向表格的单元格添加填充或效果或者更改表格的背景色来更改表格的外观。

3. 插入图表

插入图表的操作方法如下：

● 在 PowerPoint 中，单击要包含图表的占位符，或者单击主工具栏“插入”→“图表”按钮。

● 在弹出的“插入图表”对话框中，选择“分离型三维饼图”类型，然后单击确定按钮。

● 在弹出的 Excel 表格中输入如图 11-24 所示的数据。最终效果如图 11-25 所示。

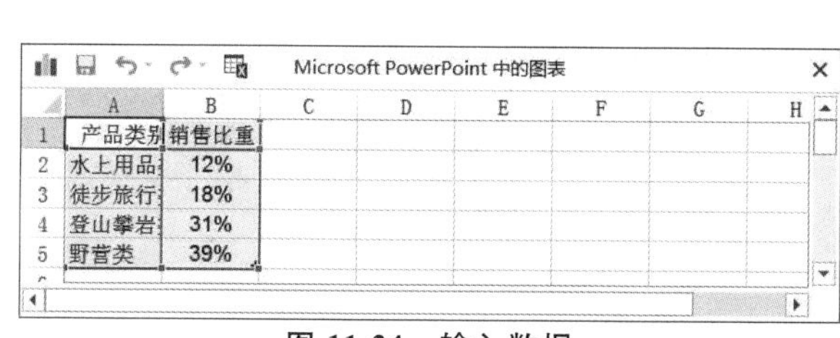

	A	B
1	产品类别	销售比重
2	水上用品	12%
3	徒步旅行	18%
4	登山攀岩	31%
5	野营类	39%

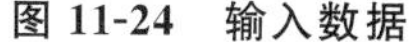
图 11-24　输入数据

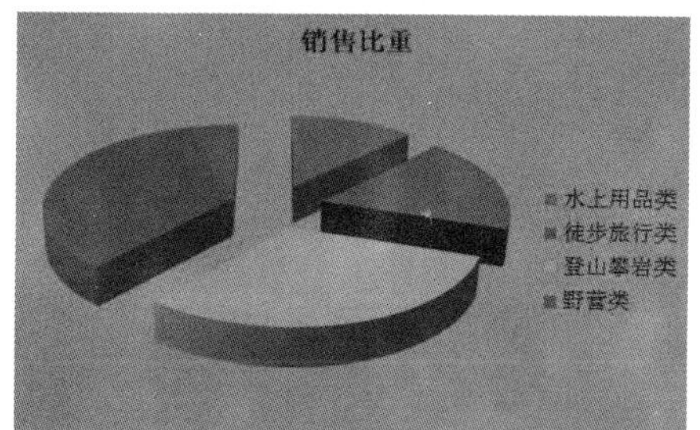

图 11-25　插入表格效果

● 对于图表的美化，方法与 Word、Excel 中的操作类似，双击插入的图表，在弹出的“设置图表区格式”对话框中的进行设置。

4. 插入 SmartArt 图形

(1)在主工具栏“插入”选项卡的“插图”组中,单击“SmartArt”按钮,如图 11-26 所示。

(2)在“选择 SmartArt 图形”对话框中,单击所需的类型和布局。如果要添加形状或更改其颜色和样式,双击插入的 SmartArt 图形,在“设计”选项卡下如图 11-27 所示的工具栏中进行选择更改。

图 11-26 选择插入 SmartArt

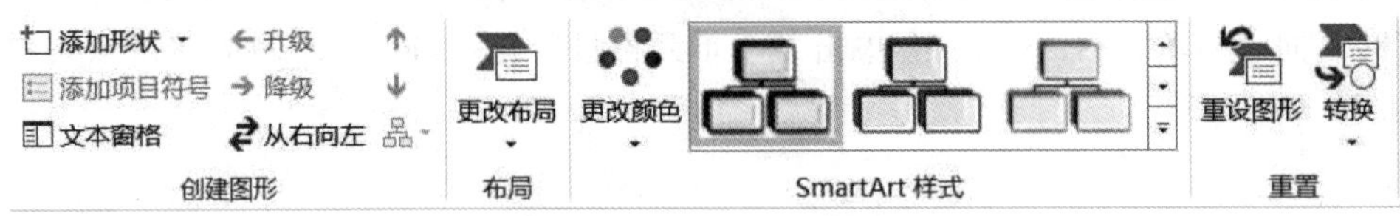

图 11-27 SmartArt 图形

对话框中执行下列操作之一以便输入文字:

- 单击 SmartArt 图形中的一个形状,然后键入文本。
- 单击“文本”窗格中的“[文本]”,然后键入或粘贴相应的文字。

活动 3 插入页眉和页脚

单击主工具栏“插入”→“文本”→“页眉和页脚”按钮,如图 11-28 所示。

在“页眉和页脚”对话框(图 11-29)的“幻灯片”选项卡上,选中“页脚”复选框,然后键入要在幻灯片的底部居中显示的文本(如:公司简介)。单击“全部应用”按钮。

如果只希望所选幻灯片上显示页脚信息,请单击“应用”按钮即可。

注意

在操作过程要记得随时保存。

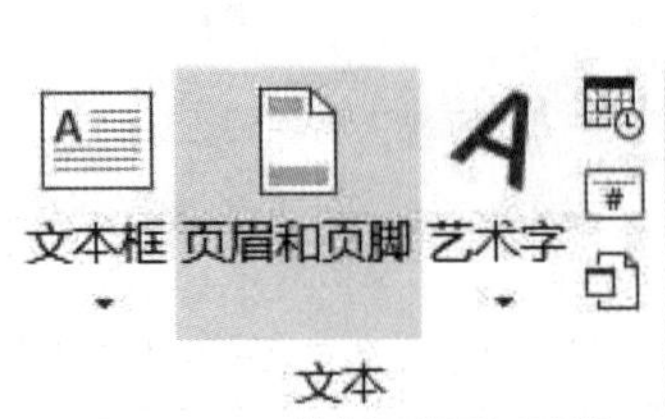

图 11-28 选择页眉和页脚

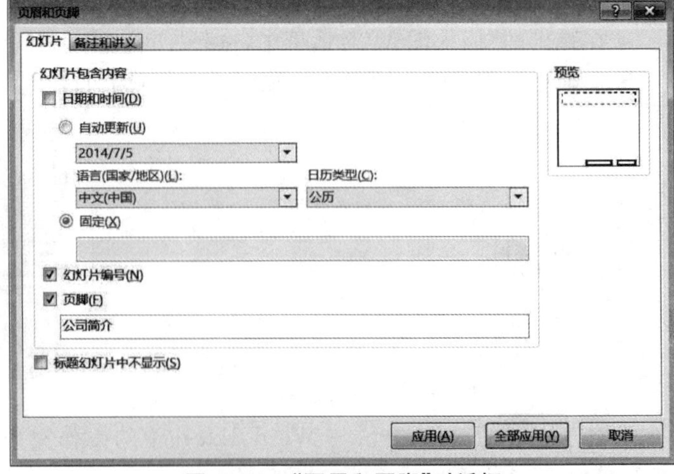

图 11-29 “页眉和页脚”对话框

任务 11.4　为“再别康桥”演示文稿添加多媒体

任务描述

为作品“再别康桥”添加多媒体支持，可以使作品更具感染力，提高观赏者兴趣。项目效果及素材保存在附带“光盘\项目 11\任务 4”文件夹中。效果截图如图 11-30 所示。

图 11-30　《再别康桥》效果图

任务分析

完成该项任务的操作思路如下：

步骤 1　插入视频；

步骤 2　插入声音；

步骤 3　插入 swf 文件。

任务实施

启动 PowerPoint 2013 后，选择“文件”→“打开”菜单命令，在“打开”对话框中选择名为“再别康桥源文件”的演示文稿，单击“打开”按钮。

活动 1　插入视频

为追求更完美的效果，在 Powerpoint 演示文档中需要视频做辅助。在 Powerpoint 演示文档中直接插入的视频的方法和插入图片十分类似，在演示界面中仅显示视频画面，是一种无缝插入，效果相当不错。

操作方法：

(1)为防止可能出现的链接问题，向演示文稿添加影片之前，最好先将影片(如：

zbkq. wmv)复制到演示文稿所在的文件夹。

(2)在“普通”视图中,单击要添加影片文件的幻灯片。

(3)在“插入”选项卡上的“媒体”组(如图 11-31)中,单击“视频”下方的箭头。

(4)在下拉菜单中,执行下列操作之一:

①单击 PC上的视频(P)... ,找到包含所需文件的文件夹,然后选择要添加的文件,单击“插入”按钮。在主工具栏中出现的“播放”选项卡中,如图 11-32 所示,设置开始为“单击时”的播放方式。

图 11-31 “媒体”组　　图 11-32 “播放”选项卡

注意

Powerpoint 2013 中增加了“剪裁视频”功能,可以根据需求控制视频的长度。

②单击 联机视频(O)... ,在弹出“插入视频”对话框(图 11-33)中的“在此处粘贴嵌入代码”处,粘贴从网站获取的代码,点右边的箭头 ➧ 。在幻灯版编辑页面上出现一个黑色视频框,通过八个控点来调整大小。选择“视频工具”→“播放”,单击后进行播放测试,可以看到如图 11-34 所示链接到网站视频的播放效果。

图 11-33 “插入视频”对话框

插入网站视频

00:07 / 01:49

图 11-34 网站视频的播放效果

提示

如何找到网络视频的地址？大部分视频网站都提供了视频的地址。例如优酷视频，单击视频下面“分享给好友”右侧的按钮。在展开的窗口中选择“HTML 代码”复制，粘贴到【插入】→【视频】→【联机视频】选项下的插入视频对话框中的“在此处粘贴嵌入代码”即可，如图 11-35 所示。

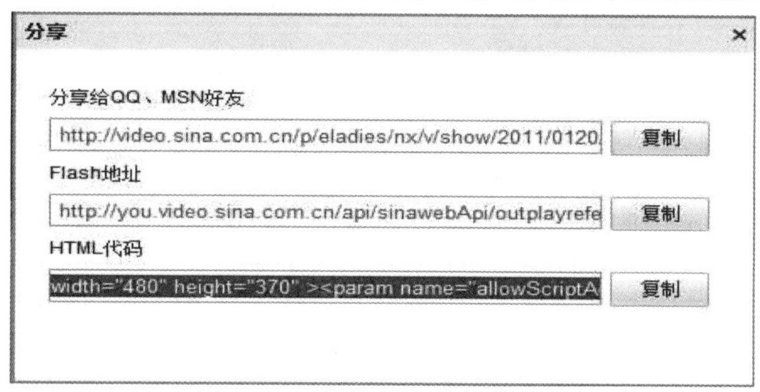

图 11-35 获取网络视频的地址

活动 2 插入声音

在 PowerPoint 2013 中插入声音时，在“插入”选项卡上的“媒体”组中，单击“音频”下方的箭头。插入音频的过程操作与插入视频的方法类似。

插入音频之后，在主工具栏出现“播放”选项卡（图 11-36），在其中可以进行音频操作的设置。

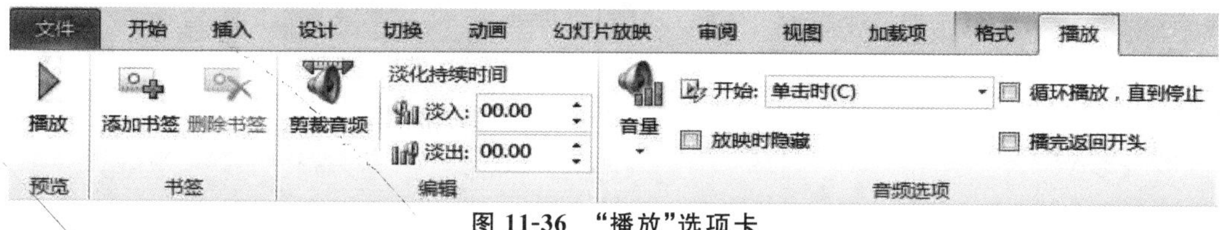

图 11-36 “播放”选项卡

常用的声音设置有：

1. 声音只出现在当前一张幻灯片，切换到任一张时则停止

这项操作适用于出现在当前页的声音，无论声音播放完与否，都可进入下一个单元。本例中插入声音文件“再别康桥. mp3”后默认此操作。

2. 循环播放声音直至幻灯片结束

这项操作适用于图片和作品欣赏等，往往是伴随着声音出现一张幻灯片。方法是在主工具栏的“播放”→“音频选项”→“开始”→“跨幻灯片播放”。需循环播放时，可勾选“声音选项”中“循环播放，直到停止”前的复选框，声音将连续播放，直到转到下一张幻灯片为止。

设置完成后，另存为“再别康桥”演示文稿。

活动 3 加载 SWF 文件

选择“再别康桥素材”中需要添加 SWF 文件的幻灯片，在“加载项”选项卡下单击按钮,在弹出的对话框(图 13-37)中,单击要插入的 Flash 文件。插入后的文件可通过 8 个控制点调整大小。播放幻灯片即可观看 Flash 效果。也可以运行 ispring 软件(任务 4 文件夹),进行 Flash 的加载,如图 13-38 所示。

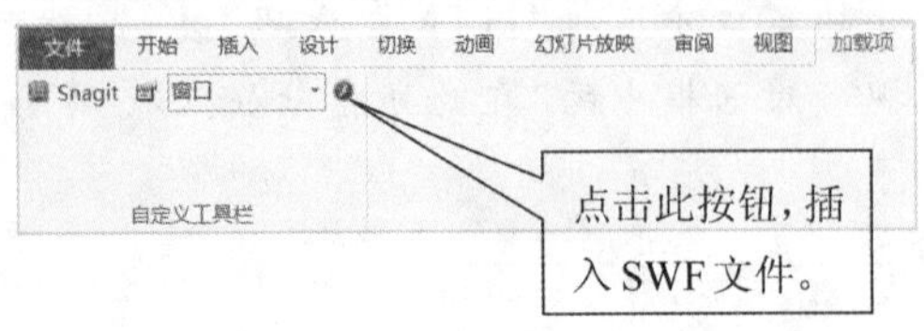

图 13-37 加载项对话框

图 13-38 Flash 的加载

技巧

如果"加载项"选项卡下的按钮不存在,安装"抓图软件 Snagit"和"Flash"播放器后就可以出现。

注意

媒体文件在插入前要移动至演示文稿所在的文件夹中,如果插入后被移动或重命名,则无法在幻灯片中正常播放。

应用拓展为"生命的成长过程"演示文稿配音。

制作要求:为"生命的成长过程"演示文稿添加配音,使作品更具感染力。最终效果及素材保存在"光盘项目 11\任务 4 延伸案例"文件夹中。效果截图如图 11-39 所示。

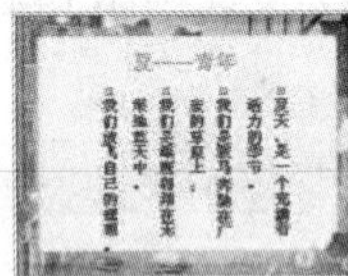
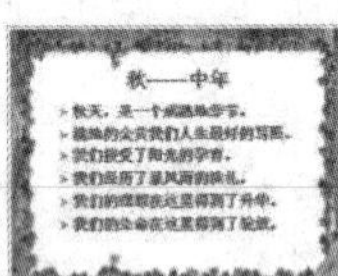
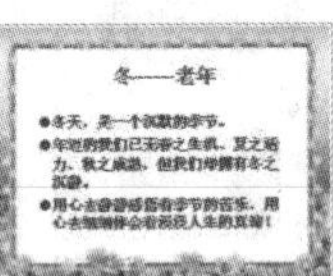

图 11-39 《生命的成长过程》演示文稿添加配音效果图

操作步骤:

(1)启动名为"生命的成长过程"演示文稿;

(2)为幻灯片添加音乐文件,并设置为"跨幻灯片播放";

(3)在第二张幻灯片中添加 SWF 文件——"四季. swf";

(4)为幻灯片配音。

这项操作适用于需要重复对每张幻灯片进行解说的情况,解说由自己录制。在本例中,为幻灯片加入配音,不仅使观众有视觉的美感,还增添了听觉的享受。在其他方面的应用,比如计算机应用能力考核中,学生对考核系统不熟悉,需要对考试系统进行解说,用这项功能就可以化繁为简。录制旁白的操作步骤:

①单击主菜单"幻灯片放映"→"录制幻灯片演示"→"从头开始录制",如图 11-40 所示。

②在"录制幻灯片演示"对话框(图 11-41)中勾选"旁白和激光笔"复选按钮,单击"开始录制"按钮。

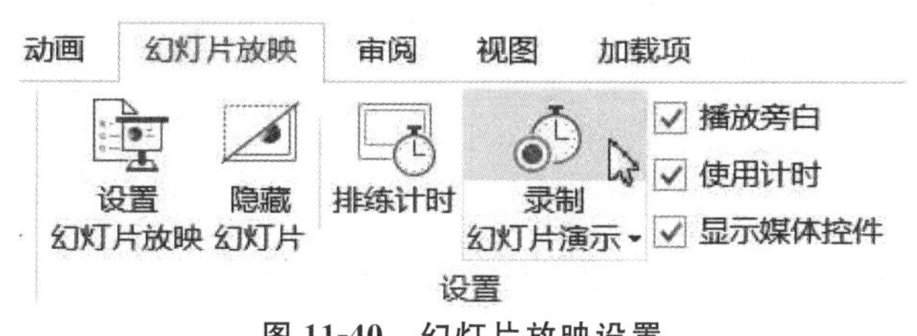

图 11-40 幻灯片放映设置

录制幻灯片演示
开始录制之前选择想要录制的内容。
幻灯片和动画计时(T)
旁白和激光笔(N)
开始录制(R)
取消

图 11-41 录制幻灯片演示对话框

③进入到幻灯片放映状态，一边播放幻灯片一边对着麦克风朗读旁白。

④录制完毕后，在每张幻灯片右下角自动显示喇叭图标。播放时如果选择播放旁白，则自动播放，最后保存演示文稿。

技巧

如果放映时不运行已录制的旁白，可不选中 ☐ **播放旁白** 前的复选框。

实训项目

实训 1 制作“花之语”演示文稿

(1)新建一个相册演示文稿，插入有关花的图片，设置相册版式为“适应幻灯片尺寸”。

(2)将标题文本修改为“花之语”，设置标题为“华文行楷”、“72”、“加粗”、“阴影”。

(3)保存文件。

素材及效果保存在“光盘\项目 11\实训项目\花之语”文件夹中。效果截图如图 11-42 所示。

图 11-42 《花之语》演示文稿效果图

实训 2 制作“会员期刊”演示文稿

(1)根据“公司简介”模板新建“会员期刊”演示文稿。

(2)查看幻灯片，根据需要新建幻灯片。

(3)修改幻灯片中的内容，符合的“会员期刊”文稿的需要。

(4)为幻灯片添加图片和形状，美化幻灯片。

素材及效果保存在“光盘\项目 11\实训项目\会员期刊”文件夹中。效果截图如图 11-43所示。

图 11-43 《会员期刊》演示文稿效果图

项目 12

PowerPoint 2013 高级应用

项目导引

为使 PowerPoint 2013 制作的幻灯片绚丽夺目，便于播放控制，本章将介绍如何建立超链接、美化幻灯片和放映幻灯片等内容，提高演示文稿的趣味性和表现力。

技能目标：

✍会设置幻灯片中各种对象的动画效果；

✍会设置并应用幻灯片背景、主题、版式和母版；

✍会应用超链接；

✍会应用动作按钮；

✍会放映、发布演示文稿。

知识目标：

✍掌握幻灯片切换效果和其对象动画效果设置的方法；

✍掌握幻灯片背景、主题、版式和母版的设置方法；

✍掌握插入超链接的方法；

✍掌握插入动作按钮的方法；

✍掌握放映幻灯片的方法；

✍了解动画效果的类型；

✍了解超链接的作用；

✍了解主题、版式的概念；

✍了解母版的作用。

任务 12.1　制作“产品宣传广告”

任务描述

适当地为幻灯片上的文字、图片、形状或其他对象添加动画效果，可以突出演示文稿的重点，控制信息的流程，提高幻灯片的观赏性和趣味性。项目效果及素材保存在“光盘\项目12\任务 1”文件夹中。

任务分析

完成该项任务的操作思路如下：

步骤 1　认识“动画”选项卡；

步骤 2　幻灯片对象的动画效果；

步骤 3　幻灯片动态换页。

任务实施

活动 1　认识“动画”选项卡

单击 PowerPoint 2013 的主工具栏上的“动画”选项卡（图 12-1），利用各工具栏的功能及相应的一系列操作，就可以使幻灯片在演示时产生一系列逼真的动画效果，如：文字从幻灯片中淡出，图形或图片逐渐进入幻灯片的演示效果等。各工具栏的功能介绍如下：

图 12-1　“动画”选项卡

“预览”工具栏：对幻灯片设置动画之后，该工具栏中的“预览”按钮就被激活，单击该按钮可查看幻灯片播放时的动画效果。

“动画”工具栏：为幻灯片中各对象添加动画效果。

“高级动画”工具栏：为幻灯片中单个对象快速添加多个动画效果。

“计时”工具栏：为幻灯片中各对象的动画效果进行时间控制。

活动 2　幻灯片对象的动画效果

要将一段简单的动画应用于形状、图片或文本框内容，首先要切换到“动画”选项卡。

以文本框为例，选择文本框后，在“动画”工具组单击“动画”下拉列表，选择“擦除”选项，如图 12-2 所示。单击如图 12-3 所示的“效果选项”，可设置“擦除”的方向。

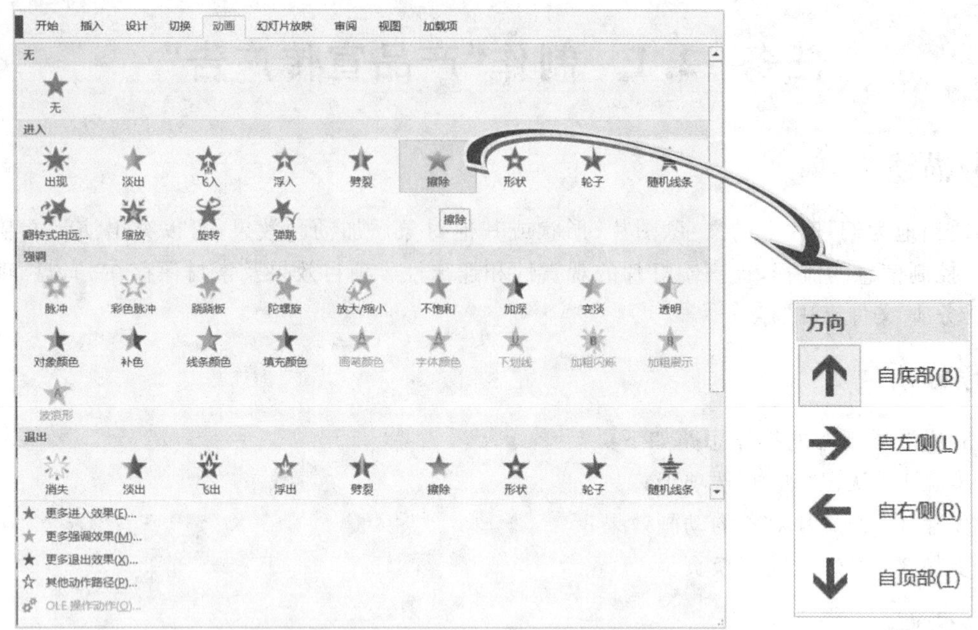

图 12-2 选择“擦除”选项　　　　图 12-3 设置擦除的方向

如果要查看所设置的动画效果,单击主工具栏“动画”→“高级动画”→“动画窗格”按钮,在打开的“动画窗格”中进行,如图 12-4 所示。而在主工具栏“动画”→“计时”工具组(图 12-5)中则可以设置动画播放的顺序和时间。

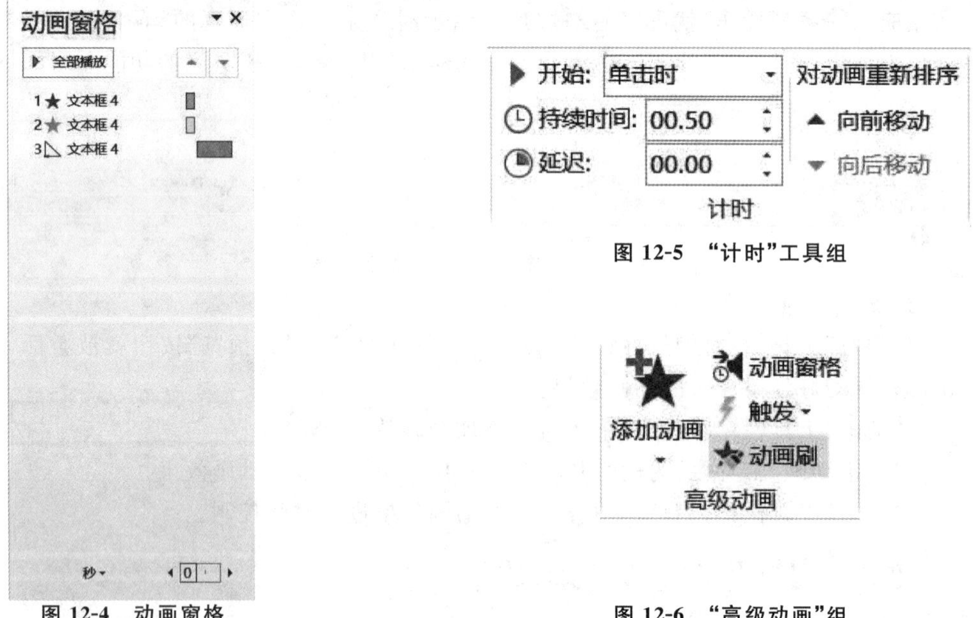

图 12-4 动画窗格

图 12-5 “计时”工具组

图 12-6 “高级动画”组

对单个对象应用多个动画效果:

(1)选择要添加多个动画效果的文本或对象。

(2)在“动画”选项卡上的“高级动画”组中,如图 12-6 所示,单击“添加动画”,如果有多个对象需要设置相同的动画效果，使用“动画刷”即可。

下面以“2013 柯达数码相机产品介绍”演示文稿为例，练习掌握设置幻灯片对象动画效果的操作方法。

1. 选择动画效果

（1）打开“2013 柯达数码相机产品介绍”演示文稿。

（2）选择标题占位符，单击主工具栏“动画”→“动画”工具组的下拉列表中选择“擦除”。

（3）选择副标题占位符，单击主工具栏“动画”→“高级动画”→“添加动画”下的三角形▾，在弹出的菜单中选择“进入”→“形状”命令，在“效果选项”下拉菜单中选择“放大”和“菱形”。

（4）重复第（2）步或第（3）步的操作，为其他幻灯片中的对象添加动画效果。

2. 设置动画效果

（1）打开“动画窗格”，选择“擦除”动画，在“动画”工具组的“高级选项”下拉菜单中选择“自顶部”，在“计时”工具组的“开始”后选择“与上一个动画同时”，在“延迟”后调整时间为“00.50”。

（2）选择“菱形”动画，采用（1）中同样的方法设置动画开始为“上一个动画之后”、“延迟”时间为“00.50”。

（3）单击打开“菱形”动画后的下拉列表，选择“效果选项”菜单命令，在弹出的“菱形”对话框（图 12-7）中进行“效果”、“计时”、“正文文本动画”等细微设置。

图 12-7　“菱形”对话框

3. 查看动画效果

（1）单击“动画”工具栏中的“预览”按钮★，查看动画效果。

（2）在“动画窗格”中单击▶ 播放自按钮，查看动画效果。

提示

删除动画效果的方法：单击包含要删除的动画的文本或对象。在“动画”选项卡上的“动画”组中，从“动画”列表中选择“无”。也可在“动画窗格”中对象后的下拉菜单中选择“删除”。

活动3 幻灯片动态换页

幻灯片的之间的动态换页可以让演示文稿播放起来动感十足，增加演讲的生动性。通过利用 PowerPoint 2013 内置的切换动画效果，可以实现这个要求，从而使整个演讲的过程与众不同、充满朝气。在“切换到此幻灯片”工具组可以设置切换效果、切换声音、切换速度，以及换片方式，如图 12-8 所示。

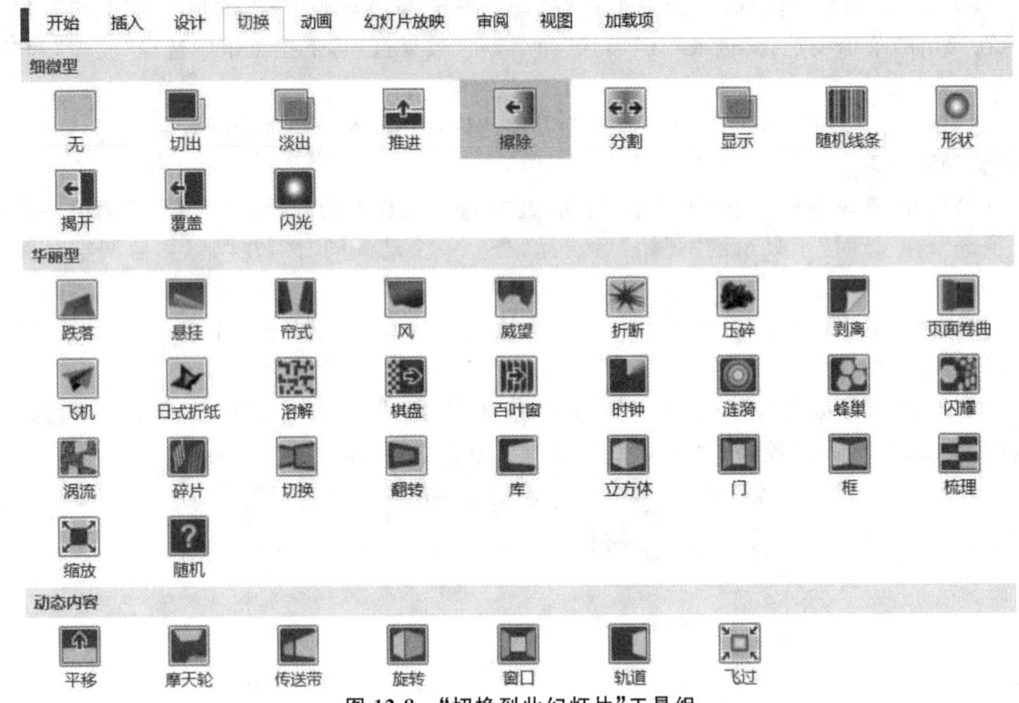

图 12-8 “切换到此幻灯片”工具组

(1)在“2013 柯达数码相机产品介绍”演示文稿中选择“标题幻灯片”，选择图 12-8 所示的“分割”效果。

提示

PowerPoint 2013 切换效果分为三大类：细微型、华丽型、动态内容。其中在“华丽型”中增加了多个炫丽的三维切换效果，赶紧去试试吧，一定会让你的幻灯片更酷！

(2)在“切换”→“计时”工具组中设置“声音”为“鼓掌”、“持续时间”为“00.75”。

(3)单击“全部应用”按钮应用于演示文稿中所有的幻灯片。

(4)预览幻灯片的切换效果，并进行保存演示文稿。

技巧

在“切换声音”的下拉列表中除了可以选择已提供的声音文件，在电脑中的所有“*.wav”均可应用。但注意幻灯片切换声音和幻灯片中对象动画效果中增强的声音不要重叠。

任务 12.2 插入超链接和动作

任务描述

默认的幻灯片播放方式是按顺序进行，超链接和动作按钮的使用可以实现自定义放映，并使内容更具条理性。项目效果及素材保存在“附带光盘项目 12\任务 2”文件夹中。

任务分析

完成该项任务的操作思路如下：

步骤 1 插入超链接；

步骤 2 插入动作按钮。

任务实施

活动 1 插入超链接

超链接是从一张幻灯片到另一张幻灯片、自定义放映、网页或文件的链接。它可以是文本或对象间的链接(例如图片、图形、形状或艺术字)。

在“2013 柯达数码相机产品介绍”演示文稿中，对第三张幻灯片中的三种机型建立对应说明幻灯片的链接，如图 12-9 所示。

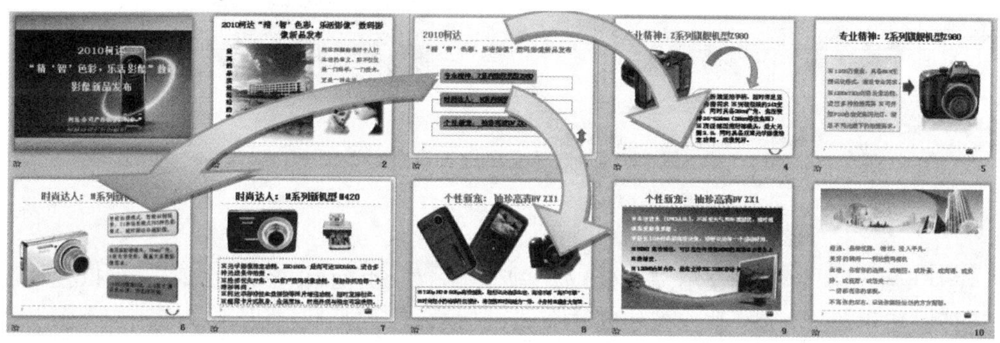

图 12-9 三种机型建立对应说明幻灯片的链接

(1)选择“专业精神：Z 系列旗舰机型 Z980”文本框，单击主工具栏“插入”→“超链接”按钮，在弹出的“插入超链接”对话框中，在“链接到”栏中选择“本文档中的位置”，在“请选择文档中的位置”栏下选择要链接的幻灯片，如图 12-10 所示。

(2)重复上述操作为其他幻灯片中的各对象设置超链接。

其他各项说明如下：

①原有文件或网页：链接到其他文档、应用程序或由网站地址决定的网页；

②新建文档：链接到一个新文档中；

③电子邮件地址：链接到一个电子邮件地址。

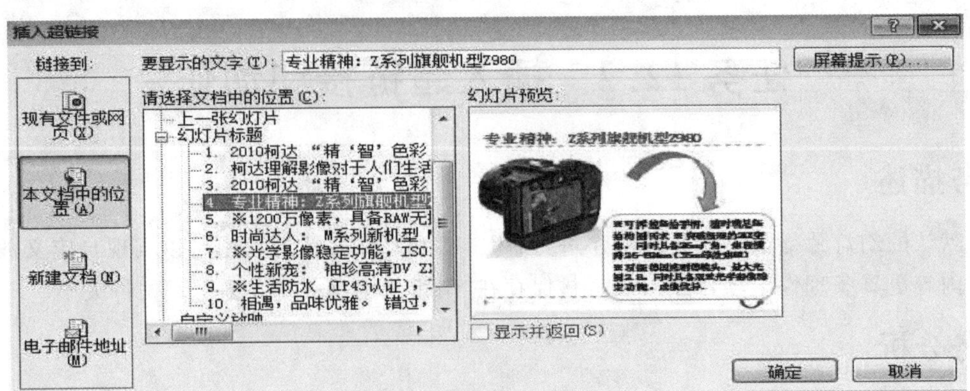

图 12-10 选择要链接的幻灯片

注意

如选择文字进行设置超链接,会在文字下方出现横线并改变文字颜色,如 12-11 左图所示。如要改变修改链接文字的颜色,可参见项目 12 中的"自定义主题",效果如 12-11 右图所示。

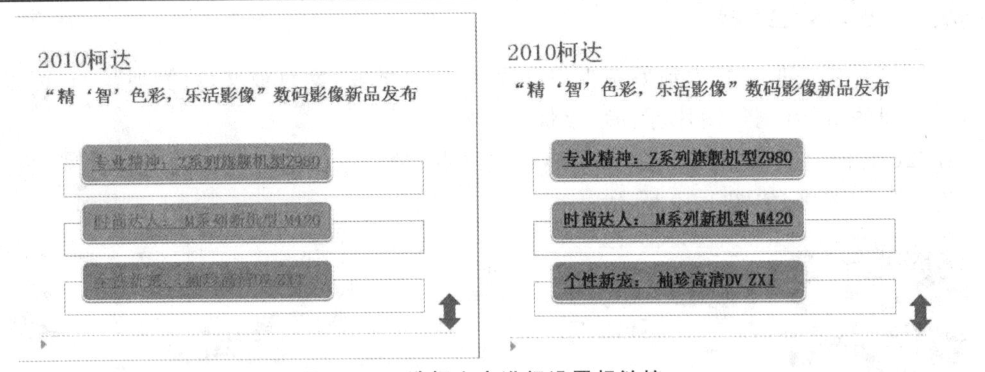

图 12-11 选择文字进行设置超链接

活动 2 插入动作按钮

在对相机对应的机型介绍完成后,如要返回到目录页面(图 12-12),不仅可以使用超链接,还可以使用动作按钮,动作按钮在主工具栏"插入"→"形状"的下拉列表中,有多种类型供选择使用,如图 12-13 所示。它可以插入到幻灯片中用来定义超链接。

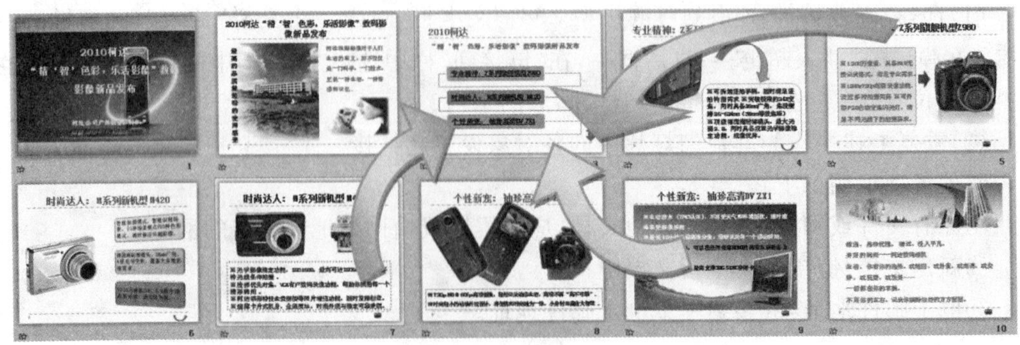

图 12-12 目录页面

(1)选择第五张幻灯片，单击“动作按钮”中的“后退或前进一项”◁，在幻灯片合适位置拖拉出形状，释放鼠标弹出“动作设置”对话框，如图 12-14 所示。在“单击鼠标”选项卡下选择“超链接到”前的单选按钮，在其下拉列表中选择“幻灯片…”，弹出“超链接到幻灯片”对话框，在其中选择目录幻灯片。

(2)分别选择第七张和第九幻灯片，重复上述操作或者复制已插入的动作按钮到第七、第九张幻灯片。同时，可参照形状设置的方法美化动作按钮。

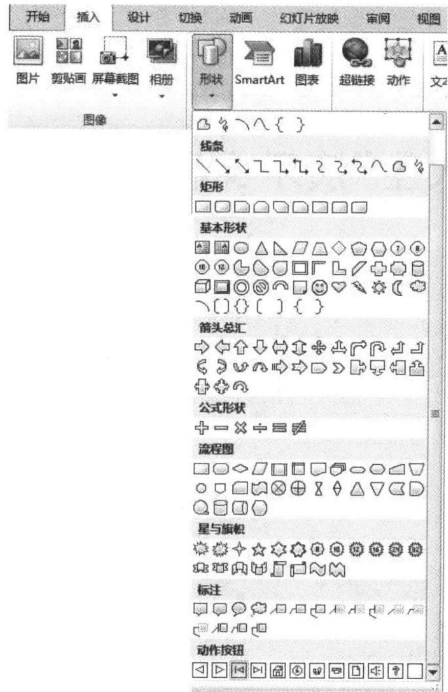

图 12-13　动作按钮

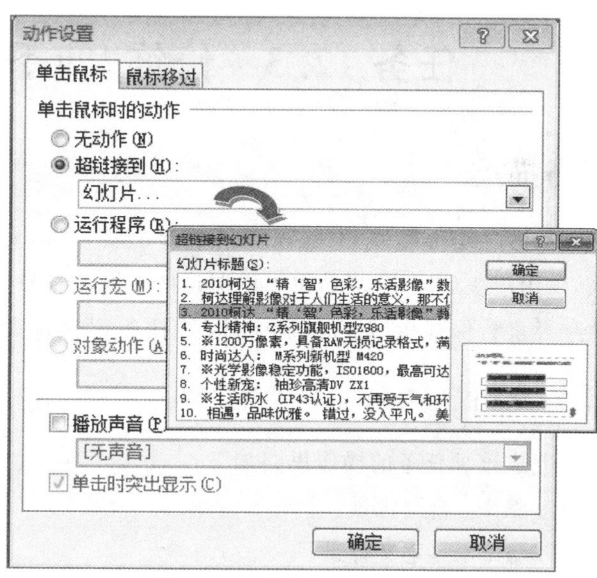

图 12-14　“动作设置”对话框

技巧

在“动作设置”对话框中选择“运行程序”单选项可以在单击超链接时启动设置的程序。

应用拓展：为“再别康桥”演示文稿制作目录

制作要求：为演示文稿添加目录，不仅使演示文稿内容条理性增强，而且可以加深观看印象。案例效果及素材保存在“光盘\项目 12\任务 2 延伸案例”文件夹中。效果图如图 12-15所示。

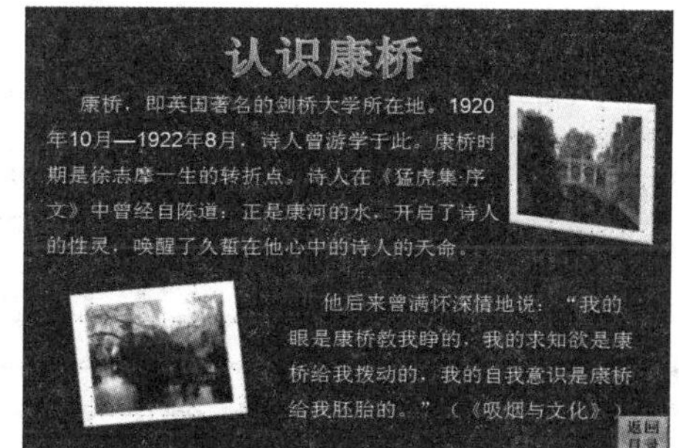

图 12-15　《再别康桥》演示文稿制作目录效果图

操作步骤：

(1)为“再别康桥”演示文稿制作目录。

(2)为目录中的各项内容添加超链接。

(3)在对应的内容页面上插入动作按钮中的“自定义”选项□,并在上面输入“返回目录”。

提示

选择已添加的“动作按钮”,在其右键快捷菜单中单击“添加文字”命令,即可在“动作按钮“中输入文字。

任务 12.3 修饰“四季人生”演示文稿

任务描述

幻灯片是否美观,主题和背景十分重要。PowerPoint 2013 提供了多种主题和背景样式,供用户快速应用,当然也可以对这些主题和背景样式修改后进行应用于幻灯片中。项目效果及素材保存在“附带光盘项目 12\任务 3”文件夹中。

任务分析

完成该项任务的操作思路如下：

步骤 1 套用背景；

步骤 2 自定义背景；

步骤 3 应用主题。

任务实施

活动 1 套用背景

(1)打开“项目 12\任务 3 中的“四季人生素材”演示文稿。

在新建的演示文稿中,默认背景色是白色,新建的幻灯片会沿用前一张的背景。

(2)如要改变背景色,单击主工具栏“设计”→“背景”→“背景样式”按钮 背景样式,在弹出的列表框中选择“样式 2”(图 12-16),单击后将应用于演示文稿中的所有幻灯片。

提示

背景样式是通过将主题中的 4 种背景色和 3 种主题的背景填充(细微、中等和强烈)进行组合,在应用时可以获得 12 种可能的背景样式,因此所提供的背景色样式不确定。

图 12-16 改变背景色

活动 2 自定义背景

由于 PowerPoint 2013 提供的背景样式数量较少，使用的效果不够理想，因此下面将通过自下定义背景使画面更加丰富。

（1）打开的“家庭画册”源文件演示文稿。

（2）单击主工具栏“设计”→“背景”工具组中的按钮，弹出“设置背景格式”对话框。

（3）在打开的“设置背景格式”对话框中，选择不同的单选按钮，可以得到不同的填充效果，如图 12-17 所示。

● 纯色填充：选中 纯色填充(S) 单选按钮，单击其中的“颜色”，在弹出的下拉列表中选择一种颜色，在“透明度”后拖动滑块，或在数值框中输入颜色的透明度，增加颜色的质感；

● 渐变填充：选中 渐变填充(G) 单选按钮，单击“预设颜色”，在弹出的下拉列表中选择一种颜色样式，在“类型”下拉列表框中选择渐变的方式，单击“方向”，在弹出的下拉列表中选择颜色渐变的方向，在“渐变光圈”栏中设置渐变色的光圈数量和颜色；

● 图片或纹理填充：选中 图片或纹理填充(P) 单选按钮，如使用纹理作为背景，单击“纹理”，在弹出的下拉列表中选择一种纹理样式；如使用图片作为背景，在“插入自”栏中选择图片的来源。单击 文件(F)... 按钮，可以选择电脑中的图片作为背景；单击 剪贴板(C) 按钮，可以选择剪切板中的图片作为背景；单击 联机(E)... 按钮，可以选择剪贴画作为背景。在“设置背景格式”对话框中选择“图片”选项，可以对背景图片进行适当的处理。

幻灯片改变背景后的最终效果如图 12-18 所示。

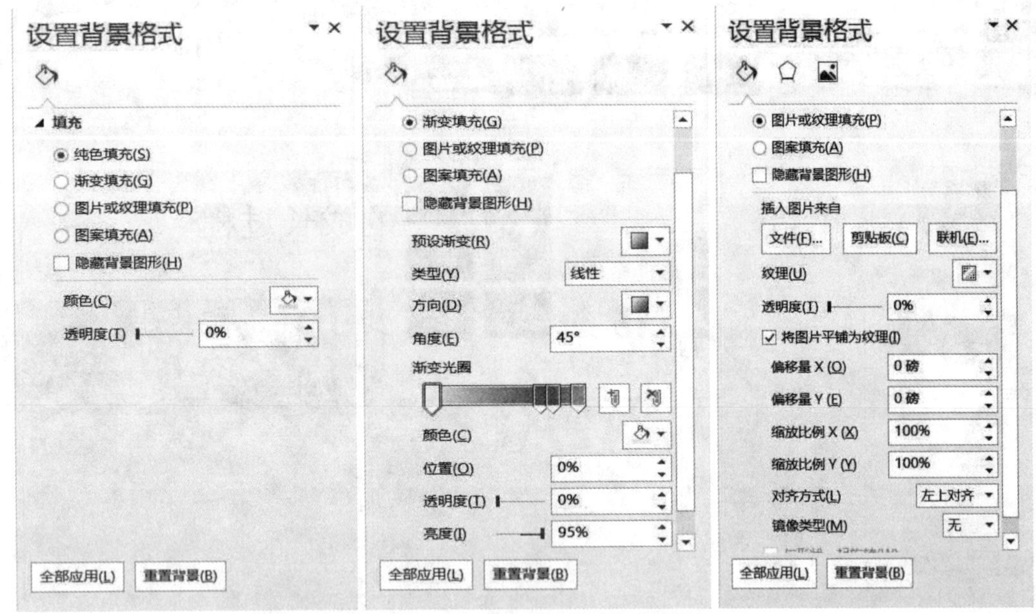

图 12-17 “设置背景格式”对话框

图 12-18 改变背景后的最终效果图

技巧

如果要取消背景格式设置,可以在“背景样式”按钮的下拉列表框中选择“重置幻灯片背景”选项,也可以在“设置背景格式”对话框中单击 重置背景(B) 按钮。单击 全部应用(L) 按钮可以使全部幻灯片应用同一种背景。

活动 3 应用主题

1. 套用主题

(1)打开“四季人生素材.pptx”演示文稿。

(2)单击主工具栏“设计”→“主题”工具组中按钮 ,在弹出的主题库列表框中单击“华丽”主题样式,当前演示文稿中的所有幻灯片都会被该主题的风格所覆盖,效果如图 12-19 所示。

(3)主题样式的获取除了“主题”列表中显示的缩略图外,还可以在“主题”列表下面的“浏览主题”选项中选择本机中已保存的演示文稿主题套用。

(4)所选主题样式的默认设置是应用于所有幻灯片,如需更改,可单击右键,在弹出的快捷菜单中选择“应用于选定幻灯片”,还可以进行“设置为默认主题”、“添加到快速访问工具栏”等设置。

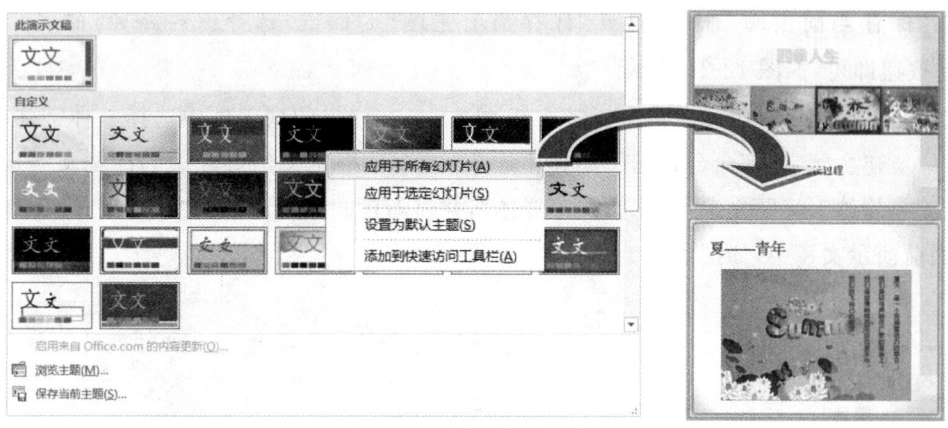

图 12-19　“华丽”主题样式

2. 自定义主题

单击主工具栏“设计”→“主题”→“颜色”按钮 颜色(C)，在弹出的列表框中选择“新建主题颜色”命令，打开“新建主题颜色“对话框，如图 12-20 所示。

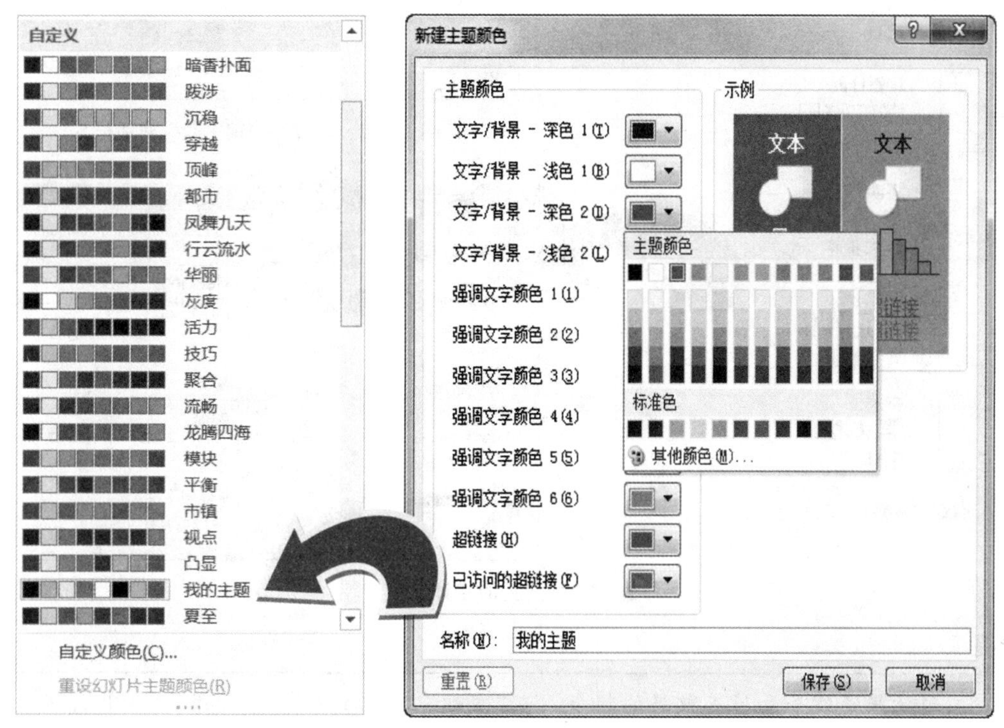

图 12-20　“新建主题颜色“对话框

(1)设置幻灯片中的背景颜色：单击“文字/背景颜色-深色 1”按钮，在弹出的列表框中选择“青绿，背景 2，深色 60%”。

(2)设置幻灯片中的定义超链接文字颜色：单击“超链接”按钮，在弹出的列表框中选择“橙色，超链接”。

(3)将新建的主题命名为“我的主题 1”保存并应用到当前演示文稿中。也可在应用主题后单击“保存当前主题”命令，打开“保存当前主题”对话框，选择保存路径，命名后单击 保存(S) 按钮即可，如图 12-21 所示。

(4)在“主题”工具组中单击“字体”按钮 字体，在弹出的列表框中选择一种字体类型，或选择“新建主题字体”命令，打开“新建主题字体”对话框定义幻灯片中的标题文字字体为“方正综艺简体”，标题文字字体为“方正舒体”，并将新建的主题命名为“我的字体”保存并应用到当前演示文稿中，如图 12-22 所示。

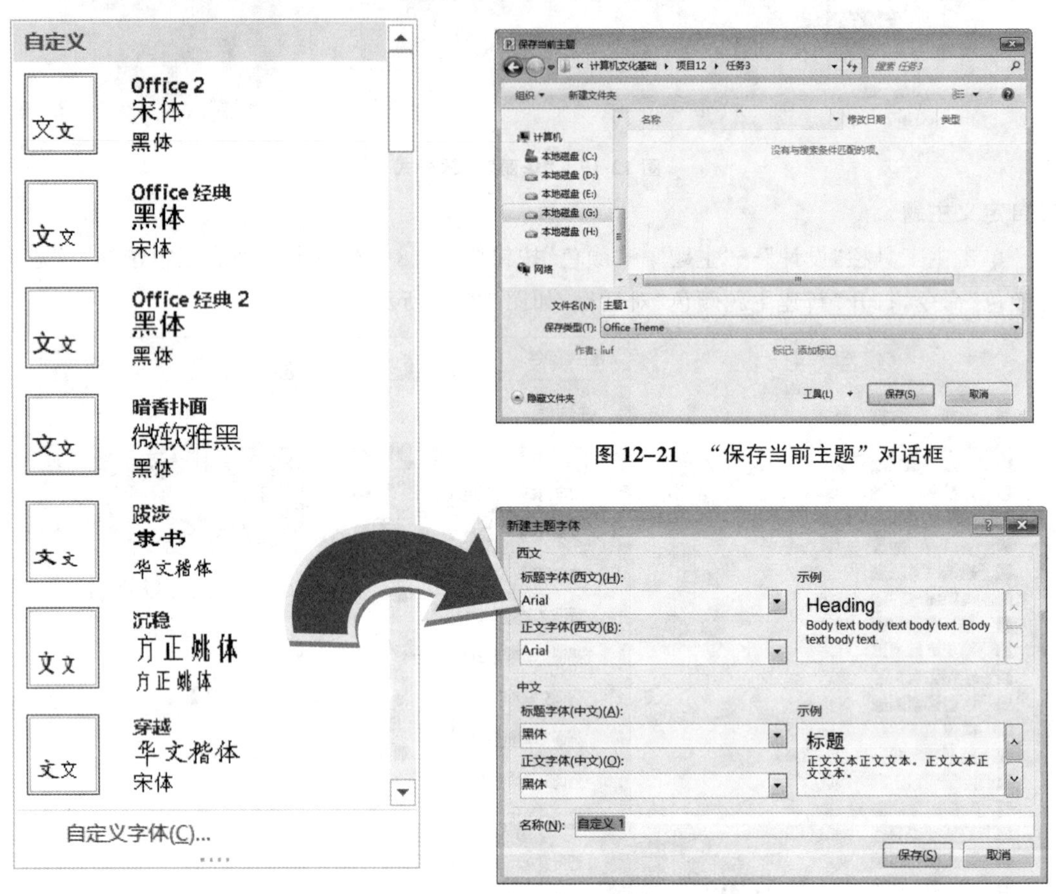

图 12-21 “保存当前主题”对话框

图 12-22 “我的字体”保存

提示

主题效果是线条和填充效果的组合。在“主题”工具栏中单击“效果”按钮 效果，在弹出的列表框中选择一种效果(图 12-23)，可以在与“主题效果”名称一起显示的图形中看到用于每组主题效果的线条和填充效果。

(5)预览并保存设置后的效果，如图 12-24 所示。

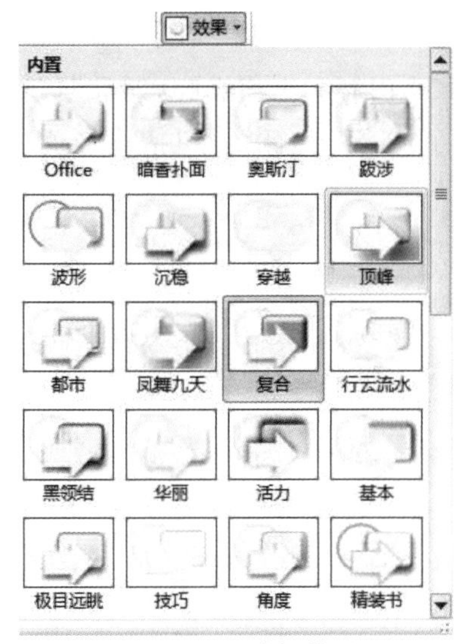

图 12-23 选择效果

图 12-24 效果图

任务 12.4 制作“公司加盟指南”母版

任务描述

加盟店是目前很流行的一种商业运作模式，需要发放特许加盟经营的公司，在进行宣传时，如果能制作一份详实、精美的加盟指南，不仅可以详细介绍加盟信息，而且有助于提升公司形象。项目效果及素材保存在附带“光盘项目 12\任务 4”文件夹中，效果如图 12-25 所示。

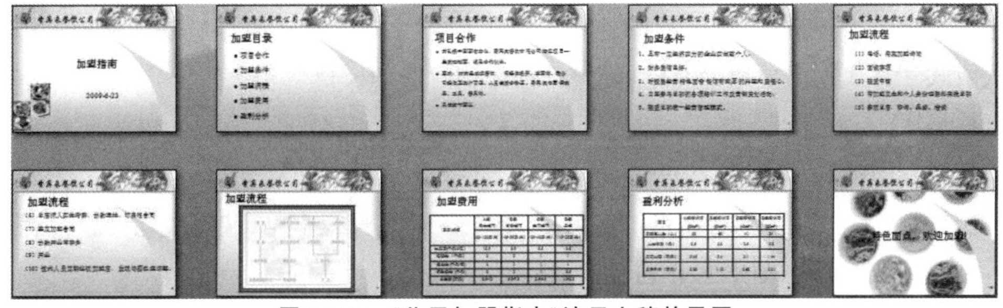

图 12-25 《公司加盟指南》演示文稿效果图

任务分析

完成该项任务的操作思路如下：

步骤 1 创建演示文稿；

步骤 2 母版的类型；

步骤 3 编辑母版。

任务实施

在 PowerPoint 中，前台制作的幻灯片都有一个后台母版在支持；通过对母版的修改，可以将同样的修改应用于采用了该母版的所有幻灯片。

所谓“母版”就是一种特殊的幻灯片，它包含了幻灯片标题、内容和页眉页脚(如日期、时间和幻灯片编号)等占位符，这些占位符可以控制幻灯片的字体、字号、颜色(包括背景色)、阴影和项目符号样式等设计要素。

活动1　创建演示文稿

(1)启动 PowerPoint 2013 程序窗口，单击“文件”→“新建”，单击“空白演示文稿”，将自动生成的演示文稿，另存为“公司加盟指南”。

(2)单击“设计”→“主题”→“浏览主题”，选择项目 12 任务 4 中提供的模板“深蓝色风格模板”，确定后即应用到该演示文稿。然后单击主工具栏“设计”→“颜色”按钮，在其下拉列表框中选择第二种颜色方案。并在“新建主题颜色”对话框中单击“文字/背景颜色-浅色 2”按钮，在弹出的列表框中选择“金色，背景 2，25%。

(3)在幻灯片空白处单击右键，在快捷菜单中选择“设置背景格式”菜单命令，在打开的“设置背景格式”对话框中，设置填充“类型”为“标题的阴影”，单击 全部应用(L) 按钮。

此时，会发现幻灯片中的图案颜色和背景色不协调，如要继续修改图案颜色或形状，需切换到幻灯片母版视图。

活动2　母版的类型

在 PowerPoint 2013 中有三个神秘的母版，它们是幻灯片母版、讲义母版及备注母版，可用来制作统一标志和背景的内容，设置标题和主要文字的格式，包括文本的字体、字号、颜色和阴影等特殊效果，所有的幻灯片都是基于母版创建的。也就是说母版是为所有幻灯片设置默认版式和格式。简单地说，修改母版就是在创建新的模板。

1. 幻灯片母版

要切换到幻灯片母版视图，可执行下列任一操作：

- 单击主工具栏“视图”选项卡，在“演示文稿视图”工具栏中单击“幻灯片母版”按钮。
- 在按下【Shift】键的同时，单击“普通视图”按钮。

在 PwerPoint 2013 中，幻灯片母版包含有两部分，一个是幻灯片母版，另一个是与幻灯片母版相关联的版式。幻灯片母版用于控制该演示文稿中所有幻灯片的格式，而与幻灯片母版相关联的版式可单独设置，比如标题版式只用于控制标题幻灯片的设置。在一个演示文稿的模板中也可以包含多个母版，如图 12-26 所示。

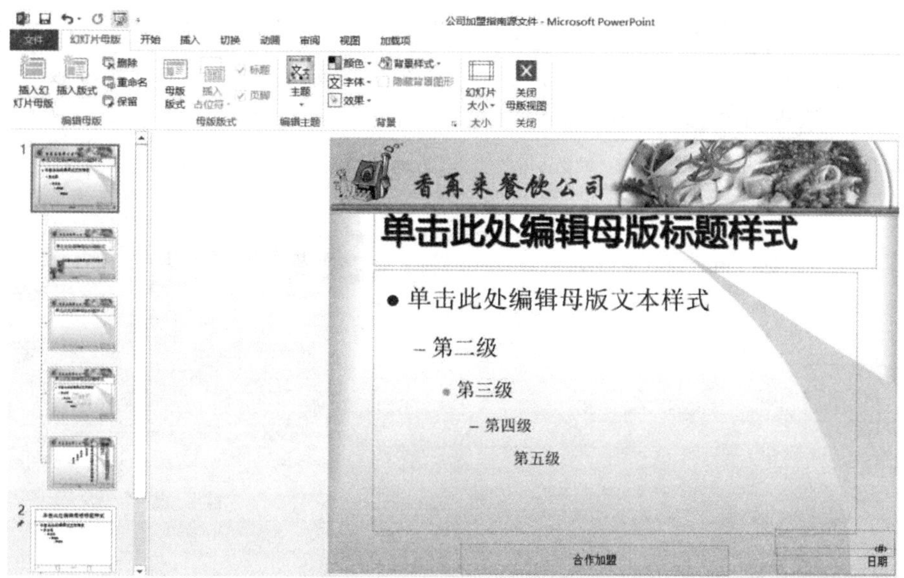

图 12-26 包含多个母版

如需对幻灯片改变或应用新的版式,单击主工具栏“开始”→“版式”按钮 版式·,在其下拉列表中显示了所有母版中已设置的版式(图 12-27),单击所需的版式应用。

2. 讲义母版

当幻灯片需要作为讲义稿打印装订成册时,就可以将它打印成讲义。使用讲义母版可定义在一页纸张里显示的幻灯片张数、页眉和页脚的位置,以及幻灯片的放置方向等,如图 12-28 所示。

切换时,单击主工具栏“视图”→“讲义母版”按钮,即可进入讲义母版视图。

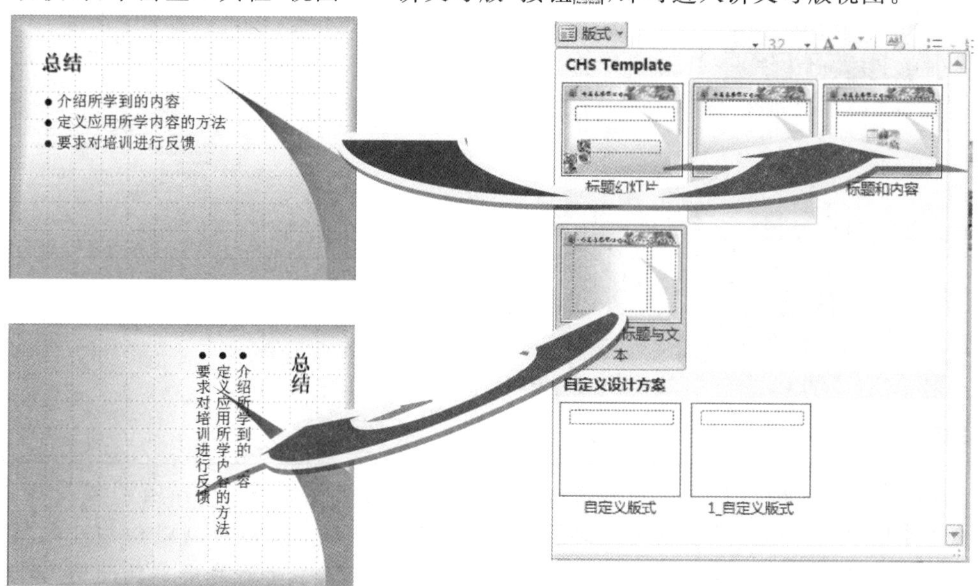

图 12-27 母版中已设置的版式

3. 备注母版

如果需要将备注和幻灯片内容显示在同一个页面中,则可以切换到备注页视图中查看。

而备注母版就是定义备注页的模板,在其中可以设置备注页方向方向等。

单击主工具栏“视图”→“备注页”按钮,进入备注页视图。单击“备注母版”按钮可以进入备注母版视图,如图 12-29 所示。

一页中打印三张幻灯片的讲义效果

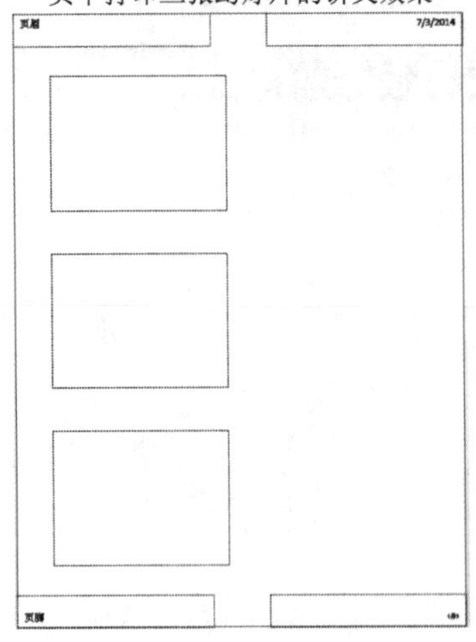

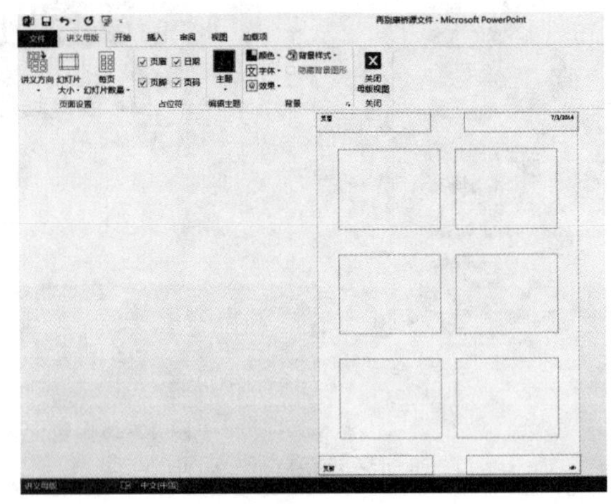

图 12-28 讲义母版

幻灯片的备注页效果

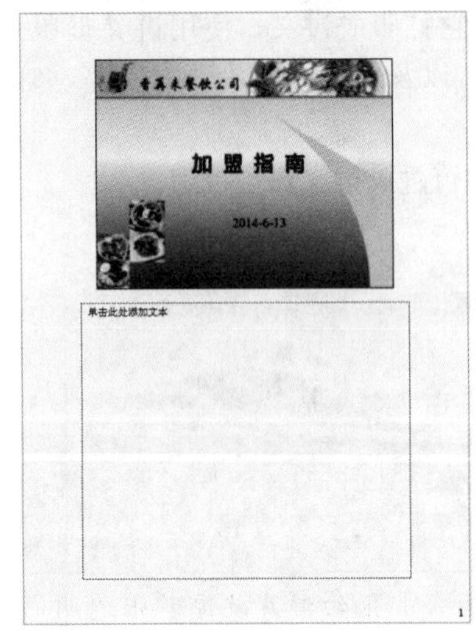

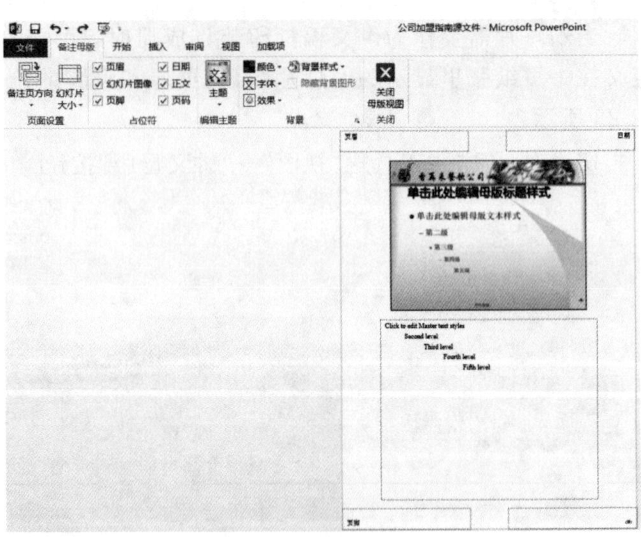

图 12-29 备注母版

技巧

如果先创建了幻灯片母版再构建幻灯片,则添加到演示文稿中的所有幻灯片都会基于该幻灯片母版和相关联的版式。如果在构建了各张幻灯片之后再创建幻灯片母版,则幻灯片上的某些项目便不能遵循幻灯片母版的设计风格,需在幻灯片中单独设置。

活动 3 编辑母版

通过对母版的设计可以快速地制作风格一致、又与众不同的演示文稿。如果需要某些文本或图形在每张幻灯片上都出现,比如公司的徽标和名称,就可以将它们放在母版中,只需编辑一次就行了。具体操作如下:

(1)在按下【Shift】键的同时,单击“普通视图”按钮,将“加盟指南”演示文稿切换到“幻灯片母版”。

(2)右键单击需要修改颜色的图形,在弹出的快捷菜单中选择“设置形状格式”菜单命令,在打开的“设置形状格式”对话框中设置“纯色填充”颜色为“金色,背景 2,25%”。

(3)为幻灯片加入徽标,单击主工具栏“插入”→“图片”下的“来自文件”命令,出现了“插入图片”对话框,选择图片“huibiao2”,单击“插入”按钮。这时,图片出现在幻灯片母版的中央,需调整一下图片位置和大小。用同样的方法在标题幻灯片中插入四张图片,分别是“tu2”、“tu3”、“tu4”、“tu5”。

注意

插入图片的颜色不能太浓,因为在母版上插入的除文本框外的对象都会在一组幻灯片上出现,这些对象都被看作背景,如果颜色太浓,可能会与前景中的对象出现冲突。

(4)双击图片,单击主工具栏“格式”→“调整”→“颜色”按钮下的,选择其下拉菜单中的设置透明色(S)按钮,在徽标的白色部分点一下,白色背景变为透明背景。

(5)再加入名称,单击主工具栏“插入”选项卡下“文本”工具栏上的“文本框”按钮,在徽标右侧位置拖出一个文本框,在里面输入“香再来餐饮公司”字样,设置字体为“宋体”、“加粗”、“32”。

(6)对母版对象设置完成后,单击母版上的“关闭母版视图”按钮,回到当前的幻灯片视图中,结果发现每插入一张新的幻灯片,都会在左上角看到公司的徽标和“香再来餐饮公司”字样,就像信纸上的标志一样。

(7)设置单张的幻灯片背景,选择幻灯片,在任意位置单击右键,打开“设置背景格式”对话框,为其添加图片填充,选择图片“tupian1”。

提示

在制作幻灯片时,上面的文字不会遮住背景,这是因为每一张幻灯片就像两张透明的胶片叠放在一起,上面的一张是幻灯片本身,下面的一张就是母版。在放映幻灯片时,母版是固定的,更换的是上面的一张。编辑时,可以修改幻灯片,也可以修改其母版。

(8)在幻灯片母版中添加页码,单击“插入”菜单中的“页眉和页脚”命令,打开“页眉和页脚”对话框,勾选☑幻灯片编号(N)和☑页脚(F),再单击全部应用(Y)按钮即可。

(9)关闭“页眉和页脚”对话框。为幻灯片添加内容,并进行保存。

提示

如果要保持幻灯片对象的所有动画效果一致,也可以在母版中进行设置。

任务12.5　放映“几米的照相本子”演示文稿

任务描述

幻灯片设计的最终目的是展示给观众,实现预期演示效果。通过幻灯片放映的学习,可以将精心创建的演示文稿展示给观众,以正确表达制作者意图。项目效果及素材保存在“附带光盘项目12\任务5”文件夹中。

任务分析

完成该项任务的操作思路如下:

步骤1　放映前的设置;

步骤2　开始放映幻灯片;

步骤3　放映中的过程控制。

任务实施

活动1　放映前的设置

为了使演示文稿展示效果更加精彩,符合观众观看习惯,并能接受、理解演示文稿,因此在放映前,还必须对演示文稿的方式进行一定的设置。

打开“几米的照相本子”演示文稿。

1. 隐藏或显示幻灯片

在演示文稿中选择不需放映的幻灯片,单击主工具栏“幻灯片放映”→“设置”→“隐藏幻灯片”按钮,将幻灯片进行隐藏。

选中被隐藏的幻灯片,单击“隐藏幻灯片”按钮,可以取消隐藏。

提示

放映幻灯片时,系统默认自动依次放映幻灯片,用隐藏幻灯片的方法可以控制全屏放映时,幻灯片有选择地播放。此方法对使用窗口放映幻灯片无效。

2. 设置幻灯片的放映方式

PowerPoint 2013 默认情况下,放映幻灯片是按照预设的演讲者放映方式(全屏幕)进行的。但由于幻灯片放映时的场合和放映需求不同,还可以设置其他的幻灯片放映方式。

单击主工具栏“幻灯片放映”→“设置”→“设置幻灯片放映”按钮,打开“设置放映方式”对话框,进行演示文稿的放映类型、放映选项、放映范围及换片方式等设置,完成后单击 确定 按钮,如图12-30所示。

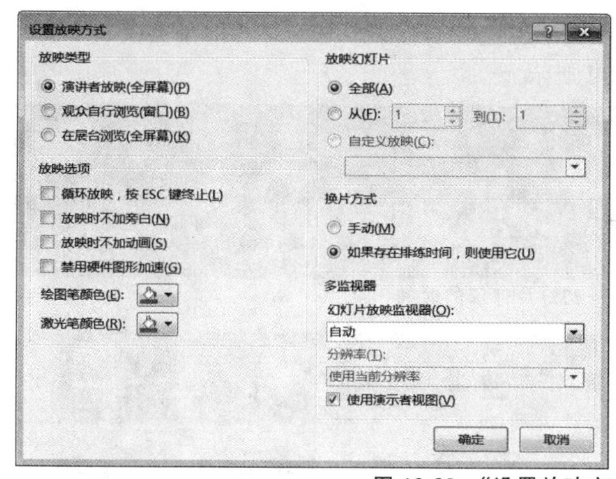

图 12-30 “设置放映方式”对话框

在“设置放映方式”对话框中有以下三种放映类型供选择：

- 演讲者放映(全屏幕)(P)，本例中采用此默认方式，它可以实现在演讲者播放时，具有完全的控制权，可以采用人工或自动方式放映，在放映中可以暂停、添加标记、互动和录制旁白等。
- 观众自行浏览(窗口)(B)，此方式是非全屏放映幻灯片，通过窗口状态栏中的按钮，可以顺序播放或选择放映的幻灯片。
- 在展台浏览(全屏幕)(K)，此方式全屏循环对幻灯片进行放映，为了避免画面被修改或破坏，除了保留鼠标指针进行选择屏幕对象外，其他功能均不可用，终止时按【Esc】键。

3. 设置幻灯片放映的时间

在幻灯片放映的时候，可以通过手动移动每张幻灯片，也可以通过设置来让幻灯片自动转换。

通过人工设置幻灯片放映的时间间距的方法：

(1)打开要设置放映时间的演示文稿。

(2)切换到幻灯片或者幻灯片浏览视图中，然后按【Ctrl】键单击选择需设置时间的幻灯片。

(3)切换到“切换”选项卡，勾选“计时”→“换片方式”下“设置自动换片时间”前的复选框，然后在后面的框内点击三角按钮选择或直接输入你希望幻灯片停留的时间(以秒为单位)。

(4)上述设置只应用于所选的单张或多张幻灯片；如果需应用于所有的幻灯片上，可再单击主工具栏“切换”→“计时”工具组中全部应用按钮。

(5)如果希望在单击鼠标和经过预定时间后都进行换页，并以那个较早发生的为准，就必须同时勾选 单击鼠标时 和 设置自动换片时间: 00:00.00 复选框。

(6)设置完毕后，可以在幻灯片浏览视图下，看到所有设置了时间的幻灯片下面都显示有该幻灯片在屏幕上停留的时间，如图 12-31 所示。

通过排练计时设置放映时间的方法：

(1)单击“设置”工具栏中的排练计时按钮，PowerPoint 开始对演示文稿的放映进行计时。

(2)放映完成后,在打开的提示对话框中单击 是(Y) 按钮。在幻灯片的浏览模式中查看每张幻灯片放映所花费的时间,如图 12-32 所示。

图 12-31 幻灯片停留的时间

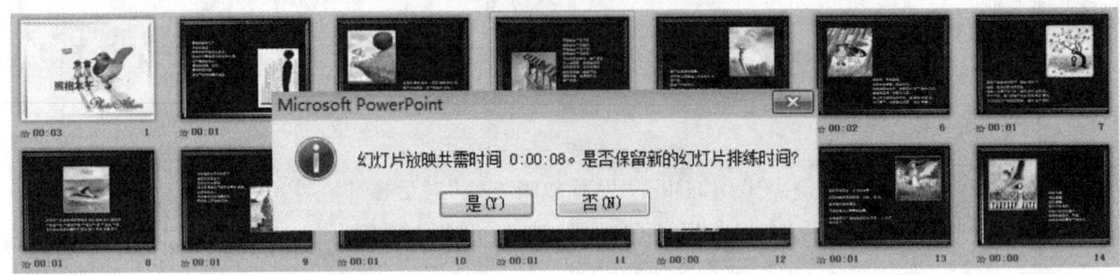

图 12-32 每张幻灯片放映所花费的时间

技巧

取消选中"设置"工具栏中的 使用计时 复选框,在录制旁白时将不会进行计时。如果在【设置放映方式】对话框中选择了 手动(M) 前的单选按钮,则排练计时也不可用。

活动 2 开始放映幻灯片

幻灯片放映一般分为自动放映和手工放映两种模式,系统默认是后一种。如果设置成自动放映模式,只要一打开演示文稿就会按照事先设定的放映顺序和速度自动放映。

打开演示文稿,单击"文件"→"另存为"命令,弹出"另存为"对话框(图 12-33),在其中设置保存位置和文件名,在"保存类型"后选择"PowerPoint 放映",单击"保存"按钮退出。再打开此演示文稿可以实现自动放映。

如果设置成手工放映模式放映幻灯片,则幻灯片放映可分从头开始放映、从当前幻灯片开始放映和自定义幻灯片放映三种方法。

1. 从头开始放映

- 单击主工具栏"幻灯片放映"→"开始放映幻灯片"→"从头开始"按钮。
- 按【F5】键。

2. 从当前幻灯片开始放映

- 单击主工具栏"幻灯片放映"→"开始放映幻灯片"→"从当前幻灯片开始"按钮。
- 按【Shift+F5】键,可以从当前幻灯片开始放映。
- 单击窗口右下角的"幻灯片放映"按钮。

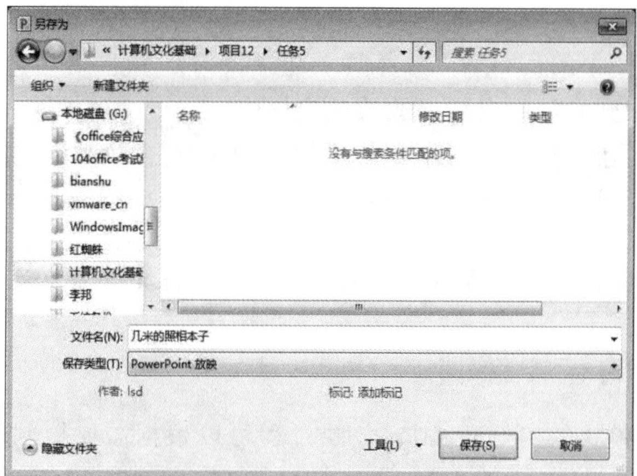

图 12-33　“另存为”对话框

3. 自定义幻灯片放映

在放映时可以把演示文稿分成几个部分，并可以针对不同的观众为各部分设置自定义演示。在本项目中将幻灯片主题颜色一致的组合起来，创建一个自定义放映并以“风格 1”命名，设置方法如下：

(1)单击主工具栏“幻灯片放映”→“开始放映幻灯片”→“自定义幻灯片放映”右下角的 ▾ 按钮，在下拉菜单中选择 自定义放映(W)... 菜单命令，打开“自定义放映”对话框，如图 12-34 所示。

图 12-34　“自定义放映”对话框

(2)单击“新建”按钮，弹出“定义自定义放映”对话框，如图 12-35 所示。

图 12-35　“定义自定义放映”对话框

(3)在“幻灯片放映名称”文本框中输入新建的放映名称“风格 1”。

(4)在“在演示文稿中的幻灯片”列表框中选择要添加到自定义放映中的幻灯片,单击“添加”按钮,将其添加到右侧的自定义放映列表框中。

(5)单击“确定”按钮,返回到“自定义放映”对话框,单击“放映”按钮,实现自定义放映。

提示

已经设置为隐藏的幻灯片,在自定义放映时还可以将其设置为放映。

活动 3 放映中的过程控制

设置为手工放映模式的幻灯片,则在放映过程可以根据需要控制幻灯片按放映次序依次放映、改变放映次序或为重点内容做上标记等。

1. 按放映次序依次放映

如需要控制幻灯片按次序放映,可在放映时执行下列操作之一:

- 单击鼠标左键;
- 单击屏幕左下角的按钮;
- 单击屏幕左下角的按钮,在打开的浏览视图中选择要播放的幻灯片,如图 12-36 所示;
- 在屏幕上单击鼠标右键,在弹出的快捷菜单中选择“下一张”菜单命令,如图 12-37 所示。

图 12-36 选择要播放的幻灯片

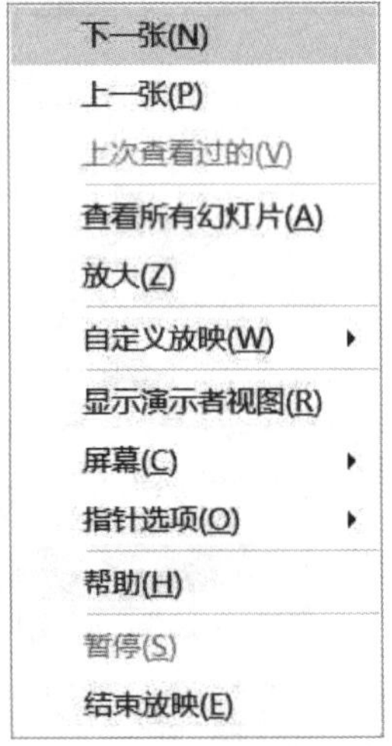

图 12-37 “下一张”菜单命令

提示

如果在幻灯片中插入了动作按钮,单击“下一项”按钮也可以实现按放映次序依次放映幻灯片。

2. 改变放映次序

在放映过程中,除了用前文介绍的“动作按钮”、“超链接”实现交互式放映外,还可以通过单击鼠标右键，在弹出的快捷菜单中选择“定位至幻灯片”菜单命令，在其级联菜单中选择要跳转的幻灯片来控制幻灯片放映的跳转，也可以选择“自定义放映”中定义的名称。单击“结束放映”菜单命令可结束放映，如图 12-38 所示。

为了使演讲者更好地与观众交互，还可以选择快捷菜单“屏幕”选项级联菜单中的“显示演示者视图”选项，从而以演示者的角度进行幻灯片的放映，如图 12-39 所示。

单击“显示演示者视图”菜单命令后，会出现 显示任务栏，在任务栏自由切换已启动的或未启动的程序，也可以按下组合键【Alt＋Tab】或者【Alt＋Esc】与其他窗口切换。到其他窗口操作完以后再切换回到幻灯片放映窗口继续放映。

3. 为重点内容做标记

为了突出显示放映画面中的某些内容，可以给它加上着重标记线。

(1)在放映屏幕上单击鼠标右键，在其快捷菜单中选择“指针选项”菜单命令，在级联菜单中选择“圆珠笔”命令，在画面中拖动鼠标可画出黑色着重线。按字母键 E 可清除着重线。

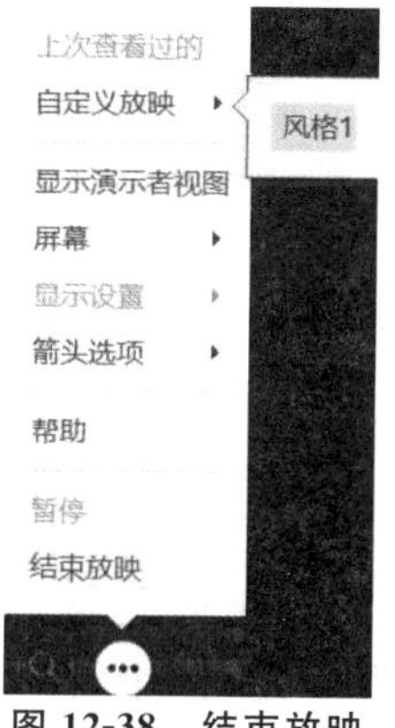

图 12-38　结束放映

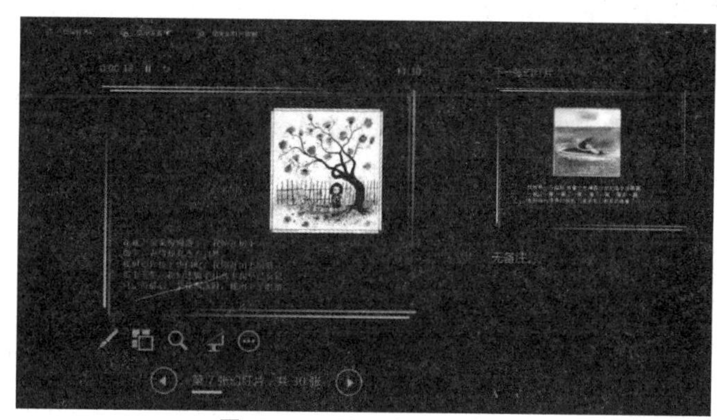

图 12-39　显示演示者视图

(2)在快捷菜单项“绘图笔颜色”的级联菜单中选择红色，再用“毡尖笔”在重点内容下画出红色线，如图 12-40 所示。

(3)放映结束时，将打开一个提示对话框(图 12-41)，单击 保留(K) 按钮将所做的标记保存到演示文稿，效果如图 12-42 所示。如单击 放弃(D) 按钮，则不保存所做的标记。

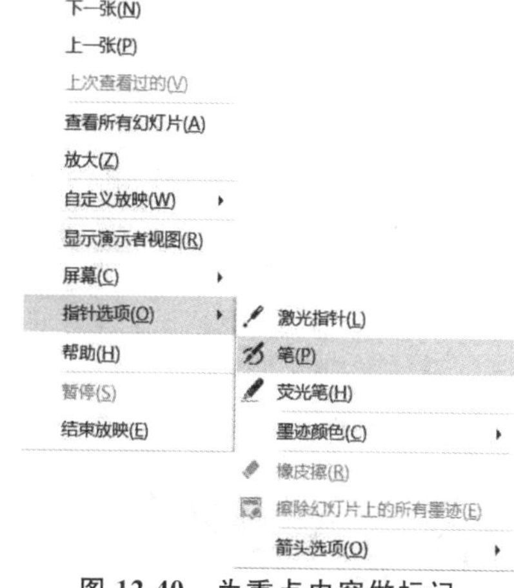

图 12-40　为重点内容做标记

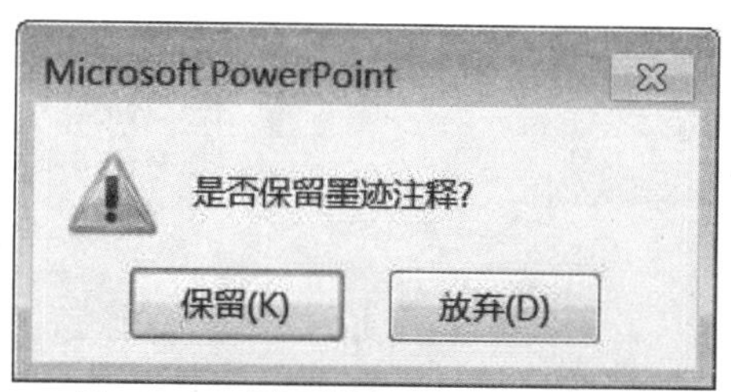

图 12-41　是否保留墨迹注释对话框

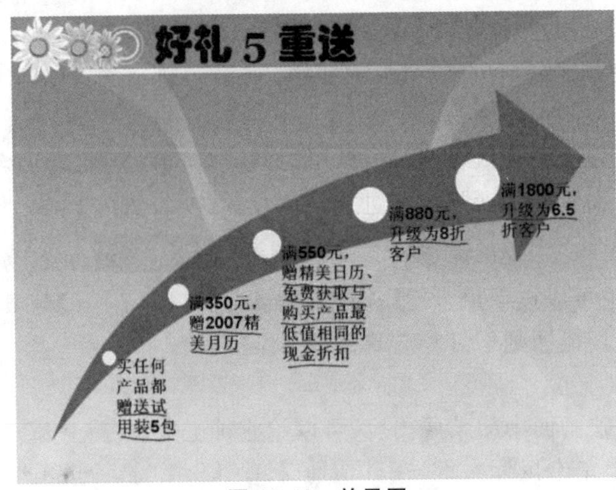

图 12-42　效果图

注意

使用画笔后，单击不能继续放映，这时可敲回车键继续放映。

应用拓展：打印“用 PowerPoint 2013 制作幻灯片”课件

制作要求：将“用 PowerPoint 2013 制作幻灯片”课件打印出来装订成册。案例效果及素材保存在“光盘\项目 12\任务 5 延伸案例”文件夹中。

操作步骤：

(1)打开“用 PowerPoint 2013 制作幻灯片”课件。

(2)单击主工具栏“设计”→“幻灯片大小”按钮，在打开的“页面设置”对话框中进行设置(图 12-43)：在“幻灯片大小”下拉列表中选择“A4”选项；在“备注、讲义和大纲”栏中选中“纵向”前的单选按钮。

(3)单击“文件”/“打印”命令，在右侧出现页面设置后的效果，如图 12-44 所示。

(4)如果对显示结果不满意，可在“打印”对话框中修改设置：在“整页幻灯片”后选择“讲义(3 张幻灯片)”；单击“编辑页眉和页脚”可为讲义添加“页眉和页脚”等，如图 12-45 所示。

(5)在“打印”对话框中的“份数”后，设置打印份数为“2 份”。

(6)单击打印按钮，与电脑相连的打印机开始打印讲义。

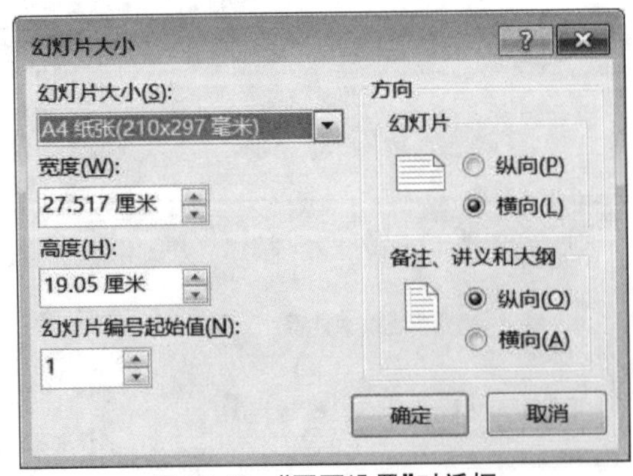

图 12-43　“页面设置”对话框

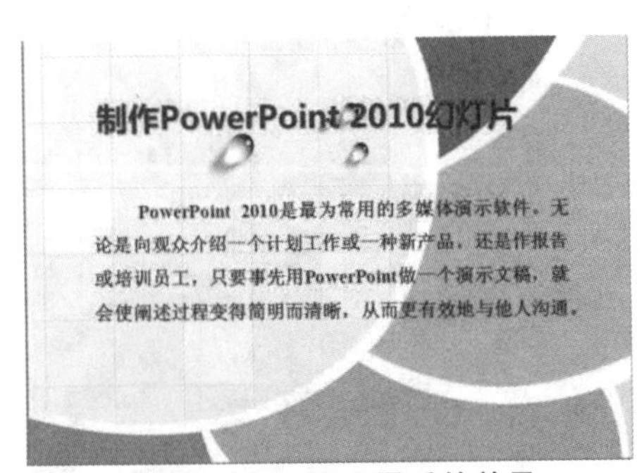

图 12-44　页面设置后的效果

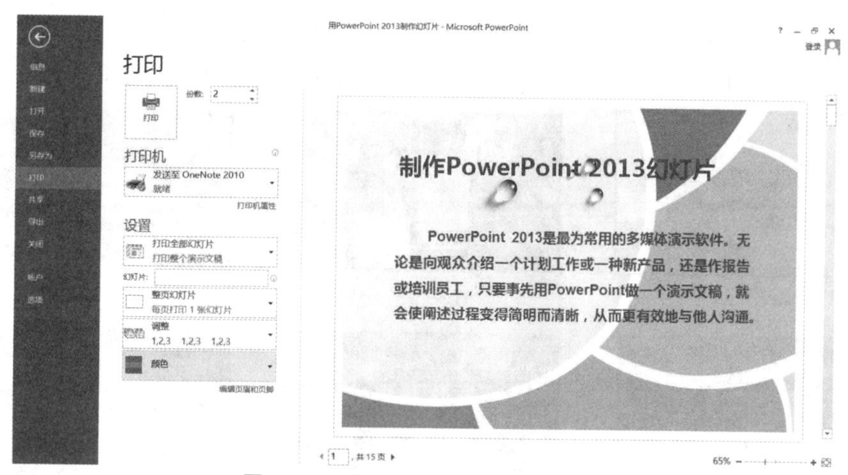

图 12-45 “打印”对话框中修改设置

实训项目

实训 1 为“会员期刊”演示文稿建立超链接

(1)为“产品目录概况”幻灯片中各项添加超链接。

(2)在对应链接的三张幻灯片中插入图片。

(3)选择图片，添加返回“产品目录概况”页的超链接。

素材及效果保存在“光盘\项目 12\实训项目”文件夹中，效果截图如图 12-46 所示。

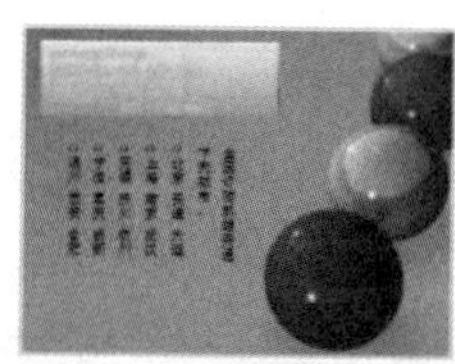
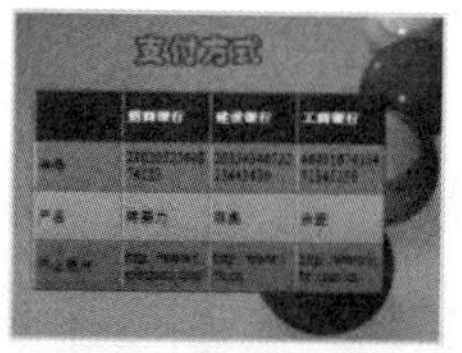

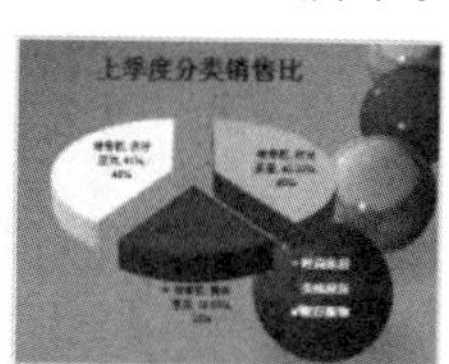

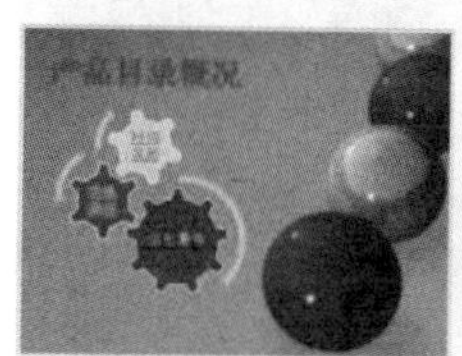

图 12-46 “会员期刊”演示文稿建立超链接效果图

实训 2 制作“几米的照相本”演示文稿

(1)新建演示文稿，并切换到母版视图。

(2)在幻灯片母版中添加矩形形状□，每组两个，共四组，并添加渐变填充效果，渐变类型为“射线”，颜色在主题颜色中自定。

(3)在“幻灯片母版”选项卡的“背景样式”中选择“样式 3”。

(4)关闭幻灯片母版，对首页幻灯片应用“背景样式”中的“样式 1”，并插入图片“tu1”。

(5)在其他各张幻灯片中分别插入一张图片，并调整好位置，图片分别是“tu2”、“tu3”、“tu4”、“tu5”、“tu6”。

(6)对插入图片的五张幻灯片分别新建并应用不同的主题，在每一个“新建主题颜色”对话框中修改其中的“强调文字 2”和“超链接”的颜色,使之与该幻灯片中的图片颜色一致。

素材及效果保存在“光盘\项目 12\实训项目“文件夹中。效果截图如图 12-47 所示。

图 12-47 “几米的照相本”演示文稿

实训 3 放映“生命的成长过程”演示文稿

(1)打开项目 11 中已制作的“生命的成长过程”演示文稿。

(2)设置幻灯片放映方式为演讲者放映。

(3)将朗读的内容录制为旁白添加到演示文稿中,并保存排练计时。

(4)按次序放映“生命的成长过程”演示文稿。

素材及效果保存在“光盘\项目 12\实训项目”文件夹中。

项目 13

Internet 应用

项目导引：

随着 Internet 的高速发展，互联网已逐渐成为人们在日常工作、学习和生活中不可或缺的平台。本项目通过“接入 Internet”、“信息交互”几项工作任务的完成，体验 Internet 带给我们的方便与快捷。

技能目标：

✍会通过 IE 浏览网上资源；
✍会进行 IE 的配置；
✍会上传或下载网上资源；
✍能创建和收发电子邮件；
✍能进行信息检索；
✍能进行网页保存。

知识目标：

✍了解 Internet 的基本常识和接入方法；
✍掌握 Internet 的常用功能和操作方法；
✍掌握 IE 的配置、网页保存和信息检索基本操作；
✍掌握申请邮箱及收发电子邮件的方法；
✍掌握上传和下载文件的方法。

任务 13.1　接入 Internet

任务描述

本项目主要是了解 Internet 的基本常识和接入方法，理解 IP 地址和域名系统等基本内容。

任务分析

Internet 是全球信息的汇总,通过 Internet 可以实现全球范围内的信息交流和资源共享。本项目让大家共同了解 Internet 的概念、IP 地址、域名系统等基本知识以及连入 Internet 的几种方法。

任务实施

活动 1 Internet 概述

1. Internet 简介

Internet 中文名为因特网,是国际性的计算机互联网络,由全球 100 多个国家和地区的通信骨干网及遍布无数的计算机广域网、城域网和局域网组成。

Internet 最早来源于美国国防部高级研究计划局前身 ARPA 建立的 ARPAnet,该网于 1969 年投入使用。今天,Internet 已不仅仅是计算机人员和军事部门进行科研的领域,而成为覆盖全球的信息海洋。Internet 进入到人们的生产、生活的方方面面,给人们的观念和生活习惯带来了深刻的影响。

Internet 也有其固有的缺点,如网络无整体规划和设计、网络结构不清晰以及容错和可靠性能的缺乏,而这些对于某些领域的应用是至关重要的。除此之外,安全性始终是困扰 Internet 用户发展的另一主要因素。

2. IP 地址

为了区分数以亿计的计算机,人们在 Internet 上给每台主机分配了一个专门的地址——IP 地址,通过 IP 地址就可以访问到每一台主机。IP 地址由 32 位(bit)二进制数组成,占 4 个字节;为了方便书写,采用"点分十进制"表示法,即每 8 位二进制数为一组,分为 4 组,分别用十进制数表示,每组十进制数的取值范围在 0～255 之间。例如,中国教育科研网网控中心主机 IP 地址的二进制表示为 11001010 01110000 00000000 00010100,相应十进制数表示为 202.112.0.36。

IP 地址分为两个部分:前面的部分为网络号,后面的部分为主机号。

IP 地址分为 A、B、C、D、E 共 5 类。常用的是 A、B、C 类地址,这三类的网络号和主机好遵循如图 13-1 所示的原则,其特点见表 13-1。

从表 13-1 的 IP 地址特征可以很容易从日常使用的 IP 地址的第 1 个十进制数来区分 IP 地址的类别。

A 类地址:第 1 个十进制数是 1～126。

B 类地址:第 1 个十进制数是 128～191。

A 类地址:第 1 个十进制数是 192～223。

IP 中有些专用的地址没有被分配,简单介绍如下:

(1)主机地址全部为“0”,表示指向本网络,常被用在路由表中;

(2)主机地址全部为“1”,表示广播地址,向具有特定 IP 地址的网络的主机发送群组消息。

(3)网络号 127 的 IP 地址不可用于任何网络,作为回环测试地址(Loopback)。它的作用是将信息通过自身端口发送消息然后返回,目的是测试端口的状态。

8 位	8 位	8 位	8 位
0 网络号	主机号		
10 网络号		主机号	
110 网络号			主机号

图 13-1　IP 地址的三种常用类型

表 13-1　IP 地址的特点

类别	网络号	主机号	特征位	网络数	主机数
A	8 位	24 位	最高位为 0	126	16777214
B	16 位	16 位	最高位为 10	16384	65534
C	24 位	8 位	最高位为 110	2097152	254

3. 域名系统

IP 地址为 Internet 提供了统一的编址方式,直接使用 IP 地址就可以访问 Internet 中的主机。但一般用户很难记住 IP 地址,于是用有一定意义的字符按一定的层次和逻辑排列,就是我们常说的域名。

把域名地址转换为 IP 地址的工具叫做域名系统(Domain Name System,DNS),执行域名的服务器称为 DNS 服务器,通过 DNS 服务器来应答域名服务的查询。

域名系统采用典型的层次结构。一个域名一般由 2～5 个子域名组成,每个子域名之间用“.”隔开。域名从右向左分别为一级子域名、二级子域名、三级子域名等。

常见的一级子域名见表 13-2,部分国家和地区的一级子域名见表 13-3。

表 13-2　常见的一级子域名

一级子域名	代表的行业或组织
com	公司或企业
edu	教育机构
gov	政府部门
mil	军事机构
net	网络组织
org	民间组织

表 13-3 部分国家和地区的一级子域名

一级子域名	对应的国家或地区	一级子域名	对应的国家或地区
cn	中国	jp	日本
kr	韩国	ru	俄罗斯
fr	法国	mx	墨西哥
uk	英国	ch	瑞士
ca	加拿大	tw	中国台湾
au	澳大利亚	hk	中国香港
de	德国	mo	中国澳门

活动 2 Internet 的接入方式

1. PSTN

PSTN(Public Switched Telephone Network,公共交换电话网)通过调制解调器(Modem)拨号和 ISP 的主机连接,自动获得 ISP 动态分配的 IP 地址访问 Internet 的方式。优点是价格比较便宜,缺点是速度相对较慢,适合对网速和安全性要求不高的地方使用。

2. ISDN

ISDN(Integrated Service Digital Network,综合业务数字网)俗称"一线通",是将语音、传真、图像、数据等各种业务综合在一个统一的数字网络中,采用数据传输和交换技术,以数字的形式统一处理和传输。实际上 ISDN 也是采用通过电话线拨号上网的方式连接 Internet 的,但和上面介绍的 PSTN 方式有所不同,它提供了 2B+D 服务(两个 64 KB/s 的 B 通道和一个 16 KB/s 的 D 通道),此技术性价比较高,可满足中小企业的基本网络需求。

3. ADSL

ADSL(Asymmetric Digital Subscriber Line,非常数字用户线)是一种能够通过普通电话线传输高速数字信号连接 Internet 的技术。通过 ADSL 连接互联网,高速数据信号不通过电话交换设备,使得电话与网络彼此独立,从而降低了电话交换机的负荷。ADSL 也是目前个人用户使用最广的用于连接 Internet 的技术之一。

4. DDN

DDN(Digital Data Network,数字数据网)专线是随着数据通信业务而发展起来的一种网络,特点是速度比较快,有固定的 IP 地址等,由于整条链路都被用户单独占有,所以费用较高,适合对宽带要求比较高的企业级用户。

5. Cable Modem 接入

Cable Modem 接入是基于 CATV(有线电视)的 HFC(Hybrid Fiber-Coaxial,光纤/同轴混合)网络接入技术。此技术充分地利用覆盖面大的电视网络进行数据传输,以频分复用方式进行模拟信号和数字信号的转换。Cable Modem 接入在一些地方已经投入使用,但由于其费用过于昂贵,延缓了其推广。

任务 13.2　信息交互

任务描述

本项目主要是了解 IE 10 的界面并浏览 Internet 上的资源，完成 IE 基本配置、信息检索、收发邮件等任务。

任务分析

目前最常用的浏览器就是微软公司研究开发的 Internet Explorer(IE)，它是用户“网上冲浪”的必备工具软件之一。IE 10 是微软并同 Windows 8 系统发布的正式版本，与 IE 8、IE 9 相比有了更显著的改进，其在硬件加速、数据处理速度、网站页面打开速度上都有了提升，在页面处理和视觉处理功能上也进行了加强，还支持现有的各个网页标准。浏览资源和 IE 配置是最基本的操作，我们的完成思路如下：

步骤 1　启动 IE 10 浏览器；

步骤 2　使用 IE 浏览器浏览网上资源；

步骤 3　配置 IE。

任务实施

活动 1　启动 IE 10 浏览器

拨号上网的用户先拨号上网，再启动 IE；通过局域网上网的用户直接启动 IE。双击桌面上 IE 图标或单击任务栏上的 IE 图标或在开始屏幕上点击“Internet Explorer”图标(图 13-2)，将启动 IE 10。界面如图 13-3 所示。

图 13-2　开始屏幕上的“Internet Explorer”图标

图 13-3 IE 10 界面

活动 2 使用 IE 浏览器浏览网上资源

通过 IE 浏览器可以很方便地浏览 Internet 上的资源。下面是使用 IE 浏览 Internet 的常用方法。

1. 在 URL 地址栏中直接键入 URL 地址

Internet 上的每一个信息页都有它自己的地址,称为统一资源定位地址(Uniform Resource Locater)。可以在地址栏中键入某已知地址,然后按回车键即可。URL 的一般格式为:协议名://IP 地址或域名。

最常用的协议名为 http,如 http://www.sina.com.cn,如图 13-4 所示。

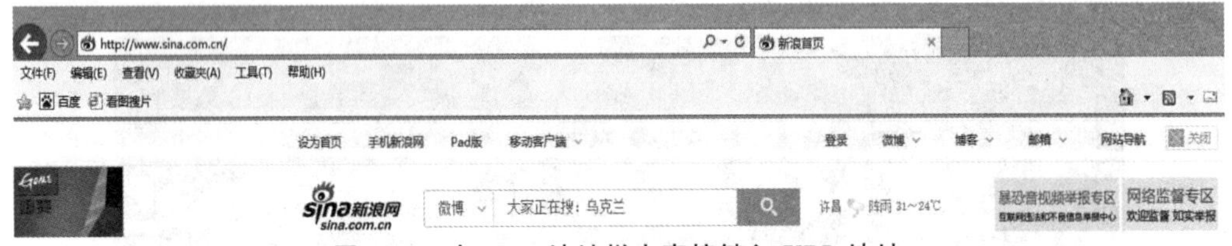

图 13-4 在 URL 地址栏中直接键入 URL 地址

2. 打开多个浏览窗口

为了提高浏览效率,可以同时打开多个浏览窗口,这样可以一边在一个窗口中浏览网页,一边在另一个或多个窗口中下载其他网页。

选择菜单“文件”→“新建窗口”命令,皆可打开一个新的网页窗口。在新窗口中的地址栏中输入新的地址,就可以实现在多个窗口中浏览不同的网页,如图 13-5 所示。

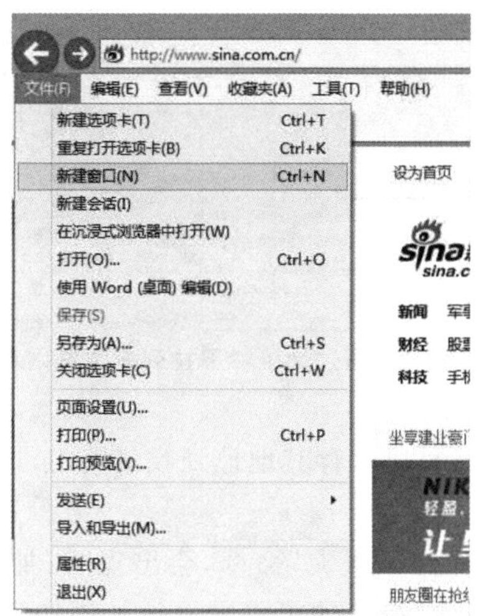

图 13-5　打开多个浏览窗口

3. 使用工具栏按钮浏览网页

(1)“刷新、停止”二合一按钮。在页面文件传送过程中，由于某些错误导致该页面显示不正确，或是下载到本地计算机上的网页，长时间没有到该站点上访问，其内容可能已经过期。此时可单击“刷新”按钮，让服务器重新传送页面的内容，重新显示当前页面信息；单击“停止”按钮，可以中断当前的浏览。

(2)“主页”按钮。主页是每次打开 IE 时最先显示的网页。只需单击“主页”按钮就会返回该网页。

(3)“后退”按钮和“前进”按钮。在浏览过程中，随时可以在已经浏览过的网页之间进行跳转。

单击“后退”按钮，可以返回到在此之前显示的网页。单击“后退”按钮右侧的向下小箭头按钮，会出现一个下拉表，列出所有以前访问过的网址，选择其中的一个，就可以返回到该网页。

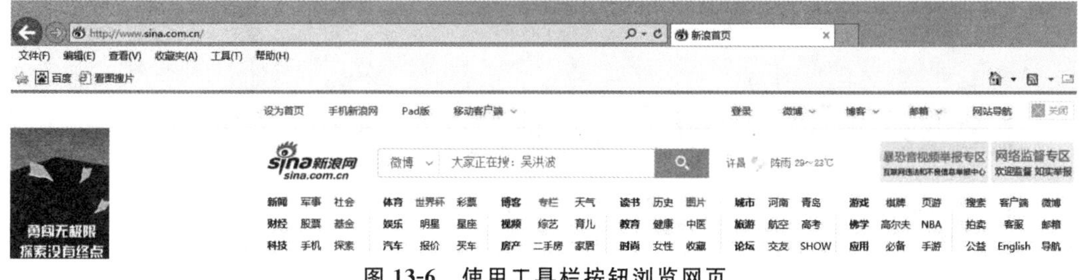

图 13-6　使用工具栏按钮浏览网页

单击“前进”按钮，可以回到在单击“后退”按钮前查看的网页。单击“前进”按钮右侧的向下小箭头按钮，从出现的下拉表网址中选择一个，就可以跳转到该页面。如果没有使用过“后退”按钮，则“前进”按钮处于灰色不可用状态，如图 13-6 所示。

4. 通过地址栏下拉列表浏览网页

地址栏下拉列表中保存着最近访问过的网页的地址。单击地址栏右侧的箭头按钮，会出现地址栏下拉列表，如图 13-7 所示。在列表中选择需要的地址，就可以打开该网页进行浏览了。

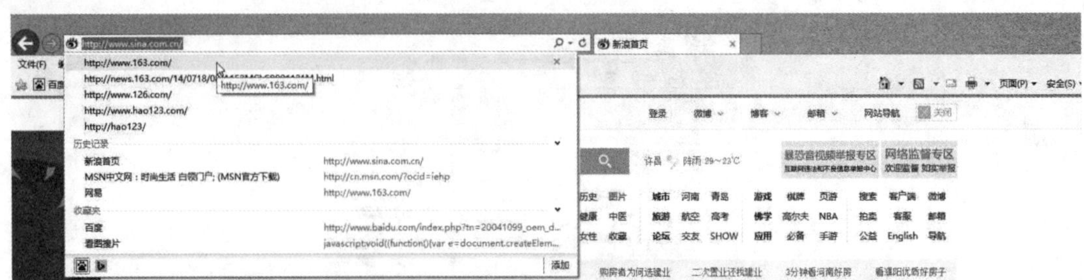

图 13-7　通过地址栏下拉列表浏览网页

5. 通过收藏夹浏览网页

浏览到自己喜欢的网页时,可以保存其地址到收藏夹中,这样以后就可以轻松打开这些网页进行浏览。

选择“收藏”菜单中的“添加到收藏夹”命令,会出现“添加到收藏夹”对话框,如图 13-8 所示。可以重新命名,单击“确定”按钮即可将网页地址添加到收藏夹列表中。另外按下快捷键【Ctrl+D】可以快速实现上述功能。

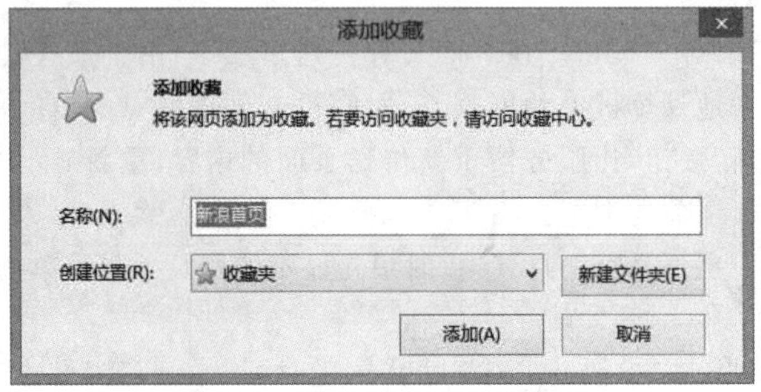

图 13-8　“添加到收藏夹”对话框

需要浏览该页面时,只要在工具栏上单击“收藏夹”按钮,并从收藏夹列表中选择即可,如图 13-9 所示。

图 13-9　通过收藏夹浏览网页

活动 3　配置 IE

如果对 IE 的默认设置不满意,可以在 IE 窗口中选择“工具”→“Internet 选项”命令(图 13-10),显示“Internet 选项”对话框(图 13-11),通过此对话框的 7 个选项卡进行浏览器的设置。

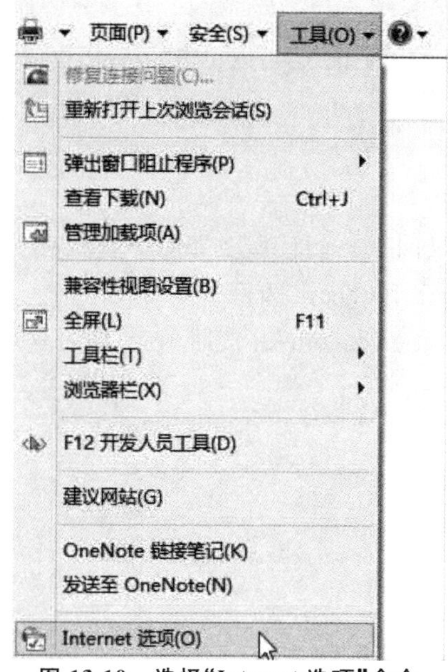

图 13-10 选择“Internet 选项”命令

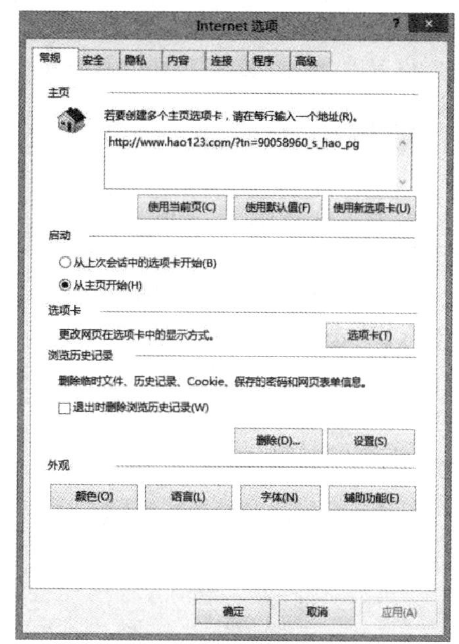

图 13-11 “Internet 选项”对话框

1. 更改初始页

每次启动 IE 时都会自动打开一个网页，称为初始页。可以自己设置打开哪个网页，操作步骤如下：

(1)在“Internet 选项”对话框中单击“常规”选项卡，“主页”区的“地址”框中显示的是当前初始页的网址。

(2)可以直接在“地址”框中输入要修改的初始页地址。

(3)单击“使用当前页”按钮，则以当前的网页作为初始页。单击“使用默认页”按钮，则恢复默认的初始页，即安装 Windows 8 是 IE 设置的初始页。

(4)单击“使用新选项卡”按钮，则在新选项卡中打开网页。

(5)在完成设置后，单击“确定”按钮。

2. 设置临时文件

“Internet 临时文件”决定所访问过的网页文件存放在什么地方、占用的磁盘空间限额，也可查看和清除这些文件。操作步骤如下：

(1)在“Internet 选项”对话框中单击“常规”选项卡，在“浏览历史记录”区再单击“删除”按钮，可以删除 Internet 临时文件；而单击“设置”按钮，则弹出“设置”对话框。

(2)在“设置”对话框中，可以用“使用的磁盘空间”标尺来调整 Internet 临时文件夹空间大小。

(3)在完成设置后，单击“确定”按钮。

3. 设置历史记录

IE 的“历史记录”文件夹中保存了一段时期内访问过的网页的链接，通过它可使用户快速地访问曾经访问过的网页。在“Internet 选项”对话框中单击“常规”选项卡，其“浏览历史记录”区中可设置历史记录。

若要设置网页在“历史记录”文件夹中保存的天数，可以通过“网页保存在历史记录的天数”右侧框或微调按钮来设置。

在完成设置后，单击“确定”按钮。若要删除所有的历史记录，可以单击“清除历史记录”按钮。

活动 4　收发电子邮件

1. 免费电子邮箱

建立免费的电子邮箱一般分为 5 个步骤：登录网站→阅读服务条款→注册用户→注册邮箱→注册成功。这里以登录到网易 http://email.163.com 为例：

(1)启动 IE，在 URL 地址栏输入“http://email.163.com”并按回车键，即可登录到网易免费邮箱网站，如图 13-12 所示。

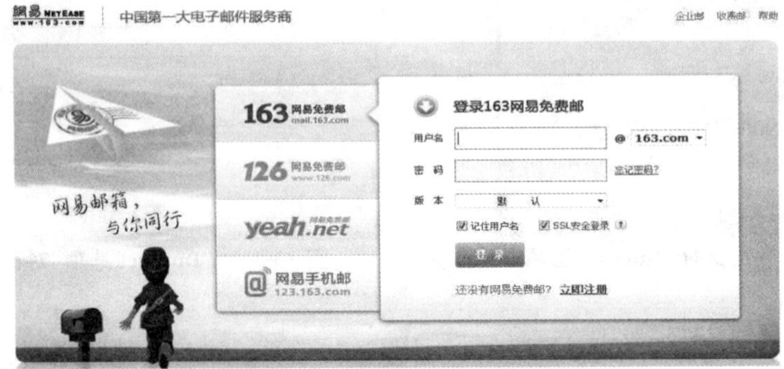

图 13-12　网易免费邮箱网站

(2)单击“立即注册”按钮，弹出“创建账号”页面，如图 13-13 所示。

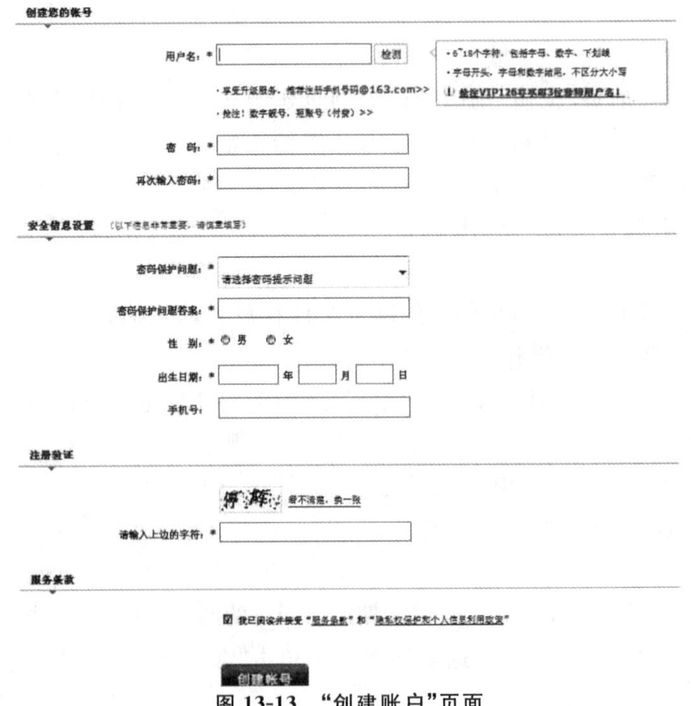

图 13-13　“创建账户”页面

(3)在此页面输入用户名和用户密码，将网页上必须要填写的内容(带“ * ”的内容)填写后单击“创建账户”按钮，弹出“注册确认”页面，如图 13-14 所示。

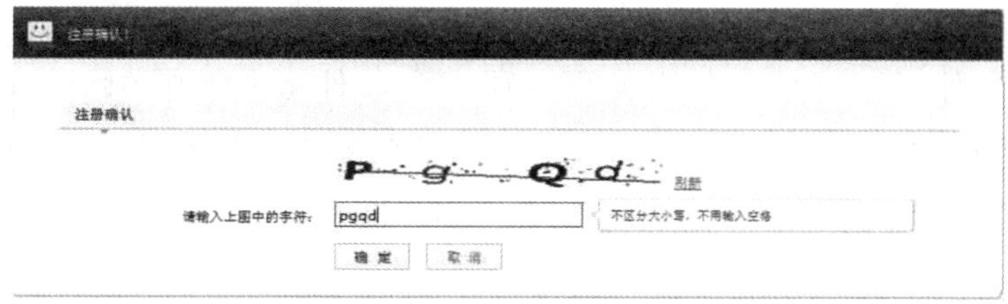

图 13-14　“注册确认”页面

(4)将文本框中填入提示的字符后单击“确认”按钮，弹出“注册成功”页面，如图 13-15 所示。

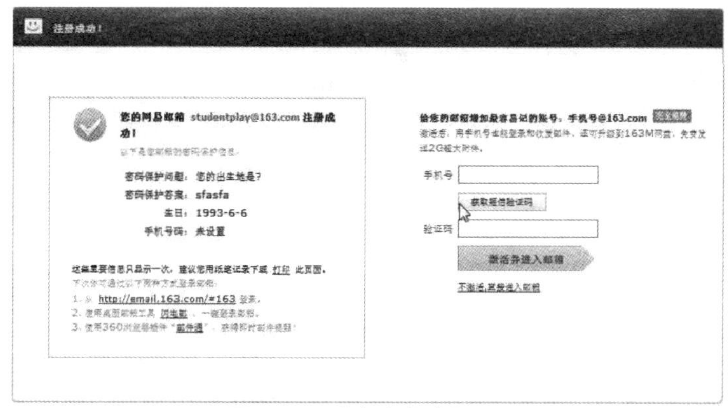

图 13-15　“申请成功”页面

(5)在此页面中单击“不激活直接进入邮箱”链接，进入所注册的邮箱的页面(图 13-16)，表示注册成功。

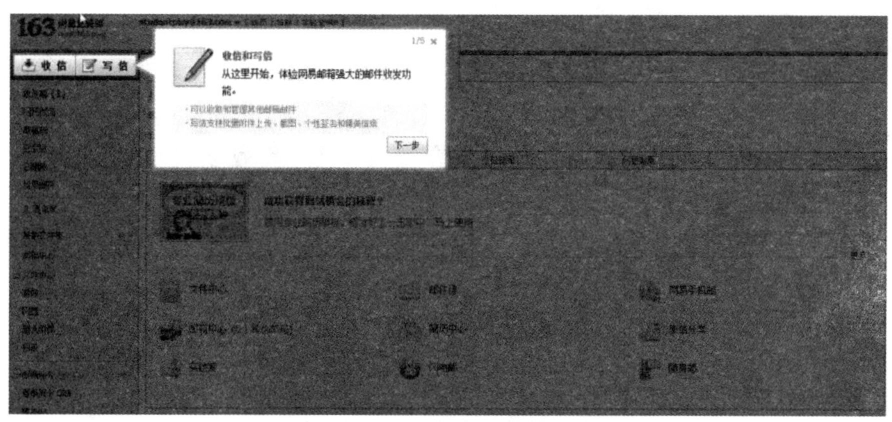

图 13-16　进入电子邮箱页面

注意

电子邮箱地址是固定格式的，一般形式为：用户名@主机域名。则本例的邮箱地址(E -mail)即为：student. mail@163. com。

2. 接收和阅读电子邮件

(1)正确登录免费电子邮箱后,进入邮箱界面会自动与邮件服务器连接,把所有新邮件默认显示到“收件箱”中。

(2)要阅读邮件,只需单击邮件列表的各项即可,收件箱中所有的邮件就出现在窗口右侧的邮件列表中,且未读的邮件以粗体表示。如果邮件列表右侧有“曲别针”图案,则表示此邮件有附件,如图 13-17 所示。

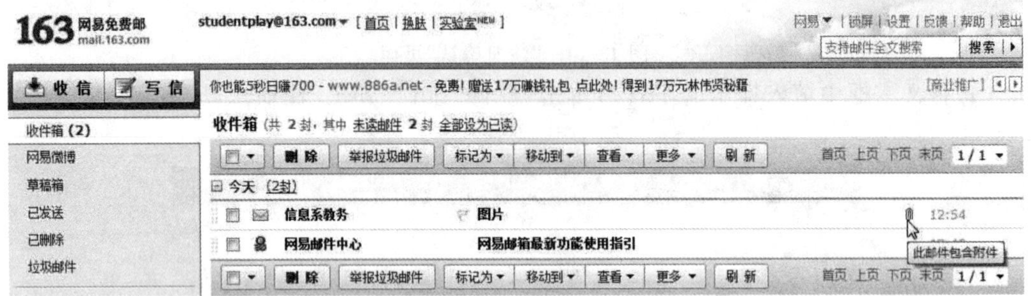

图 13-17 带附件的邮件

如果有附件,窗体界面中用鼠标右键点击“下载附件”,在弹出的下拉式菜单中选择“目标另存为”菜单项,在弹出的对话框里选择下载的位置,单击“确定”即可。

3. 创建和发送电子邮件

(1)单击电子邮箱上的“写信”按钮,弹出新窗口,如图 13-18 所示。

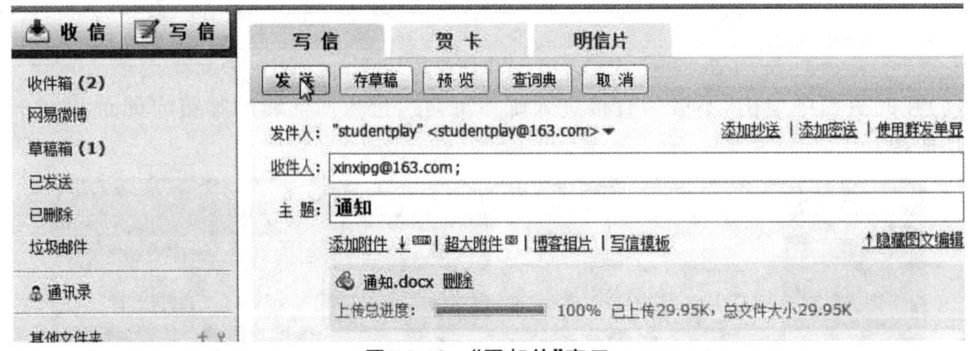

图 13-18 “写邮件”窗口

(2)在“收件人”文本框里输入收件人的电子邮件地址;如果有多的收件人,在多个地址之间用逗号或分号隔开。如 123@163.com;456@126.com 等;在“主题”文本框中输入邮件的主题。

(3)在邮件正文窗格中撰写邮件内容。

如需添加附件(包括文档、图片和音乐),单击页面上的“曲别针”后按照提示步骤操作,直至出现附件框并显示添加的附件的名称。每次虽然只能添加一个文件,但附件可以继续添加,只是对添加到附件中的文件大小会有一定的限制。

(4)邮件写好后,单击页面上的“发送”按钮即可将邮件发送出去。邮件发送成功后会出现如图 13-19 所示的页面。

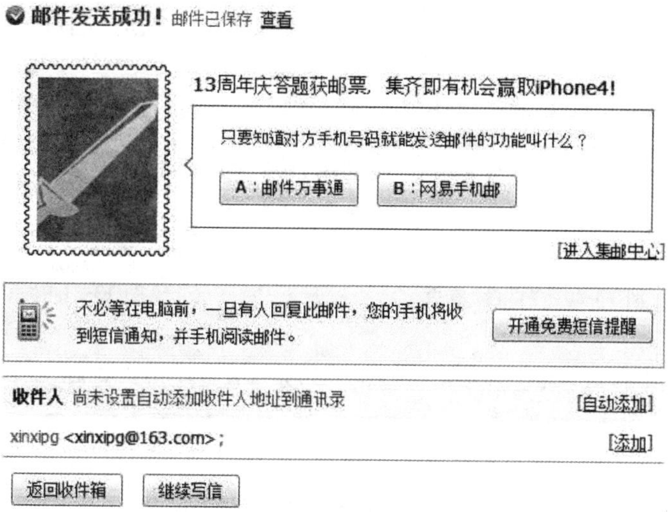

图 13-19　邮件发送成功界面

分组发送邮件。可以同时向许多人发送电子邮件。收件人可以回复整个组，这样可以进行小组讨论。

转发邮件。当用户收到一封电子邮件时，可以直接将其转发给其他人，无需重新键入。

活动 5　信息搜索和文件下载

1. 信息搜索

Internet 是目前是目前世界上最大、使用人数最多、信息资源最丰富的网络，用户如何在网上快速有效地获取真正有用的信息资源？搜索引擎正是为了解决这一问题而出现的。

搜索引擎是一些在网络中主动搜索信息，并将其自动索引的网站，它也有固定网址。目前最常见搜索引擎有：google（谷歌）（http://www. google. com）、百度（http://baidu. com）、搜狗（http://www. sogou. com）、雅虎（http://www. yhoo. com）、北大天网（http://www. pku. edu. cn）等。此外，还有一些专用的搜索引擎，如电影、电子杂志和学术论文的搜索引擎。

注意

其中，google 以搜索外文见长，百度以搜索中文见长，而北大天网以在教育网中搜索速度快见长。

2. 文件下载

下载（download）就是把服务器上或者网络中其他主机中的文件保存在自己机器上的一种行为。常用的下载工具有 Flashget（网际快车）、迅雷、Neants（网络蚂蚁）、eMule（电骡）等。下面我们将通过百度搜索到所需网页，再进行文件下载。

（1）登录门户网址的 URL

在 IE 浏览器中输入百度网站的网址，出现如图 13-20 所示的百度首页，可以看到新闻、网页、MP3、图片、视频等。可通过相近的主题进行搜索，这样效率更高。这里我们进入图片分类，呈现界面如图 13-21 所示。

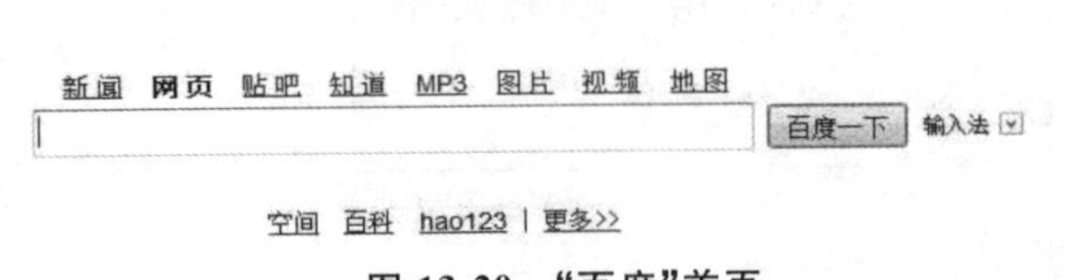

图 13-20 “百度”首页

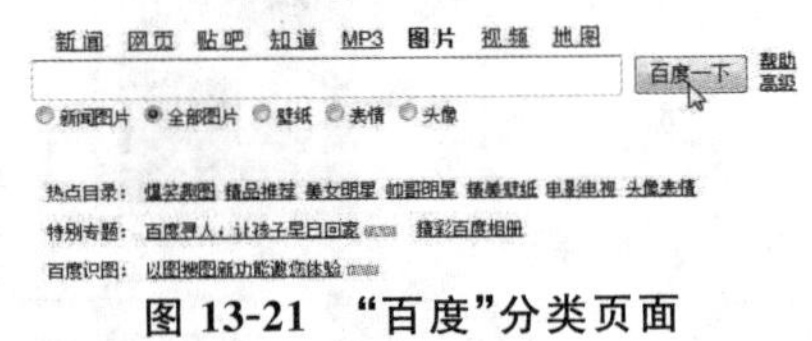

图 13-21 “百度”分类页面

(2)在文本框中输入“风景”，单击旁边的“百度一下”(还可以选择具体类型)，如图 13-22 所示。搜索结果如图 13-23 所示。

(3)在搜索的图片中找到需要的图片，单击进入图片所在网页，可通过右键菜单中“图片另存为”将该图片保存在适当的位置。操作如图 13-24 所示。

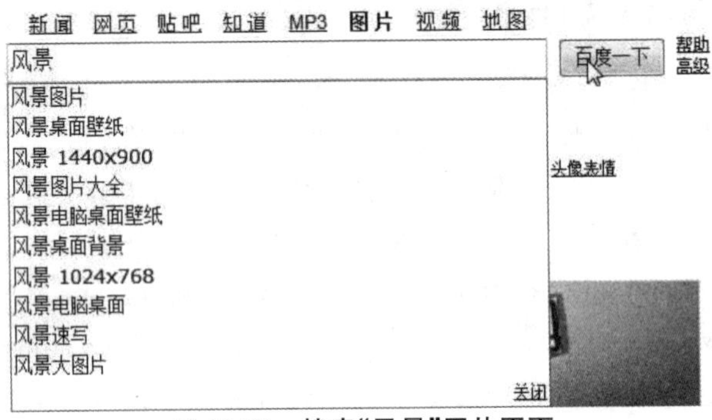

图 13-22 搜索“风景”图片页面

图 13-23 风景图片搜索结果

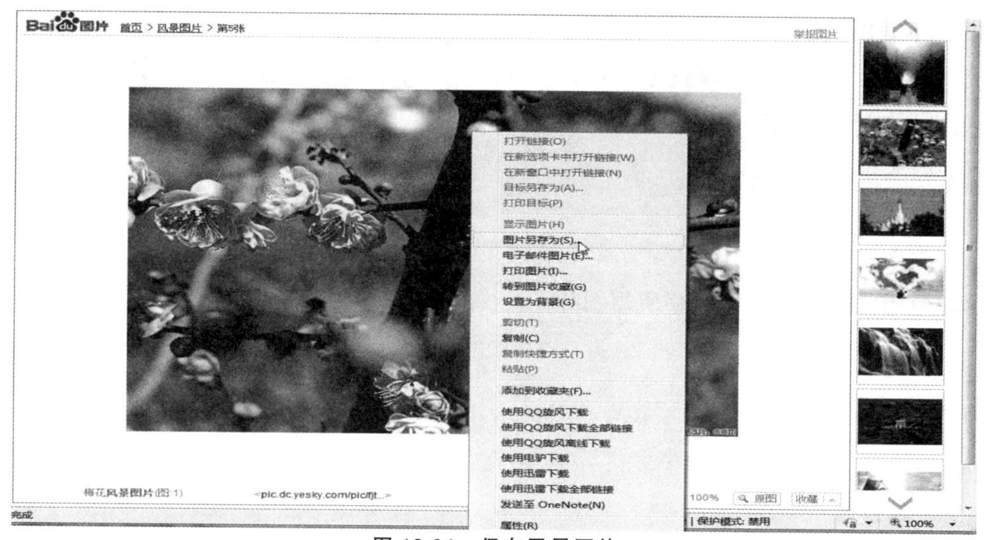

图 13-24　保存风景图片

实训项目

实训 1　浏览器的使用

实训要求:根据前面所述内容,通过多种方法浏览新浪网站的首页;并通过 IE 设置,将新浪首页设置为初始页,历史记录保留天数设为 10 天。

操作提示如下:

(1)启动 IE 10;

(2)在 URL 地址栏中直接键入 URL 地址;

(3)打开多个浏览窗口;

(4)使用工具栏按钮浏览网页;

(5)通过地址栏下拉列表浏览网页;

(6)通过收藏夹浏览网页;

(7)配置 IE 10。

实训 2　电子邮箱的使用

实训要求:根据前面所述内容,创建个人免费电子邮箱;给 Email 为 classmate@163. com 用户发送带有附件的邮件并存草稿;接收同学发送的邮件;回复邮件并转发给其他同学。

操作提示如下:

(1)上网申请免费电子邮箱;

(2)创建和发送电子邮件;

(3)接收和阅读电子邮件;

(4)回复电子邮件;

(5)转发电子邮件。

实训 3 下载图片

实训要求:通过搜索引擎搜索“风景”图片。

(1)启动 IE 浏览器;

(2)输入搜索引擎地址;

(3)进入图片分类;

(4)在文本框中输入“风景”;

(5)使用“图片另存为”保存所需图片。

项目 14

常用工具软件

项目导引：

在使用电脑进行工作和学习的过程中，经常会用到功能不同、作用各异的软件，这些软件被称为工具软件。有了工具软件可以在使用计算机时更方便、更快捷，使操作系统更安全。本项目从 360 安全卫士、压缩与解压缩 WinRAR 和文件下载等工具软件的使用入手，通过几项工作任务的完成，了解工具软件的分类，快速掌握工具软件的安装、使用和卸载等内容。

技能目标：

✍会使用 360 安全卫士查杀电脑木马；
✍会使用 360 安全卫士查杀电脑病毒；
✍能使用 WinRAR 快速创建压缩文件；
✍能使用 WinRAR 解压文件；
✍能使用迅雷 7 下载各种文件和资源。

知识目标：

✍掌握 360 安全卫士查杀病毒木马的方法；
✍掌握 360 安全卫士修复系统漏洞的方法；
✍掌握 WinRAR 压缩文件的方法；
✍理解使用 WinRAR 对文件压缩加密的方法；
✍掌握迅雷 7 安装、使用和卸载的方法。

任务 14.1　360 安全卫士

任务描述

随着网络的普及，使用电脑上网的人越来越多，电脑木马病毒也开始肆意蔓延，给很多个人和企业带来了麻烦，甚至造成了严重的经济损失。因此，杀毒软件便成为个人和企业安全上网不可或缺的工具。

360 安全卫士是一款由奇虎网推出的功能强、效果好、受用户欢迎的上网安全软件。360 安全卫士拥有查杀木马、杀毒、清理插件、修复漏洞、电脑体检和保护隐私等多种功能。由于 360 安全卫士使用极其方便，用户口碑极佳，目前在 4.2 亿中国网民中，首选安装 360 安全卫士的已超过 3 亿。

任务分析

360 安全卫士有很多的功能，最新版本是 9.6 版，完成该项任务的操作思路如下：

步骤 1　对电脑进行体检；

步骤 2　查杀木马；

步骤 3　360 杀毒。

任务实施

活动 1　对电脑进行体检

1. 运行 360 安全卫士

安装 360 安全卫士以后，双击桌面“360 安全卫士”图标，启动 360 安全卫士打开主程序界面，如图 14-1 所示。

图 14-1　360 安全卫士打开主程序界面

2. 对电脑进行体检

启动 360 安全卫士主程序界面以后，在“电脑体检”选项卡中单击“立即体检”按钮，如图 14-2 所示。

提示

360 安全卫士的"电脑体检"是目前中国网民电脑安全状况的标尺，近 80%电脑用户通过这项功能来查看和修复电脑的安全风险。更方便的是，360 安全卫士 9.6Beta 版"电脑体检"增强了"一键修复"能力，如果发现问题，点一个按钮就能一次性解决，不用再"内科""外科"分头跑，大大简化了用户的操作。

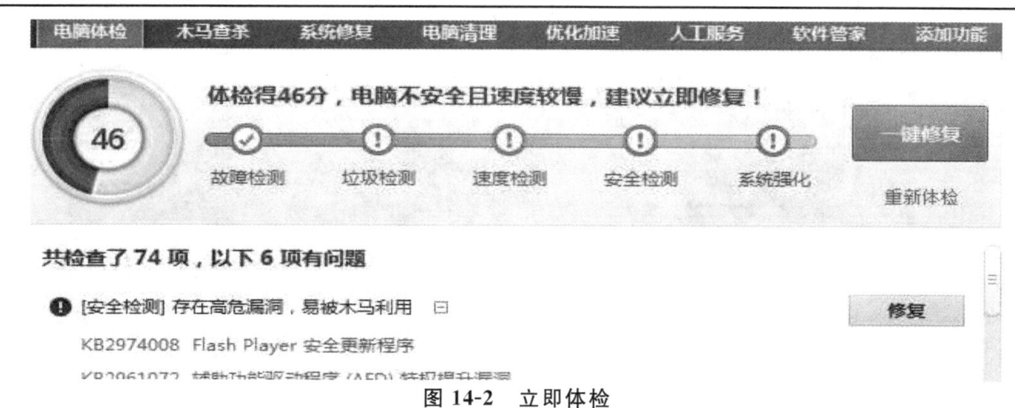

图 14-2　立即体检

3. 一键修复电脑

单机"一键修复"按钮，可以完成简单的计算机修复，如图 14-3 所示。

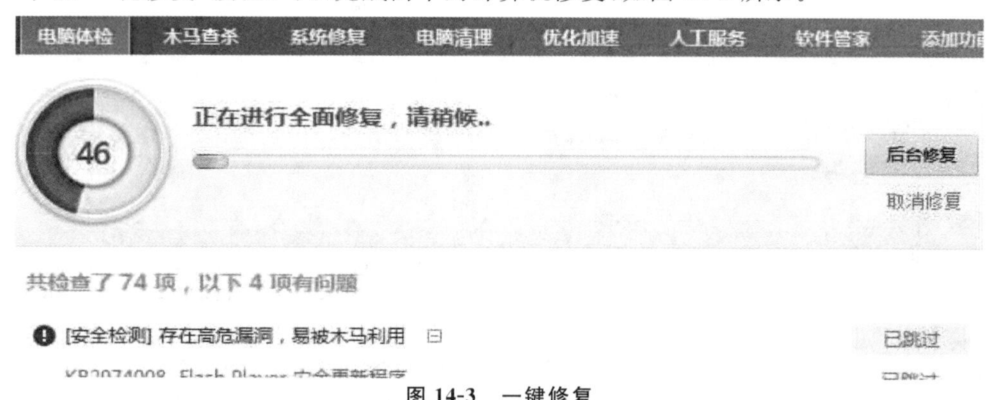

图 14-3　一键修复

活动 2　查杀木马

木马是恶意非法程序，该程序通常包含在合法程序中，在不被用户知情的情况下执行，可记录用户的键盘录入，盗取用户的银行账户和密码等信息，并将其发送给攻击者。

360 安全卫士的查杀木马功能在拦截和查杀木马的效果、速度以及专业性上表现出色，能有效防止个人数据和隐私被木马窃取。

1. 快速扫描

启动 360 安全卫士主程序界面以后，单击"查杀木马"选项卡，如图 14-4 所示。

电脑体检 木马查杀 系统修复 电脑清理 优化加速 人工服务 软件管家

您已有 29 天未进行木马查杀了，建议您立即扫描系统。

最近查杀时间是 2014-6-19，建议您每周进行一次木马查杀。

快速扫描　　全盘扫描　　自定义扫描

图 14-4　查杀木马

单击“快速扫描”按钮，可以扫描系统内存、启动对象等关键位置，速度较快，如图 14-5 所示。

电脑体检 木马查杀 系统修复 电脑清理 优化加速 人工服务 软件管家

快速扫描 | 正在扫描计划任务：C:\Windows\system32\NotificationUI.exe

已用时间：00:00:08　　扫描模式：速度最快

扫描项目	扫描统计
开机启动项	共扫描1项
系统敏感启动项	共扫描111项
系统环境变量	共扫描1项
计划任务	共扫描60项
驱动	共扫描0项

图 14-5　快速扫描

在查杀过程中，360 安全卫士对发现的木马处理以后，被处理的文件都做了安全备份，可以在此将其彻底删除之前恢复到处理前的状态，如图 14-6 所示。

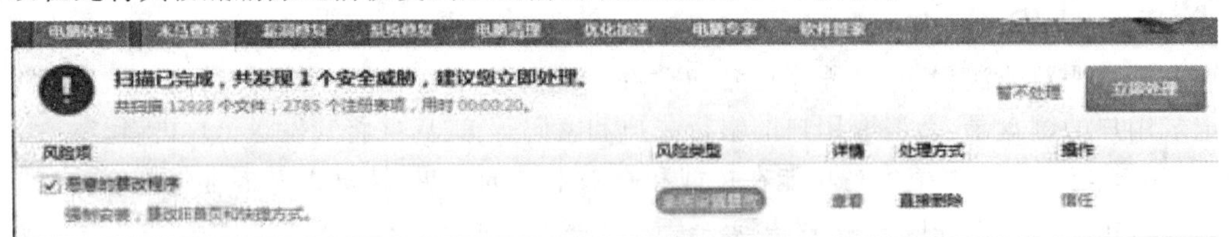

图 14-6　扫描完成，发现安全威胁

如果扫描完成没有发现危险项，会显示扫描结果，如图 14-7 所示。

电脑体检　木马查杀　系统修复　电脑清理　优化加速　人工服务　软件管家

扫描已完成，未发现木马及其它安全威胁。

图 14-7　扫描结果

2. 全盘扫描

如果快速扫描没有彻底清除磁盘内的木马，需要用全盘扫描来扫描系统内存、启动对象及全部磁盘，该方式速度较慢，具体使用方法可参考快速扫描。

互动练习

参考快速扫描的使用方法，练习用全盘扫描清除电脑中的木马。

3. 自定义扫描

对于部分用户来说，有时需要对特定的文件或区域进行扫描，可以使用自定义扫描来指定需要扫描的范围，单击“查杀木马”选项卡中的“自定义扫描”按钮，如图 14-8 所示。

图 14-8　自定义扫描

选择好指定的区域以后，单击“开始扫描”按钮即可。

活动 3　360 杀毒

360 杀毒是 360 安全中心出品的一款免费的云安全杀毒软件。360 杀毒具有以下优点：查杀率高、资源占用少和升级迅速等。同时，360 杀毒可以与其他杀毒软件共存，是一个理想的杀毒备选方案。

提示

“云安全”计划是网络时代信息安全的最新体现，它融合了并行处理、网格计算和未知病毒行为判断等新兴技术和概念，通过网状的大量客户端对网络中软件行为的异常监测，获取互联网中木马、病毒和恶意程序的最新信息，传送到 Server 端进行自动分析和处理，再把病毒和木马的解决方案分发到每一个客户端。

1. 病毒查杀

在 360 安全卫士主程序界面中,单击“杀毒”选项,进入到 360 杀毒程序界面,如图 14-9 所示。

在 360 杀毒程序界面中,有“快速扫描”、“全盘扫描”和“指定位置扫描”三个选项,单击所选定的选项就可以对指定的目标进行杀毒。

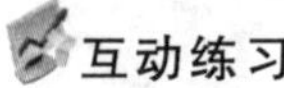

互动练习

参考 360 安全卫士查杀木马的使用方法,练习使用 360 杀毒中“快速扫描”、“全盘扫描”和“指定位置扫描”等功能查杀电脑中的病毒。

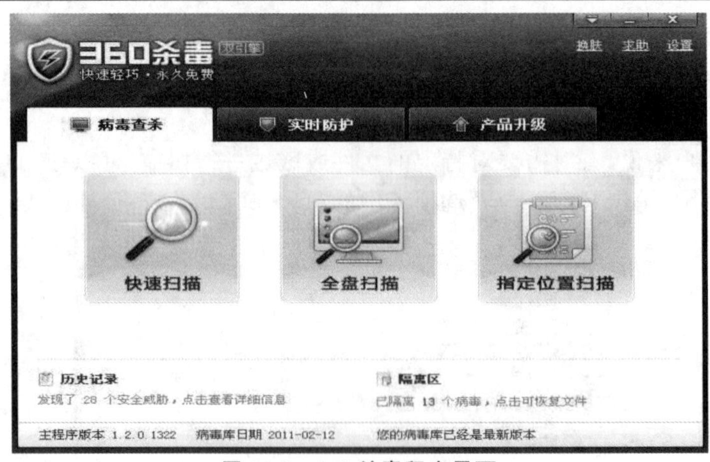

图 14-9 360 杀毒程序界面

提示

360 杀毒是会永久免费吗?360 杀毒是永久免费的。假如您看过“长尾理论”之父克里斯·安德森最新著作《免费》一书,您就会意识到,“免费”已成为互联网最常见的商业模式。

2. 实时防护

最好的杀毒软件不是能“100%识别病毒”,事实上也没有这样的杀毒软件,不让用户中毒才是一款杀毒软件的高明之处。如果中了招再杀毒杀木马,那么 QQ 号和网银可能早就被盗了,所做的也只是亡羊补牢而已。

所幸的是,如今不少杀毒软件越来越重视“预防”工作,其中 360 杀毒几乎切断了所有木马病毒接触用户的途径,例如上网聊天、下载带毒软件、插带毒 U 盘和访问带毒网页等,让电脑全方位 360°防毒不留安全死角。

在 360 杀毒程序界面中,单击“实时防护”选项,用户可以通过“文件系统防护”、“聊天软件防护”、“下载软件防护”、“U 盘防护”和“木马防火墙”等五大体系的设置来阻挡病毒木马的入侵,如图 14-10 所示。

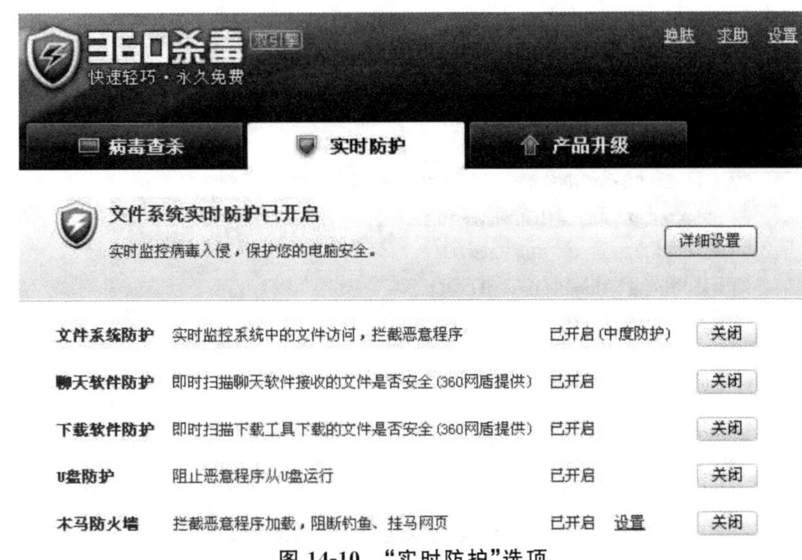

图 14-10　“实时防护”选项

360 实时防护发现病毒木马会及时进行处理，如图 14-11 所示。

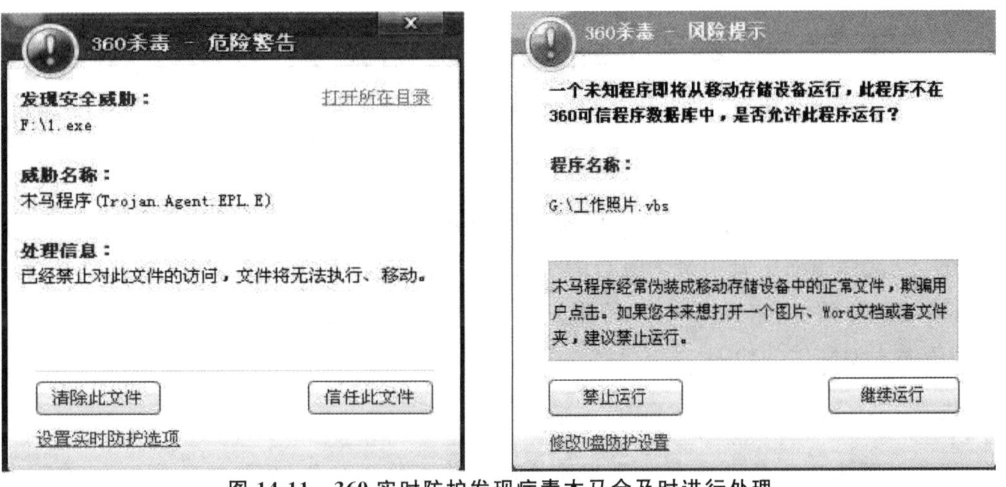

图 14-11　360 实时防护发现病毒木马会及时进行处理

应用拓展：使用 360 安全卫士清理系统插件

操作要求：

电脑系统中某些程序需要一些插件的支持，这些插件类别繁多，当电脑中毒后会有一些恶意软件对电脑进行攻击，这些恶意插件会下载病毒信息，对电脑系统进行破坏和控制等。我们可以使用一些系统清理工具对其进行清理，以确保电脑和以及个人信息的安全。

常用的插件清理工具有 360 安全卫士，可以很轻松对系统中恶意插件进行清理。

操作步骤如下：

(1)启动 360 安全卫士。

(2)在 360 安全卫士主程序界面中单击“清理插件”选项卡。

(3)360 安全卫士对系统中所有插件进行扫描。

(4)扫描完成以后，根据 360 安全卫士的提示清理恶意插件，保留有益插件，如图 14-12 所示。

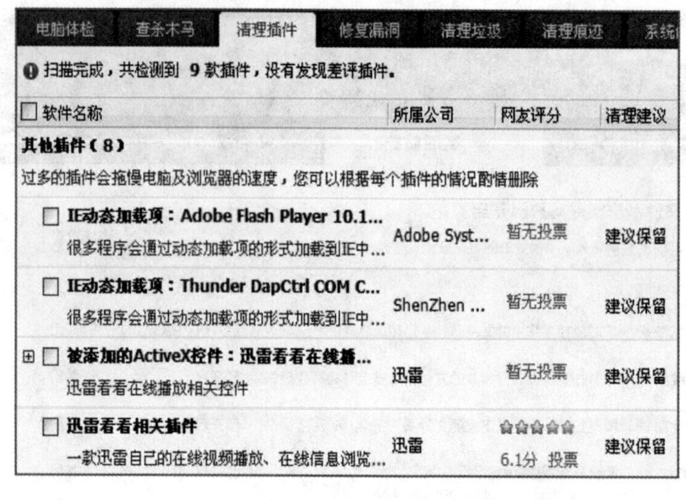

图 14-12 360 安全卫士的清理插件

任务 14.2 压缩与解压缩工具 WinRAR

任务描述

压缩文件和文件夹，可以减少它们所占用的磁盘空间，同时也便于文件的备份和储存。WinRAR 是文件压缩工具中最为流行的一种，是 Windows 环境下对 RAR 格式文件进行压缩和管理的程序软件，它界面友好、使用方便、压缩率高、速度快，完美支持 ZIP 压缩，还具有可分割压缩大型文件的功能。

提示

我们从网上下载的文件大多是压缩软件制作成的压缩包，压缩软件能够允许多个小文件合在一起制成一个压缩包，方便用户下载。当然，压缩软件的作用不仅仅是方便网络传送，更重要是压缩软件能通过某种压缩算法去掉文件中冗余的信息，从而大大缩小文件的体积，让你在有限的空间里存储更多的内容。不同的压缩软件的压缩算法不同，由此也产生不同的压缩格式，压缩软件一般能达到 50%的压缩率。

常见的压缩格式有：ZIP、RAR、CAB、ACE、ISO 等，WinRAR 内置程序可以解开这些类型的压缩文件。

任务分析

WinRAR 的功能强大，完成该任务的操作如下：

步骤 1　安装 WinRAR；

步骤 2　将多个文件或文件夹压缩在一个压缩包内；

步骤 3　建立一个自解压包；

步骤 4　对一个文件进行分卷压缩；

步骤 5　打开压缩文件。

任务实施

活动 1　安装 WinRAR

1. 输入安装目录

许多网站都可以下载到 WinRAR，下载后双击安装程序开始安装。首先弹出如图 14-13 所示的对话框，在对话框中默认安装目录是“C：\Program Files\WinRAR”。要改变安装目录，可以直接在目标文件夹栏输入，也可以单击“浏览”按钮，在弹出的对话框中选定安装目录。

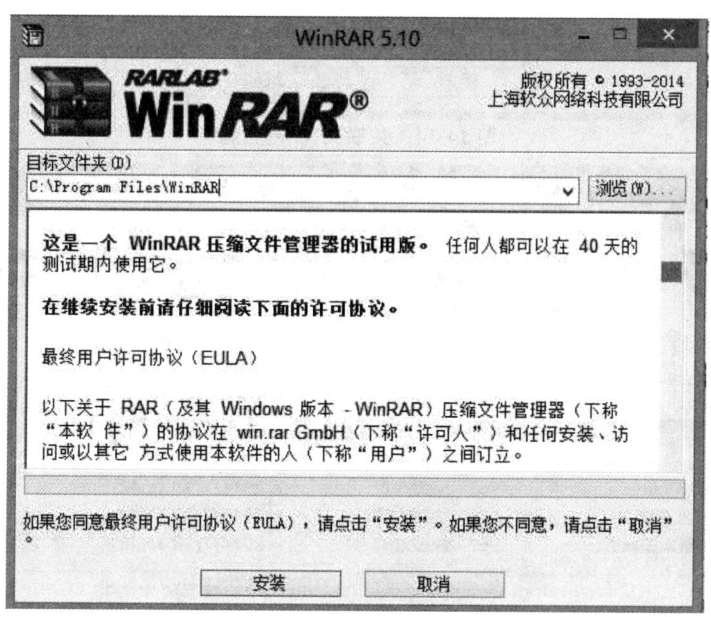

图 14-13　开始安装的对话框

2. 关联文件及界面的设置

单击“安装”按钮，然后弹出第二个对话框，如图 14-14 所示，对话框分三个部分，左边是“关联文件”对话框，如果你决定经常使用 WinRAR，可以与所有格式的文件创建联系。如果是偶然使用，也可以酌情选择。右边的“界面”让你选择 WinRAR 程序在 Windows 中的位置，下面的“外壳整合”选项允许你直接通过右键快捷菜单进行 WinRAR 的各项操作。选择都做好后，单击“确定”，WinRAR 即安装完毕。程序窗口如图 14-15 所示。

图 14-14　关联文件”对话框

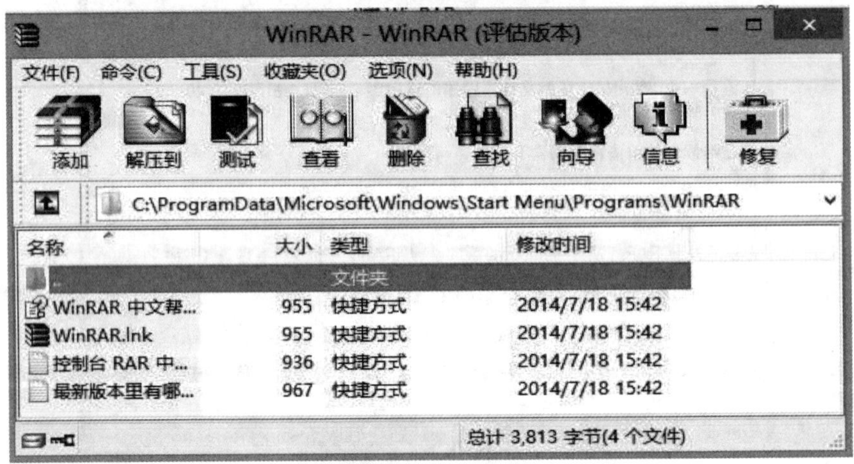

图 14-15　程序窗口图

活动 2　将多个文件或文件夹压缩在一个压缩包内

如果用户想将 D 盘下名称为“A”、“B”和“C”的三个文件用 WinRAR 进行压缩,生成一个文件名为“E. rar”的压缩包,存放在 D 盘下,操作步骤如下:

1. 选择压缩文件

打开“我的电脑”,选中要压缩的三个文件(用【Ctrl】键选取不连续的三个文件,用【Shift】键选取连续的多个文件),然后右击调出快捷菜单,选择“添加到压缩文件(A)…”。如图 14-16 所示。

2. 压缩文件名和参数设置

弹出如图 14-17 所示的窗口，在“压缩文件名”栏输入“E. rar”，默认压缩文件存在当前目录下，如果需要修改，单击“浏览”，在弹出的窗口中选择新的保存位置。

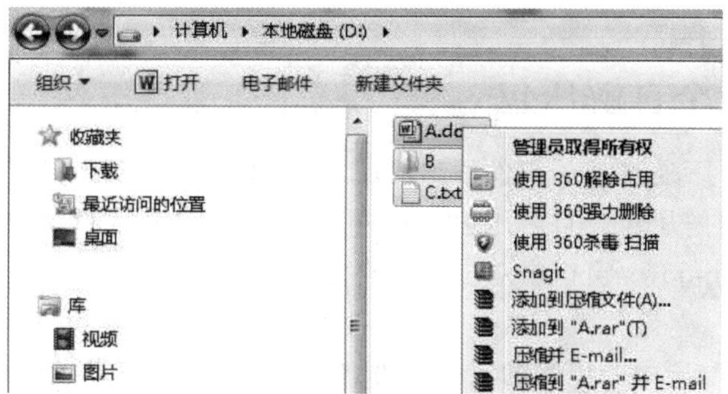

图 14-16　右键选择添加到压缩文件

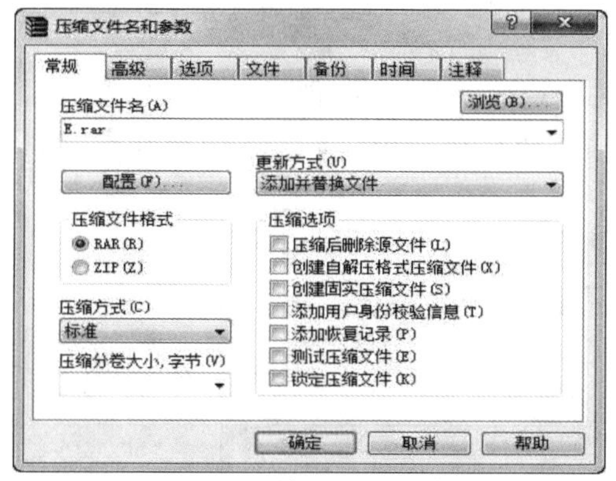

图 14-17　输入压缩文件名

完成以后单击“确定”按钮，WinRAR 开始压缩文件，这个过程根据文件大小所需要时间不同，如图 14-18 所示。

压缩完成以后在 D 盘生成了一个名为“E. rar”的压缩文件，如图 14-19 所示。

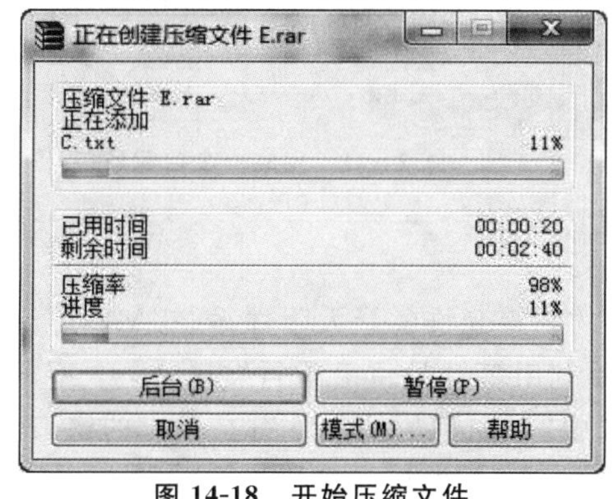

图 14-18　开始压缩文件

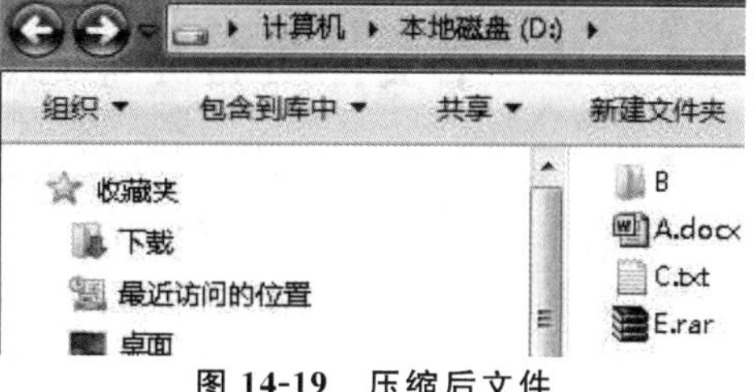

图 14-19　压缩后文件

提示

快捷菜单其他三个选项的含义添加到“文件名. rar”：将文件压缩到当前文件夹下，压缩文件和原文件同名；压缩并邮寄：将文件压缩到某个文件夹下并通过预设的电子邮件程序发送；压缩到“文件名. rar”：将文件压缩到当前文件夹下并通过的电子邮件发送。

技巧

如果想将其他文件添加到压缩包中,只需将该文件或文件夹用鼠标拖拉到压缩包图表中即可。

活动3 建立一个自解压包

想把文件压缩一下通过电子邮件发送给朋友,对方的计算机上没有安装压缩软件,可以建立一个建立一个自解压包。自解压包比较特殊,是指包含有运行模块的压缩包,即使没有安装压缩软件,在Windows窗口中双击便可自动打开压缩文件。

1. 选择压缩文件

打开"我的电脑",选中要压缩的三个文件,然后右击调出快捷菜单,选择"添加到压缩文件(A)…",如图14-16所示。

2. 建立自解压包

在弹出的窗口中输入文件名,并将选项"创建自解压格式压缩文件"选中,如图14-20所示。单击"确定"按钮,压缩完成后窗口中生成一个自解压包,双击该压缩文件即可自动解压,如图14-21所示。

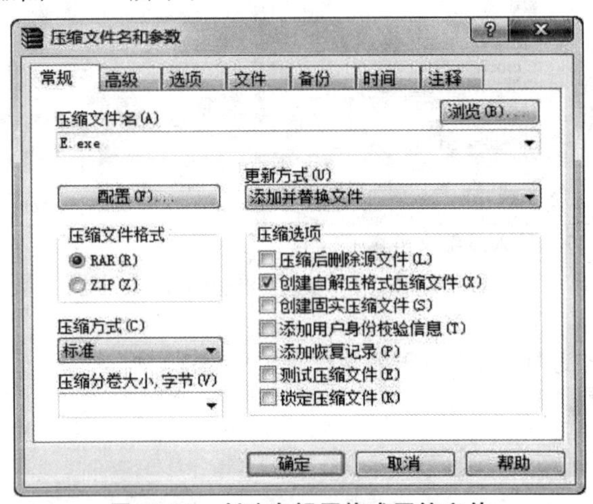

图14-20 创建自解压格式压缩文件

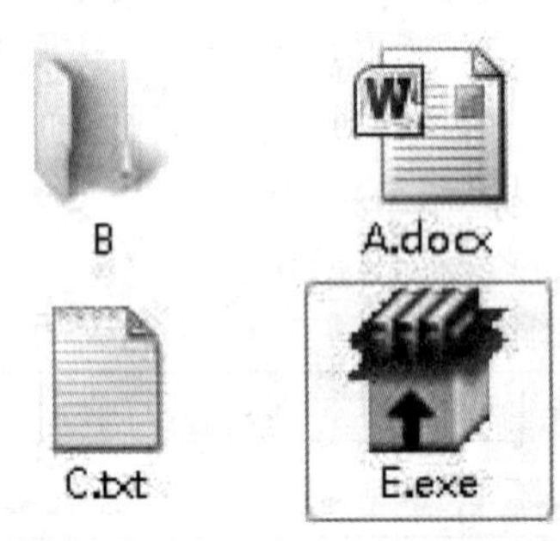

图14-21 生成一个自解压包

活动4 对一个文件进行分卷压缩

想将某个文件通过电子邮件发送出去,对方的邮箱允许的最大附件是20 M,可以将该文件做成每卷20 M或稍小一点的分卷压缩,然后利用多封E-mail进行发送。

在"我的电脑"中右键单击要压缩的文件,选中"添加到压缩文件",在弹出的窗口中在"压缩分卷大小、字节"一栏输入要分卷的字节数,如图14-22所示。压缩完成后建立多个分卷压缩包,如图14-23所示。

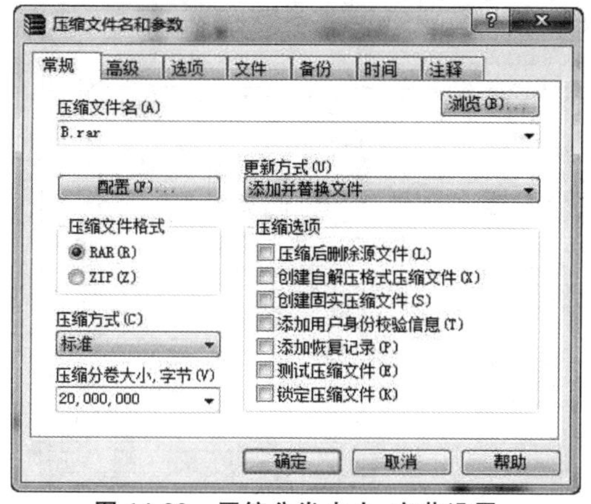

图 14-22 压缩分卷大小、字节设置

名称	修改日期	类型	大小
B	2011/2/1...	文件夹	
B.part1.rar	2011/2/1...	WinRAR ...	19,532 KB
B.part2.rar	2011/2/1...	WinRAR ...	19,532 KB
B.part3.rar	2011/2/1...	WinRAR ...	19,532 KB
B.part4.rar	2011/2/1...	WinRAR ...	17,515 KB

图 14-23 压缩完成后建立多个分卷压缩包

提示

在压缩文件名和参数窗口中选择“高级”选项卡,如图 14-24 所示,单击“设置密码”按钮,可以为压缩包设置密码,如图 14-25 所示。解压时需要输入密码才能打开压缩包。

图 14-24 “高级”选项卡

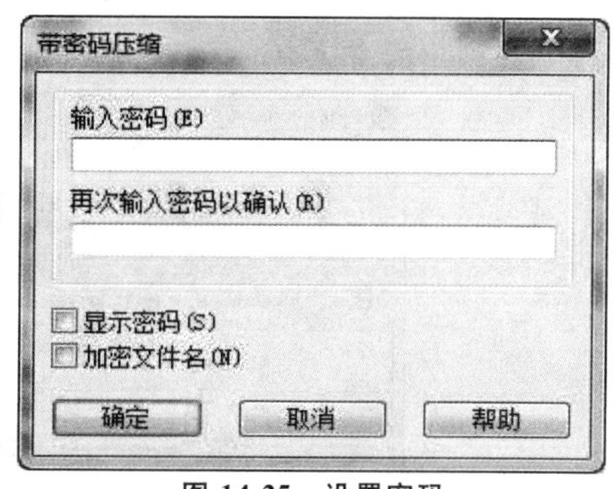

图 14-25 设置密码

活动 5 打开压缩文件

解压文件和压缩文件一样简单,在活动 2 中将三个文件压缩在文件 E. rar 中,现在将其释放。打开 D 盘,右键单击要解压的文件“E. rar”,在弹出的快捷菜单中选择“解压文件(A)…”,如图 14-26 所示。

在弹出的“解压路径和选项”中,直接输入压缩包要释放到的文件夹或在右边的文件列表窗口中选择一个文件夹,如图 14-27 所示,单击“确定”按钮完成解压。

图 14-26 解压文件

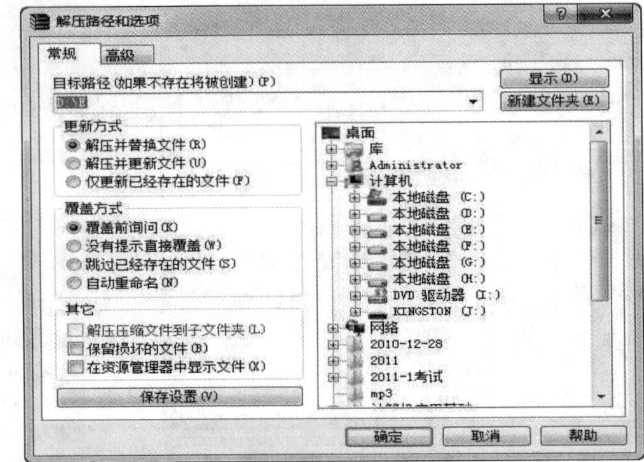

图 14-27 解压路径和选项设置

应用拓展:打开压缩包中的一个文件

操作要求:

一个压缩包中如果文件较多,当只用到其中一个或几个文件时,对需要的文件解压缩即可。下面将活动 2 中 E. rar 压缩包里面的 A 文件解压。

操作步骤如下:

(1)双击“E. rar”;

(2)在弹出的窗口中选中 A 文件,如图 14-28 所示;

(3)单击工具栏上“解压到”按钮;

(4)在弹出的窗口中选择解压后释放的位置,单击“确定”完成解压。

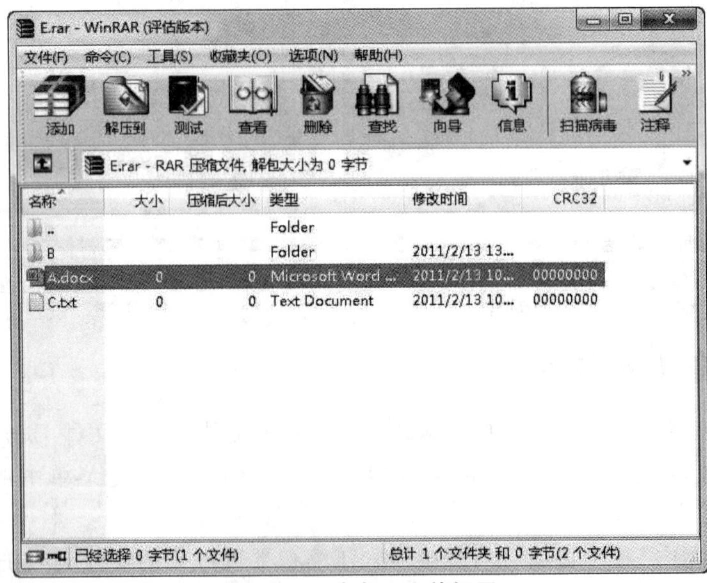

图 14-28 选中 A 文件解压

任务 14.3　文件下载工具迅雷

任务描述

在网上除了网页和加入了超级链接的下载内容外，还有很多其他的有用资源，如视频流格式的. ra 或 rm 文件、Flash 动画文件和影音文件等，由于这些资源非常庞大，因此必须使用专用的下载工具才能够顺利下载。

迅雷是基于 P2SP 技术的下载软件，其特点除了可以大幅提高下载速度、支持多节点断点续传、支持各节点自动路由和支持多点同时传送等功能外，还支持智能节点分析，即迅雷可以智能分析出哪个节点上传速度最快，从而提高用户的下载速度。

提示

P2SP(Peer to Server&Peer)点对服务器和点(用户对服务器和用户)，此处“点”(Peer)即网络节点或终端，可以理解为用户计算机。所谓 P2SP 共享下载，与传统文件共享存在很大区别，P2SP 的共享文件不是在集中的服务器上等待用户端来下载，而是分散在所有 Internet 用户的硬盘上，从而组成一个虚拟网络。这样每个用户都可以从虚拟网络中任何一个人的机器下载电影和音乐等类型的文件，同时每个人也可以把自己文件共享给其他人使用。也可以这么说，每个参与下载的计算机，都将成为别的参与下载连接的计算机的临时服务器。因此只要计算机能够连接到 Internet，就可以共享文件让其他网友下载。

任务分析

迅雷最新的版本是迅雷 7，于 2010 年 10 月 17 日正式优化发布。完成该项任务的操作思路如下：

步骤 1　使用迅雷新建任务，下载一个工具软件；

步骤 2　对下载进程的控制；

步骤 3　对下载任务与文件的管理。

任务实施

从网站(http://dl. xunlei. com/xl7. html)下载了迅雷 7 后，双击运行下载的安装程序，安装的方法和其他软件的安装类似，在安装向导提示下一步后点击“下一步”，即可完成安装。安装完成以后桌面上会有迅雷 7 的图标，双击迅雷 7 图标就可以打开迅雷的主窗口，如图 14-29 所示。

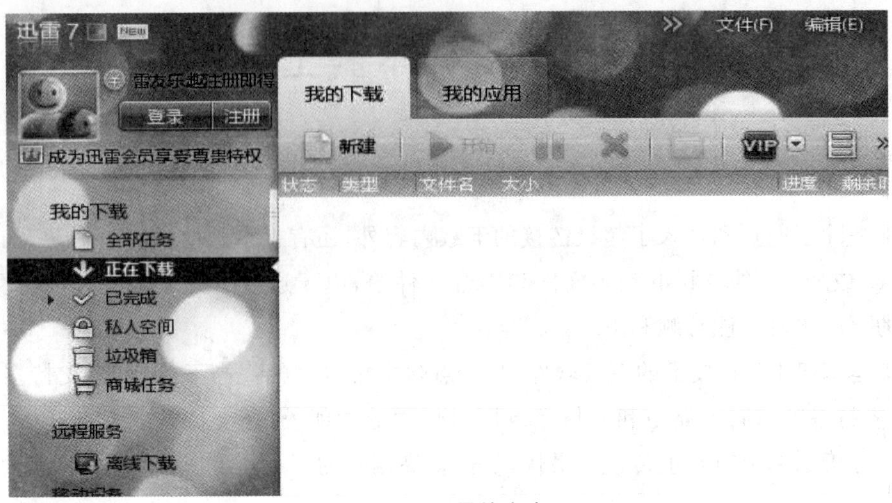

图 14-29　迅雷的主窗口

活动 1　使用迅雷新建任务,下载一个工具软件

(1)新建普通任务

单击工具栏中的“新建”按钮,弹出如图 14-30 所示对话框。输入要下载对象的网址,如图 14-31 所示,默认的下载位置是“C:\TDdownload\”,如果需要改变可以单击“浏览”按钮改变。如果觉得下载文件的名称不理想,可以在文件名栏中填写新名称,修改后情况如图 14-32 所示。

图 14-30　新建任务

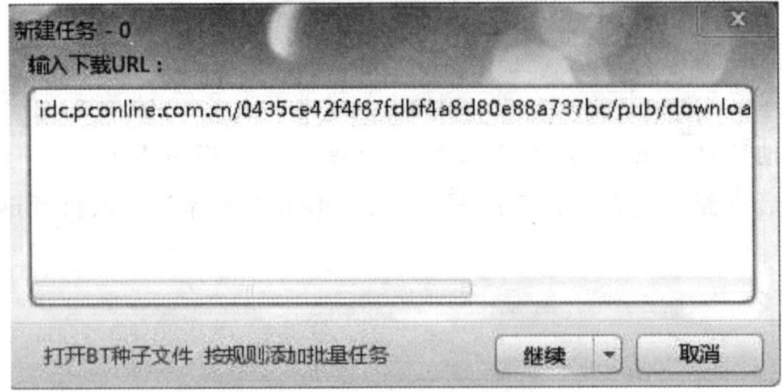

图 14-31　输入下载地址

在图 14-32 中，可以设置登录服务器时的用户名和密码，对于大多数匿名登录的情况，由于此项不被选定而不可用。可以设定此项下载任务使用的线程数，在网速和带宽很好的情况下，线程越多下载越快。由于迅雷 7 采用了新的下载技术，不但可以从原始地址下载，而且还可以采用 P2SP 下载方式下载。因此在不选中“只从原始地址下载”选项时，还可以从其他下载用户的计算机下载。

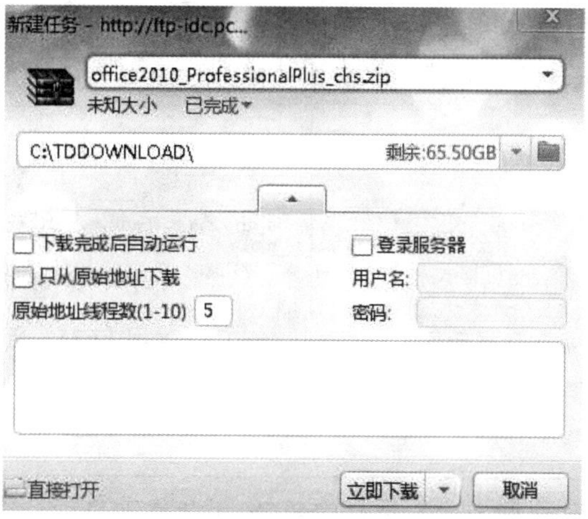

图 14-32　修改下载名字

单击“立即下载”按钮，就可以开始下载文件了，如图 14-33 所示。

图 14-33　开始下载文件

(2)新建批量任务

在图 14-30 中，单击“按规则添加批量任务”按钮，弹出如图 14-34 所示对话框。

提示

在下载时的确会遇到这样的情况，例如网站对于一个 10 集的电视连续剧，每集提供一个地址下载，10 集就提供了 10 个下载文件的地址，分别是：http://www.a.com/01.rm、http://www.a.com/02.rm……http://www.a.com/10.rm，如果要全部下载这些内容，常规情况下是一个个建立下载链接，会显得很麻烦，利用迅雷的批量下载方法中提供的通配符等方法，可以一次性实现批量任务的下载。

(3)通过 BT 种子下载

在图 14-30 中，单击“打开 BT 种子文件”按钮，弹出如图 14-35 所示对话框，选择需要下载文件的 BT 种子就可以开始下载。

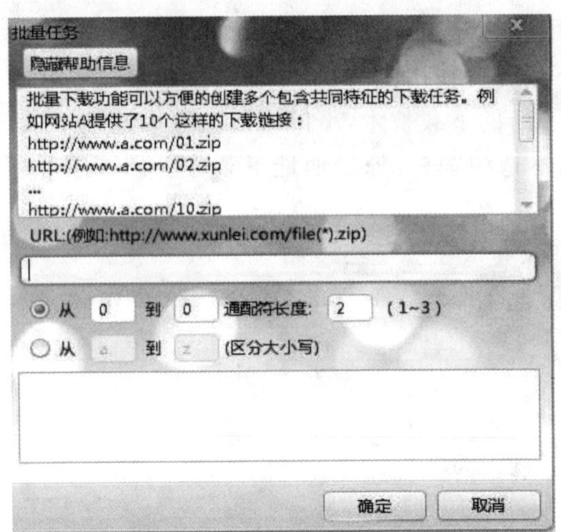

图 14-34 按规则添加批量任务

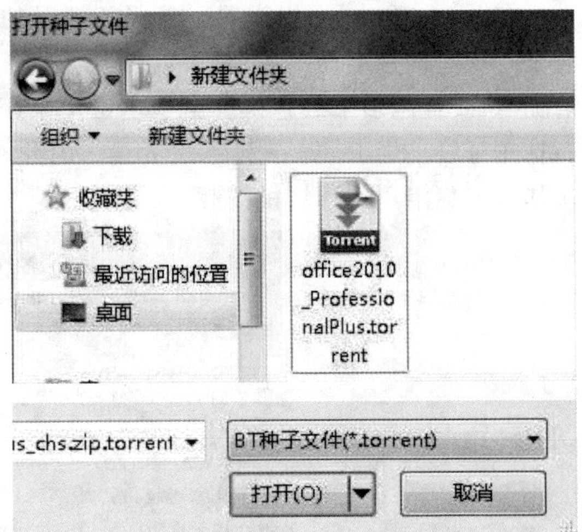

图 14-35 通过 BT 种子下载

技巧

在 IE 窗口可以随时右键单击要下载的链接，用快捷菜单进行下载，如图 14-36 所示。

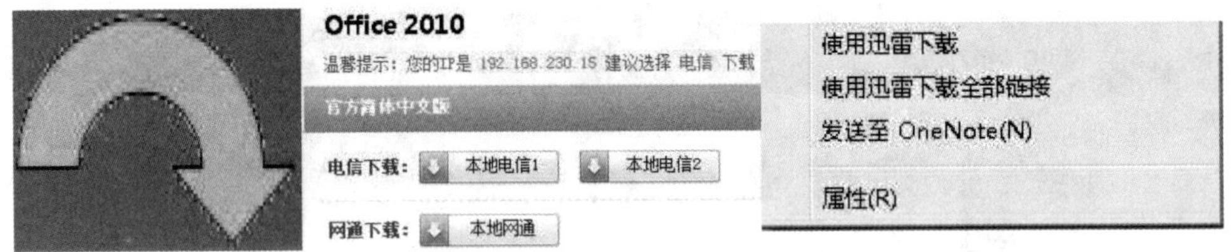

图 14-36 快捷菜单下载

活动 2 下载进程的控制

一般情况下，下载进程在建立后自动进入下载状态，但如果是上次“没有完成”的任务或者是被“暂停”的任务，在任务列表中会显示暂停状态，如图 14-37 所示。

图 14-37 任务列表

选择要进行的任务，单击主工具栏中的“开始”按钮，可以继续任务的下载，如图 14-38 所示。

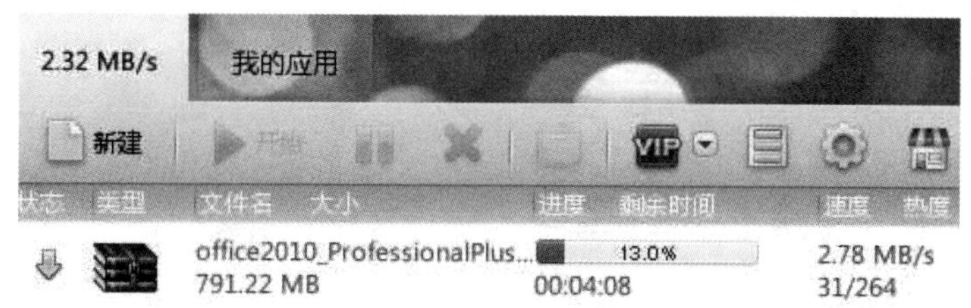

图 14-38　继续下载

活动 3　下载任务与文件的管理

1. 下载任务的分类管理

对于下载文件的管理一般是在主程序界面“我的下载”选项中实现的。在没有指定分类的情况下，完成的下载任务都放在“已完成”中，如果需要分类管理，可以从任务列表中选中需要分类管理的对象，拖放到相应的类别，如图 14-39 所示。

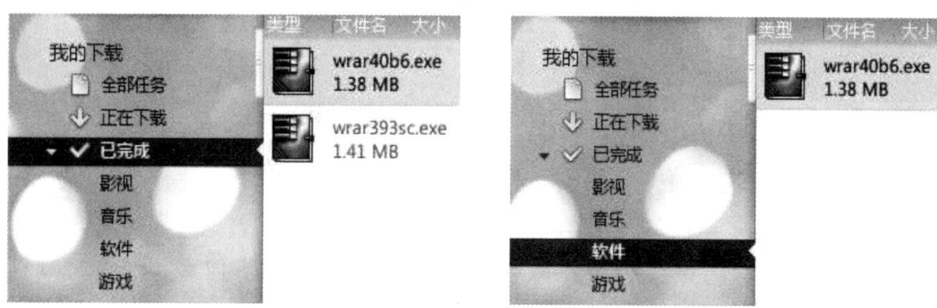

图 14-39　下载任务的分类管理

单击主工具栏中的“删除”按钮，删除列表中的任务，任务被删除后移动到“垃圾箱”中管理，需要时可以恢复任务。

2. 针对下载文件的常用操作

选定某个下载任务后，单击鼠标右键，弹出快捷菜单。利用菜单可以打开文件或打开文件所在的文件夹进行进一步的操作，当然也可以单击“导出下载列表”命令，弹出对话框如图 14-40 所示，保存到其他位置。

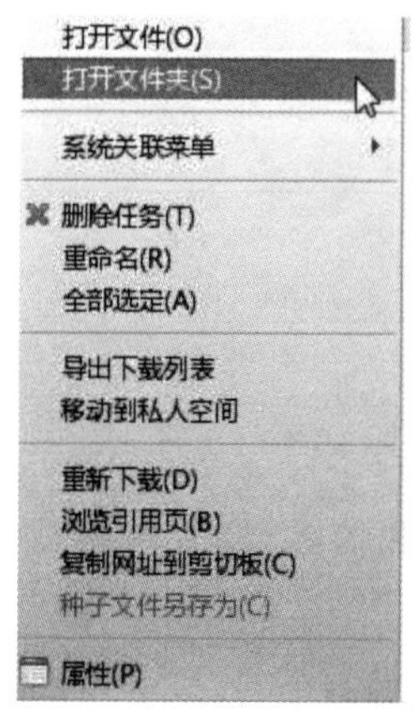

图 14-40　保存到其他位置

选中文件后，如果单击菜单中的“重命名”命令，在弹出的子菜单中选择一种重命名方式,也可以实现重命名选中文件,如图 14-41 所示。

图 14-41 重命名文件

应用拓展:下载杀毒的设定

操作要求:为了更安全的下载,使用迅雷 7 在下载后可以设定直接进行查毒和杀毒操作。

操作步骤如下:

(1)打开迅雷 7 主程序界面;

(2)单击工具栏“工具”选项;

(3)选择“工具”选项中的“配置”按钮,弹出“配置面板”窗口;

(4)单击“配置面板”窗口中“下载安全”按钮;

(5)选中“下载后自动杀毒”复选框;

(6)单击“浏览”按钮,选择一种杀毒软件(360 杀毒),如图 14-42 所示;

(7)单击“确定”完成下载杀毒的设定。

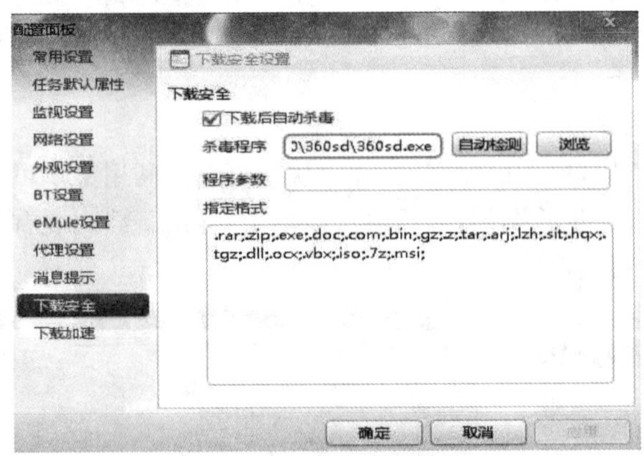

图 14-42 选择杀毒软件

实训项目

实训 1 瑞星杀毒软件

实训要求:使用瑞星杀毒软件查杀计算机病毒,实时监控和清除、恢复被病毒感染的文件或系统,维护电脑系统的安全,如图 14-43 所示。

操作提示如下:

(1)安装瑞星杀毒软件 V16;

(2)启动瑞星杀毒软件 V16;

(3)使用瑞星杀毒软件查杀电脑中的病毒；
(4)开启文件监控功能，使瑞星杀毒软件能够自动截获和查杀木马、后门和蠕虫等病毒；
(5)使用瑞星卡上网助手优化电脑；
(6)使用瑞星账号保险柜保护电脑；
(7)使用瑞星杀毒软件修复注册表；
(8)使用瑞星杀毒软件扫描系统漏洞。

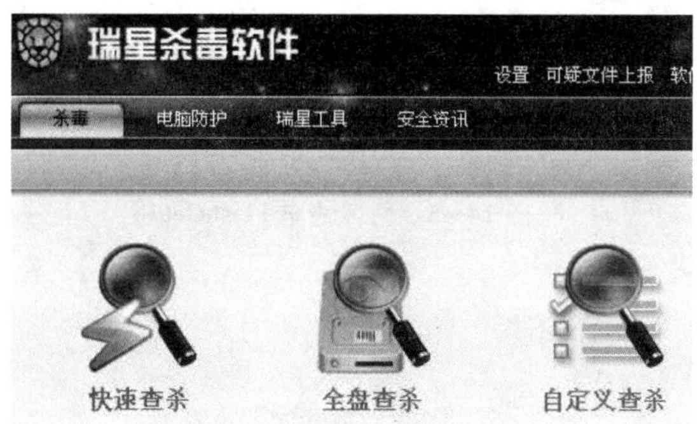

图 14-43 瑞星查毒软件

实训 2 压缩与解压缩工具 Winzip

实训要求：使用 Winzip 对文件进行压缩和解压缩，如图 14-44 所示。
操作提示如下：
(1)使用 Winzip 快速创建压缩文件；
(2)设置解压密码；
(3)打开压缩包中的一个文件；
(4)解压缩文件。

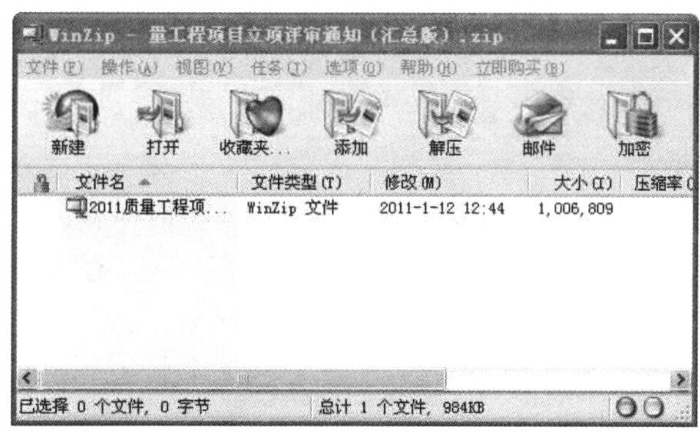

图 14-44 使用 Winzip 对文件进行压缩和解压缩

实训 3 下载工具网际快车 FlashGet

实训要求：使用网际快车 FlashGet 下载文件并对下载任务进行管理，如图 14-45 所示。
操作提示如下：
(1)下载安装网际快车 FlashGet；
(2)使用网际快车 FlashGet 下载瑞星杀毒软件；
(3)暂停下载任务；
(4)继续下载任务；

(5)使用网际快车 FlashGet 下载网上的 Flash；

(6)用网际快车 FlashGet 实现批量下载。

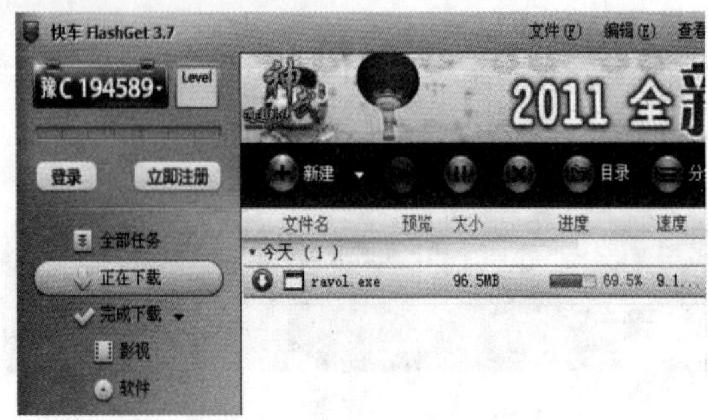

图 14-45 网际快车 FlashGet

项目 15

计算机日常维护与故障处理

项目导引：

计算机在使用过程中经常会遇到各种故障，这需要我们懂得计算机的保养和维护的基本常识，以防患于未然。要学会计算机的维护维修常识必须熟悉计算机的各个部件，合理的计算机维护对其性能有着优化作用，还可以延长计算机的寿命。本项目通过对计算机软硬件的清理维护和常见故障处理等任务来学习计算机维护、维修方面的知识。

技能目标：

✍维护电脑主机；
✍熟练运用系统维护工具备份和恢复操作系统；
✍使用系统优化软件清理、维护系统；
✍能使用工具处理常见硬件故障；
✍能使用工具处理常见软件故障。

知识目标：

✍掌握计算机软硬件维护知识；
✍掌握常用维护工具的使用方法；
✍熟悉常见的计算机故障；
✍掌握系统软件备份和还原的方法。

任务 15.1　计算机日常维护

任务描述

本项目是为电脑进行维护和故障处理，该项任务是使用维护工具对计算机的软硬件进行维护，如图 15-1 所示。

图 15-1 计算机日常维护

任务分析

计算机是一种很精密的高科技产品，日常使用中经常会因为操作不当、误操作等造成计算机故障，因此只有对计算机硬件的维护和保养，才能保证计算机正常的工作。常用的计算机硬件维护工具有螺丝刀、皮吹风、毛刷、橡皮擦、电吹风和系统安装盘等，本任务实施步骤如下：

步骤 1 检查和维护计算机的使用环境；

步骤 2 对计算机硬件的维护；

步骤 3 对计算机软件的维护。

任务实施

活动 1 检查和维护计算机的使用环境

在计算机的使用过程中，计算机周围的环境对它正常工作有着很大的影响。我们必须将电脑安放在一个安全、干净的工作平台上，需要遵守以下几个原则：

(1)最好不要与震动较大的设备放在同一个工作台；

(2)不要放置在阳光直射的地方；

(3)室内温度在 4～35 ℃，相对湿度为 30%～80%；

(4)环境卫生良好，室内清洁干净；

(5)最好使用有地线的供电电源；

(6)电脑应该远离强电磁场。

1. 检查电脑的工作环境

操作如下：

(1)观察室内卫生状况，注意灰尘是否过多；

(2)查看计算机周围设备，注意有没有易震动、强磁性的设备在附近；

(3)观看计算机摆放位置,观察其是否被光线直射,并且注意其安放平台的大小和平整度;

(4)测量室内温度和湿度;

(5)检查电源插座,注意有无地线。电脑工作环境如图 15-2 所示。

图 15-2　电脑工作环境

2. 维护计算机使用环境

改善计算机的使用环境,不仅可以正常使用电脑,增加电脑的使用寿命,还能够提高使用者的工作环境。

常见的维护方法如下:

(1)清洁卫生,使室内长时间处于无尘环境;

(2)使室内通风,保持适当的湿度;使用空调,调节温度;

(3)更换电脑的安放位置,不能被阳光直射,放置的平台面积要大,表面平整,注意搬运时轻拿轻放,不能重压,也不能剧烈震动;

(4)将周围的非计算机设备搬离,尤其是常用的家电,如电视、微波炉和收音机等;

(5)安装三孔带地线的电源插座。

注意

当搬运电脑时应轻拿轻放,不能重压,也不能剧烈震动。

活动 2　计算机硬件的维护

计算机硬件的维护主要是指对主机及其主要外围设备的维护。计算机硬件可以分为电源、主板、CPU、内存、硬盘、键盘鼠标和显示器等。

1. 维护电源

对电源的维护,一般可以按以下几个方面操作:

(1)拆开电源盒除尘。首先断电打开机箱,从机箱后部拧下固定电源的螺丝,一般可以取下整个电源盒。不过还有些箱内有电源固定螺丝,要仔细查看并全部拧下,接着拔下连接主机各个部件的电源接口。一般的电源盒是由薄铁皮制造的。取下底部的四个小螺丝,将上盖板从两侧向内推,取下上盖。接下来拧下印刷电路板四角的固定螺丝,并取下整个电路板,然后用毛刷为整个电源盒以及电路板除尘。对于缝隙中的灰尘可以用皮吹风吹掉。电源和皮吹风如图 15-3、图 15-4所示。

图 15-3 电源

图 15-4 皮吹风

(2)擦拭风扇叶片,注意不能让水进入风扇转轴或线圈中,如图 15-5 所示。

(3)给风扇轴承加润滑油,如图 15-6 所示。

图 15-5 电源内部结构

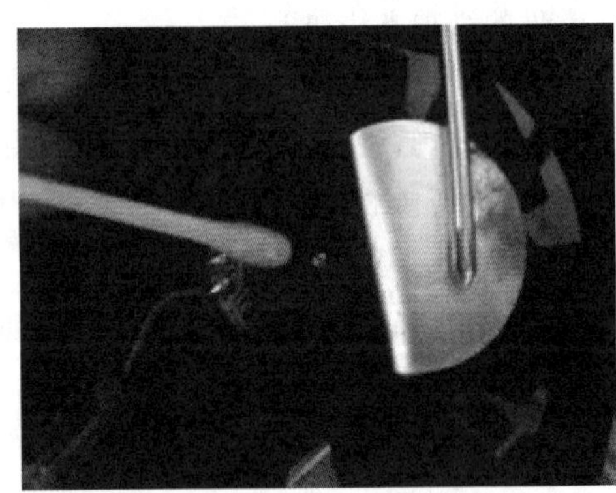

图 15-6 风扇轴承

2. 维护主板

(1)定期清除主板上的灰尘。

(2)定期检查电路板上是否有氧化现象或腐蚀。

(3)长时间不使用计算机的情况下,应定期开机加温一段时间,以免主机元件受潮,也可驱赶蟑螂和蚂蚁等小虫子,避免进入而损坏电路板,如图 15-7 所示。

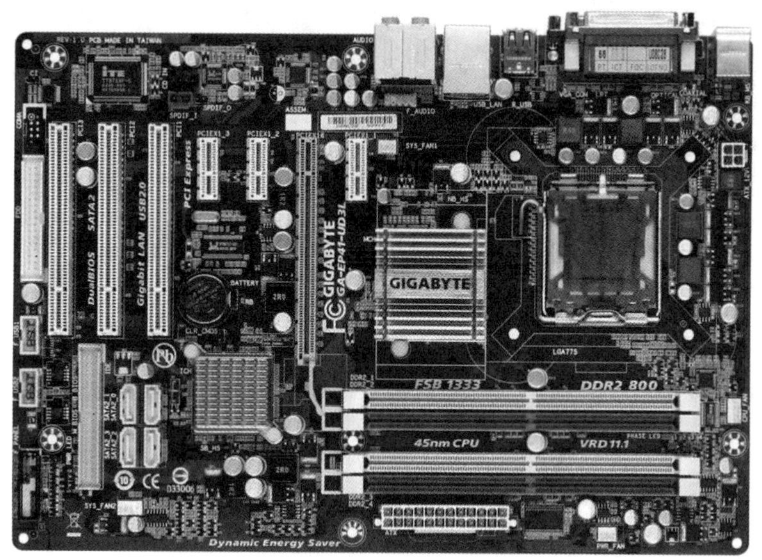

图 15-7　电路板

注意

清除灰尘时，最好先将主板从主机内拆除，以免灰尘被吹落到主机的其他部件。

3. 维护 CPU

CPU 是计算机中的一个超大规模集成电路块，如图 15-8 所示，一般来说它本身是不容易被损坏的。对 CPU 的维护很简单，只要注意散热就可以了。另外，在气候比较干燥的季节，特别是冬天，人体上会积聚大量静电，所以不要用手直接接触正在运行的 CPU。

图 15-8　CPU

4. 维护内存

(1)静电是内存的最大威胁。因人体或某些物品上带的静电都有可能将内存的芯片击伤损坏，所以在拿取内存条时尽量用柔软防静电的物品包裹，当需要用手接触内存条时一定要先触摸一下导电体，将手上的静电释放掉，内存条如图 15-9 所示。

图 15-9 内存条

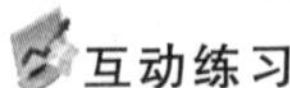互动练习

使用橡皮擦去除内存金手指上的氧化层。

(2)金手指的清理。因为内存工作在暴露的环境中,长时间的使用后其金手指部位易被氧化,形成一层氧化层,颜色发暗。此时我们需要使用橡皮擦清理氧化层,以免内存与主板接触不良,造成电脑无法正常工作的故障。

(3)内存长时间持续高温,有可能导致内存上的元器件损坏。所以一定要注意机箱内的散热。

5. 维护硬盘

硬盘(图 15-10)的维护与保养应注意以下几个问题:

图 15-10 硬盘

(1)及时备份数据。对硬盘中重要的文件,特别是应用软件的数据文件要按一定的方法进行备份工作,以免在发生硬件故障、软件故障或误操作等情况下造成无法挽回的损失。

(2)预防病毒,并养成定期检测及清除病毒的习惯。

(3)保持环境的清洁。虽然硬盘是密封的,仅以带有过滤纸的呼吸孔与外界相通,盘片可以在普通无净化的室内环境中工作。但如果环境中的灰尘太多,会被吸附到印刷线路板的表面和主轴电机的内部,也会堵塞呼吸过滤器。

(4)减少震动和冲击。严禁工作或刚关机时搬动机器，以免磁头与盘片产生撞击而擦伤盘片表面的磁性层。

(5)禁止随意在存有重要数据的硬盘分区中运行游戏软件或使用未经检测的软盘或光盘。

(6)禁止随意在硬盘中安装软件、删除文件及对硬件进行初始化操作。

6. 维护键盘、鼠标

键盘、鼠标(图 15-11)是计算机系统的主要输入设备之一，它也是计算机系统中使用者直接接触最多的部分。由于暴露在空气中，很容易掉进脏东西而成为“藏污纳垢”的场所。

图 15-11　键盘和鼠标

(1)定期除尘，注意不要使用任何润滑剂；

(2)击打键位时，不要用力过大，以免损坏按键下面的弹簧；

(3)防水防潮。

7. 维护显示器

显示器(图 15-12)是计算机系统中最重要的组成部分之一。

(1)防止不稳定电流；

(2)擦拭显示器时，不能直接把清洁剂喷到屏幕上；

(3)防止其他电器及磁场对显示器的干扰。

图 15-12　显示器

注意

不要使用酒精擦拭显示器屏幕。

活动3 计算机软件的维护

计算机在使用过程中,软件系统处于非常重要的地位。由于用户误操作或病毒、木马程序的破坏,导致系统中的重要文件受损出现错误甚至崩溃无法启动,就需要进行软件的维护。

1. 运用系统工具维护软件系统

运用系统自带的磁盘碎片整理程序、磁盘清理程序、磁盘检查程序等系统工具对系统进行优化、维护;运用系统实用配置程序对系统的启动程序项、服务项进行优化设置;设置虚拟内存等:

(1)磁盘清理程序

①选择桌面,双击打开"这台电脑",右键单击需要清理的磁盘驱动器,在弹出的快捷菜单中选择"属性",如图15-13所示。

②单击"磁盘清理"按钮,打开如图15-14所示的磁盘清理程序界面,其中列出了各种需要被清理的文件及其所占空间的大小。

图 15-13 属性

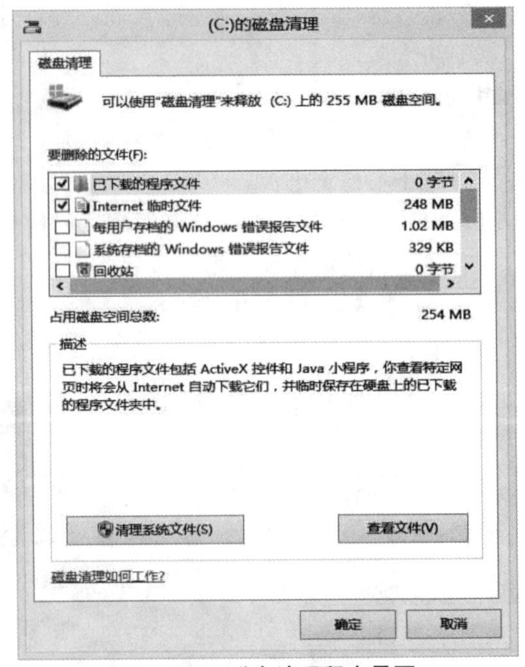

图 15-14 磁盘清理程序界面

③选择好需要清理的文件后,单击"确定"按钮,系统会询问是否真的要删除文件,单击"删除文件"即可开始磁盘清理,如图15-15所示。

(2)磁盘查错程序

①在需要检查的驱动器上右键单击,选择"属性"菜单,在弹出的属性对话框中选择"工具"选项卡,如图15-16所示。

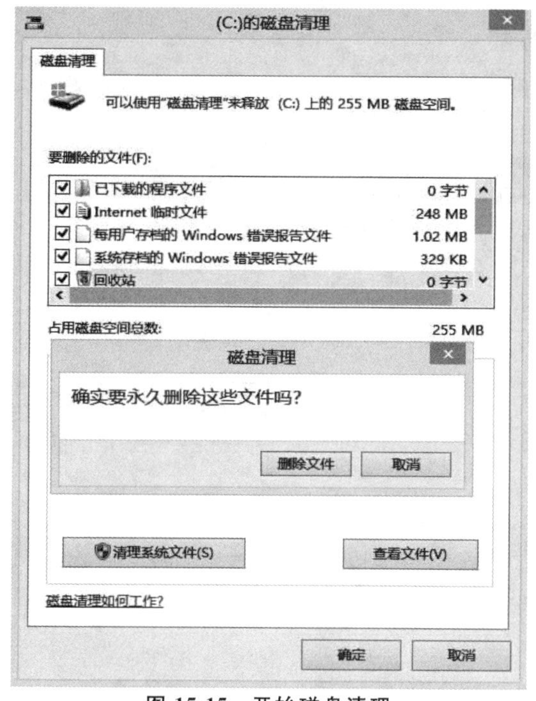

图 15-15　开始磁盘清理

图 15-16　工具选项卡

②单击"检查"按钮，出现磁盘"错误检查"界面，如图 15-17 所示。单击"扫描驱动器"，系统开始自动检查磁盘，无需人工干扰，检查完毕之后会弹出提示信息。

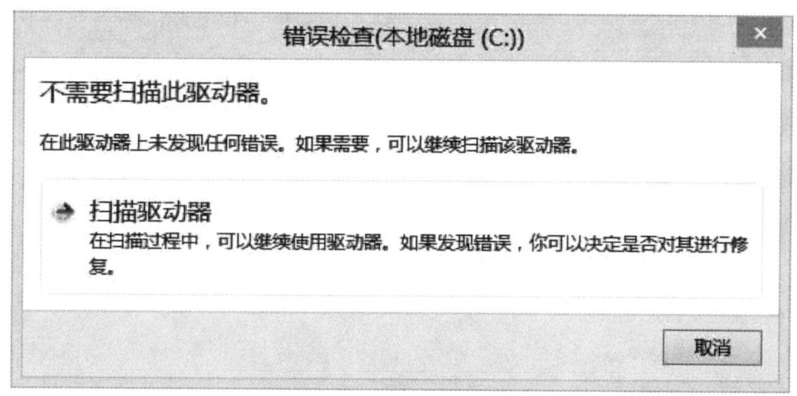

图 15-17　错误检查界面

(3)驱动器优化和碎片整理

在需要检查的驱动器上单击右键，选择"属性"菜单，在弹出的属性对话框中选择"工具"选项卡，选择"优化"，弹出"优化驱动器"程序界面，单击"优化"按钮，如图 15-18 所示。

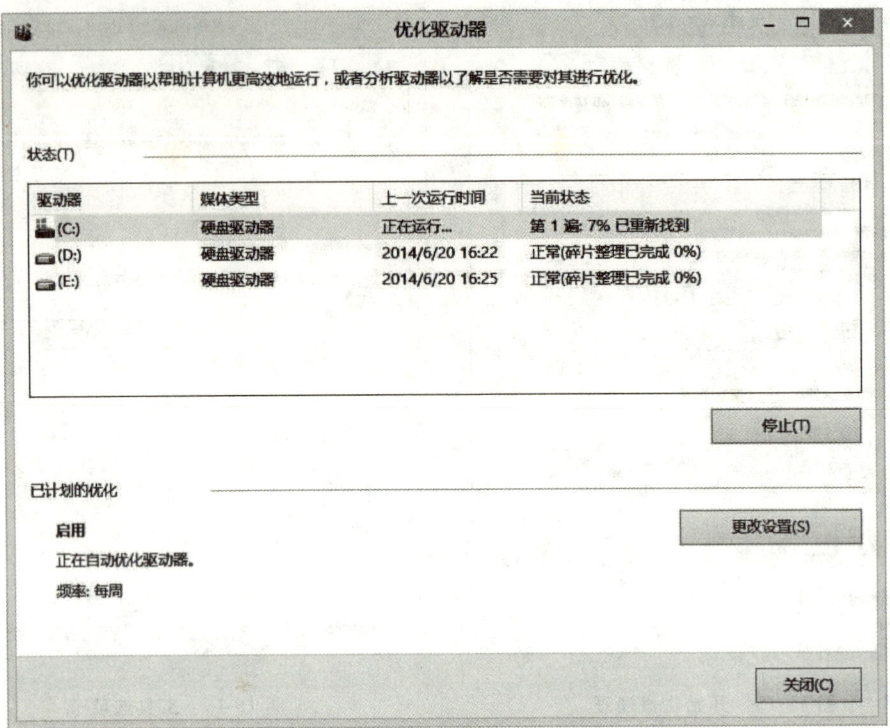

图 15-18　优化驱动器"程序界面

(4)系统配置程序

①选择菜单"开始"→"电脑设置"→"控制面板"→"管理工具"→"系统配置"，弹出如图 15-19所示的"系统配置"程序界面。

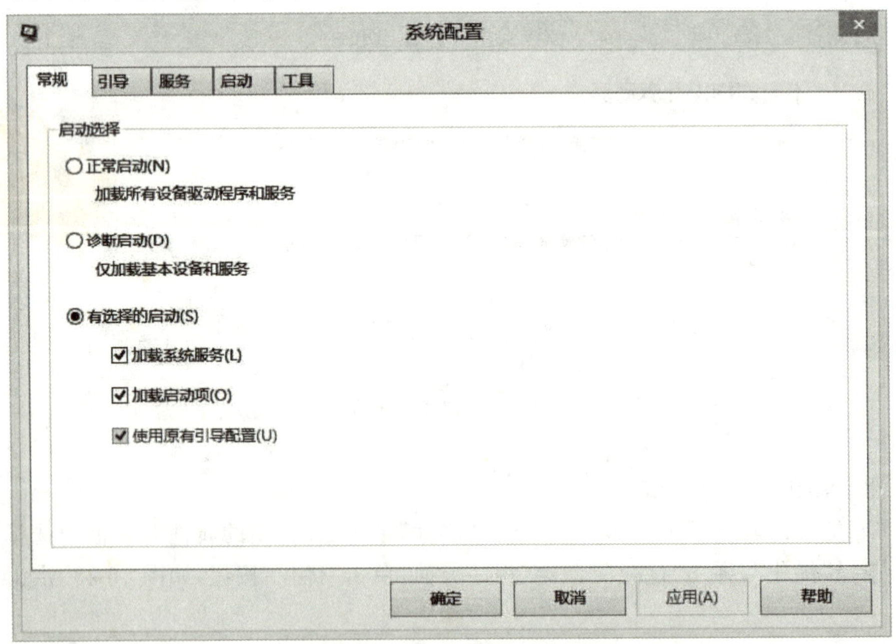

图 15-19　"系统配置"程序界面

②选择"服务"选项卡，如图 15-20 所示，图中列出了系统中各种状态的服务列表，在这

里可以设置需要开机启动的服务。

图 15-20　“服务”选项卡

③选择“启动”选项卡，单击“打开任务管理器”按钮，弹出开机启动的程序列表，对于不需要开机就运行的程序，选中后，单击“禁用”按钮，该程序就不会开机启动，如图 15-21 所示。

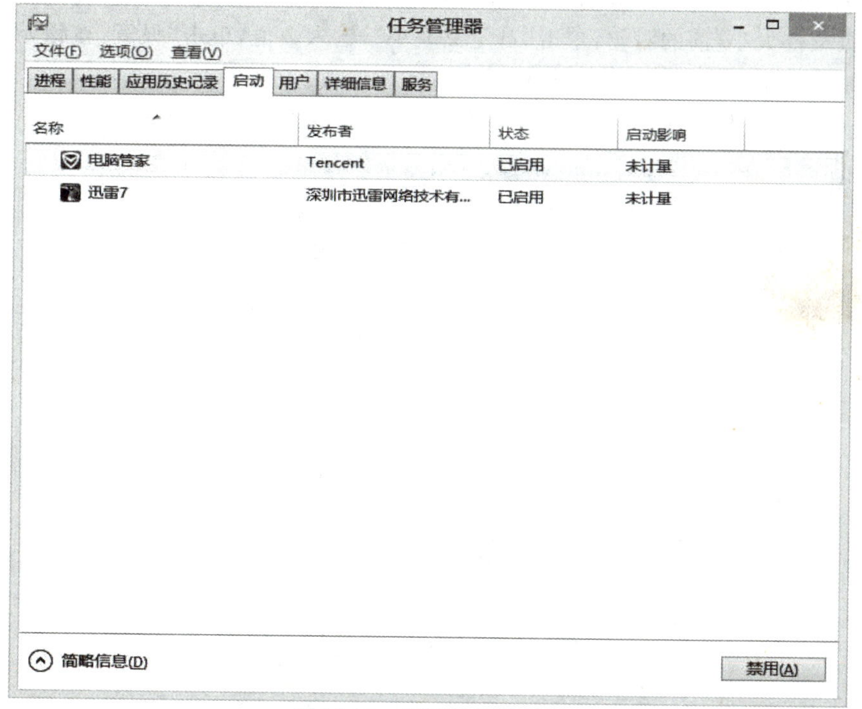

图 15-21　打开任务管理器

(5)虚拟内存

①选择菜单“开始”→“电脑设置”→“控制面板”，在控制面板中，双击“系统”项，打开“系

统属性”对话框，选择“高级系统设置”选项，如图 15-22 所示。

②单击“设置”按钮，在弹出“性能选项”对话框中选择“高级”选项卡，如图 15-23 所示。

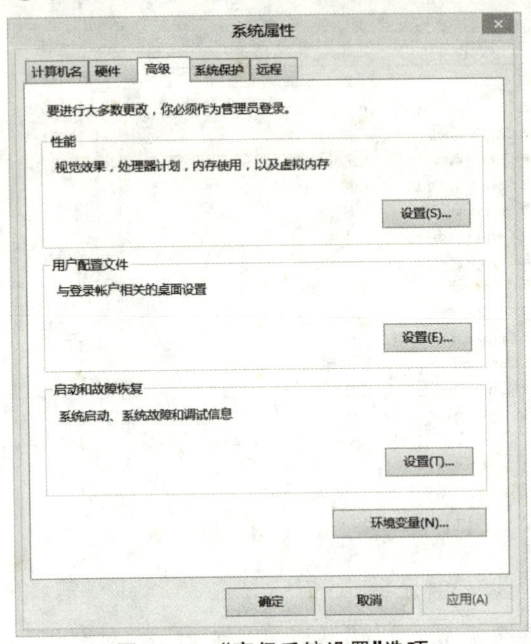

图 15-22 “高级系统设置”选项

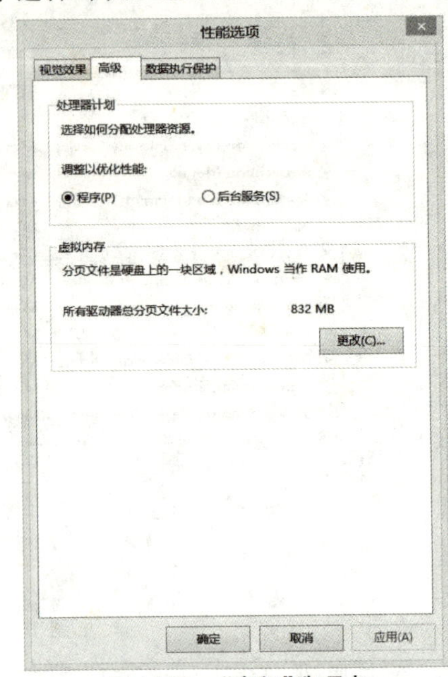

图 15-23 “高级”选项卡

③单击“更改”按钮，弹出如图 15-24 所示的“虚拟内存”对话框，取消“自动管理所有驱动器的分页文件大小”前的对勾，单击“自定义大小”，输入数值，单击“设置”按钮，再单击“确定”按钮，系统提示需要重新启动计算机后设置才能生效。

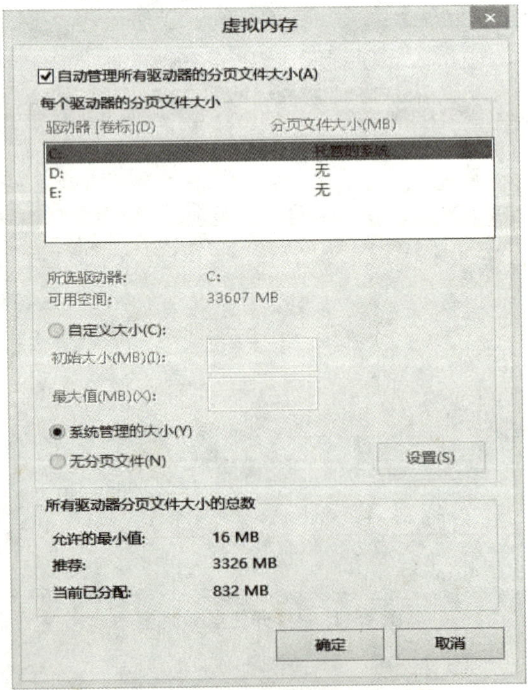

图 15-24 “虚拟内存”对话框

2. 数据的备份和还原

当计算机中储存了大量的数据时，就需要对其中重要的数据进行备份操作，防止当我们出现误操作和操作系统崩溃时进行数据的恢复。下面我们使用最常用的 Ghost 软件对系统数据进行备份和还原操作。

(1)界面简介

①Local 菜单是最常用的菜单，用于在本地计算机上对硬盘进行操作，包括 Disk(硬盘)、Partition(分区)、Check(检查)三个子菜单。

②LPT 菜单的选项用于网络间的硬盘备份。Ghost 可以使用并口将备份文件传送到其他硬盘上。

③Options 菜单的选项用于设置程序参数，界面如图 15-25 所示。

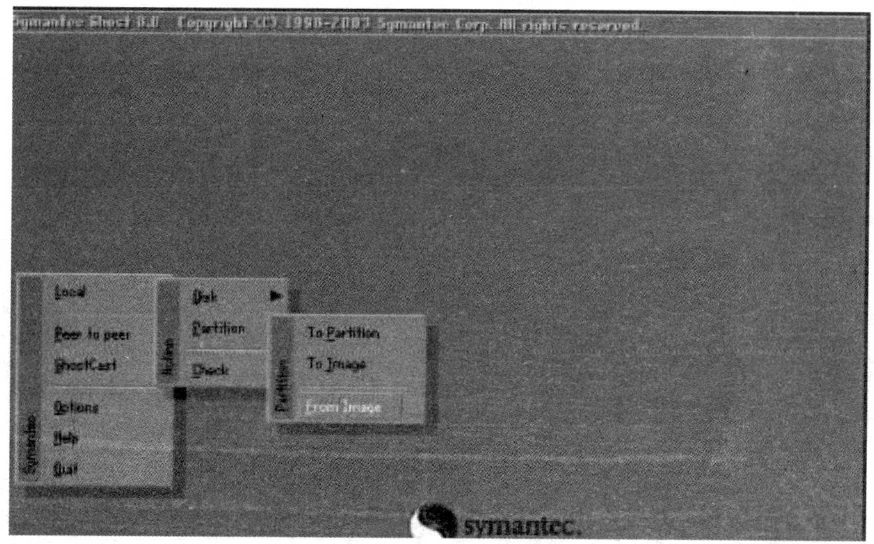

图 15-25　Ghost 界面

(2)数据的备份

①使用 U 盘引导启动计算机。在 Ghost 程序所在的目录运行 Ghost. exe，如图 15-26 所示。

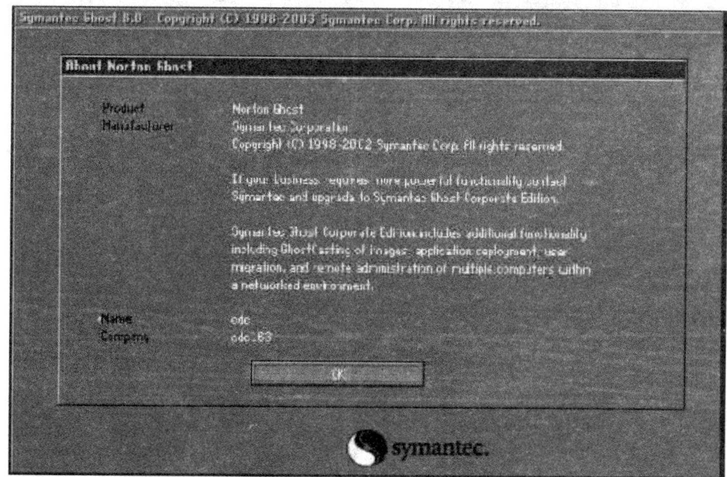

图 15-26　启动 Ghost

②单击 Local 菜单中 Partition 子菜单中的 To Image 命令,进入如图 15-27 所示的界面。

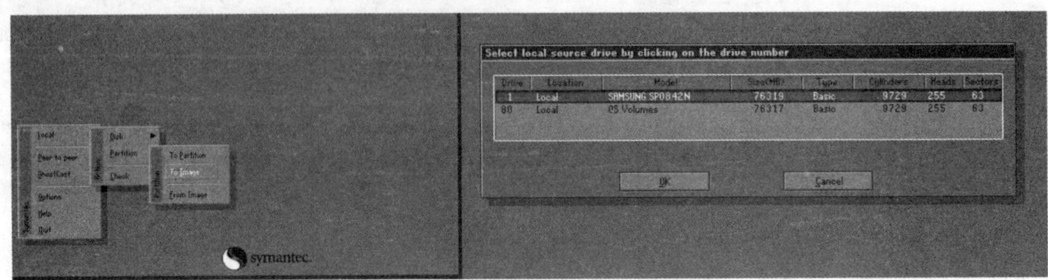

图 15-27　选择 To Image 命令

③接着会出现"源分区选择窗口"(即要把它制作成镜像文件的那个分区),用上下光标键将蓝色光条定位到要制作镜像文件的分区上,按【回车键】确认我们要选择的源分区,再按一下【Tab】键将光标定位到"OK"键上(此时 OK 键变为白色),最后【回车键】确认,如图 15-28所示。

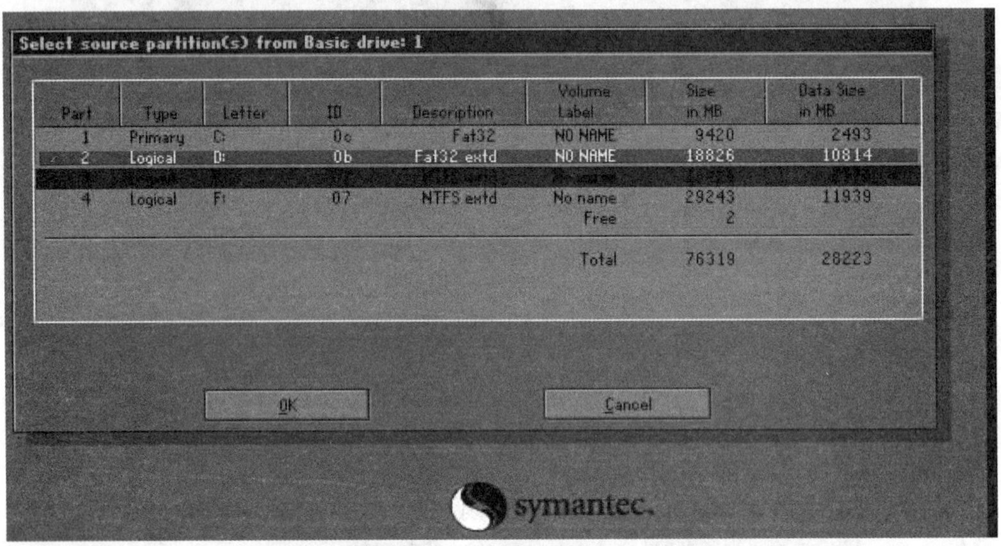

图 15-28　源分区选择窗口

④进入镜像文件存储目录,默认存储目录是 Ghost 文件所在的目录,在 File name 处输入镜像文件的文件名,也可带路径输入文件名(此时要保证输入的路径是存在的,否则会提示非法路径),如输入"D:\download\xp",表示将镜像文件 xp.gho 保存到"D:\download"目录下,输好文件名后,【回车键】确认,如图 15-29 所示。

⑤接着出现"是否要压缩镜像文件"窗口,有"No(不压缩)、Fast(快速压缩)、High(高压缩比压缩)",压缩比越低,保存速度越快。一般选"Fast"即可,用向右光标方向键移动到"Fast"上,【回车键】确认,如图 15-30 所示。

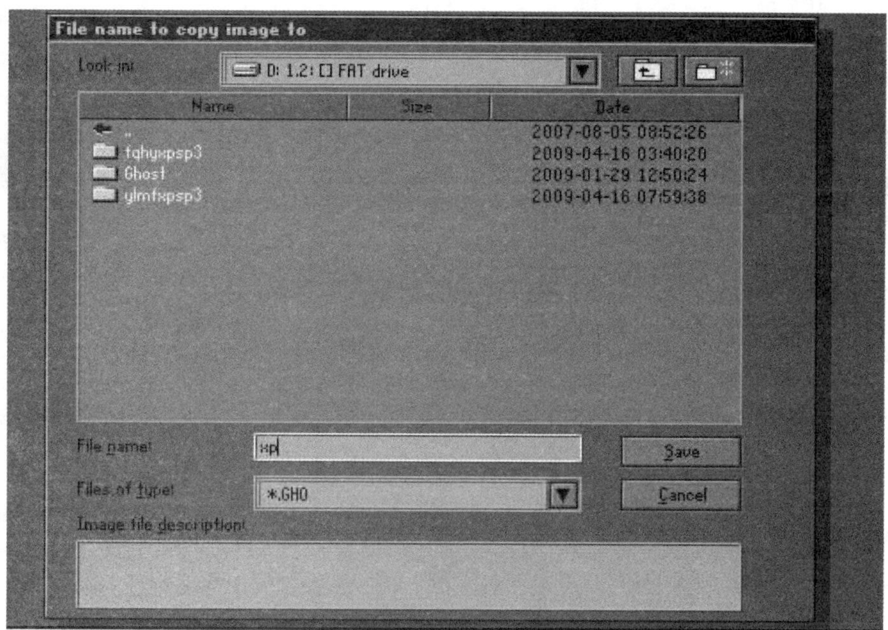

图 15-29　镜像文件存储目录

图 15-30　是否要压缩镜像文件窗口

⑥接着又出现一个确认窗口，用光标方向键移动到“Yes”上，【回车键】确定，如图 15-31 所示。

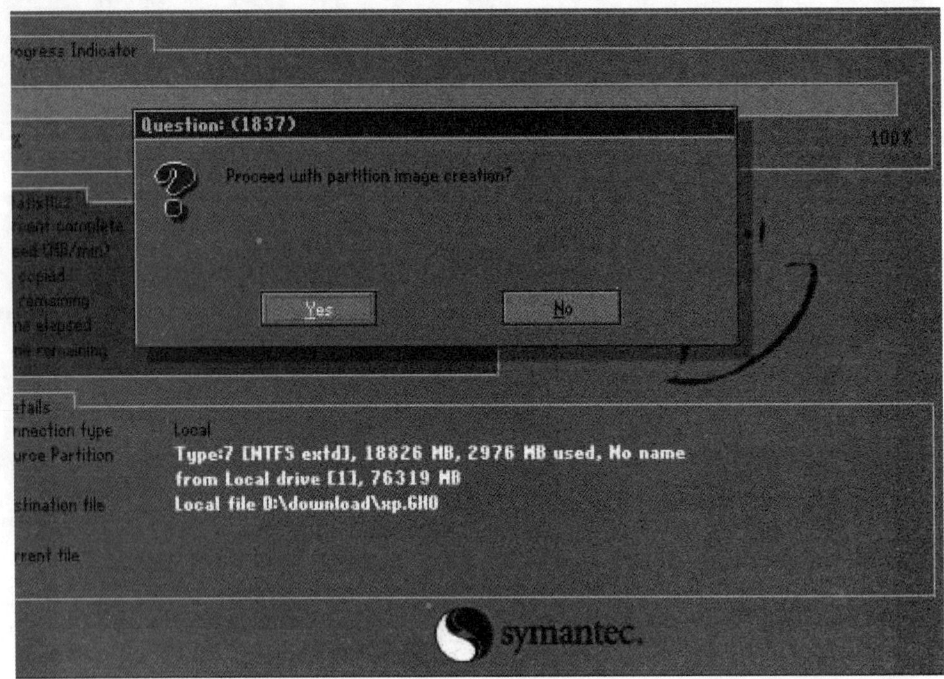

图 15-31　确认窗口

⑦接下来,Ghost 开始制作镜像文件,如图 15-32 所示。

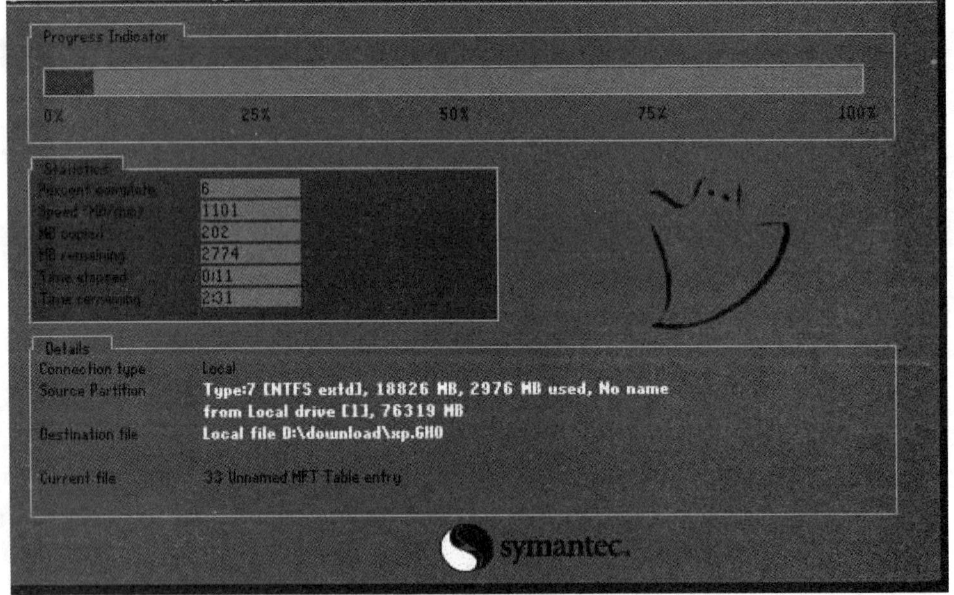

图 15-32　Ghost 开始制作镜像文件

⑧建立镜像文件成功后,会出现提示创建成功窗口,【回车键】即可回到 Ghost 界面,如图 15-33 所示。

(3)数据的还原

①使用 U 盘引导启动计算机。在 Ghost 程序所在的目录运行 Ghost.exe,如图 15-34 所示。

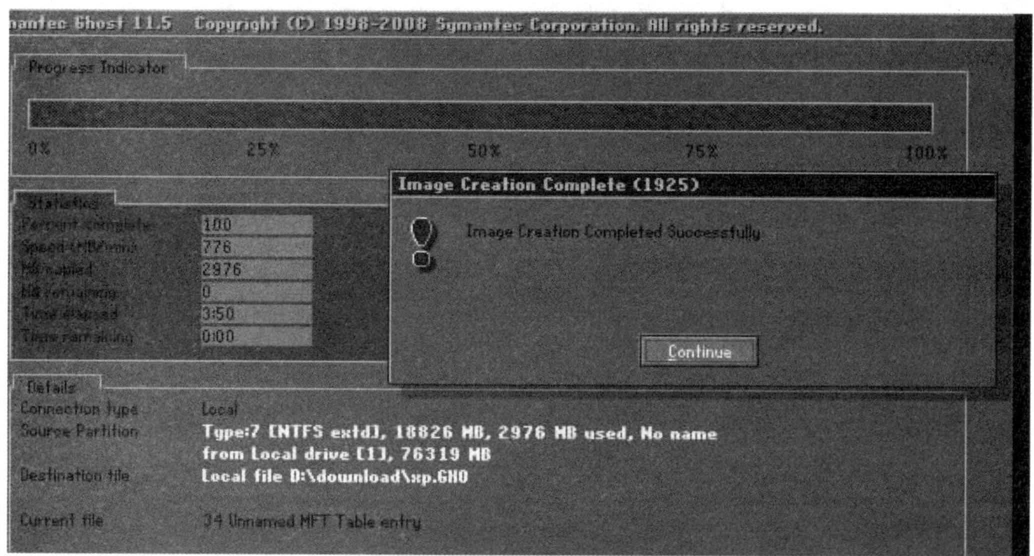

图 15-33　回到 Ghost 界面

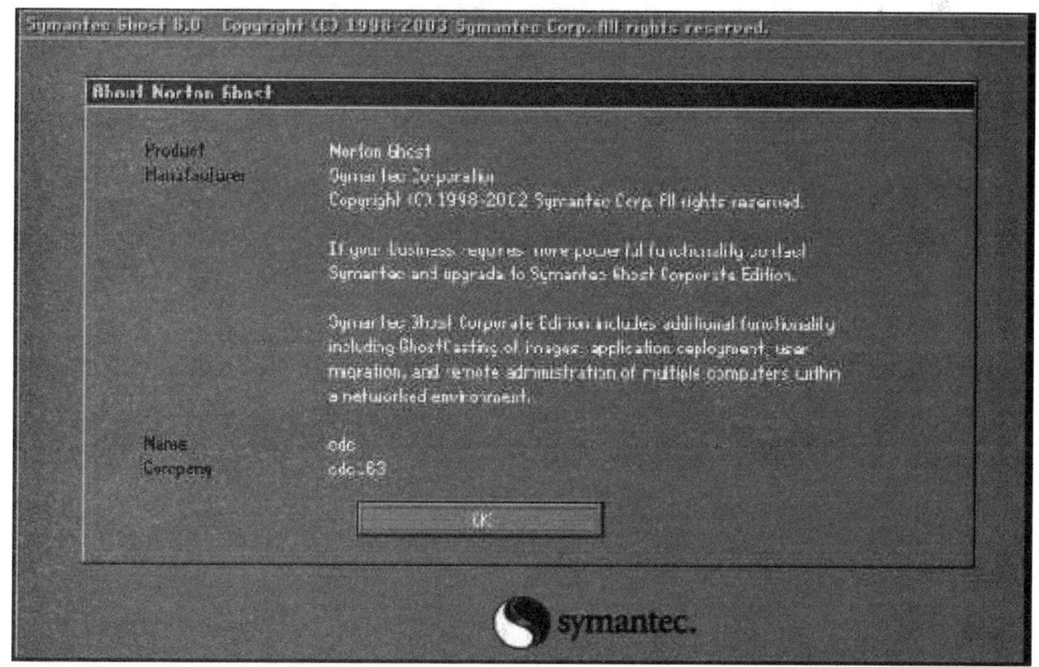

图 15-34　运行 Ghost

②出现 Ghost 主菜单后，用光标方向键移动到菜单“Local”→“Partition”→“From Image”，然后按【回车键】，如图 15-35 所示。

③出现“镜像文件还原位置窗口”，在 File name 处输入镜像文件的完整路径及文件名(你也可以用光标方向键配合【Tab】键分别选择镜像文件所在路径、输入文件名，但比较麻烦)，如 D:\sysbak\cwin98.gho，再按【回车键】，如图 15-36 所示。

④出现从“镜像文件中选择源分区”窗口，直接按【回车键】，如图 15-37 所示。

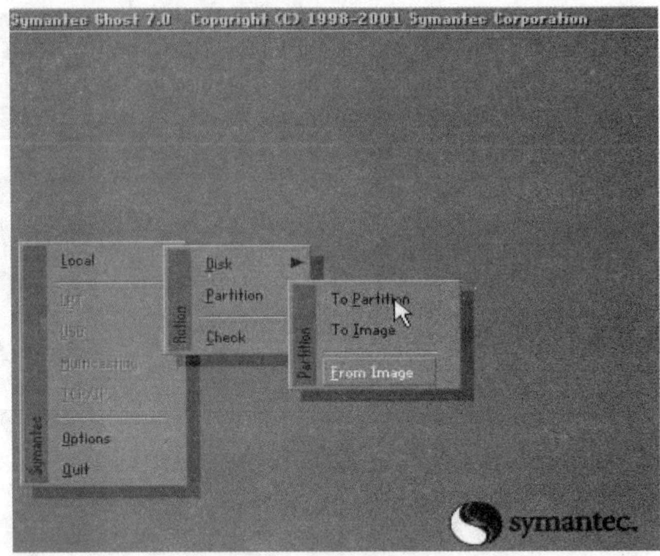

图 15-35 选择 From Image

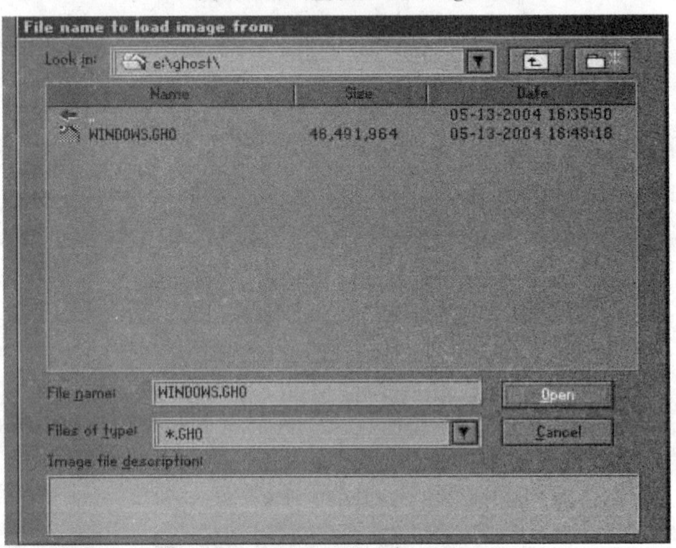

图 15-36 镜像文件还原位置窗口

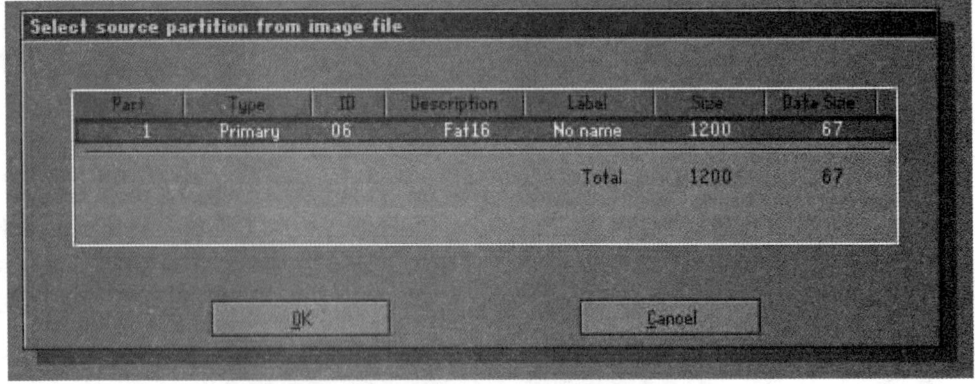

图 15-37 镜像文件中选择源分区窗口

⑤又出现“选择本地硬盘”窗口，再按【回车键】，如图 15-38 所示。

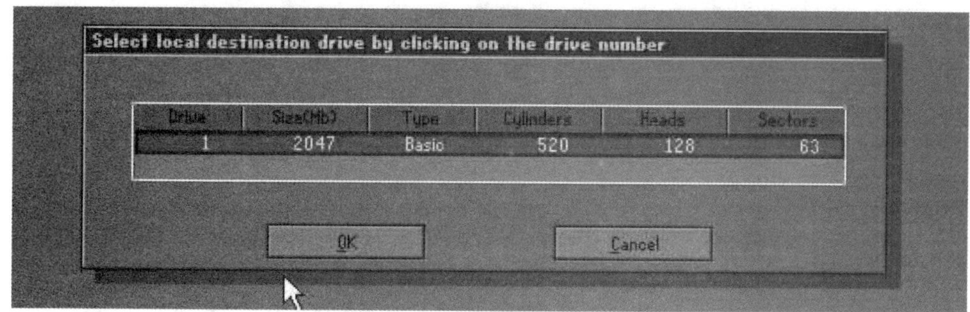

图 15-38　选择本地硬盘窗口

⑥出现“选择从硬盘选择目标分区”窗口，用光标键选择目标分区(即要还原到哪个分区)，按【回车键】，如图 15-39 所示。

图 15-39　选择从硬盘选择目标分区窗口

⑦出现“询问”窗口，选“Yes”回车键确定，ghost 开始还原分区信息，如图 15-40 所示。

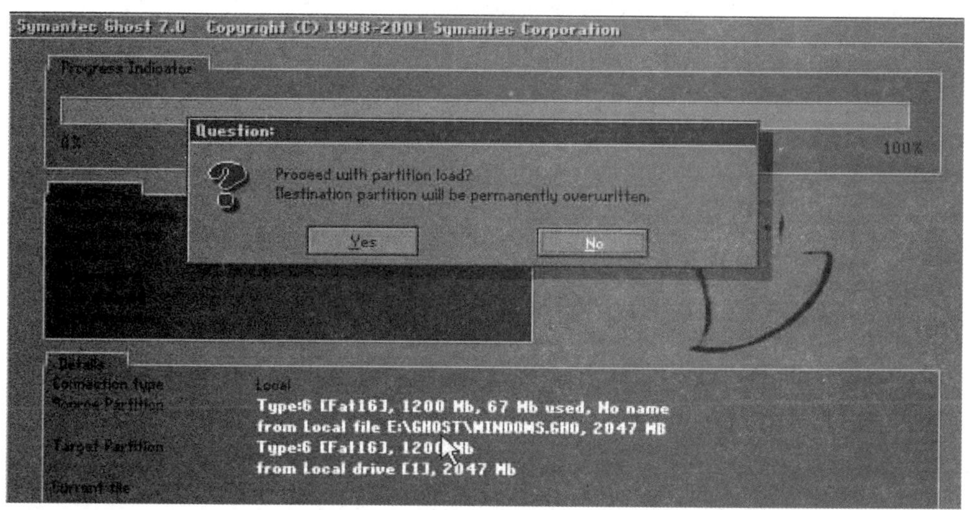

图 15-40　询问窗口

⑧很快就还原完毕，出现还原完毕窗口，如图 15-41 所示，选“Reset Computer”点击【回

车键】重启电脑。

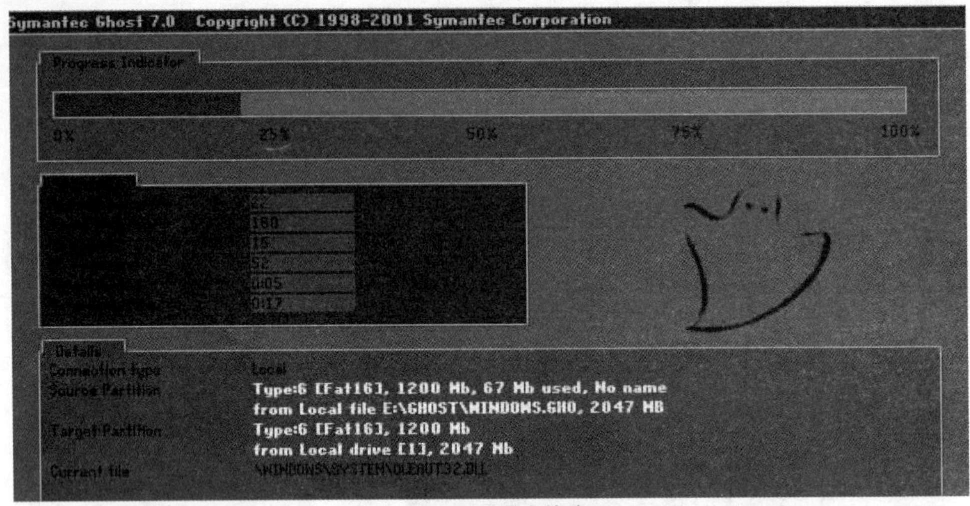

图 15-41 还原完毕窗口

任务 15.2 计算机常见故障处理

任务描述

计算机在使用过程中难免会遇见难处理的故障,面对故障首先要了解计算机故障的基本特征和现象。通过本任务的完成,能够熟悉常见的软硬件故障,掌握一般的故障处理原则和方法,并且能够解决故障。

任务分析

计算机故障分为硬件故障、软件故障和环境故障。首先要了解故障现象,然后根据故障特点分析故障原因,最后使用合适的工具对故障进行排除和修复。

可以按以下步骤操作:

步骤 1 环境故障检查,包含接插头和插座等;

步骤 2 软件故障检查;

步骤 3 硬件故障检查;

步骤 4 常见故障分析、查找和排除。

任务实施

活动 1 环境故障检查

1. 环境要求

计算机对环境的要求非常严格,如果工作环境达不到要求就会经常出现各种问题,如图 15-42 所示。其具体要求有:

图 15-42　计算机的工作环境

(1)清洁度。计算机在使用一段时间后,就要定期清洁,因为灰尘会污染计算机的键盘、磁盘、显示器和主机电路板等,继而引起电路的短路,严重时还会划伤光盘,甚至在读写磁盘或光盘时产生错误,造成磁盘上的数据损坏和丢失。

(2)温度和相对湿度。计算机理想的温度是 10～35 ℃,相对湿度在 30%～80%。温度太高或太低都会缩短配件的寿命;而湿度太高会影响配件的性能发挥,太低又会产生静电,同样对配件不利,所以在超出以上温度和湿度范围时尽量少使用计算机。

(3)使用可靠的电源。计算机的工作离不开电源,同时电源也是电脑产生故障的主要因素之一。

2. 环境检查

(1)首先,必须确保计算机使用的是合适功率的电源。影响电源质量的因素包括电压瞬变、停电、电压不足或电压过高等,因此,在附近有空调、电冰箱等大功率电器设备正在使用或有磁场时最好不要使用计算机。

(2)其次,计算机电源应与照明电源分开,最好使用单独的插座。尤其注意避免与加热装置或大功率的电器使用同一条供电线路或共用一个插座,因为这些电器设备在使用时可能会改变电流和电压的大小,这会对计算机的电路板造成损害。有条件的用户,应配备稳压电源和不间断电源 UPS。在拔插电脑各部分的配件时,都应先断电,以免烧坏接口。

活动 2　软件故障检查

计算机产生软故障的原因一般比较多,涉及方面也很广,例如操作不当、系统软件或应用程序安装不当或者受损、配置不当或者受到病毒的感染等,这类故障轻则出现数据处理错误,重则导致计算机不能正常工作或者不能启动,甚至瘫痪。由以上种种原因引起的电脑故障通常称为“软故障”。

1. 故障原因

处理软故障时需要观察程序运行时的现象、系统所给出的提示，然后根据故障现象和错误信息来分析并确定故障产生的原因。

软故障产生的原因主要有以下几方面：

(1)版本不兼容。当软件的版本与运行环境的配置不兼容时，就会造成系统文件发生混乱、损坏，导致计算机不能正常运行。

(2)系统配置错误。CMOS 中参数的设置错误以及系统配置文件 Config. sys 和 Autoexec. bat 出错或文件丢失。参数设置不正确或者没有设置，计算机就会产生操作故障。

(3)误码操作。由于误码操作而运行了具有破坏性的程序、不正确或不兼容的程序、磁盘操作程序、性能测试程序使文件丢失、磁盘格式化等。

2. 查找方法

软故障的查找方法主要有以下几种：

(1)系统软件故障

有些系统软件对使用的操作系统有一定的要求，因此应当检查所用操作系统是否符合要求，检查 Autoexec. bat 中的命令是否与所用软件有冲突。只有保证了软件所需要的环境和设置条件，才能保证其正确运行。

(2)程序类故障

这类故障主要表现为某个具体的程序在运行时出错，检查时要检查程序本身是否出错；程序的安装方法是否正确；电脑的配件是否符合该应用程序要求的运行环境；是否有违法操作；电脑中安装的其他软件是否和该软件发生冲突。

(3)由于病毒引起的故障

现在的电脑病毒很多，而且形式多样，严重影响着系统的正常工作，所以在实际使用中要注意定期地查毒、杀毒。

技巧

多种杀毒软件相互之间有冲突，易造成软件系统的不稳定，建议最好只安装一种杀毒软件。

活动 3　硬件故障检查

计算机出现故障后，一般按照先软后硬的原则进行检修，在排除了软故障的可能性之后，那么就可能是硬件出问题了，这时需要对计算机的部分硬件进行检测。下面来介绍对计算机硬件故障产生的原因及检测方法。

1. 故障分析

(1)元器件和芯片故障。元器件和芯片松动，焊接时虚焊或焊锡间太近导致的接触不良、脱落，还有受潮时漏电等故障引起系统不能正常工作。

(2)系统部件故障。计算机中的主要部件如显示器、键盘、磁盘驱动器和鼠标等硬件产生的故障，造成系统不能正常工作。

(3)电源故障。导致系统和部件没有供电或只有部分供电。

(4)系统部件之间的连接故障。由于系统部件之间的连接错误、连接脱落或开关设置错误而构成非正常的系统配置。

(5)疲劳性故障。电子元器件长期使用的疲劳性损坏。显像管荧光屏长期使用或过亮、发光逐渐减弱、灯丝老化、电解电容日久电解质干涸、集成电路寿命到期和外部设备机械组件的磨损等。

2. 检测方法

(1)加电自检法

每次启动计算机时,计算机的 BIOS 就会运行自检程序,自检程序将检查主要的计算机部件,如 CPU、主板、内存和键盘等,如果检查无误,则扬声器会发出非常短的"嘟"的一声,然后开始引导 DOS 或 Windows 操作系统;如果检查有误,计算机会发出报警声以提示用户计算机的哪个硬件出现故障。

(2)直观法

首先应该遵循由表及里的原则,即先从表面入手,采用直观检测法,具体包括看、听、闻、摸。

看:用眼睛直接观看系统板卡的插头、插座是否松动,电容、电阻引脚是否有接触,表面是否有烧焦的迹象,芯片表面是否断裂,主板表面是否有烧坏变色的地方。

听:用耳朵监听电源、风扇、软盘、硬盘、显示器等设备的工作声音是否正常。

闻:主要是指用鼻子闻主机、板卡是否有烧焦的气味。

摸:用手按压、触动一些板卡、接线头,看有没有松动、接触不良的地方。

(3)敲击法

如果系统出现时好时坏的现象,可能是某元器件虚焊或者接触不良导致的,用手指轻轻地敲击机箱外壳或者电路板可查明故障所在,但是此种方法很难检测到故障的具体位置。

(4)原理分析法

从电脑的工作原理入手,根据其故障特征进行分析,根据系统的时序关系从逻辑上分析各部分电路的特征。当然这种方法不太适合业余电脑用户。

(5)清洁法

由于电脑对工作环境的要求比较高,而实际上人们使用电脑时不太注意这些,因此可能由于使用时间较长而导致电脑内部灰尘聚集过多或者是因为工作环境太潮湿而造成某些板卡的针脚氧化,这些原因都可能导致元件接触不良,造成电脑故障。具体清洁方法是用毛刷轻轻地刷去主板、外设上面的灰尘,对于氧化的板卡针脚,可以用橡皮擦除即可。

(6)插拔法

这种办法是在检查电脑故障时使用较多的一种方法。其做法是在关机后将插件板逐一拔出,每拔出一块板卡就重新启动一次电脑,观察电脑的运行状态,如果发现在拔出某块插件板后电脑运行正常,说明故障就在该插件板或者相应的 I/O 总线插槽及负载电路。如果拔下所有的插件板后故障仍然没有解除,那么就说明是主板的问题。

插拔法还有一个重要的作用就是能够有效地解决因为安装问题而引起的电脑部件的故障。因为在安装计算机时有些板卡没有插好或者由于一些连线接触不良,使用插拔法可以排除这些故障。

(7)最小系统法

如果在电脑启动后没有任何反应,就应当使用这种方法检测,最小系统法是指保留系统能够正常运行的最小环境,最小系统是指由主板、喇叭及开关电源组成的系统。把其他的适配器和输入/输出设备从系统的扩展槽中临时取下,然后接通电源观察系统是否能够运行,这种方法可以避免因外围电路故障而影响最小系统。

在最小系统环境下打开电源,如果电脑没有报警,则逐步往上加入其他部件扩大最小系统,在添加部件的过程中如果发现在加入某部件到系统主板插槽后,系统出现不正常的反应就说明故障就在刚刚添加的那个部件或者与该部件相对应的插槽上。

(8)交换法

这种方法是指将同型号插件板,总线方式一致、功能相同的插板或者同型号芯片相互交换,根据故障现象的变化情况判断故障所在,此种方法主要用于易插拔的部件,其优点是能够快速地确定某部件是否存在问题。

提示

清除灰尘时,应将机箱移到室外操作,以免搞乱室内环境卫生。

活动 4　常见故障分析、查找和排除

计算机的常见故障中,开机、死机、重启和关机类故障发生率很高,下面就介绍一些常见的此类故障。

1. 开机、死机故障

(1)系统不能启动

故障现象:电脑按下电源开关键后,主机和显示器都能接通电源,但是显示器黑屏,显示器状态提示灯一直处于黄、绿交替状态,总是出现开机初始化的声音,但是启动不了电脑。

故障排除:先采用替换法排除显示系统的问题,如果不能解决问题,则应该是机箱【Reset】键出现了问题。当按下【Reset】键后,主板强行对所有硬件复位并初始化,如果【Reset】键一直处于常闭合状态,就会不断对硬件进行初始化。显示器没有接收到显卡信号时指示灯显示黄色,接收到信号之后显示绿色,然后由于再次被初始化,又显示黄色。这也导致了硬盘一直处于初始化状态。可以将【Reset】按钮的连线从主板拔下,看看是否还会出现此种情况,如果是【Reset】按钮的问题,估计是卡住了,调整使其弹起即可。

(2)电脑长时间不用导致不能启动

故障现象:电脑最近长时间关机后再开机时,显示器蓝屏,如图 15-43 所示,只有连续多次重启才能进入 Windows 系统,一旦进入使用起来就没有问题了。关机后短时间内重启也不会有上述问题出现,更换内存插槽并拔插 CPU 也没有发现任何问题。

故障排除:从故障描述过程来看,显然电脑在自检过程中无法检测某个硬件设备而造成蓝屏现象。但反复重启电脑又可以正常工作,据此,可以从以下两个方面进行检查:

因主机电源内部某个元器件出现了性能参数变化,从而造成某一路输出电压不稳定或处于输出电压最低值的临界点,致使一些启动时冲击电流较大的硬件,如高性能显卡、硬盘

等因欠压而处于正常工作状态的临界点，造成自检程序反复搜寻该硬件。当多次重启后，由于冲击电流导致故障元件性能参数有所恢复，输出电压逐渐恢复正常。这样硬件便可正常工作了，这种情况可以通过更换一台质量较好的大功率电源来解决。

同理，主板、显卡上面的电源供给部件如果发生性能参数变化，也会使显卡等部件在刚启动时不能立即进入正常状态，造成以上故障现象。可通过替换可疑板卡来加以确定，并最终予以排除。

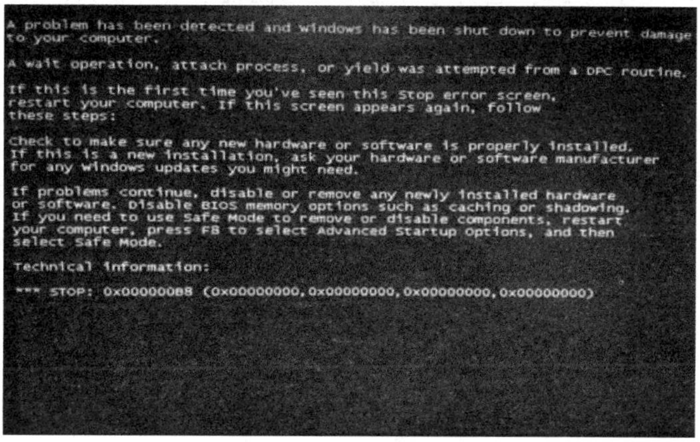

图 15-43　显示器蓝屏

(3)一开灯就死机

故障现象：开机后不进行任何操作，只要一开灯(普通日光灯)，电脑就死机，鼠标键盘没有任何反应，也不出现蓝屏。

故障排除：应该是电源的问题。电源的滤波不良时，开关的瞬间尖峰脉冲电源不能有效地控制，造成对系统的干扰，出现死机。可通过更换电源解决。

(4)死机之后应该如何启动

故障现象：系统死机后常常需要冷启动才能启动电脑，而经常按冷启动会不会对电脑有影响？

故障排除：启动系统通常有 3 种方式：冷启动、热启动和复位启动。冷启动的过程包括上电、全面自检、系统引导及初始化等工作；热启动和冷启动的区别是不需要重新上电、自检的范围很小；复位启动和冷启动的区别仅仅在于后者无需上电。在 Windows 环境下，出现死机时，首先应该按下【Ctrl＋Alt＋Del】组合键，退出当前的故障程序，而不必重新启动系统。如果无效，则可以再次按下上述组合键进行热启动。但是在有些情况下，键盘已经被封锁，系统不能响应键盘输入，这就必须按复位键【Reset】启动了。复位按键【Reset】一般在机箱上，但是国外的一些品牌机没有安装复位按钮，那么就只能冷启动了。由于冷启动过程包含了重新上电的过程，上电过程中的浪涌电流较大，因此反复地冷启动对计算机电源有一定影响，因此一般应该在死机后采用热启动和复位启动。

2. 重启、关机故障

如果电脑自动重启和自动关机的故障时常出现，严重影响正常工作。在此我们针对常见的故障现象进行分析，并给出行之有效的解决办法，希望能帮助大家解决此类问题。

(1)电源

故障现象：系统中带有一个光驱和一个刻录机，当两个设备同时工作时，经常出现自动重启。

故障分析：一些电源标称的最大功率与实际功率相差甚远，加之目前电脑硬件的功耗较大，当电脑中安装的配件过多时，这类电源输出的电流就会出现较大波动，从而导致系统自动重启。

解决办法：更换品质优良的电源即可。

(2)内存

故障现象：系统使用散装内存，平时工作比较正常，但在运行大型3D游戏时经常自动重启。

故障分析：由于内存的质量不过关而造成系统自动重启的情况相当普遍，而且目前很多主板支持双通道内存，如果两条内存的品质和性能有一定差异，就可能造成系统工作不稳定，当系统运行较大的程序时故障现象特别突出。

解决办法：可在BIOS中尝试将内存CL值设置为3或3.5，并适当降低系统FSB总线频率；如果内存工作在双通道模式下，最好选择同一品牌同一速度的产品，这样才可保证系统稳定运行。

(3)机箱【Power】按钮和【Reset】按钮

故障现象：电脑不定期自动关机或重启，需多次按下【Power】、【Reset】按钮或轻轻拍打机箱面板才可解决。

故障分析：这属于隐性故障，需要花费较多时间检查。不过，此种故障常见于已使用较长时间的电脑上。通常是因为按钮簧片弹性减弱或按钮与机箱面板之间存在太多污垢造成按键位置不正常，从而不定期地自动关机或重启。

解决办法：当按键无法正常归位时，可以考虑更换按钮组件或用无水酒精清洗按钮与机箱面板的污垢。

3. 其他故障

(1)非正常启动电脑后CPU频率变低

故障现象：华硕的主板，Athlon 2 GHz CPU，主板BIOS的版本号是1007的计算机在使用过程中发现非正常重新启动后，BIOS中的CPU显示频率变成了1750 MHz。

故障排除：出现BIOS将CPU识别为1750 MHz的情况主要是由于主板的一种自我保护功能在起作用，即遇到非正常关机或者中断运行的时候，主板会认为启动失败而降低CPU工作频率。出现这个问题后可以进入BIOS并重新校对CPU数值。如果要避免这样的情况出现，可以根据主板说明书上的提示，采用硬跳线的模式来设置CPU的频率。

(2)内存不兼容导致容量不能正确识别

故障现象：一台品牌机，配置i915E主板、HY512 MB内存，后来添加了一条日立512 MB内存，但主板识别的内存总容量只有512 MB。经过测试，在该电脑上，两条内存可以分别独立使用，但一起用的时候只能识别 512MB。

故障排除：可能这两条内存间存在兼容性问题，建议将新添加的内存更换为采用 HY 芯片的产品后，故障可得到解决。由于在电气性能上的差别，内存条之间有可能会有兼容性的问题，该问题在不同品牌的内存混插的环境下出现的几率较大。因此，使用两条或两条以上内存条的时候应该尽量选择相同品牌和型号的产品，这样可以在最大程序上避免内存的不兼容。如果无法购买到与原内存相同的产品时，应该尽量采用市场口碑较好的品牌内存，它们一般都经过近万种系统的特殊匹配及兼容性测试，在元件、设计和质量上也能达到或超过行业标准；另外产品的测试程序也较完善，从而确保了其可靠性、一致性和兼容性，这里需要说明的是，并不是所有的品牌内存都具有良好的兼容性的。

(3)电源完好但风扇不转

故障现象：计算机使用正常，但计算机电源风扇不转。

故障排除：计算机如果继续使用将使电源很快坏掉，请更换电源，电源中的交流电与显示器里的高压电一样存在危险。

(4)电源引起频繁重启的故障

故障现象：计算机出现频繁重启，导致无法正常使用。

故障排除：这很可能是机箱电源过载所导致的情况。当过载较小时，多数质量比较好的电源会自动补偿额外的功率。这样，电源发热量将比原来要高，而时间一长，更大的故障将会出现。若是电源不能提供补偿，就会偶尔导致操作系统瘫痪，如 Windows 98 的非法操作、蓝屏故障，使计算机中的驱动器不能正常工作，硬盘可能因此会出现坏道和坏文件。当过载比较大时是无法驱动计算机的逻辑电路的，这时的现象是严重的系统瘫痪，即在开机加电自检过程中出现死机或重启。非常严重的过载将使系统根本无法引导。更换大功率的电源可解决这个问题。

实训项目

实训 1　维护计算机主机

实训要求：利用工具对主机进行维护操作。

操作提示如下：

(1)使用十字螺丝刀打开机箱；

(2)取出内存，用橡皮擦清除金手指上的氧化层；

(3)使用皮吹风清除内存插槽的灰尘；

(4)使用毛刷清除主板上的灰尘；

(5)去掉电源的固定螺丝，在室外使用电吹风清除电源内的灰尘。

实训 2　备份和还原操作系统

实训要求：使用 Ghost 软件备份和还原操作系统。

操作提示如下：

(1)使用U盘引导启动计算机,打开Ghost软件;

(2)单击Local菜单中“Partition”子菜单中的“To Image”命令;

(3)用上下光标键将蓝色光条定位到我们要制作镜像文件的分区上,按【回车键】确认要选择的源分区;

(4)进入镜像文件存储目录,带路径输入文件名“D:\download\Windows 8”;

(5)选择压缩比例,备份操作系统;

(6)用光标方向键移动到菜单“Local”→“Partition”→“From Image”,然后按【回车键】;

(7)在File name处输入“D:\download\Windows 8”;

(8)选择源分区窗口和本地硬盘窗口;

(9)在询问窗口中,选“Yes”按【回车键】确定,Ghost开始还原操作系统;

(10)重新启动电脑,操作完成。